MINERVA
人文・社会科学叢書
186

近代英米法思想の展開
―ホッブズ=クック論争からリアリズム法学まで―

戒能通弘著

ミネルヴァ書房

はしがき

　本書の対象は，17世紀のクックから19世紀後半のメイン以降にいたるイギリス[1]の法思想と，ホームズ，パウンド，ルウェリンといった19世紀後半から20世紀前半にかけてのアメリカの法思想である。初めに，本書の法思想史の方法論の特徴と，そのねらいについて素描したい。

　わが国の近代イギリス法思想史研究では，クック，ヘイル，ブラックストーンに代表されるコモン・ロー思想は，法を自然法，理性に基づくものと捉え，裁判官の法発展に重きを置いていたのに対して，ホッブズ，ベンサム，オースティンなどの法実証主義は，法を権威に基礎づけた，立法中心の法思想であったという固定されたイメージがある。そして，そのようなイメージによって，各々の法思想を理解するという傾向が強いと言えるだろう。具体的には，「ベンサムは，社会生活を調整する行動の指針を提供する点に判例に従うべき理由を求めたが，これもホッブズの実証主義を受け継ぐものと考えられる」［長谷部 2000, 42頁注(11)］と，先例の遵守の要請をホッブズの法思想に帰す長谷部恭男のホッブズ解釈や，「ドゥオーキンは，現代における最先端のブラックストニアンとみてよいだろう」［松平 1979, 467頁注(5)］と，ブラックストーンをドゥオーキンに近づける松平光央の整理を，そのような理解の典型例として挙げることができる。しかしながら，それぞれの法思想を原典の子細まで検討すると，必ずしも正確ではない記述をいくつか指摘することも可能である。[2]

　一方で，近年のイギリスにおいては，例えば，M・ロバーンやR・コテレルに

---

(1)　「イギリス」，「イングランド」の表記について，本書では，基本的に「イギリス」という表記を用いている。ただ，書名や引用箇所などで 'England' と記されている場合は，「イングランド」という訳語を当てている。

(2)　詳しくは第1章第2節で検討するが，ホッブズにおいては先例の拘束性が否定されており，「実証主義的な」判例理論をホッブズに帰すことは難しい。同様に，第2章第1節などで見るように，「法はそれ自身の意味を宣言することをめったに躊躇しない」［Blackstone 1979, vol.3, p.329］と断じたブラックストーンが前提とする裁判官は，ドゥオーキンのハーキュリーズとは性質を異にするものであろう。

よって、コモン・ローのコンテクストやコモン・ローにおいてリカレントな論点でイギリス法思想史の展開を理解するという方法論が取られている。そのような方法論は、一定のイメージによる解釈とは違って、より正確な法思想史の記述を可能にすると思われるし、ベンサムやオースティン、そしてコモン・ロー法律家たちが共通して取り組んだ論点によってイギリスの法思想を整理することで、その展開をより明確に跡づけることも可能にする。本書も、ロバーンやコテレルの研究に示唆を受け、「コモン・ローと共同体の関係」、「裁判官による法形成はいかにして正統化されるのか」[3]、「理性か権威か」、「ルールか原理か」、「技術的理性（法律家の理性）か自然的理性か」、「ルールか救済か」、「コモン・ローとその発展を説明する枠組みはいかなるものか」といった、イギリス法思想史の展開に通底し、軸となっていた論点、争点に基づき、コモン・ロー思想、法実証主義的法思想各々における多様性を示すことを、まず試みたい。その上で、従来の理解と異なるが、ヘイル以降のコモン・ロー伝統においても、法の効力を事実に基礎づける法実証主義的要素を抽出することができ、ベンサムを除くならば、特にヘイルからオースティンまでのイギリスの法思想史には、コモン・ローとその発展を説明するための枠組みの漸進的展開という連続性を抽出することができることを明らかにしたい。

　上記の方法により明らかにすることができると思われるイギリス法思想史におけるもう一つの連続性として、個別具体的に衡平に適った判決を下すという救済のシステムとしてではなく、将来の同種の事件にも適用されうる一般的なルールとしてコモン・ローが捉えられていたという点がある。イギリスの法実務、法実践においては、コモン・ローはあくまでも動態的なものであって、静態的なルールには還元できないことは、わが国でもイギリス法学者の望月礼二郎の研究によってすでに指摘されている［望月 1995, 10頁］。しかしながら、コモン・ローの救済的な側面の記述は、裁判官でもあったヘイル、ブラックストーンによっても

---

(3) ここでは、コモン・ロー自体、コモン・ローの発展の legitimacy ということを、論争軸の一つとして設定している。なお、legitimacy の訳語については、イギリスでは、コモン・ローに関して、必ずしも内容的な正当性が問われることがなかったということもあり、正当性ではなく、正統性という訳語を選択したが、アメリカでは内容的な正当性を問われることが一般的であり、判断が難しい部分もある。「正統性」という用語をどのような視点で用いるべきかについては、田中［2011, 276頁注(4)］を参照。

試みられておらず，そのような側面に最も強く光を当てたオースティンの法理学においても，それが主題的に扱われることはなかった。一方，ルウェリンの法律家の思考方法，技巧（craft）の明晰化の試みなど，裁判官の法的推論についての考察は，本書でも扱うホームズ，パウンドの法思想も含めて，アメリカの法思想の主題であり続けている。従来の研究ではあまり見られない観点ではあるが，「ルールか救済か」という論争軸によって，近代のイギリスとアメリカの法思想を比較してみると，その鮮やかな対照性を示すことができるのである。このような英米の法思想の焦点の違いについて，N・ダクスベリーは，大学の法学教育の質の差異を要因としているが [Duxbury 2005, p.89]，本書では，例えば，オースティンとルウェリンを比較するなど，より法思想史に即した観点からの説明を試みたい。それは，ハートやドゥオーキンといった現代の英米の法理学の間の違いも説明できる観点でもあるだろう。

　以上が，本書の方法論と，その結果と考えられる英米の法思想史の新たな理解の概略であるが，より具体的には，コモン・ロー思想の展開は，各章で以下のように考察される。

　まず，第1章では，近代イギリス法思想の出発点として，クック，ホッブズ，ヘイルの法思想について扱いたい。クックは，法を技術的理性，法律家の理性として捉え，コモン・ローは，何世代にもわたって優れた裁判官によって洗練されてきたが故に合理性を持つと論じている。さらに，ドゥオーキンを想起させるが，過去の偉大な裁判官の推論を再現することで，コモン・ローは，新たな問題に対しても，裁判官の裁量にたよることなく解答を提示できると考えていた。そのクックの法思想は，周知の通り，ホッブズによって，「理性ではなく，権威が法を創る」と批判されるに至る。ただ，この章で特に強調したいのは，ヘイルが，ホッブズの批判を容れる形でコモン・ロー理論を修正し，17世紀以降のイギリスの法思想の展開を方向づけたという点である。ヘイルは，法を発展させる際の裁判官の役割の大きさは認めていたが，裁判官の推論の合理性にコモン・ローの基礎を求めたクックとは違い，コモン・ローの起源は制定法にあり，よって，人々の同意に基づいていると論じていた。

　第2章の冒頭で扱うブラックストーンは，ヘイルの「法実証主義的な」コモン・ロー思想をさらに発展させている。クックにおいては見られなかった法と共同体の関係について，ブラックストーンは，コモン・ローを「古来の慣習」として捉

え、ヘイルと同様、コモン・ローは人々の同意に基づいているとした。また、「ルールか救済か」という論点についても、コモン・ローを確立されたルールの体系として記述していたが、その点は、コモン・ローを自然法原理の集積として捉えたマンスフィールドによって批判されることになる。第2章では、次に、ベンサムの法思想について扱うが、コモン・ローのコンテクストに置くことで、ベンサムの法思想に新たな光を当てることを試みたい。ベンサムのコモン・ロー批判が、マンスフィールドのものも含めたコモン・ローの「三類型」に対する批判であったこと、「裁判官の慣習」と「一般的な慣習」を峻別することで、コモン・ローを人々の「同意」に基礎づけたヘイルやブラックストーンを批判するなど、ベンサムのコモン・ロー批判が包括的なものであったことを明らかにしたい。

　第3章の初めに扱うオースティンは、ベンサムを継いで立法中心の法理論を確立したと一般的には考えられている。ただ、「コモン・ローとその発展を説明する枠組みはいかなるものか」という論争の軸からは、コモン・ローを権威的なルールの一体として捉え、そこからの類推としてコモン・ローの発展を捉えていたヘイル、ブラックストーンの試みの延長にオースティンを置くことも可能である。すなわち、オースティンの功績は、19世紀に力をつけてきた国会を法理論の中心に置いたことではなく、裁判官を主権者に従属する立法者とし、コモン・ローの発展を類推ではなく司法的立法と位置づけたことで、主権者の命令によって統合された、より統一的なコモン・ロー理解を提示したことにあった。なお、コモン・ローを理解するための枠組みの提示に特化したオースティンの法思想には、周知の通り、メインの歴史法学からの批判があるが、メインについても、コモン・ロー思想のコンテクストからその「遺産」を検討したい。メインの影響力は、イギリスでは限定的であったが、裁判官を従属的な立法者ではなく、法体系の記述の中心に捉える視座を与え、現代に至るイギリス法理学の流れを方向づけている。メインの影響を受けたサーモンドには、さらに、「権能付与的なルール」、「承認のルール」の考察もあり、ハートまでの道程はあとわずかである。

　イギリス法思想史上の論点は、本書の第4章で検討するアメリカの法思想史にも受け継がれ、特に、「法と共同体の関係」、「ルールか救済か」という論点、論争の軸は、両者の違いを整理する貴重な手がかりを提供している。その際、法を社会の変化に応答する動態的なものと捉えたメインの歴史法学が、ホームズの法思想に受け継がれていることが注目される。いずれも第4章で検討するが、法が

反映する社会，共同体の価値を「責任概念の客観化」として明示したホームズの法思想，その法が反映すべき共同体の価値を，より実質的な「社会的利益」に求めたパウンド，そして，社会とともに流動的に変化するコモン・ローを予測可能なものにするために，法律家の技巧を記述することに注力したルウェリンらの法思想の焦点は，いわば，「コモン・ローの発展を導く原理の探求」にあり，メインを拒絶したイギリスの法思想のものとは大きく異なったものであった。

　なお，「補論」と「終章」では，第1章から第4章までの考察で得られた英米の法思想史の知見から，現在の法哲学，英米法学のイシューについて検討してみたい。「終章」では，まず，ハートやドゥオーキンなどの現代の法理論を，英米それぞれのコモン・ロー思想のコンテクストで捉えなおすことを試みたい。ハート自身の理解とは異なるが，20世紀初めのサーモンドにハートの法理論の原型を見て取ることは十分に可能である。そして，コモン・ローを捉える枠組みは漸進的に変化したものの，権威的なルールの体系として法を捉える見方は，ヘイル以降のイギリスの法思想に一貫したものであり，ハートの法理論もその延長にあるものとして位置づけることができよう。一方で，アメリカの法思想についても，ホームズが，共同体の価値の探求を，陪審による責任の基準の決定から経済学に委ねるようになったこと，パウンドが，社会学的法学を提唱しつつ，コモン・ローは，社会の発展とともに変化する契機を内在的に有しているという「有機的な(organic)」な法概念を提示していたことを考えると，第4章で扱う19世紀後半から20世紀前半にかけてのアメリカ法思想に，ドゥオーキンの「統合性としての法」や「法と経済学」，あるいはプラグマティズムといった現代アメリカ法哲学のプロトタイプを見い出すこともできる。

　イギリスとアメリカの法思想史を比較するアプローチも本書の特徴であるが，「終章」で特に検討したいのが，ハートとドゥオーキンの法理論の違いを，歴史的観点，コモン・ロー思想史の展開の観点で捉えることができないかということである。例えば，判例法の分析から，コモン・ローのルールが裁判ではつねに変化することを十分に理解していたオースティンが，ルウェリンとは対照的に，法の救済的な側面については深く考察しなかったのは何故か。メインの歴史法学のような法の動態的な把握について，イギリスとアメリカではその受容の程度が対照的であったのは何故か。「終章」では，以上のような英米の法思想史，コモン・ロー思想史の観点から，ハートとドゥオーキンの法理論の差異について検討した

い。ハート，あるいはドゥオーキン自身は，それぞれ過去の法思想との違い，断絶を強調しているため，(4) 彼らの法思想をコモン・ロー思想の歴史的展開のコンテクストに載せることには異論があると予想されるが，それは，十分に可能なアプローチであると考えている。

　本論では，英米の公法，憲法についてはあまり扱っていないので，「補論」を設け，そこで「法の支配」について，法思想史の観点からアプローチする。コモン・ローにおける法の支配の問題は，J・ポーコックの「コモン・ロー＝マインド」の議論などの影響もあり，わが国の政治思想史研究でも重要なテーマであるが，ここでは，法思想史独特の観点からの法の支配の理解を提示したい。第1章から第3章で検討するような法実証主義的なコモン・ロー思想によってイギリスの法の支配の概念は形作られてきたのであるが，それは，法の実体的な内容には干渉しない「形式的な」概念であった。アメリカと対照的に，イギリスのコモン・ロー法律家は，ロックに代表される政治哲学的な議論を排除することで，独自の法の支配の原則を作り出している。

　なお，若干ではあるが，本書で使用した一次文献，二次文献についても触れておく。わが国のイギリス法思想史研究は，戦後は故内田力藏教授，1970年代以降は，本書でも参考にしているが，石井幸三教授の一連の研究がリードしてきたと言えるだろう。ただ，本書の扱う範囲については，石井教授の論文は，ほぼ70年代か80年代のものであり，わが国とは対照的に，その後も英米での法思想史研究は活況を呈している。本書と同じような，「通史的な」法思想史研究書としても，近年，Cotterrell [2003]，Lobban [2007a]，Postema [2011] など多彩であり，各々の法思想の解釈のみならず，冒頭でも述べたように，英米の法思想史を扱う際のアプローチについても大いに参考にした。また，著者は，幸運にも2009年から2010

---

(4) ハートに関して言うと，周知の通り，オースティン的伝統からの決別が強調され，本書で扱うようなイギリス法思想のうち，ベンサムとオースティン以外のものは，ほぼ無視されている。また，B・シンプソンが近著で指摘していることだが，『法の概念（The Concept of Law）』（1961年）の本文において，ヒュームからの引用を除けば，「コモン・ロー」，「エクイティ」という用語が一度も登場しないように，普遍性への志向もハートに特徴的である [Simpson 2011, pp.165-66]。一方，ドゥオーキンは，例えば，その近著『裁判の正義（Justice in Robes）』（2006年）の冒頭で，ホームズについて批判的に言及しているが [Dworkin 2006, p.1；邦訳，11頁]，本書では，ホームズによって開始されるアメリカ法学に特有なコンテクストにドゥオーキンを位置づけることを試みている。

年までロンドン大学にて在外研究に従事する機会があったのだが，その際，受け入れ先のクィーン・メアリー・カレッジのロバーン教授から，一次文献の収集に関しても様々な助力を受けることができた。例えば，第3章で扱っているHarrison [1919] は，すでに19世紀の後半に「権能付与的ルール」の重要性が認識されていたことを示す大変興味深い文献であるが，わが国では，その存在すら知られていないものであろう。さらには，ECCO (Eighteenth Century Collections Online) などのデータベースにより，大英図書館にしかないヘイルやブラックストーンの文献も活用することができるようになっている。アメリカの法思想についても，最近，ルウェリンの未発表論稿が公刊されるなど，検討すべき未開拓の文献は多々あるのだが，近年の法哲学，英米法，憲法などの重要なイッシューとも関連性を持たせるアプローチで，英米の法思想史に対する関心を少しでも喚起することが，本書も含めた，著者の研究の課題である。

2013年1月

戒能通弘

---

(5) この文献については，本書の第3章第3節で検討している。

近代英米法思想の展開
―― ホッブズ＝クック論争からリアリズム法学まで ――

目　次

はしがき

第1章　法実証主義的コモン・ロー思想の成立 …………………………… 1
　　——コモン・ローの正統性危機とヘイル——

第1節　クックの法思想 ……………………………………………………… 1
　　（1）伝統と革新の法思想　1
　　（2）技術的理性（artificial reason）　5
　　（3）法的推論と法の記述　12

第2節　ホッブズの法思想 …………………………………………………… 17
　　（1）クック批判　17
　　（2）権威による法思想　22
　　（3）ホッブズと法解釈　30

第3節　ヘイルの法思想 ……………………………………………………… 38
　　（1）技術的理性の擁護　38
　　（2）ヘイルにおける法実証主義　42
　　（3）コモン・ローと共同体　48

第4節　小　括 ………………………………………………………………… 54

第2章　ベンサムとコモン・ロー ………………………………………… 57
　　——コモン・ロー思想の三類型に対する包括的批判——

第1節　ブラックストーンの法思想 ………………………………………… 57
　　（1）救済としての法（law as remedy）の伝統　57
　　（2）慣習的ルールの体系としてのコモン・ロー　64
　　（3）コモン・ローにおけるルール概念の限界　74

第2節　マンスフィールドの法思想 ………………………………………… 80
　　（1）自然的正義に基づくコモン・ロー　80
　　（2）コモン・ローにおける原理的思考の限界　87

第3節　ベンサムの法思想 …………………………………………………… 93
　　（1）裁判官の慣習と一般的慣習の峻別　93
　　（2）ルールとしての法　100
　　（3）ベンサムの法の発展の枠組み　108

第4節　小　括 ………………………………………………………………… 115

目　次　xi

第3章　コモン・ロー思想の再生 ……………………………… 123
　　　　── 分析法学と歴史法学 ──

第1節　オースティンの法思想 ………………………………… 123
　　（1）主権者の命令としての法　123
　　（2）コモン・ロー的思考の擁護　132
　　（3）オースティンの法理学の目的とその整合性　142

第2節　メインの法思想 ………………………………………… 154
　　（1）歴史法学と法命令説批判　154
　　（2）法の段階的発展と法改革論　159
　　（3）メインの遺産　166

第3節　サーモンドの法思想 …………………………………… 173
　　（1）ホランドの法理学　173
　　（2）サーモンドの法実証主義と裁判官の観点　179
　　（3）「承認のルール」と法における正義　187

第4節　小　括 …………………………………………………… 191

第4章　アメリカのコモン・ロー思想と共同体 ……………… 199
　　　　── イギリス法実証主義に対するアンチテーゼ ──

第1節　ホームズの法思想 ……………………………………… 199
　　（1）オースティン，メインとホームズ　199
　　（2）共同体の価値の探求　210
　　（3）法予言説と政策考量　217

第2節　パウンドの法思想 ……………………………………… 225
　　（1）社会学的法学　225
　　（2）道具主義 対 有機体論（organicism）　232

第3節　ルウェリンの法思想 …………………………………… 238
　　（1）リアリズム法学　238
　　（2）フォーマル・スタイルとグランド・スタイル　249

第4節　小　括 …………………………………………………… 256

補　論　近代英米の法の支配に関する法思想史的考察 …………261
　　第1節　イギリスにおける法の支配と国王大権，国会主権………263
　　　　（1）　コモン・ローと国王大権　263
　　　　（2）　クックの「ボナム医師事件」とヘイル，ブラックストーンの
　　　　　　　法の支配　269
　　　　（3）　イギリスの国会主権の原則とアメリカ独立革命　274
　　第2節　二つの法の支配概念とイギリス，アメリカ………………276
　　　　（1）　マーシャルによる違憲審査制の確立　276
　　　　（2）　ベンサム，オースティンと法の支配　278
　　　　（3）　ダイシーにおける法の支配の形式的概念の確立　284
　　第3節　イギリスの法実証主義的伝統と法の支配…………………286

終　章　現代英米の法理学とコモン・ロー伝統 ……………………289
　　第1節　コモン・ロー理論をめぐる三つの論点……………………291
　　　　（1）　ルールか原理か　291
　　　　（2）　法宣言か法創造か　294
　　　　（3）　法と共同体　299
　　第2節　法社会学の観点とコモン・ロー理論………………………302
　　第3節　法思想史の観点とコモン・ロー理論の三つの論点………305
　　第4節　おわりに：ハート，ドゥオーキンの法理論とコモン・ローの伝統 …313

参考文献……319
あとがき……335
人名索引……341
事項索引……344

第1章
法実証主義的コモン・ロー思想の成立
――コモン・ローの正統性危機とヘイル――

第1節　クックの法思想

(1) 伝統と革新の法思想

　英米の法思想史，あるいはコモン・ロー思想の歴史的展開において，17世紀が重要な画期を形成したと指摘しているG・ポステマによれば，17世紀までには，コモン・ローの実務は成熟し，漸進的かつ断続的で，時々政治的な形態ではあったが，自らの実践する法について規定しようとする反省的な (reflective) コモン・ロー法律家も登場してきたとされている。そして，彼らは哲学者ではなく，法律家，裁判官，国王の助言者，あるいは議会派議員 (parliamentarian) であったため，完全に哲学的な法理論が論じられることはなかったが，法に関する哲学的考察で，現代でも中心的な問題である法や法的推論の性質，法の規範的権威などの問題について独自の見解が展開されたとポステマは指摘している [Postema 2002 a, pp.589-90]。

　ここでは，その17世紀前後のイギリスを代表する法律家であるエドワード・クック (Sir Edward Coke, 1552-1634) の法思想をまず取り上げたい。J・ルイスによれば，W・ホールズワースやレヴィ＝ウルマンなどの著名な歴史家によって，クックの法思想は，中世と近代の境界線上に位置づけられている [Lewis 2004 〔1968〕, p.107]。また，石井幸三は，クックの「マグナ・カルタの註釈が客観的には近代的な意義をもっていたといわれるのに対して，彼の主観的な自由及び理性観は近代的でなかったといえるだろう」[石井 1974, 81頁] と指摘している。た

---

(1) クックの法思想に関するわが国における先行研究としては，石井 [1974]，深尾 [1992] などがある。以下，人名については主題的に扱う節や特に関連が深いところでは，フルネームと生没年を付した。また，現代の研究者については，各章の初出でイニシャルをつけている。

だ，本書でクックをまず取り上げるのは，現代の範型（model）として近代を捉える立場からである。すなわち，パウンドが述べているように，近・現代法のすべての争点の概観をクックの著作に見い出すことが可能であるし［Lewis 2004〔1968〕，p.107］，実際に，クックの著作は，「繰り返し生じる法の問題を考慮する際のインスピレーション」［Sheppard 2003, p.xxiv］を与えるものとして捉えられている。さらに，上記の石井の指摘とは異なるが，クックの理性，すなわち技術的理性を中心とする法思想は，現代のR・ドゥオーキンにも連なるような英米法思想における一大潮流の基点となっているため［Goldsworthy 2007, pp.231-32］，前近代的として，その射程を限定することはできない。[2] 近年，英米において盛んになりつつある，クックやその周辺に関する研究[3]も，そのような本書のスタンスと無縁ではないであろう。

　さて，クックの法思想について検討する本節の構成であるが，クックの理性観，すなわち技術的理性についての考察が中心を占めることになる。その際，まず，第1項において，クックの技術的理性の観念が，歴史性によってその優位を論じるコモン・ローの古来性の議論を発展させたものであることを確認する。次に，法思想が置かれたコンテクストを重視する近年の英米の研究を手がかりとして，クックの技術的理性の観念の特性を，同時代のイギリスの理性観念との比較から浮かび上がらせることを試みたい。また，わが国の研究史においてあまり明確にされているとは言えないクックの技術的理性の具体的なあり方を，彼の『判例集（*Reports*）』から明らかにしたい。さらに，第3項においては，第2節で検討するホッブズのクック批判の意図を十全に理解する準備として，彼のもう一つの主著である『イングランド法提要（*Institutes of the Lawes of England*）』についても検討

---

(2) なお，深尾裕造は，「主権的国家の理性の公的性格への信頼が揺らぎつつある時代」において，「国王の権威から自立して，いかに公的理性を構築すべきかという課題意識の下で展開されたクックのArtificial Reason論の意義が改めて問いなおされてしかるべき」との観点から，「Artificial reason論に付随する，中世的ギルドの，保守的法曹による，職業利害に基づく，『秘儀』というレッテルを」剥がすべきであると，クックの現代性に着目しているが，現代の英米法思想とのつながりについては触れられていない［深尾1992（3・完），139頁］。

(3) 代表的な動きとして，クックの著作選集（3巻）が公刊されたことを挙げることができよう［Coke 2003］。また，クックに関するアンソロジーとしてBoyer［2004］，他に，クックについての伝記的考察として，Boyer［2003］。クック周辺に関する著作としては，以下の2冊，Tubbs［2000］，Barnes［2008］を参照。

する。

　クックは矛盾の法律家であり，例えば，J・タブスは，クックについて，「彼の言語は大変豊富で曖昧であり，かつ，彼はほとんど体系化されていないので，彼は正確には把握されえない」［Tubbs 2000, p.160］と述べている。本書の主題の一つである，コモン・ローの発展がどのように捉えられていたかという観点からは，最も重要な矛盾は，クックにおける「法の『不変性』と『歴史的改変』の矛盾」［土井 2006, 203頁］であろう。すなわち，クックは，「コモン・ローの不変性を強調しつつも，（中略）同時に，過去の幾多の経験と叡智によって繰り返し洗練されてきたのだと説明している」［前掲書, 201-202頁。（　　）内は引用者］のであった。土井美徳は，「コモン・ローは個々の『素材（material）』という次元では，時代的変遷のなかでその時々の叡智と経験によって繰り返し修正され，改変されてはいても，少なくとも『理性』が結晶化した法の基本的・原則的な要点は継承されているのだと捉える」［前掲書, 203頁］ことで，この矛盾を解決することを試みているが，ここではタブスの研究に依拠して，その法思想の変遷という観点から，クックにおける「伝統と革新」について考えたい。

　クックの法思想の伝統的，保守的な側面は，コモン・ローの正統化と深く関わっている。例えば，『判例集』の第5巻（1605年）の「序文」において，クックは，「イングランドの古く卓越した法は，この王国（realm）の臣民が持つ生得権であり，最も古く，しかも最良の遺産である。なぜなら，それらによって彼は，彼の相続財産や所有物を平和と安静のうちに享受できるだけでなく，彼の生活と，そして彼にとって最も大切な国を安全のうちに享有できるからである」［Coke 2003, vol.1, p.127］と述べている。同じく『判例集』の第6巻（1607年）の「序文」において述べられているように，イングランドの土地は，ブリテン人，ローマ人，サクソン人などによって支配されてきたが，「それにもかかわらず，これらのいくつかの国家，そして彼らの国王のすべての時代において，この王国は，現在それが統治されているものと全く同じ慣習によって，絶えず統治されて」［*ibid.*, p.150］きたことが重要なのであった。すなわち，「それらの慣習が非常に良いものでなかったならば，彼ら自身の法で残りのすべての世界を判断したローマ人が特にそうであったように，これらの国王の何人かは，正義，あるいは理性か感情に突き動かされてそれらを変えてしまったか，完全に廃止してしまったであろう。同様に，剣によってのみイングランドの王国を支配していた先に触れた他の王た

ちも、その特徴であった力や権威によって、その法を廃止していたかもしれない」[*ibid.*, pp.150-51]が、そうはならなかったことから、その古来性によってコモン・ローの良さが証明されているとクックは論じたのである。

さらに、クックは、『判例集』の第4巻（1602年）の「序文」において、「古来のコモン・ローと王国の慣習の基本的な点については、そのいかなる部分の変更も最も危険であるということが、統治における格率であり、経験によって試されてきた」[*ibid.*, p.95]として、法の「不変性」を強調している。クックによれば、古来のコモン・ロー（ancient common law）は、アングロ・サクソンの時代から、あるいはローマの支配以前からブリテンにおいては法体系として存在していたのであり、そこからの離反は、退行的なもの（degenerative）なのであった［Gray 1971, p.xxiii］。例えば、同じく、『判例集』の第4巻の「序文」においては、コモン・ローの基本的なルールに反して限嗣不動産権（estate in tail）が導入され、譲渡可能な単純不動産権（fee simple）とは異なる権利が導入されたことが批判されている［Coke 2003, vol.1, p.95］。また、ユース（use）については、大法官が受益者にエクイティ上の救済を与えたことで生じた権利の二重性が、1535年のユース法（Statute of Uses）によって制限されたことで、コモン・ロー本来の不動産権のあり方が回復されたとクックは指摘していた［Gray 1971, p.xxiv］。

このように、『判例集』においては、コモン・ローの良さは、その古来性と結びつけられており、法の「不変性」も強調されていた。しかしながら、1600年代初頭の、上に引用した『判例集』における記述とは異なり、1628年に出版された『イングランド法提要』の第1巻においては、クックの、「コモン・ローの賢明さについての概念（conception of the wisdom of the common law）」[Tubbs 2000, p.161]は、より洗練されたものになっている。すなわち、先に触れたタブスによると、「クックの、判例集の『序文』やカルヴィン事件の判例報告におけるコモン・ローの古来性の議論と、彼の『提要』における後の議論を比べてみると、法の古さの重要性についてのクックの見解が、時を経て、かなり発展しているという印象が容易に得られる」[*ibid.*]のであり、法の革新的要素を多分に含んだ「法の技術的理性（artificial reason of law）」は、クックの法思想を、かなりの程度に特徴づけている。

（2） 技術的理性 (artificial reason)

『イングランド法提要』の第1巻におけるクックの技術的理性についての典型的な記述は以下のようなものである。「理性に反する法は，法ではない。なぜなら，法の生命は理性なのであって，コモン・ローそれ自体も理性にほかならないからである。そして，その理性というのは，すべての人の自然的理性ではなく，長年の研究，観察，経験によって得られる技術的理性の完成体として理解される。なぜなら，誰も技術者としては生まれないからである。この法的理性は，最高の理性である。そして，数多くの頭の中に散在する理性を一つに統合しても，その人物は，イングランド法のような法を形成することはできない。なぜなら，イングランド法は，数え切れないほどの，威厳があり学識のある人々によって，何世代もの積重ねにわたって，洗練かつ精錬されてきたのであり，法より賢明な人はいないという古いルールが正当に実証されるほど，長い経験により，この王国の政府にとっては完璧なものになった。（彼自身の自然的理性の欠乏によって）どんな人も，理性の完成体である法より賢明であることはない」[Coke 2003, vol.2, p.701]というクックの記述は，彼の法思想の要諦として，度々引用されるものである。

クックの技術的理性についての記述は，彼の死後の1656年に出版された『判例集』の第12巻にもある。すなわち，「国王は，法は理性に基づいており，裁判官たちと同様，彼や他の人々も理性を持っていると考えていると述べられた。それに対して，私は，陛下が，神によって卓越した知識と偉大な天性の才能を与えられているのは事実であるが，陛下は，イングランドという彼の王国の法や，臣民の生活，相続不動産，あるいは動産，富に関する根拠を習得されているわけではない。それらは，自然的理性ではなく，技術的理性と法の判断によって解決されなければならないと答えた」[ibid., vol.1, p.481]との記述である。この記述の後に，「国王はいかなる人の下にもあるべきではないが，神と法の下にはあるべきである」[ibid.]というブラックトンの引用もあり，クックの技術的理性は，法の支配との関連で論じられることも多いけれども[4]，ここでは，本書で，英米の法思想における論争の軸の一つとして設定した裁判官の法形成と共同体の関係とい

---

[4] 国王大権とともに，国会主権に対する法の支配についてのクックの議論については，補論で検討する。

う観点，すなわち，「コモン・ローと共同体の関係」，「裁判官による法形成はいかにして正統化されるのか」といった論争軸に即して分析を加えたい。

A・クロマティによると，ベンサム以前のコモン・ロー思想の興味深い点は，「法律家が何をしているか，すなわち，訓練された専門職を構成すると言われるであろう思考と行動のパターンについての説明と，彼らの秘儀的な実践をより広い範囲の人々によって生み出された原理と同一視する試みの間の緊張関係にある」[Cromartie 2007, p.203]。古典的コモン・ロー思想においては，裁判官の法形成の正統性は，政治的なものではなく，裁判官が共同体の代表者としてその法を述べる (state) ことによって与えられていたという見方もあるが [Cotterrell 2003, p.27]，実際は，以下のように，裁判官が法形成をする際の共同体との関係をどのように捉えるかは多様なものであった。

まず12, 13世紀において，グランヴィルやブラックトンといったコモン・ローの萌芽期の法律家たちは，ローマ法学の影響を受けて，コモン・ローの正統性を国王の承認に求めている。グランヴィルやブラックトンは，一般的同意によってコモン・ローを基礎づけるのではなく，その権威の直接的要因として国王による承認を提示したのであった[Tubbs 2000, p.187]。また，15世紀のフォーテスキューは，コモン・ローの知恵や卓越性を賞賛しつつも，その権威を正統化する必要性を認識していなかった [*ibid.*, p.188]。

ところで，年書 (Year Book) や判例集を仔細に検討しているタブスは，クックの時代でもある16世紀以降の判例集においては，コモン・ローを王国の慣習としてよりも，専門職のエリートの共通の学識として捉える議論が顕著になっていると論じている。一方で，ジョン・デイヴィスのように，コモン・ローは，王国の共通の慣習であって，イングランドの人々の慣行や実践によって創られるもので，人々の記憶の中に記録されていると論じる法律家もいた [*ibid.*, pp.191-92]。1613年の『アイリッシュ・レポート (*Irish Reports*)』の序文で，デイヴィスは，コモン・ローの賢明さは，一般の人々の経験によって保証されていると論じている [Cromartie 2007, p.214]。クックの時代においては，コモン・ローは，人々の慣行とも，コモン・ロー裁判所の慣行とも捉えられていたのだが，クック自身の法思想においても，すでに触れたように，コモン・ローを古来の一般的な慣習と同定し，コモン・ローと共同体の結びつきを強調する見方と，法の技術的理性を強調し，裁判官の慣行として法を捉える見方の双方があった。しかしながら，コモ

ン・ローは，コモンウェルス全体に流通しており，すべての街，マナー（manor）で用いられているとも述べていたクックではあるが，一般的な慣習についての考察は，実際は皮相なものであり，デイヴィスとは違って，それについての理論的な考察はなされていない [Boyer 2003, pp.86-87]。また，タブスの研究に依拠するならば，クックのコモン・ローを捉える視座が，「古来の慣習」から「技術的理性」に移っていったと整理することも可能であろう。クックの法思想の焦点は，何が法かという問いよりも法律家や裁判官が何をするかという問いにあり，コモン・ローの理性は裁判官の理性であること，また，コモン・ローは慣習を反映するが，それは裁判官によって発展させられる慣習であることが強調されている。コモン・ローの卓越性は，一般的慣習を反映していることではなく，訓練や技術によって洗練された，法律家の集合的・専門的な知識を反映することに起因すると考えられるようになったのであり，クックにおいては「コモン・ローと共同体の関係」についての厳密な考察はなされていなかった [ibid., p.88]。

クックの法思想における一般的慣習は，M・ロバーンが指摘しているように，コモン・ローの詳細ではなく，その基礎を与えるものであったと捉えることもできるだろう。古来の慣習が，例えば，憲法の構造や財産に関する基本的なルールなどのコモン・ローの基礎を与えていたという理解である。クックによれば，マグナ・カルタ（1225年），森林憲章（1225年），ウェストミンスター第一法律（1275年），同第二法律（1285年），令状登録簿（Register of Writs）に収められた訴訟開始令状など，幾世代にもわたって確認されてきた超記憶的な慣習によって，コモン・ローの基礎は形成されているのであった [Lobban 2007a, p.37]。

しかしながら，技術的理性に関する本項冒頭の引用からも推測できるように，クックにとって，コモン・ローの本質は，裁判官の実践において，すなわち，法的推論の過程において見い出されるべきものであった。裁判官の集合的な知恵（collective wisdom）に基づいて司法的実践が行なわれることにおいて技術的理性は見い出されるのであり，さらに，その集合的な知恵は，つねに再検討の対象とされていたため，クックの技術的理性は，法発展の原動力にもなっていた [Boyer 2003, p.108]。以下においては，A・ボイヤーの研究に即してクックが関わった判

---

(5) 1611年までに出版されたクックの『判例集』の第8巻までの序文において，コモン・ローの古来性の議論が繰り返し登場しているのとは対照的に，『イングランド法提要』においては，頻繁に，コモン・ローを技術的理性と見なす考え方が示されている [Tubbs 2000, p.231]。

例を検討することで，彼の技術的理性の内実をより明確にすることを試みたい。

ここではまず，シェリィ事件（*Shelley's Case*, 1581年）について扱いたい。シェリィ事件とは，ある人に生涯不動産権（life estate）が与えられ，彼の相続人に残余権（remainder）が設定された場合，それが絶対的単純不動産権（fee simple absolute）になるというルールの起源となった有名な判例であるが［Coke 2003, vol.1, p.7］，この事件によって，クックは，法律家としての名声を得たのであり，さらに，判例集の著者，編集者としての彼の評判も確立した［Boyer 2003, p.115］[6]。

このシェリィ事件は，不動産譲渡の際の専門用語であった「Aと彼の法定相続人に対して（A and his heirs）」の解釈が問題になった事件である。すなわち，エドワード・シェリィが，土地に関して彼自身に生涯不動産権を設定し，彼の法定相続人に残余権を設定したのだが，エドワードの長男の未亡人の息子であるヘンリーがその財産を相続しようとした際，エドワードの次男のリチャードが，「Aと彼の法定相続人に対して」という用語が，当該不動産の範囲，性質を示す内容表示文言（words of limitation）ではなく，その時点で権利の譲受人を指定する権利取得者表示文言（words of purchase）であるとして，自らの権利を主張したのであった。すなわち，エドワードが上述の設定をした際に，リチャードは権利を取得していたのであって，後日，より近親の相続人であるヘンリーが誕生したことは無関係であると論じたのであった［*ibid.*, pp.115-16］。

ヘンリー・シェリィの弁護人であったクックは，リチャード・シェリィは，相続によってのみ財産を取得できると主張したが，クック以前の数世紀にわたって，「Aと彼の法定相続人に対して」という用語により，Aは，彼の生涯において単純不動産権（fee simple）を持ち，その後，彼の相続人がそれを保有すると考えられていた。法定相続人は，直ちには何も受け取らないのであって，Aからの相続としてのみ財産を取得すると考えられていたのだが，シェリィ事件を扱った王座裁判所も，クックの主張を容れる形で，既存の法を追認している。しかしながら，ボイヤーが，「封建制下においては，法の言語は，法的，社会的，政治的な領域において共通の言葉であった。自由土地保有の譲渡は，それら異なった領域において，一つの意味を持っていたのだが，シェリィ事件の時期から，法は法律家たちの言葉になった」［*ibid.*, pp.119-20］と指摘しているように，シェリィ事

---

(6) シェリィ事件については，Coke［2003, vol.1, pp.6-36］を参照。

件においては、法律家による用語の解釈に焦点が当てられており、それ以前のものとは、推論の形態に大きな違いがあった。クックの技術的理性とは、要するに、法律家層に特権を与えるものであり、用語の解釈においても、法律家によって用いられていた意味が優先されていたのであるが、シェリィ事件以降も、法的用語は、法律家の間で流通している技術的な意味で解釈されるようになる。シェリィ事件では、継承的財産設定者（settlor）の意思を尊重すべきであるとのリチャード・シェリィ側の主張が退けられたが、第2章で見るように、18世紀には、マンスフィールドが遺言者の意思を尊重するのは普遍的な真理であるとして、シェリィ事件のルールに挑戦している。しかしながら、当時の裁判官たちは、シェリィ事件の裁判官たちと同様、たとえ何千人もの遺言者の意思が無視されるとしても、確立されたルールには従うべきだと論じたのであった。このような、技術的理性に基づく法的推論が、一般的な慣習としてコモン・ローを捉える立場とかけ離れていることは明白であろう。

　次にスレイド事件（*Slade's Case*, 1597-1602年）について検討したい。この事件は、近代契約法の出発点になったものだが、クックによる司法的立法、あるいはエリザベス女王期のコモン・ローの法創造の代表的な例として捉えられている。また、上述のシェリィ事件と同様、法専門職の経験、コンセンサスに支えられているという点でも、クックの法思想の特徴が反映された事件と言えるだろう [*ibid.*, p.125]。

　16世紀の半ばまで、債務の不履行は、金銭債務訴訟（debt）によってのみ救済されていたが、雪冤宣誓者の宣誓により無責任を証明する雪冤宣誓（wager of law）が被告側には許されていた上に、非常に複雑な訴答が要求されていた。よって、原告にとっては、陪審による審理であった引受訴訟（assumpsit）がより望ましいものであったが、それは、被告側の、債務を支払うという明示の引受けがあった場合にのみ認められるものであった。このスレイド事件によって、債務の存在は支払いの約束を含意しており、それだけで引受訴訟を可能にすると判決され、コモン・ローが商業社会の発展に寄与することになったのだが [Malament 2004 〔1967〕, p.191]、その際の原告であったスレイドの訴訟代理人をクックは務めている(7)。

　スレイド事件の焦点は、王座裁判所（Court of King's Bench）と人民間訴訟裁

---

　(7)　スレイド事件については、Coke [2003, vol. 1, pp.116-24] を参照。

判所（Court of Common Pleas）の間の管轄権の競合にあった。伝統的に，中世のコモン・ローにおいては，債務あるいは契約の関わる訴訟は，金銭債務訴訟によって，人民間訴訟裁判所のみが審理できるものとされていたが，王座裁判所が，契約が成立した時点で，黙示の支払いの約束に違反していると構成し，特殊主張侵害訴訟（trespass on the case）として扱うようになったため，スレイド事件以前においては，契約に関わる訴訟の原告は，人民間訴訟裁判所に金銭債務訴訟で訴えるか，あるいは，王座裁判所に引受訴訟で訴えるかの二つの選択肢を持つという状況であった［Boyer 2003, p.125］。1596年に，王座裁判所の裁判官と人民間訴訟裁判所の裁判官が共同で，スレイドによる引受訴訟を審理し，陪審は，被告が契約の際には支払いの約束をしたが，その後は新たな約束をせず，約束に背いたという事実認定，個別評決（special verdict）を出している。その際，王座裁判所の首席裁判官であったジョン・ポパムは，管轄権の競合から生じる混乱を回避するために，王座裁判所の裁判官も含めた財務府会議室裁判所（Exchequer Chamber）を開いたのだが，クックも，そこに参加し，王座裁判所の管轄権の正統性を主張して，反対の立場にあったフランシス・ベーコン（Sir Francis Bacon, 1561-1626）などに勝利したのであった［*ibid.*, pp.127-28］。

クックのここでの議論の特徴として，先例の扱いを挙げることができる。人民間訴訟裁判所は，引受訴訟もそこに含まれる特殊主張訴訟（action on the case）は，既存の令状では救済が与えられない場合にのみ認められるべきだと主張し，さらに，引受訴訟には，後の明示の支払いの引受という現実の詐欺が必要であるという先例に従うべきだと論じていた。しかしながら，実際には，原告には救済の選択肢がすでに与えられており，さらに，次項でも扱うが，クックにおいては，先例において重視されるべきは，その背後にある理由づけなのであり，契約時に支払いの約束が含まれていると考えるべきなのであった。また，クックは，「共通の進路が法を創る（common course maketh a Law）」［Coke 2003, vol.1, pp.119-20］という格率（maxim）を用いて，スレイド事件以前においても，王座裁判所が，引受訴訟を扱ってきたという慣行に注意を向けている。クックにとって，法とは，裁判官の技術的理性から生じる，裁判官のコンセンサスや共通の知恵の中に存在

---

(8) 特殊主張侵害訴訟は，本来は，権利侵害に対して損害賠償を請求する救済方法であったが，ここでは，被告が支払いを引き受けたにもかかわらず，それを履行せず，原告に損害を与えたとの構成を取っている［田中 1991, 73頁］。

するものであるが，新しいコンセンサスが形成されるならば，コモン・ローも変化すると考えられたのであった［Boyer 2003, pp.132-33］。

　以上，若干の判例の検討を通じて，クックの技術的理性の性格を明確にすることを試みてきた。クックにおける，コモン・ローを一般的慣習，超記憶的で不変の慣習と捉える見方と，法を発展させる裁判官の慣習と捉える見方の矛盾については，すでに見たように，クック自身の見解の変遷と見るタブスの解釈や，法の基本的な部分については不変なものとしてクックが捉えていたといった見方がこれまで示されてきた。さらに，政治思想史の観点からは，古来の国制（Ancient Constitution）の議論に典型的に表れているように，国王大権に対して超越的な権威を主張するものとしてクックの一般的，超越的な慣習が捉えられているが，法思想史，あるいは，今後検討していく「裁判官による法形成はいかにして正統化されるのか」という本書のテーマ，論争軸とより関連する見方として，タブスの見解を，簡単ではあるがさらに紹介したい。

　タブスは，クックの議論の多くが，裁判官の共通の学識としてコモン・ローを捉えているにもかかわらず，『判例集』などにおいて，コモン・ローを古来の一般的慣習として捉えていることを，別の角度からも検討している[9]。そして，その要因として，慣習ではなく，法専門職や裁判官の蓄積された学識によってのみコモン・ローを捉えるならば，法の権威，あるいは正統性について説明できなかったであろうことを挙げている。司法による法形成を正統化する理論のモデルとなるようなものはなく，それを一から作り上げる必要があったが，慣習は，当時のヨーロッパで法源として認められていたため，クックは，コモン・ローを古来の一般的慣習として説明したという解釈である［Tubbs 2000, p.194］[10]。これは，クックが，コモン・ローの基本的な部分に関してのみ，慣習的なものとして捉えてい

---

[9]　すでに注(5)でも触れたように，クックのコモン・ローの古来性の議論は，『判例集』の「序文」に集中している。ここから，『判例集』の序文は一般の人々に向けられたもので，判例集自体は法専門職に向けられて書かれたものと考えることも可能かと思われる。

[10]　上述のスレイド事件でベーコンとともに被告側の訴訟代理人を務めたジョン・ドッドリッジも，「イングランドの法の根拠，ルール，原理は，自然法の結論であるか，一定の一般的慣習から導かれたものである」としながらも，それらが紛争や議論によって試され，調整されたものにコモン・ローの本質を見ているようである。ドッドリッジにおいても，コモン・ローは，法専門職の「知恵，学識そして長い経験によって，人々の問題に関して理にかなっており，何が適していて有益かを知っている」技術的理性に基づくものなのであった［Dodderidge 1629, p.6, 91］。

たというロバーンなどの見方を、違う角度から捉え直したものとも言えるだろう。いずれにせよ、コモン・ローを裁判官のコンセンサスとして捉え、コモン・ローを共同体の価値と結びつけることもなかったクックの技術的理性の観念は、その正統性に関して、ホッブズなどによって批判されることになる。

(3) 法的推論と法の記述

　ここでは、クックの技術的理性の内実をより明確にするために、彼の法的推論と、『判例集』、『イングランド法提要』などにおける法の記述の特徴について検討したい。

　前項において検討したように、クックの技術的理性は、裁判官のコンセンサスや共通の学識に支えられたものであったが、それは、法的推論の過程において見い出されるものであり、本質的には、弁論の行使（forensic exercise）に基づくものであった [Lobban 2007a, p.37]。クックは、法の真の理解は、議論、論争を通じて達成されると信じていたのであり、一人の法律家の意見よりも、集団の知恵の方が、より完全であって、信頼できると考えていたのである [Boyer 2003, p.89]。先例に関しても、重要なのは、背後にある裁判官の議論の過程であった。すなわち、先例が信頼されるのも、事実関係の検討やそこで用いられる理由の説明が、審理、すなわち弁論、議論の過程を経て、裁判官によって十分になされたと考えられるからであった [*ibid.*, pp.98-99]。クックによれば、「コモン・ローの偉大な名誉の一つは、非常に困難な諸事例が、暗いところで、あるいは沈黙のうちに、理由を隠す形ではなく、開かれた法廷において、まず、バー（bar）で、それぞれの当事者について精通している弁護士によって、（中略）そして次に、判事席（bench）の裁判官によって（中略）、そのような個別のすべての事例に関して、彼らの判決と解決の法源、理由そして根拠が詳細に宣言される」[Coke 2003, vol.1, p.307.（　）内は引用者] ことにあった。

　クックにとって、あるいは同時代のコモン・ロー法律家たちにとって、法的推論において重要なことは、できる限り多くの理由を示すことで、説得力のある議論を提示することであった。例えば、有名なボナム医師事件（*Bonham's Case*, 1610年）でも、クックは、五つの根拠を挙げていたが[11]、その根拠、あるいは理由の中

---

　[11]　「ボナム医師事件」については、法の支配について検討している補論で詳しく扱っている。

で最も説得力を持つとされていたのが格率（maxim）であった。ボナム医師事件においても、「誰も彼自身の訴訟において裁判官になるべきではないので、彼自身の財産について裁判官になることは不正である」[*ibid.*, p.275]，「一般的な条項は、特に明示されたものにまでには及ばない」[*ibid.*, p.277]，法文に「安定性をもたらすために付加された後続の文言は、安定性を欠いていた元々の文言に、もどって参照させられなければならない」[*ibid.*, p.278] といった格率が挙げられているが、格率の他の例としては、クックの『判例集』には、「国の古の諸コモン・ローと諸慣習の如何なる基本的な点であれ、その変更は危険である」といったものがある［深尾 1992（3・完），108頁］。また、クックの同時代の17世紀の初期において、格率について最も洗練された説明を提示したとされるベーコンは、「法は、遠因ではなく近因（proximate causes）を顧慮する」、緊急避難（necessity）と強迫（duress）に関して「行為が強制的なもので自発的なものでなく、同意がなく、選択したものでなければ責任はない」，「法は、不法行為者の害意ではなく、被害者の損害を見る」といったものを挙げている［Lobban 2007a, pp.38-39］。

　要するに、クック、あるいは同時代のコモン・ロー法律家において、法は、実定的な、あるいは歴史的な基礎、法源があってそこから導かれるものではなく、法専門職の弁論の結果生じてくるものであり、その際、中心的な役割を果たしていたのが格率であった。格率は、「具体的事件を解決する上でのその解決方向を指し示す」［深尾 1992（3・完），109頁］役割を果たしていたのである。なお、推論の道具という性質から導かれるものであるが、この格率は、ベーコンにおいても確定したもの、あるいは秩序づけうるものではなく、その用い方は、それを使う人々の裁量に委ねられていたこと［Lobban 2007a, p.38］、また、本項の最後にも検討するが、権威的な先例がないとき、あるいはそれらが競合しているときに、法を発展させる役割を持っていたことを付言しておきたい。

　次に、クックにおける法の記述の特徴を、『判例集』、『イングランド法提要』の構成に焦点を当てて検討したい。

　クックの時代においては、そのスポークスマンが裁判官であったこと、主要な法源が書かれたテキストではなく不文の先例であったこと、公式言語がロー・フレンチであったことなどから、コモン・ローは論争の的であり、ローマ法学者を中心に、権威についても疑問が持たれることもあり、安定した基礎を有していないとの認識が広まりつつあった。そして、ローマ法大全（*Corpus Juris Civilis*）と

同様なものによって,コモン・ローを体系化しようとする試みも,広まりつつあった [Helgerson 2004〔1992〕, pp.26-27, 32]。わが国における先行研究においては,クックに関しても,「黙示的かつ限定的にせよ,ローマ法的な一般的原理の発想に立ってコモン・ローの編纂を行っている側面があることは否定できない」[土井 2006, 158頁] と,クックに対するローマ法の影響の指摘がなされている。しかしながら,そのような観点は,クックにおける技術的理性,あるいはその法思想全体の企図を必ずしも正確には捉えていないとも思われる。

　クックの法の記述の特徴は,まず,刑法のダイジェストに対する応答に見ることができるだろう。ベーコン,あるいは,ジェームズ1世によって,刑法分野において制定法の統合が進められたことに対しては反対していなかったが [Helgerson 2004〔1992〕, p.47],クックが恐れていたことは,制定法のみならず,コモン・ローまでもそのような改革の対象になることであった。「全能の神自身が,モーゼを通じて彼の法を伝えたときに,諸例 (examples) によって法を教えたように,特定の諸事例や諸例を報告することが最も明快な教え方である」[Coke 2003, vol.1, p.156] というクックの言明は,コモン・ロー自体は,つねに,そして未来永劫に書かれえないものであり,判例集は,その注釈,あるいは解釈に過ぎないという前提に基づいている。すでに述べたところとも重なるが,コモン・ロー＝不文法は,裁判官,法律家集団の集合的記憶の中にのみ存在しているのであり,ローマ法学の方法に基づく,法学提要 (institutes),ダイジェスト,法典化は,そもそも,そのようなコモン・ローの本質と相容れないものと考えられていたのである [Helgerson 2004〔1992〕, p.52]。

　もちろん,クックによる『イングランド法提要』に関しては,その原題 (*Institutes of the Lawes of England*) が示しているように,ローマ法の影響を指摘しうるものであるし,イングランドのコモン・ローの包括的な入門書のように捉えられることもある。しかしながら,『イングランド法提要』で実際に試みられていたのは,「ユスティニアヌスの方法やそれに追従したものとは非常に異なる提要の方法であったので,しばしば,それは,一切の方法を伴っていないようであった」[*ibid.*, p.55]。次章で見るように,ブラックストーンも,クックの方法には大きな欠陥があると指摘していたが,実際,親戚間の相続を論じている所で,格率の定義がなされていたり,地代を論じている箇所で陪審制について論じられていたり,鋤奉仕保有 (socage) の下で国王大権が論じられていたり,あるいは,騎士奉仕

(knight's service)の下でマグナ・カルタが論じられていたりする [*ibid.*, p.61]。クック自身もこの点については認識しており，「学生にとって容易にするために，これらの提要に対して，表（a table）を作ることを一度は意図した」[Coke 2003, vol.2, p.744] と述べている。しかしながら，クックは，同時に，むしろそのような「表や要約（abridgment）は，それらを作る人々にとって最も有益であるため，私は，その仕事をすべての勤勉な読者に委ねた」[*ibid.*] とも述べている。クックによれば，コモン・ローの技術的理性とされているものは，経験があり，よく訓練された法律家の頭の中にあるのであって，法の知識も，あたかも深い井戸のようなものであって，そこから，それぞれの人の理解の強さに応じて引き寄せられるものと考えられていたのであった [Helgerson 2004〔1992〕, p.63]。

このように，クックの技術的理性は，格率を中心とした法的推論のあり方に見い出されるものであり，熟練した裁判官の集合的記憶にのみ存在するものであったが，その裁判官の法的推論を導く実質的な指針として考えられていたのが，コモン・ロー自体の一貫性，調和であった。

クックの判例集の目的の一つとして，コモン・ローにおける矛盾を解決するということがあった。当然，それは，その詳細についても熟知している法律家によってなされるべきなのだが，クック自身も，『判例集』において，コモン・ローの一貫性，調和といった観点から，いくつかの先例を熟慮不足であるとして，その効力を否定している(12)。さらに，そのような一貫性は，コモン・ローにおける矛盾を発見するだけでなく，法を発展させるためにも必要とされていた [Cromartie 1995, pp.18-19]。その際は，上記の格率が用いられており，コモン・ローの経験から導かれた格率は，法を新しい状況に適用し，発展させる際に重要な役割を果たしたのであった [Lobban 2007a, p.40]。

クックは，コモン・ローにおいて，答えがない法的な問題，あるいは裁判官の裁量が必要になってくるような問題はないと考えていた。本節でも触れた従来の有力な先例に反するスレイド事件におけるルールや，違憲審査制を確立した画期的な判決と捉えられることもあるボナム医師事件での法理なども，「何らかの刷

---

(12) C・グレイは，法が一貫性を失うならば，法の権威が失われることになるだろうとクックが考えていたと指摘している [Gray 1980, p.34]。また，クックの判例集の目的として，中世以来蓄積していた多数の判決の中から，技術的理性を用いて，広範な適用可能性を持つ先例を確定することもあった [Boyer 2003, p.106]。

新(innovation)ではなく，過去の非常に長い期間にわたる尊敬すべき裁判官たちや賢人たちの判決や見解の復元(renovation)」[Coke 2003, vol.1, p.229] として位置づけられていたのである。「良い裁判官は，彼自身の気まぐれや彼自身の意思の示唆によっては何事もなさず，制定法と法に従って宣告する」[*ibid.*] ともクックは述べているが，明確な先例がなく，裁判官の裁量が必要になる場合でも，裁判官は，過去の偉大で学識のある裁判官に倣って推論することが求められていたのであり，そうすることによって，裁判官は，コモン・ロー＝技術的理性に従っていると捉えられたのである。「裁判官による法形成はいかにして正統化されるのか」という論点に即して整理するならば，裁判官の裁量の行使と考えられるものも，クックによれば，裁判官がコモン・ローに従う義務を果たしていることにほかならなかったのである [Boyer 2003, p.92]。そして，そのような観点から，自然法，あるいはエクイティに基づく裁量も批判されている [Cromartie 1995, p.21]。C・グレイの比喩を借りるならば，クックの「コモン・ローは無限の経験を持つ人のようであり，いたるところに居て，すべてを見て，聞いていた人のようで，そのイメージにおいては，新奇の事例(case of first impression)の問題に対する解決も，潜在的に含まれていた。イングランドには，新奇の事例は存在しなかった」[Gray 1980, p.29] のである。

　ただ，現代の研究者からも，以上のようなクックの理論構成には疑問が呈されている。例えば，S・ソーンが，クックの「判決は，『次のことがコモン・ローの古来の格率である』という言葉で始まり，見せかけのクックのラテン語の格率の一つが続くが，その格率は，どのような状況にも適合するように捏造できるものであり，古来の権威を持つような雰囲気を与えるもので，それにより，新しい出発点(法創造)が導入される傾向があった」[Thorne cited in Cromartie 1995, p.19.（　）内は引用者] と指摘しているようにである。次節では，クックに対する最も苛烈な批判者であったホッブズの法思想を検討する。[13]

---

(13) 19世紀のジェームズ・スティーブンは，イギリスの刑法の歴史について論じた際に，そこにおけるクックの影響力は，法律についてのクックの専門的な知識ではなく，その『判例集』が，法学研究を支配して，それ以外には学ばれる必要がないと考えられていたことによると指摘している [Pawlisch 1980, p.694]。

第2節　ホッブズの法思想

(1)　クック批判

　本節では，トマス・ホッブズ（Thomas Hobbes, 1588-1679）の法思想を扱う。まず，第1項において，前節で検討した，技術的理性を柱としたクックの法思想に対するホッブズの批判を，『イングランドのコモン・ローをめぐる哲学者と法学徒との対話（*A Dialogue between a Philosopher and a Student, of the Common Laws of England*）』（1681年）における議論から検討したい。また，第2項においては，『リヴァイアサン（*Leviathan*）』（1651年），『法学要綱（*The Elements of Law*）』（1640年）などから，クック批判の前提になっていたホッブズの法実証主義的法思想を素描する。「ホッブズの主権論，法命令説とそれに連なる法実証主義的法思想はベンサムを経て近代法，法学の基礎理論を提供した」［深尾 1992(1), 257頁］との指摘の通り，ホッブズの法思想は，コモン・ロー思想と対立する（と考えられている）法実証主義的法思想の原点として理解されているが，本節第3項において見るように，その法解釈の議論はいくつもの問題点を孕むものであった。

　ホッブズのクック批判が展開されている『イングランドのコモン・ローをめぐる哲学者と法学徒との対話』（以下においては，『対話』との略称を用いる）は，ホッブズの晩年に書かれたものであった。それがいつホッブズによって執筆されたかは明らかではないが，『対話』の最新の版（2005年）を編集しているクロマティによれば，ホッブズの死後の1681年までは出版されなかったが，1673年までには，一部の人々の間では出回っており，正確な年代は不明だが，おそらく1660年代の半ばにホッブズによって執筆されたということも推定できるとされている［Cromartie 2005, pp.xvi-xvii］。この『対話』については，わが国においても先行研究があるが，[14]以下においては，それらの先行研究や，すでに触れた『対話』の最新版に基づいて，ホッブズの法思想の登場により，この時代のイギリス法思想におい

---

[14]　まず翻訳として，田中浩・重森臣広・新井明訳［2002］があり，同書には，田中浩による解説が収録されている。また，法哲学，法思想史の観点からホッブズのクック批判を扱ったものとして，注(1)で挙げた石井幸三，深尾裕造の論考がある。他に，憲法学，政治学の観点からのものとして，安藤［1984］と高野［1990］の第2章「コモン・ローの人為的理性とコモン・ピープルの自然的理性──クック批判を中心に」がある。

て主要な論争軸となっていった「裁判官による法形成の正統性」という点に焦点をしぼって，ホッブズのクック批判を検討したい。それは，前節で触れた「コモン・ローと共同体の関係」という論点とも密接に関連するものであった。

『対話』は，周知の通り，哲学者と「法学徒 (a student)」との対話であるが，J・クロプシーは，ホッブズにとっての法律家とは，法を創ることではなく，法に熟達することのみが義務であり，法の学生以上のものにはなりえないと捉えられていたとの興味深い指摘をしている。すなわち，『対話』においては，コモン・ローは法律家の理性によって発展するとしたコモン・ロー思想が，立法権は主権者にあると論じたホッブズによって批判されており，その際，コモン・ロー法律家，あるいはコモン・ローの自立性を提唱する立場のスポークスマンとしてクックは捉えられたのである [Cropsey 1971, p.10]。

さて，『対話』の第1章においては，「理性の法について (Of the Law of Reason)」(15)という題目の下，技術的理性として法を捉えるクックの法思想が批判されている。ホッブズはまず，前節でも引用した『イングランド法提要』におけるクックによる技術的理性の定義を法律家に敷衍させている。すなわち，クックにおいて，法律とは，「多年にわたって積み重ねられてきた研究や考察・実務経験によって獲得された，技術的な理性の完成品だと言うこと」[Hobbes 2005, p.9；邦訳，11頁](16)，法とは理性であるとした際のクックの理性とは，「人間に本来備わっている自然的理性とは明らかに異なる，と言うこと」[ibid.；前掲書]，「イングランドの法は，謹厳実直かつ学識豊かな多くの人びとによって，長い年月を経て純化され洗練された成果だから」[ibid.；前掲書，11-12頁]，「人それぞれが分有している理性を統

---

(15) クロマティによる『対話』の最新版では，章番号は記されていないが，便宜上，訳書に従って，ここでは章番号をつけている。

(16) 注(14)に挙げた翻訳は，本書が依拠する『対話』の最新版以前に公刊されたものであるが，基本的には踏襲させていただいた。ただ，artificial reason の訳については，新版を編集したクロマティが指摘しているように，クックが artificial と artifex = craftsman（熟練工）との間に強い関連を見ていたことから，翻訳の「人為的理性」ではなく，「技術的理性」という訳を当てている [Hobbes 2005, p.9 (n.17)]。なお，「自然理性 (natural reason)」の訳も，便宜的に，「自然的理性」としている。他にも上記の翻訳では，権威 (authority) と対峙させられている wisdom が「知恵」と訳されているが，前節で検討した，コモン・ローは，コモン・ロー法律家の学識に基づくというクックのコモン・ロー思想の特徴をホッブズ自身もよく理解していただろうと推察できるため，また，深尾 [1992(1), 260頁]に倣って，ここでは wisdom に「学識」という訳語を当てた。

合したところで，イングランドの法にみられるような法律はできないであろう」［*ibid.*：前掲書，11頁］とクックが考えていたことが確認されている。

　以上のように，技術的理性として捉えられたクックの理性に対して，ホッブズは，まず，哲学者に，「『理性こそが法の生命である』，と言うばあい，なぜその理性が，自然的理性ではいけなくて，技術的理性でなければならないのか，そこのところが，よくわからない」［*ibid.*, p.10：前掲書，12頁］，「法律の知識を獲得するには研究の積み重ねが必要だと言うが，そのことは，法学以外の学問についても同じであって，そのさいには，技術的理性ではなく，通常は，自然的理性にもとづいてなされるのではないか」［*ibid.*；前掲書］との疑問を提示させている。そして，「法律を作成するのは，学識ではなく権威」［*ibid.*；前掲書］である，「法律を作るのは，立法権を有する人物以外にはない」［*ibid.*；前掲書］という法実証主義的な法思想に基づいて，「ある裁判官の理性や，国王を除いた裁判官全体の理性が，最高の理性であり，それが法律そのものだと考えている」［*ibid.*；前掲書］クックを批判し，裁判官について，「一人の人あるいは多数の人びとがいかに賢明であろうとも，かれらの技術は法律ではないし，また一人のあるいは多数の技術者がいかに完全であろうと，かれらの作品が法律であるわけではない」［*ibid.*；前掲書］と断じている。

　前節のタブスによる整理と重なるが，クロマティは，ホッブズの同時代におけるコモン・ローの捉え方には，二つの極があったと指摘している。一つは，ホッブズが尊敬していた数少ない同時代の法律家でもあったジョン・セルデンに代表される立場で[17]，そこでは，コモン・ローの慣習としての側面が強調され，コモン・ローのルールが，人々によって黙示的に受容されたものとされていた。同様に，前節で触れたデイヴィスは，コモン・ローは，人々に受容されたものであり，それ故に合理的なものであると考えていた。デイヴィスによれば，コモン・ローは，人々にとって有益であるからこそ存在するのであり，共同体の経験を取り入れることができるものなのであった。この立場の特徴は，法専門職ではなく，共同体全体の集合的な知恵に，直接関心を向けたことにある［Cromartie 2005, pp.xxx-xxxi］。

---

[17] R・タックによれば，ホッブズはセルデンに『リヴァイアサン』を贈り，その後，極めて親密な友人関係にあったとされている［Tuck 1979, p.119］。

注目すべき点は，クロマティが指摘しているように，ホッブズが，セルデンについても，デイヴィスについても，自らの論稿で言及しているということであろう。ホッブズが問題視したのは，コモン・ローの捉え方のもう一つの極の，同意による基礎なしにコモン・ローの合理性を主張する立場であった［*ibid.*, p.xxxi］。「コモン・ローと共同体の関係」という論点について，その両者の結びつきを強調したデイヴィスとは違い，裁判官の慣行としてコモン・ローを捉えていたクックは，コモン・ローを，コモン・センスなどではなく，法専門職の技術的理性に基づくものとしており，権威，あるいは正統性に関して脆弱な立場にあったと言えるだろう。クック自身は，「裁判官による法形成はいかにして正統化されるのか」という問いに対して，すでに見たように，技術的理性に基づく推論が，裁判官の裁量，司法的立法を伴うことを否定することで応えていたが，例えば，相続法の発展に大きな影響を与えたシェリィ事件のルールも，そもそも法廷において裁判官の判決の中で展開されたものではなく，クックの『判例集』において示されたものであった［Boyer 2003, p.117］。クックのこのような側面は，例えば，ベーコンによって報告者（reporter）の職分を超えていると批判されたり[18]，ベーコンの盟友で大法官も務めたエジャトン（後のエルズミア）によって，国王の地位をおびやかすものであると批判されていた［Helgerson 2004〔1992〕, p.49］。「クックの理論の本質であり，絶えずつきまとう弱さは，法の権威が理性のみに基づいていたことだった」［Cromartie 1995, p.23］のであり，ホッブズも，その点を攻撃したのであった。

　ところで，上で引用したクックに対する批判において，ホッブズは，自然的理性を技術的理性に対して優先させているが，そもそも，ホッブズとクックの法の捉え方は，全く相容れないものであった。クックの技術的理性を批判する際に，ホッブズは，「イングランドの法はすべて，貴族院と庶民院に座を占めている国会議員たちの意見を徴しながら，イングランドの王たちが制定なさったもの」［Hobbes 2005, p.10；邦訳，13頁］と指摘しているが，法学徒が，「先生は，おそらく制定法のことを指しておられると思いますが，私はコモン・ローについて述べているのです」［*ibid.*；前掲書］と応えているように，技術的理性とは，コモン・

---

(18)　ベーコンは，クックの『判例集』には，「権限を与えられているものよりも多くの独断に基づき法外的な解決」があると述べていた［Pawlisch 1980, p.694］。

ローについての概念であった。しかしながら、これに対してホッブズは、哲学者に「いや、私が言っているのは、法一般についてのことだが」[*ibid*.；前掲書] と応えさせている。本節第3項で検討するように、ホッブズは、法は、主権者の明白な命令、すなわち成文法と不文法から構成されるとして、不文法の存在も認めてはいたのだが、それは、すべての人々の自然的理性によって理解できるものと捉えられていたのである [Cromartie 2005, p.xxxvi]。

　なお、ホッブズは、『対話』の第5章「死刑に相当する重要な犯罪について（Of Crimes Capital）」や、第8章「刑罰について（Of Punishments）」において、哲学者の議論を通じて、クックの法思想のみでなく、その技術的理性の結果であるコモン・ローの具体的な法準則に対する批判も展開している。例えば、『イングランド法提要』におけるクックの窃盗の定義に対して、「それは、理性からほど遠いもので、それは、私にはまったく馬鹿げたものに考えられる」[Hobbes 2005, p.88；邦訳, 142頁] と哲学者に述べさせ、以下のように検証させている。

　法学徒によれば、クックは、『イングランド法提要』において、「窃盗とは、男女を問わず、凶悪で詐欺的な方法によって、他人の動産をもち去るばあいだけを言い、従って、動産を他人の身体からではなく、夜、他の所有者の住居からもち去るばあいは、それに当たらない」[*ibid*., p.87；前掲書, 141頁] と定義していた。不動産に付着されたままの状態にあるものを盗む行為は、「価値のより高いもの（不動産）は、より低いもの（動産）を自らに引きつける」という格率から、その土地に対する不法侵害（trespass）を構成すると考えられたのであった。この窃盗についての定義は、実際は、クロマティが指摘している通り[*ibid*., p.88（n.289）]、コモン・ローの有名な格率であり、プラウデンなどによっても引用されていたのであるが、法学徒は、それをクック自身による定義として捉えている。そして、それに対して哲学者は、制定法でないクックの定義が法になるには、それは完全な理性でなくてはならないが、この定義によると、窃盗については重罪とされていたために、「風が吹いて木が倒れ、地上に落ちて腐っていたような、たかだか1シリング相当の価値しかない木を盗んだために絞首刑になったり、20シリングも40シリングもする立木を盗んだ者が賠償金だけで許されるという（中略）あまりにも不条理な」[*ibid*., p.89；前掲書, 144頁。（　）内は引用者] 結果が生じてしまうと断じているのである。

　また、ホッブズは、第8章「刑罰について」において、クックが、偶発的な殺

人や自己防衛による殺人も重罪に当たるとしていたことも，哲学者に批判させている。哲学者は，「偶然の事故や正当防衛のために殺人を犯した人の意図を少しでも考えてみれば，それらを重罪とする判決が，いかに残酷かつ罪深い判決であるかがわかるだろう」［*ibid.*, p.121；前掲書，203頁］し，「なんの悪意もなく，たんなる偶然によって他人を殺害した者が，財産，債務，職位のすべてを没収されるというのは，（中略）残酷な判決だ」［*ibid.*, p.122；前掲書，204頁。（　　）内は引用者］として，「もともと，その事件が，たんなる偶然から起こったのならば，（それを重罪とするような）法律は，とうてい理性の法とは呼べないのだ」［*ibid.*；前掲書。（　　）内は訳者］と批判しているのである。

　このように，ホッブズは，クックの技術的理性を，「普通の人間の『たんなる自然的理性』による審判の場」［高野 1990, 96頁］に引き出すことを試みている。ホッブズは，コモン・ローは，自然的理性によるテストを受けなくてはならないと論じていたのであるが，法に対するそのようなアプローチは，「ホッブズの面目躍如たるもの」［前掲書, 97頁］というよりも，むしろ，その法思想の限界を示すものであった。「技術的理性（法律家の理性）か自然的理性か」という論点に関しては，ホッブズ以降，むしろ後者の限界が露わになっていくのであるが，この点については，本節の最後において検討したい。

（2）　権威による法思想

　ここでは，クック批判の背景にあるホッブズの法思想について考察したい。ホッブズについては，これまで，英米においても，あるいはわが国においても，その政治哲学や宗教論を中心に研究が進められてきたと言えるが，2005年に，ホッブズの法思想についての論文集である『ホッブズの法思想（*Hobbes on Law*）』が公刊されている［Finkelstein 2005a］。そこに収められている論文や，わが国の先行研究を参考にして，以下においてもクックの法思想との対比を念頭に置きつつ，ホッブズの「権威による法思想」の素描を行ないたい。

　『対話』で展開されているホッブズによるクック批判は，一般的には，すでに引用した「法律を作成するのは，学識ではなく権威」という命題に還元されて理解されているが，深尾裕造が指摘しているように，それは，『法学要綱』，『市民

---

(19)　ホッブズの研究史については，梅田［2005, 7-25頁］を参照。

論(*De Cive*)』(1642年),『リヴァイアサン』などで形成されてきた「命令」あるいは「法」と「助言」の峻別論に基づいている [深尾 1992(1), 263-67頁]。例えば,ホッブズは,『リヴァイアサン』において,人々が,「ときには助言者の教えを命令者のそれと取りちがえ,ときにはその逆の誤りを犯す」[Hobbes 1985, p.302 ; 邦訳, 268頁] のを防ぐことを目的として,「命令とは,命令を発する者の意志以外,なんら他の理由を予想せずに,『これをせよ』とか『するな』というばあいである」[*ibid.*, p.303 ; 前掲書] のに対し,「助言とは,それによって相手にもたらされる利益をみずからの論拠として,『これをせよ』とか『するな』というばあいである」[*ibid.* ; 前掲書] として,その両者を区別することを試みている。また,『法学要綱』ではより具体的に,「助言における表現は,それが最善であるから,そうしなさいというものだが,法においては,私があなたを強制する権利を持っているため,そうしなさい,あるいは,わたしが言っているのだから,そうしなさいというものである。それが(なすように)促す行為の理由を与えるはずの助言が,それ自体で理由になるならば,もはやそれは助言でなく法である」[Hobbes 1999, p.178. (　) 内は引用者] と論じられている。ホッブズの主眼は,「Artificial Reason の名の下に主張される法学者の意見は如何にすぐれたものであったとしても助言に過ぎないのであって,『命令』たる『法』と峻別されるべきであるという点にあった」[深尾 1992(1), 266頁] のだが,それは,周知であるところの,彼の政治哲学から導かれる当然の結果であった。

---

(20) 編者のC・フィンケルシュタインによれば,ホッブズについては,ほぼ完全に,政治理論を中心に研究が進められてきた。そして,その要因として,『リヴァイアサン』の第13章と第14章における,政治体制への同意によるアプローチの影響力や,そこで,政治過程の合理的行為者に関する最も初期の理論が展開されていることを挙げている。しかしながら,フィンケルシュタインが指摘しているように,ホッブズ政治哲学の研究の成功と比べて,その法思想は,ほとんど注目されていないと言える [Finkelstein 2005b, p.xiii]。なお,筆者も参加したが,2010年の5月には,ロンドンスクール・オブ・エコノミックスの Legal & Political Theory Forum において,"Hobbes and the Law" というセミナーが開催され,本節第3項でも取り上げるD・ダイゼンハウス(トロント大学)や,R・ハリソン(ケンブリッジ大学),M・ラフリン(ロンドン・スクール・オブ・エコノミックス)といった法哲学者,哲学者,憲法学者などによる研究報告がなされ,「ホッブズと法」に関する興味深いディスカッションが展開された。そのうち,ダイゼンハウスのホッブズ解釈をめぐる議論については,本節第3項の注(29)で,若干紹介したい。なお,当日のペーパーに新たな論稿を付け加えた Dyzenhaus and Poole [2012] が刊行された。

ホッブズの政治哲学は，ピューリタン革命など混乱の状態にあったイングランドにおいて，「イングランドの諸個人が国王と議会のいずれかを選択して相互に契約し，内乱を終結するか（設立による国家共同体），それが無理な場合には，内乱の勝利者に服従して非抵抗を約束し，内乱の再発を防止するか（獲得による国家共同体），という平和への二つの現実的選択肢」［梅田 2005，184頁］を理論的に正当化することを目的としていた。そして，その際，ホッブズは，幾何学の方法に基づき，人間の生理的・心理的基礎についての一般的原理からの合理的推論によって導かれる国家を提示することで，普遍的な政治哲学を構築することを試みたとされている［前掲書，47頁］。すなわち，自然状態における「すべての個人が，各々情念によって動かされやすい性格をもっているにもかかわらず，同意すると思われる原理からの合理的推論によって発見された格率もしくは一般的規則」［Watkins 1973, p.57；邦訳，142頁］である自然法から，国家の設立が要請されるとホッブズは論じているのである。[21]

　ホッブズ自身は，自然法を「理性によって発見された戒律または一般法則であり，それによって人はその生命を破壊したり，生命維持の手段を奪い去るようなことがらを行なったり，また生命がもっともよく維持されると彼が考えることを怠ることが禁じられる」［Hobbes 1985, p.189；邦訳，160頁］ものとして捉えている。より具体的には，ホッブズは，周知の通り，「各人は望みのあるかぎり，平和をかちとるように努力すべきである」［*ibid.*, p.190；前掲書，160頁］という第一の自然法，「平和のために，また自己防衛のために必要であると考えられるかぎりにおいて，人は，他の人々も同意するならば，万物にたいするこの権利を喜んで放棄すべきである。そして自分が他の人々にたいして持つ自由は，他の人々が

---

[21]　このようなホッブズの自然法の捉え方に対しては，いわゆる「テイラー・ウォレンダー・テーゼ」によって異議が唱えられている。すなわち，そこでは，「ホッブズの自然法は，慎慮による利己心の追求についてのたんなる『助言の断片』ではなく，義務を命じる道徳法であって，神が命じたものであるがゆえに，義務的である」とされている。Watkins [1973, p.58；邦訳，144頁] を参照。ただ，イギリス政治のコンテクストを重視している Q・スキナーは，チャールズ1世処刑後のいわゆる engagement controversy において，事実上の (*de facto*) 権力を正統化する理論が必要となった際，神学的な言語から解放された，人間本性についての考察から政治理論を構築したことにホッブズの独自性を見ている［Skinner 2002a, p.307］。また，『法学要綱』におけるホッブズの議論の物理主義的な側面を強調している研究として，Cromartie [2011] を参照。

自分にたいして持つことを自分が進んで認めることのできる範囲で満足すべきである」[ibid.；前掲書，160-61頁]という第二の自然法，そして，「結ばれた契約は履行すべし」[ibid., p.201；前掲書，172頁]という第三の自然法からコモンウェルスの設立を導き出している。

このコモンウェルスとはいかなるものなのかについて，ホッブズは，「一個の人格であり，その行為は，多くの人々の相互契約により，彼らの平和と共同防衛のためにすべての人の強さと手段を彼が適当に用いることができるように，彼ら各人をその(行為の)本人にすることである」[ibid., p.228；前掲書，196-97頁。(　)は訳者]と定義している。そして，そこでの人格を担うものが主権者なのだが，ホッブズは，「主権者は，国民が他の同胞によって干渉されずに享受することができる財産，なしうる活動が何かについて規則をつくる全権を担っている」[ibid., p.234；前掲書，202頁]と述べている。コモンウェルス，主権が設立される以前においては，万人が万人に対して権利を有しており，それが戦争の原因であったが，平和を求める自然法により，自分のものと相手のものを画する管理権，および「国民の行為の善悪・合法非合法にかんする」[ibid.；前掲書]規則である市民法を創る権利が，主権者に専属することが必要とされるのであった。ホッブズの法の定義は，「市民法とは，すべての国民にとってコモンウェルスが善悪の区別，すなわち何が規則違反で何がそうでないかを区別するのに用いるよう，ことば，文書，その他意志を示すに十分なしるしによって彼らに命じた諸規則である」[ibid., p.312；前掲書，277頁]というものであるが，ホッブズの「法」と「助言」の峻別の意図は明白であろう。

ホッブズは，人々が「たがいに平和に暮らし，他の人々から保護してもらうことを目的」[ibid., p.229；前掲書，198頁]として，コモンウェルスが設立された際，主権者には，すでに見た排他的な立法権の他に，以下のような「あらゆる権利とあらゆる権能が生じる」[ibid.；前掲書]としている。すなわち，「国民は統治の形体を変更できない」，「主権を剥奪することはできない」，「大多数によって宣言された主権の設立にたいして抗議することは不正である」，「主権者の行為を国民が非難することは正当ではない」，「国民は主権者のどのような行為も処罰することはできない」，「主権者は国民の平和と防御に何が必要かを判断する」，「主権者はまた国民にどんな教義を教えるべきかを判断する」，「紛争の裁判，判決の権利」，「彼が最善と考えるところに従って戦争を起こし，平和をもたらす権利」，「平時

戦時を問わず，顧問，大臣を選ぶ権利」，「報償，処罰を行なう権利」，「栄誉と序列を決定する権利」，「主権者の権利は分割することができない」，「主権者が主権を直接放棄しないかぎり，権利はけっして譲渡されえない」などといった権利や権能である［*ibid.*, pp.229-37；前掲書，198-201, 203-205頁］。

　ホッブズが，このような絶対的な主権の権利，権能を侵害し，平和を乱す元凶として非難していたのが，聖職者であり，そして法律家であった。政治思想史の観点からは，「誤った国家論である混合政体論を流布し，あるいはそれに執着することによって，内乱という国家の致命的状態を招来した元凶は法曹であった」［安藤 1984, 37頁］とするホッブズと，権利請願の審議の際に，君主「主権概念の導入は即絶対王政の容認であり，王権と共に臣民の自由を保障するイギリス国制の破壊である」［前掲書，36頁］と論じたクックとの対立が指摘されている[22]。また，法思想史の観点からは，すでに触れたホッブズの「命令」，「法」と「助言」の峻別に依拠して，「権威主義的に公的理性を定立せんとした」［深尾 1992（3・完），136頁］ホッブズと，「公的理性の確立を，判例研究を通して学問的に達成しようとした」［前掲論文］クックの対立としても定式化されている[23]。実際，クック自身も，彼の『判例集』の目的を，「権威，知恵，学識，経験によって尊敬され，敬愛され，信頼されるべき，裁判官や法の賢人の，真の解決，判決，判断それ自体を報告し，公刊する」［Coke 2003, vol.1, p.99］ことであると述べており，また，本書が依拠している『判例集』の編者でもあるS・シェパードが指摘して

---

(22)　権利請願の際，貴族院は，国王に主権があることを記した文章を付加しようとしたが，庶民院側の反対によって取り下げている。クロマティによれば，この出来事は，コモン・ローが万能であり，法外的な権力は必要ないという議論が議会で優勢になったことを示すものであった。また，そもそも主権の権力（sovereign power）という言葉を，論理学でいずれの範疇にも属さない言葉のようであると論じた者もいた［Cromartie 1999, pp.110-11］。

(23)　深尾裕造が的確に指摘しているように，ホッブズのコモン・ロー法学に対する批判には，前節で見たように，説得を重視して，法学上の共通論拠である格率，蓋然的真理から出発するコモン・ローの「弁証術的な学問方法論」に対する，幾何学に基づいた「論証的学問方法論」からの批判といった側面もある［深尾 1992(1), 273頁］。周知の通り，「弁証術的な学問方法論」，修辞学に対する批判は，ホッブズの生涯のテーマであり，より一般的には，「説得に対する科学的真理の優越を主張し，同時に，合議体による説得の政治的危険性を指摘するもの」で，共和主義，民主主義に対抗するものであった［石前 2009, 106-107頁］。なお，古典的コモン・ロー思想と修辞学との関係については，Tubbs［2000, pp.170-78］を参照。

いるように,クックと同時代のほとんどの人々が,何が法であるかについてのクックの見解に同意していた。さらに,19世紀初期にも,「クック判事は,彼が規定したことについて権威は持っていなかったが,クック判事が権威なくして述べたことが法でなければ,私たちは,ウェストミンスター・ホールで法として考えられているもののうち,非常に多くのものを取り除かなくてはならないと思う」と指摘されている [Sheppard 2003, p.xxviii][24]。

しかしながら,上記の定式化だけでは,クックの法思想の本質は捉えきれていないと筆者は考えている。ホッブズとクックの対立は,本書が主題とする,広いスパンでの英米のコモン・ロー思想史の観点からは,「法の発展」を説明する視座,あるいは「裁判官による法形成はいかにして正統化されるのか」という論点に関する対立として捉えることも可能である。英米の法思想史に対するクックの貢献,さらにその先にある,例えばドゥオーキンなどとの関連といった,クックの法思想の現代的意義を見失わないためにも,クックとホッブズの対立は,法が,それ自体のうちに発展の契機を有するという「法についての有機的な見方(organicist view of law)」[Cotterrell 2003, p.151] と,法発展,法創造における権威や意思的要素を重視する立場からそのような見方を批判する立場との対立として捉えるべきであると考えている。

前節での検討を敷衍することになるが,クックの法思想において重視されていたのは,コモン・ローにおける一貫性,調和であった。例えば,ある人が不動産の占有を侵奪された場合,その訴えの時効が過ぎていたとしても,もし彼がその期間に外国にいたならば,帰国後に権利回復の請求ができるかという論点が生じたとする。一つの考え方として,当該不動産に対する継続的な権利の確認が要求されているならば,外国にいる人々にはそのようなことは不可能なので,訴えの提起が,正当に免除されるというものがある。ただ,その推論には限界があり,もし,例えばフランスなどイギリスの近隣国にいて,情報が容易に手に入るならば,そして,そのような状況が事実として確認されるならば,継続的な権利の確認を要求することは公正だとすることも可能であろう。しかしながら,コモン・ローにおいては,陪審員は,外国の出来事についての事実認定をすることは不可

---

[24] これは,シェパードによって引用されているベスト首席裁判官の1824年の言葉である。なお,ウェストミンスター・ホール (Westminster Hall) とは,国会議事堂に接続したホールで,19世紀まで,コモン・ローの上位裁判所が開かれていた所のことである。

能とされているため，コモン・ロー全体の一貫性，調和を維持するという観点から，外国に滞在している間は，訴えの提起が免除されているという結論が「有機的に」導かれるというのが，クックに代表されるコモン・ロー法律家の推論になるであろう[Boyer 2003, p.95]。このように，クックにおける裁判官は，コモン・ローの一貫性，調和の観点から法を発展させていくものとして捉えられており，クックの『判例集』の目的の一つも，そのような類推によって法を発展させる際の前提，コモン・ローの理性を明らかにすることにあった。クックの『判例集』の目的を「学問的な公的理性の確立」としてその権威的・意思的要素を強調することは，ややホッブズに即したクック理解であると思われる。

ところで，ホッブズにおいては，次に検討するその法解釈理論において特にそうなのだが，自然法が大きな役割を果たしている。ここで，ホッブズの法思想における自然法の位置づけについて確認しておきたい。

ホッブズによれば，法は，「自然的なもの」と「実定的なもの」に分けられる。このうち，「実定的なもの」とは，「主権を持った人たちがその意志によって法としたもの」[Hobbes 1985, p.330；邦訳，295頁]で，すでに触れた市民法もそこに含まれる。一方，自然法とは，「各人が自分自身の理性に訴え，法として受けとるべきだと思われるもの」[ibid., p.318；前掲書，283頁]，「すべて万人の理性に訴えても同意しうる」[ibid.；前掲書]もので，さらには，「外的法廷において，すなわちそれが行為に移されるところでは，必ずしもつねに拘束しない」[ibid., p.215；前掲書，184頁]もので，「内的法廷において拘束力を持つ」[ibid.；前掲書]法である。ここで注意すべき点は，深田三徳が指摘しているように，ホッブズの法思想は市民法を中心とするものであり，法実証主義の先駆者としても捉えられうるが，自然的理性の命令である自然法も大きな役割を果たしているということで

---

(25) クックは，『判例集』の目的として，読者の理解を促すこと，難問を解決することの他に，「ルールの正しい理性（法の美しさ）が明確に認識されるように，法の窓を開け，喜ばしい光を入れること」を挙げている[Coke 2003, vol.1, p.307]。グレイによれば，クックは，何らかの形で既存の法に含意されている解決の方が，法の外部から導入される解決よりも優れていると考えていたとされている。しかしながら，グレイも指摘しているように，法律家ではなく当事者に理解できるような，その時代の自然的理性に合致するような解決がより望ましいとする立場も可能である[Gray 1980, p.35]。本節第1項の最後に触れた，自然的理性に基づき，コモン・ローの具体的ルールを批判したホッブズの批判も，そのような立場からの批判として捉えることも可能である。

ある［深田 1984a, 225-26頁］。例えば，すでに見たように，自然状態において，コモンウェルスを設立するよう人々に要請するのは自然法であった。また，コモンウェルス設立後も，「市民法への服従は，同時に自然法の一部でもある」［Hobbes 1985, p.314；邦訳, 280頁］とされ，主権者，市民法への服従義務が自然法によって基礎づけられる一方で，「主権者は彼自身，神の僕であり，自然法を守らねばならぬ」［ibid., p.265；前掲書, 232頁］とされている。さらには，法解釈の場面においても，今日では「法の支配」の価値として知られているような公平な裁判，公正さ，合理性，平等の原理による当事者の扱いが，自然法によって要請されるとホッブズは考えていた［Dyzenhaus and Taggart 2007, p.154］。

　このように，ホッブズは，あたかも，理性に基づく概念と，権威についての命令的な概念を同時に提示しているかのごとくである。ホッブズの法思想全体における法実証主義的要素と自然法思想の要素を整合的に説明することは，これまでのホッブズの法思想研究の主要テーマであったのだが，それはあまりにも困難なテーマであり，また，本書でのホッブズへの関心は，おもにその法解釈理論にあるため，ここでは，すでに触れた『ホッブズの法思想』に収録されている論文を参考に，おもな解釈を紹介することにとどめたい。

　ホッブズの自然法についての標準的な解釈は，それは，主権者を「内的法廷」においてのみ拘束し，主権者の行為についての外的な制約にはなりえないとのホッブズ自身の定式化に依拠するものであろう［Finkelstein 2005b, p.xvi］。ホッブズにおいては，市民法は，主権者によるものか否かという事実的なテストによってのみ，その妥当性を判断されており，内容によって市民法の妥当性を判断することは，ホッブズが，コモンウェルスの確立によって回避しようと試みた状況を再び招く矛盾を犯してしまうことになる［Dyzenhaus and Taggart 2007, p.153］。同じく，ホッブズの法実証主義的な側面を強調するものとしては，M・ゴールドスミスの論稿があり，そこでは，ホッブズの自然法が，市民法の正不正の判断の基準にはならないこと，不服従の正当化を提供しないことが強調されている［Goldsmith 2005〔1996〕, p.15］。あるいは，S・ロイドのように，「自分自身して欲しくないと願うことは，他にも行なうな」［Hobbes 1985, p.214；邦訳, 184頁］という，ホッブズによる自然法の要約部分こそが，ホッブズの自然法の第一義的なものであるとして，そこからホッブズにおける法実証主義的な側面を明らかにしようとする論者もいる［Lloyd 2005〔2001〕, p.192］。ロイドによれば，この自然法

の要約部分から，紛争の当事者は，紛争相手を自らと同じ立場に置くことになるが，そこから，主権者の権威的な仲裁に従うことが要請される。すなわち，自然法により，すべての紛争についての権威的な裁定権が主権者に与えられることになるが，そこには，自然法に関する紛争も含まれているため，自然法に基づく主権者に対する批判，抵抗を正当化する立場は，ホッブズにおいては，正当なものにはなりえないと論じられているのである［*ibid.*, p.197］。

　一方で，M・マーフィーは，周知のホッブズ理解でもあるが，自らの生命を奪ったり，ひどく傷つけたりすることを命じるなど，主権者の命令が自己保存に反する場合は，法に従う義務がなくなるとホッブズが考えていたことに注目している。ホッブズにおいても，自己保存という至高の善に矛盾するような命令には従う義務がなくなるため，自然法による制約はあったと強調しているのである［Murphy 2005〔1995〕, p.59］。しかしながら，マーフィーによれば，ホッブズの自然法に含まれる善が，トマス・アクィナスなどとは違い，「自己保存」という限定的なものであったため，主権者の命令に対する自然法の制約も極めて弱くなり，その結果，法実証主義者という誤った評価が与えられたのであった［*ibid.*, p.61］。他方で，D・ゴティエは，服従することが自然法上の義務になり，主権者の命令の内容を問わない点で，ホッブズは，自然法論者とは距離があるが，逆に，市民法に従う義務を自然法によって基礎づけている点などにおいて，法実証主義者とも距離があると指摘している［Gauthier 2005〔1990〕, p.80］。(26)

　以上は，ホッブズの法思想全体における自然法の位置づけに関する研究であるが，次項においては，自然法を基礎とするホッブズの法解釈理論について検討したい。それは，ホッブズの法思想の限界を顕著に示すものであった。

(3)　ホッブズと法解釈

　ホッブズの法解釈理論において自然法が果たす役割としては，第一に，市民法の用語が不十分である場合に，裁判官がそれを自然法によって補って解釈するということがある。また，市民法によってカバーされていない事例においても，裁判官は，自然法によって判決を下すよう想定されている［深田 1984a, 226頁］。

---

(26)　『ホッブズの法思想』には，以上の論点に関するものとして，他にDyzenhaus［2005〔2001〕］も収録されているが，ダイゼンハウスのホッブズ解釈については，以下において別の論稿を検討する。

第1章　法実証主義的コモン・ロー思想の成立　*31*

　このようなホッブズの法解釈の議論を理解するために，まず，ホッブズにおける市民法と自然法の関係，仲裁に関するホッブズの自然法について，『リヴァイアサン』の記述から整理したい。

　ホッブズは，「市民法と自然法とは異なる種類の法ではなく，法の異なる部分である。すなわち，一方は成文法で『市民的』，他方は不文法で『自然的』と呼ばれる」[Hobbes 1985, pp.314-15；邦訳，280頁]と論じている。自然法は，「人々を平和と服従に向かわしめる本来の性質」[*ibid.*, p.314；前掲書，279-80頁]で，「公平，正義，感謝およびそれらに基づく道徳的善」[*ibid.*；前掲書，279頁]であるが，それに市民法としての拘束力を持たせるために，「主権者による命令と，その違反者にたいする罰則」[*ibid.*；前掲書，280頁]が定められるのであり，「自然法は世界のすべてのコモンウェルスにおいて市民法の一部」[*ibid.*；前掲書]として捉えられていたのである。ホッブズにおいては，自然法が法解釈において，一定の役割を果たすことになる。

　また，自然法，あるいはエクイティの裁判における役割は，自然法自体の要請でもあった。ホッブズは，自然法の一つとして，「仲裁に対する服従」を挙げている。事実問題，あるいは，違法か違法でないかについての権利問題に関して，「論争する者は，彼らの権利を仲裁者の判決に従わせなければならない」[*ibid.*, p.213；前掲書，183頁]のであった。そして，その仲裁者も，「人と人とのあいだを裁くことを託されたばあいには，彼らを平等に扱うこと」[*ibid.*, p.212；前掲書，182頁]という自然法の戒律に従うことになる。「もしもこれが行なわれないばあいには，論争は，戦争によらないかぎり，決着をみないことになる」[*ibid.*；前掲書]からである。この自然法に従うことは，「当然各人に属すべきものを各人に平等に配分する」[*ibid.*；前掲書]エクイティと呼ばれているが，ホッブズによれば，「すぐれた裁判官あるいは法のすぐれた解釈者をつくる第一の要件は，公平の原理（Equity）と呼ばれる主要な自然法を正しく理解することにある」[*ibid.*, p.328；前掲書，293頁]。なお，ホッブズは，裁判官の「解釈が真正であるのは，それが彼の私的判決であるからではなく，主権者の権限によって与えられる」[*ibid.*, p.323；前掲書，288頁]ことも強調している。上述したように，「紛争の裁判，判決の権利」は主権者に属するのであり，「市民法，自然法，あるいは事実にかんして生じたすべての紛争について，たずね，決定する権利」[*ibid.*, p.234；前掲書，203頁]を主権者は有しているのであった。

次に，より具体的に，司法の場における自然法の役割について検討する。ホッブズは，「成文，不文を問わずいっさいの法は解釈を必要とする」[*ibid.*, p.322；前掲書，287頁]と述べているが，まず，成文法の解釈原理について見ていきたい。

ホッブズは，制定法の解釈においても，制定法の文言を追うのではなく，主権者のエクイティに基づく意図を追求しなくてはならないと論じている。例えば，『対話』においては，「法律とは，必ずしも文字の文法的解釈によって意味づけられるものではなく，立法府がそれによって効力ありと意図したものである。そして，多くの場合，その制定法の意図は，制定法の文言から理解することは，なかなかにむずかしく，それには，困難や不都合を救済するために，新しい法律（の制定）が必要とされた事情を理解できる，すぐれた思弁的能力をもつことが必要とされる」[Hobbes 2005, pp.64-65；邦訳，99頁。（　）内は訳者]が，「裁判官たちに名誉や利得が与えられるのは，この理由（法律を正しく解釈する能力）によるものなのだ」[*ibid.*, p.65；前掲書，100頁。（　）内は訳者]と論じられている[27]。また，『リヴァイアサン』では，裁判官の役割について詳細に，「立法者の意図はつねに公平（エクイティ）にあると考えられる。なぜなら裁判官が主権者についてそれ以外に考えることはひじょうな傲慢だからである。したがって，もしその法のことばが理性的な趣旨を権威づけるのに十分でないならば，裁判官は自然法によってそれを補うべきである。あるいは，もし事件が困難なものであれば，より適当な権限を受けるまでその判決を延期すべきである」[Hobbes 1985, p.326；邦訳，291頁。（　）内は引用者]とホッブズは論じている。

ところで，D・ダイゼンハウスは，ここでのホッブズの制定法の解釈理論を，1998年のイギリス人権法における裁判官の役割とのアナロジーによって捉えている。周知の通り，イギリス人権法の第3条によって，裁判官は，人権の原理と一致するようにイギリスの制定法を解釈する義務を課せられているが，それと同様に，ホッブズの裁判官も，エクイティに基づくと想定された主権者の意図によって成文法を解釈することが要請されていたと捉えられているのである[Dyzenhaus and Taggart 2007, p.155]。この点について，ダイゼンハウスは，ホッブズにおける「理性に基づく権威の概念（reason-based conception of authority）」

---

(27) 『対話』の編者であるクロマティが指摘しているように，ここでのホッブズの制定法の解釈の議論には，コモン・ロー伝統における制定法の解釈準則の一つである弊害準則（mischief rule）との類似性を見い出すことも可能である [Hobbes 2005, p.65 (n.214)]。

によって説明しているが，確かに，ホッブズの自然法には，すでに触れたものの他に，「何人も自己の裁判官になることはできない」，「不公平となるべき自然の理由を持つ者は，裁判官となることはできない」といった，現代では「法の支配」に通じるようなものもあり，主権者がそれらに反する場合は，「自然法に反する論争，そして戦争の状態が続くことになる」［Hobbes 1985, p.214；邦訳，183頁］と述べられている。ダイゼンハウスによれば，「ホッブズにとって，法秩序は市民社会の秩序を維持するために欠くことができないもので，その法秩序の制度は，法の支配と一致する政府が本質的に正統であるような形で形成されている」［Dyzenhaus 2005〔2001〕, p.94］のであって，そこから，エクイティに基づく制定法の解釈が裁判官にも要請されているのである。なお，ホッブズは，このエクイティに基づく制定法の解釈とはどのようなものかについて，『対話』において，「無実の人を罰せず，合理的な理由もなく，悪意をもって告訴した者にたいする正当な損害賠償権を奪ったりしないように気を付ければ，裁判官は，その判決において，成文法に違反したり，あるいは立法者の意図に逆らうことを避けることができる，と思うよ」［Hobbes 2005, p.65；邦訳，100-101頁］と哲学者に答えさせている。

　次に不文法についてのホッブズの見解を検討したい。ホッブズにおいては，裁判官が適用すべき法には，成文の，あるいは明白な主権者の命令と不文法があった。不文法は，成文法ではすべての状況には対応できないので，そのギャップを埋めるものであったが，ホッブズは，「不文法はすべて自然法である」［Hobbes 1985, p.318；邦訳，283頁］と論じている。『リヴァイアサン』において述べられているように，成文法の規定がない際には，ホッブズの裁判官は，「その司法権を行使するにさいして，当事者の要求が自然的理性と公平（エクイティ）の原理に一致しているかという点だけを考慮するのであり，したがって，彼の与える判決は自然法の解釈にほかならない」［ibid., p.323；前掲書，288頁。（　）内は引用者］のであった。

　ホッブズにおける，成文法と裁判官による自然法の解釈である不文法の区別は，『対話』においても確認できる。ロバーンが指摘しているように，『対話』において，法は，制定法によるものと自然法，自然的理性によるものに二分されているのである［Lobban 2007a, p.83］。例えば，ホッブズは，異端について論じている際，「実定法や自然法を侵害したわけでもない誤りは罪とはみなされない」［Hobbes

2005, p.96；邦訳, 157頁] と述べている。あるいは,「謀殺 (murder) と殺人 (homicide) とを区別するものは制定法であり, 制定法なしに, コモン・ローによって殺人罪を区別することはできない」[*ibid.*, p.81；前掲書, 130頁] と指摘され,「制定法では, 強盗と窃盗を区別していないよ。(中略) 両者を正しく区別できるのは, 理性の仕事である」[*ibid.*, p.87；前掲書, 140頁。(　) 内は引用者] とも論じられているように, ホッブズにおいては, 成文法以外の法源として認められるのは, コモン・ローではなく, 裁判官の自然的理性による自然法なのであった。ホッブズは, コモン・ローを自然法に置き換えるべきだと論じていたとも言えるが, この点については, 本節ですでに検討した, 技術的理性の結果であるコモン・ローの具体的な法準則についての自然的理性による批判からも理解できる。ホッブズによれば,「これまでに存在した先任裁判官たちのあらゆる判決文をもってしても, 自然の公平 (エクイティ) に反する法をつくることはできない」[Hobbes 1985, p.324；邦訳, 289頁。(　) 内は引用者] のであった。

　なお, このような裁判官による自然法の解釈である不文法についても, 主権者の黙認によって, 権威は担保されるとホッブズは考えていた。『対話』において, ホッブズは,「直近の先例こそが, 裁判官たちが判決するさいの最も公正な担保物になる」[Hobbes 2005, p.116；邦訳, 193頁] と主張しているが, それは,「主権者たる立法者によって (否定されてはいず), 暗黙に確認されている」[*ibid.*；前掲書] からであった。

　以上のようなホッブズの法解釈理論は, 非常に欠陥の多いものであるが, わが国の先行研究において, それを批判的に検討している包括的な文献は, 管見の限り見当たらない。しかしながら, 英米の法思想における法実証主義的伝統の限界の一つは, 裁判官の役割をうまく説明できないことにあり [Cotterrell 2003, p.175], その典型がホッブズの法解釈理論であるとも言えよう。本節を閉じるにあたって, その限界を明らかにしていきたい。

　まず, ホッブズ自身の議論の矛盾を挙げることができる。ホッブズは,『リヴァイアサン』において, 優れた裁判官, 法の優れた解釈者とは, エクイティを正しく理解する者のことであると論じていたが, その資質は,「他人の著作を読むことではなく, その人自身の自然的理性と省察の優秀さによる」[Hobbes 1985, p.328；邦訳, 293頁] としている。また, 周知の通り,『対話』において, ホッブズは, 哲学者に,「もしも私が, ほんの一, 二ヵ月もあれば, 裁判官の職務くらいはこ

なせるようになるよと言っても，君は，私のことを，別に傲慢な奴だとは思うまいね。なぜなら，私にだって，他の人びとと同様に理性つまりコモン・ローがある（理性がコモン・ローそのものだということを今さら君に思いださせるまでもあるまいが），と言わせていただきたい。また制定法について言えば，それは印刷されているし，そこに記されていることがらがすべて一目でわかる索引だってあるのだから，ほんの二ヵ月もあれば，だれだって，それらを十分に役立たせることができると思うよ」[Hobbes 2005, p.11；邦訳，14頁] と言わせている。しかしながら，すでに引用したように，ホッブズは，『対話』において，哲学者に，制定法の解釈には，「すぐれた思弁的能力をもつことが必要とされる」[ibid., pp.64-65；前掲書，99頁] と述べさせているし，自然法の解釈についても，「理性の法が命じていることはなにか，を発見するのは，なかなか難しいことである」[ibid., p.123；前掲書，206頁] と言わせているように，ホッブズの法解釈理論には揺らぎがある。もちろん，クロマティが指摘しているように，人々が利己心，感情によって曇らされ，自然的理性が命じていることについても争いが生じてしまうというのがホッブズの立場であり [Cromartie 2005, p.xxxvii]，裁判の場における自然法の解釈は，裁判官，そして究極的には主権者によって権威的に決定されることが重要であった。しかしながら，ここでの理性の法の発見の難しさとは，「未必の故意」に基づく行為を謀殺と見なせるか否かに関するもので，より技術的な難しさについてホッブズは述べているようにも思われる。

また，ダイゼンハウスの解釈に従って，ホッブズの自然法に，現在の「法の支配」の価値に通じるものを見い出そうとしても，すでに見たように，ホッブズの法思想は権威による法思想なのであって，主権者が法の上にあったことは否定できないだろう。「主権者権力を既存の法より上位に置くためのホッブズの理論構築は念が入っている」[川添 2010, 135頁]。また，より一般的な司法の場においても，法の支配と矛盾するような現象が生じる可能性もあった。まず，ホッブズは，「法律が制定されていないときには，人々のコモンウェルスへの奉仕を奨励し，コモンウェルスをそこなう行為を妨げるのに，もっとも役だつよう，それについて自由に裁量する」[Hobbes 1985, p.235；邦訳，203-204頁] 権限を主権者に

---

(28) ここでのコモン・ローとは，ホッブズの理解に基づくもので，自然法，理性の法のことである。また，『対話』の編者のクロマティによれば，ホッブズは，マグナ・カルタ以降の制定法を収録した書物へのアクセスを有していたとされている [Hobbes 2005, p.11 (n. 23)]。

与えており，裁判官のエクイティ解釈によって，判決の過程において初めて犯罪が定義されるということが是認されているようである［Lobban 2007a, p.83］。さらに，すべての不文法を自然法としたことは，ホッブズが，エクイティ裁判所を，コモン・ローを補完するものではなく，むしろ上訴裁判所として捉えるべきだと考えていたことを含意しているが［Cromartie 2005, p.xxxiii］，そこでも，「法の支配」の価値との齟齬を見い出すことができる。クックとエルズミアの間で，大法官裁判所が，コモン・ロー裁判所の判決が出た事件の上訴管轄権を持つか否かが争われていたのだが，ホッブズは，後者の立場に立っているようである。この論争に関して，クックは，コモン・ロー自体が理性的なものであるためさらなる上訴は必要がないと論じ，また，他のコモン・ロー法律家も，「国王の良心」に基づく大法官裁判所の権限の拡大は，国王の絶対主権の契機となると反対していたのであるが［ibid., p.xxxiv］，エクイティの概念自体の不規則性を批判した論者もいた。例えば，ティモシー・ターナーは，「自らの個人的な目的のみを尊重する大法官の，規則に従うことのない権限」によって，「程なく，政府が国王に媚び

(29) 注(20)で触れたホッブズのセミナーでも，ホッブズにおける自然法の役割を重視し，ホッブズと「法の支配」を結びつけるダイゼンハウスのホッブズ解釈をめぐっていくつか議論がなされていた。まず，ダイゼンハウスの報告（"Hobbes on the Authority of Law"）にコメントしたP・ケリー（ロンドン・スクール・オブ・エコノミックス）が，ジョン・ロックについての報告を聞いていたかのようであったとコメントしたのは印象的である。また，"The Equal Extent of Natural and Civil Law"というタイトルで報告したハリソンも，ホッブズの国家において自然法が一定の役割を果たすとしても，何が自然法であるかを決定する権限が主権者にあったこと，主権者が自然法に違反しているか否かは，臣民によって判断される事柄ではないと考えられていたことなどから，ホッブズにおいて何が法かは主権者によって決定されているとして，ホッブズの法実証主義的な側面を強調していた。一方，ラフリンの報告（"The Political Jurisprudence of Thomas Hobbes"）は，ホッブズに，「高次の法」の要素を見い出すことはできないが，ホッブズの自然法は，従来の自然法をより合理的，近代的な公法に変換する役割を果たし，さらに「統治の技術」を示すものであったとして，その意義を軽視することはできないと論じていた。なお，わが国の最近のホッブズ研究でも，ホッブズのエクイティについて興味深い分析がなされている。川添美央子によれば，ホッブズの「主権者は一見思うがままに，すなわち恣意的に，国家を造形する条件が与えられているように見える」が，エクイティなどの，「第三者的理性や人間的自然による暗黙の抑制という支えがあってこそ，存続しうる制作物だったことが見てとれる」のであった［川添 2010, 156, 158-59頁］。
(30) グレイは，エルズミアも，ホッブズと同様に，自然的理性を優先することで，技術的な理性の下，先例のない事件を彼らの望み通りに解決するという，コモン・ロー法律家に対する批判も排除することになってしまうだろうと指摘している［Gray 1980, p.38］。

へつらう少数の寵臣の意のままになる」[Tourneur cited in Baker 2004〔1969〕,pp.272-73] 危険性を指摘していたが，ホッブズのエクイティの概念にも同様な批判が向けられうることは明白ではないだろうか。[31]

　他にも，コモン・ローのコンテクストにおいてホッブズの法解釈理論を検討しているロバーンによって，以下のような指摘がなされている。ロバーンは，第一に，ホッブズの量刑論の問題点を指摘している。ホッブズは，『リヴァイアサン』において，ある処罰が，「類似のケースにおいていつも課せられてきているばあいには，違反者はそれよりも重い処罰は免れる」[Hobbes 1985, p.339；邦訳，304-305頁] と述べており，人々の期待に配慮する必要性，あるいは先例の必要性を論じているようであるが，『対話』においては，「裁判官があれこれの犯罪にかんして，あれこれの刑罰を科すといった慣習は，それ自体において法的効力を持つものではな」[Hobbes 2005, p.116；邦訳，193頁] いと述べており，不文法が一般的なルールを生み出す過程についての考察を深めることはしていない。同様に，例えば，財産に関する詳細なルールについても，裁判官は，主権者によって黙認された直近の判決のみ考慮すれば良いとしたホッブズの方法では不十分であるとロバーンは指摘している。コモン・ローにおいてそうであるように，すべての判決は，それ以前の判決の蓄積の上に創られるからである。ホッブズのように，法の大部分を，主権者の代理である裁判官のエクイティに委ねるとしても，『対話』において，法律家に述べさせているような，「ふつうの人ならば同一のものにしか見えない事例でも，その違いを見分け，正確に判断する能力」[ibid. p.83；前掲書，133頁]，いわばクックの技術的理性のようなものが，結局は必要になってくるのではないかとロバーンは論じているのである [Lobban 2007a, pp.85-86]。

　このように，「技術的理性（法律家の理性）か自然的理性か」という論点に即するならば，後者に基づくホッブズの法解釈理論は不十分なものであった。しかしながら，法律家の技術的理性にコモン・ローを基礎づけたクックの法思想に対する批判，コモン・ローの権威・正統性への批判は鋭いものであり，イギリスのコモン・ロー思想が転換する契機になったとも言える。「裁判官による法形成はいかにして正統化されるのか」，「理性か権威か」という論点に関するホッブズの問

---

(31)　ここで触れている大法官裁判所の管轄権の問題などは，英米の「法の支配」の思想史的検討を行なっている補論で，より詳しく検討する。なお，ダイゼンハウスのものを含めたホッブズにおける「法の支配」の解釈の類型について，山本 [2010, 21-29頁] を参照。

題提起，クック批判は，一定の影響を与えることになったのである。次節においては，コモン・ロー思想の立場からホッブズのクック批判を吸収しようとしたヘイルの法思想を検討したい。

第3節　ヘイルの法思想

(1) 技術的理性の擁護

本節においては，マシュー・ヘイル (Sir Matthew Hale, 1609-1676) の法思想について検討したい。ヘイルの主著とも言える『イングランドのコモン・ローの歴史 (*The History of the Common Law of England*)』(1713年) の編者であるグレイが指摘しているように，ヘイルは，「重要であるにもかかわらず，概ね研究されていない人物」[Gray 1971, p.xiii] であり，わが国においても，すでに扱ったクックやホッブズと比べ，研究の対象となることはあまりなかった。にもかかわらず，ここでヘイルを扱うのは，その法思想が，クックの法思想には欠けていたコモン・ローの正統性の契機として，「同意」の概念を導入すると同時に，法の発展も含めた司法過程における「技術的理性」の重要性を，ホッブズとの対比において，明確に，かつ説得力を持って示していると思われるからである。

ヘイルは，1620年代から30年代にかけてコモン・ローを学び，実務家として成功した後に，1654年に人民間訴訟裁判所の裁判官になり，1671年から76年の間には，王座裁判所首席裁判官 (Chief Justice of the King's Bench) を務めているが，上述の『イングランドのコモン・ローの歴史』のほかに，「法の性質一般と自然法に関する論稿 (Treatise of the Nature of Lawes in Generall and touching the Law of Nature)」，「ホッブズ氏の『法の対話』に関する王座裁判所首席裁判官ヘイルによる考察 (Reflections by the Lrd. Cheife Justice Hale on Mr. Hobbes His Dialogue of the Lawe)」として知られているものなど，法思想史の観点からも重要な論稿を残している。ロバーンによると，ヘイルは，ホッブズの挑戦を受けた上で，法実証主義的な「法命令説の前提に立ちながら，慣習や法律家の推論の役割を説明できる」[Lobban 2007a, p.86] 法思想を展開することを試みたとされて

---

(32) わが国におけるこれまでのヘイルに関する研究として，石井 [1975]，高橋 [2007] などを参照。

(33) ヘイルの主要な著作については，石井 [1975, 28頁] を参照。

いる。ヘイルは,「法の形成はつねに契約の問題であるが, 法の『理性的な』性格, 状況のニーズに法を適応させることは裁判官のみが保証できる」[Cromartie 1995, p.98] との立場を取っていたのだが, 本節においては, まず, 第1項において, ヘイルによる技術的理性の擁護を扱い, 第2項において, 主権者と臣民の契約に基づくその「法実証主義的な」コモン・ロー思想を概観したい。さらに, 第3項においては, 法の発展, 法改革についてのヘイルの見解を検討することで, ヘイルの法思想の輪郭をより明らかにすることを試みるとともに, コモン・ローと共同体の関係についても考えてみたい。本章第1節で強調したように, クックにおいては, 裁判官の技術的理性と共同体との間に, ミッシングリンクが厳然と存在しており, それがクックの法思想の最大の難点であったが, ヘイルの法思想には, 限定的なものではあるが, そのようなミッシングリンクを架橋する要因を見い出すことも可能である。

さて, ヘイルによる技術的理性の擁護であるが, すでに触れた「ホッブズ氏の『法の対話』に関する王座裁判所首席裁判官ヘイルによる考察」において, ホッブズに直接反論する形で展開されている。前節でも述べたように, ホッブズの『対話』は, 1681年に出版される以前の1673年には草稿が出回っていたのであるが, ヘイルも, その頃に読んだのではないかと指摘されている [*ibid.*, p.99]。ヘイル(34)は, 『対話』の第1章「理性の法について (Of the Law of Reason)」と第2章「主権について (Of Sovereign Power)」を批判的に論じているが, ここでは, おもに, そのうちの前者に関するヘイルの議論を検討したい。(35)

ヘイルは, まず, 理性を,「それによって, すべての種類の知識や学問が獲得される共通の手段, 道具」[Hale 1966, p.501] であり,「すべての理性的な被造物に共通する能力」[*ibid.*] であると規定している。ただ, そのような理性の能力を特定の対象に適用する際,「理性的な能力が理性的な対象と関連づけられ, 使

---

(34) D・イェールは, ヘイルが王座裁判所首席裁判官であったときに, 人民間訴訟裁判所の首席裁判官であったジョン・ヴォーンからホッブズの草稿を受け取ったのではないかと推測している [Yale 1972, pp.122-23]。一方で, ホッブズの『対話』の編者のクロマティは, 当時, 法に関する著作には, 上級の裁判官による認可が必要であり, ヘイルも, そのような裁判官の職務の一環として, ホッブズの草稿を読んだのではないかと指摘している [Cromartie 2005, p.xvii]。

(35) 後者に関するヘイルの議論について, また, 法の支配に関するヘイルの議論については補論で扱っている。

用と修練によってその対象に慣らされることによって，それは，複雑に捉えられる」[ibid.] のであり，「この種類の理性，あるいはそのように捉えられた理性によって，人は，数学者，哲学者，政治家，医者，法律家」[ibid.] と呼ばれるとヘイルは続けている。「優れた演説家で良き道徳家であったタリー（キケロ）は，しかし，政治家としては凡庸で，詩人としてはいっそうひどかった」[ibid.（　）内は引用者]と述べているように，ヘイルは，対象によって異なる理性の能力が必要とされ，さらにそれぞれに「使用と修練（use and exercise）」が要求されることを強調しているのである。

　次にヘイルは，ホッブズを念頭に法学における理性の特殊性を論じている。ヘイルによれば，「理性の能力が関係しているすべての種類の対象の中で，法の理性ほど，それを操作し，何らかの安定に到達するのが困難なものはない」[ibid., p.502]。法の理性に求められる，社会を秩序づけることや正不正を判断することは，特定の事例において非常に大きな困難を伴うため，法学に関して，「数学において期待されているだろうものと同じような確実性，証明，論証に，人々が到達するのは不可能であ」[ibid.] り，ホッブズのように，「すべての国家やすべての状況に等しく適用できる誤ることのない法や政治の体系を，ユークリッドが彼の結論を論証したのと同じだけの証明と調和を持って作り出すことができると悦に入っている人々は，個々に適用される際には無力であることが判明する諸概念によって，都合のいいように自分をごまかしている」[ibid.] のであった。

　この論点と関連させて，ヘイルは，前節で検討したホッブズのエクイティを中心とする法解釈理論を以下のように批判する。すなわち，「道徳において，そして特に社会の法に関して，正義や適切さについての一般的な概念は，理性を持つすべての人々に共通であるが，これらの一般的な概念を，特定の事例や場合に個々に適用するに至って，偉大な理性を持った人々の間での一致や合意を，私たちはめったに見つけることはない」[ibid., pp.502-503]。それ故，ヘイルによれば，ホッブズ，あるいはホッブズにおける裁判官など，エクイティ等の抽象的な概念に基づいて裁判をする人々は，「個々の適用に至って，相互に極めて異なっており，彼らのあまりにも立派な思索に基づく理論によって，正不正に関する通常の基準から遠ざけられているために，非常に一般的に，ありうる限り最悪の裁判官たちなのである」[ibid., p.503] った。すでに触れたように，クックは，あらゆる法的問題に対する解答を具備しているものとしてコモン・ローを捉え，自然法，エクイ

ティに基づく裁判官の裁量を批判していたが，ヘイルも同様に，個々の適用の場面におけるホッブズのエクイティの「過激なまでの静寂さ（radical silence）」［Postema 1986, p.62］を批判しているのである。

　加えてヘイルは，法の理性の特徴，あるいは困難について以下の三点を挙げている。「法を創ること，解釈することと適用することが困難なのは，第一に，救済されることが意図されているものにおいてだけでなく，提起された救済から生じるであろう他の偶発的，結果的ないし付随的なことにおいて生じるであろう考慮すべきほとんどすべての緊急事態についての非常に幅の広い見通しを要求し，第二に，提起された法の便宜が，それが引き起こす不便を相当程度にまさるかを量り，考慮する卓越し経験を積んだ判断が必要とされ，第三に，可能な限り小さい不便が伴うように（欠文），救済を適用する卓越した判断と技術が要求されるからである」［Hale 1966, pp.503-504.（　）内は引用者］という三点である。そして，その際，「長い経験は，最も賢い人々の評議が最初に予見できるよりも，法の便宜や不便についてより多くの発見をする」［ibid., p.504］ため，あるいは，経験に基づく法は，「どんな人の機知でも予見したり，適切に救済したりすることができない欠陥や助けを発見する，人類の中でも最も賢明な手段である」［ibid., p.505］ため，「地上において最も精巧な頭脳が思索によって探究する」［ibid.］法よりも，「慣習と慣例による黙示的な，あるいは，成文法，すなわち国会制定法による明示的な（中略）意思や同意によって導入された」［ibid.（　）は引用者］イングランド法は優れているとヘイルは論じている。

　以上，ヘイルによる法の理性の特徴，困難についての見解，それに対応する際のコモン・ローの優位性に関する議論を見てきたが，結局，「人は生まれながらのコモン・ロー法律家ではなく，理性の能力のありのままの行使がコモン・ローについての十分な知識を与えるわけでもない。それは，読書，研究，観察によって，その能力を，順化させ，慣れさせて，修練することによって得られるべき」［ibid.］なのであった。法の理性，すなわち，理性を法に適用することは，ホッブズのように，自然的理性の行使，すなわち「理性の能力のありのままの行使しか手持ちがない人や，制定法の名称やいくつかの法律書の索引や目録を通読する努力しかしていない人」［ibid.］には不可能なのである。第1節で検討したように，クックにおける技術的理性は，過去の偉大な裁判官の推論に習熟することで獲得されると考えられていたが，ヘイルにおいても同様に，専門性，修練の重要

性が説かれている。

　ところで、クックが過去の裁判官の推論に習熟することを強調したのは、コモン・ローの一貫性、調和を保持するためであった。クロマティが指摘しているように、クックの reason は、コモン・ローの一貫性、それを実現するための推論、その結果としての正しさの三つの点を含意していた [Cromartie 1995, p.101]。『イングランド法提要』でもクックは、法の知識が相互に関連して結びつくことの重要性を強調していたが [高橋 2007, 144頁]、一方、ヘイルも、「一つの時代と一つの裁判所が同じことを話し、同じ法の糸を引き継いでいくように、法の安定性と法のそれ自身に対する調和を、可能な限り維持する」[Hale 1966, p.506] ことが、「コモン・ローの専門職において最も重要なことの一つ」[*ibid.*] であると論じている。そして、クック、ヘイルのいずれにおいても、このコモン・ローの一貫性、調和によって、裁判官の自由裁量を否定すると同時に、コモン・ローを発展させることが可能になると考えられていたのであるが、その際の方法論に関しては、クックと、ホッブズによるクック批判を受けた後のヘイルでは異なっている。「技術的理性（法律家の理性）か自然的理性か」という論点に関しては、ホッブズを退けたヘイルであったが、「理性か権威か」という論点に関しては、ホッブズの議論を容れた面もあったのである。次に、「裁判官による法形成の正統性」という本書のテーマも念頭に置きながら、ヘイルの法思想における「法実証主義的な」側面を検討したい。

（２）　**ヘイルにおける法実証主義**
　前項で確認したように、ヘイルの技術的理性の概念は、クックのそれを継承したものであった。クックにおいて、コモン・ローの理性は、法体系の一貫性、調

---

(36)　ヘイルのこの指摘は、前節ですでに引用した、『対話』におけるホッブズの以下の言明を念頭に置いたものであろう。「もしも私が、ほんの一、二ヵ月もあれば、裁判官の職務くらいはこなせるようになるよと言っても、君は、私のことを、別に傲慢な奴だとは思うまいね。なぜなら、私にだって、他の人びとと同様に理性つまりコモン・ローがある（理性がコモン・ローそのものだということを今さら君に思いださせるまでもあるまいが）、と言わせていただきたい。また制定法について言えば、それは印刷されているし、そこに記されていることがらがすべて一目でわかる索引だってあるのだから、ほんの二ヵ月もあれば、だれだって、それらを十分に役立たせることができると思うよ」[Hobbes 2005, p.11；邦訳, 14頁]。

和を意味しており，既存のコモン・ローとの調和に配慮しながら，新しい状況に対応することが可能であり，その結果も正しいものになるとも考えられていた［Cromartie 1995, p.98］。このようなクックの法思想は，コモン・ローに，一貫性に由来する確実性，安定性を与えると同時に，第１節で見たように，クック自身，あるいはコモン・ロー裁判官による広範な「法創造」を可能にするものであった。しかしながら，本章で度々強調しているように，クックの法思想は，その正統性において危うさを抱えており，実際，ホッブズにもそこをつかれている。その際，ヘイルは，クック的な技術的理性に「同意」の契機を接合することによって，そのような正統性の危機を乗り越えようとしたのであった。

　具体的には，クック的なコモン・ロー思想が直面した危機とは次のようなものである。クックの技術的理性が，社会の変化にも対応できる柔軟なものと捉えられていたのは，それが，本来的な拘束力を持つと考えられていたからでもあった。しかしながら，そのような法専門職の理性が，一般的な自然的理性に取って代わられてしまう可能性がつねにあり［ibid., p.98, 102］，実際，すでに引用したように，「『理性こそが法の生命である』，と言うばあい，なぜその理性が，自然的理性ではいけなくて，技術的理性でなければならないのか，そこのところが，よくわからない」［Hobbes 2005, p.10；邦訳，12頁］と論じたホッブズによって，法は，すべての人々に開かれた自然的理性による自然法の解釈の問題に還元されてしまった。さらに，クロマティによれば，「クックのような思想家を特徴づけた理性への自信過剰な訴えが，比較的唐突に消えてしまったのは，（中略）革命の結果による」［Cromartie 2007, p.221.（　）内は引用者］ともされている。1642年から46年にかけての内戦において，クックに近かった議会派は，コモン・ロー的な理性に基づく「基本法」によって軍事的抵抗を正当化していたが，王政復古（1660年）の後は，同意による「知られた法（known laws）」によって統治されるべきだとされたこと［ibid.］も，ヘイルの「同意」によるコモン・ローの正統化と関連するだろう。

　以下においては，まず，『イングランドのコモン・ローの歴史』から，「同意」に基づくヘイルのコモン・ロー思想の概観を示したい。その後，先例についての

---

(37)　補論で詳しく検討しているように，国王大権の規制原理としての「法の支配」に関して，クックとヘイルの法思想は対照的なものであった。

ヘイルの見解を検討するが，先例，ルールの体系としてではなく，格率を中心とした裁判官の推論において見い出される「理念」としてコモン・ローを捉えていたクックとは対照的な見解が示されている。「裁判官による法形成はいかにして正統化されるのか」という，本書が焦点を当てているコモン・ロー思想史上の論点で整理すると，ホッブズのクック批判の後，ヘイルがコモン・ローの判決を，法の「発見」ではなく，法の「解釈」によって説明することを試みている点が注目される。

さて，ヘイルにおいて，法の源泉は原初契約（original contract）に求められており，その契約において，妥当する法律を形成し，変更できるシステムも導入されたと論じられている。具体的には，国王，貴族院，庶民院の三者の同意によってのみ法律は制定されうるとして，歴史的な原初契約に法律の権威の根拠が求められているが，『イングランドのコモン・ローの歴史』においては，裁判官が扱い，発展させている財産法や刑事法などのコモン・ローの諸ルールの多くも，原初契約によって，その妥当性が与えられていることが論じられているのである[Lobban 2007a, p.86]。

『イングランドのコモン・ローの歴史』の導入部において，ヘイルは，イギリスの法について以下のような整理を行なっている。すなわち，ヘイルによれば，「イングランドの法は，十分に適切に，成文法（the written law）と不文法（the unwritten law）に分けられる。（この後示されるように），この王国のすべての法律は，それについての書面による何らかのしるしや記録を有しているが，それらのうちのすべてが，その原初において，文書の形であったわけではなかった。なぜなら，それらの法律のいくつかは，その力を超記憶的な使用，あるいは慣習から得たのであり，そして，それらの法律は，適切にも，不文法，あるいは慣習と呼ばれる。それ故，私が成文法と呼ぶものは，一般的には，制定法，あるいは国会の法律と呼ばれるようなもので，制定される，あるいは何らかの拘束力を得る前に，最初に正式に文書とされるもので，いわば，国王，貴族院，庶民院の間の三部から成る契約書（*Tripartite Indenture*）[39]である。なぜなら，立法におけるこれらの三つの部門すべての共同の同意がなければ，そのような法律は創られないし，

---

[38] ヘイルの『イングランドのコモン・ローの歴史』は，1713年に出版される前も，草稿の形で出回っていた [Cromartie 1995, p.105]。

創られえないからである」[Hale 1971, p.3]。

　この後，制定法，コモン・ローの各々について論じられていくわけであるが，その際のヘイルの議論の特徴は，上述の不文法，あるいはコモン・ローの多くも，その起源は制定法にあり，それ故に権威，正統性を持つと論じていることであろう。

　ヘイルのコモン・ローの起源についての考察をいくつか挙げてみると，まず，法的記憶以前（1189年以前）である「リチャード1世の治世以前に形成された制定法，国会の法律で，それ以来，矛盾する慣行や後の国会の法律によって，廃止されても変更されてもいないものは，いわば，コモン・ローに組み込まれて，その一部になったとして，現在は，不文法の一部分として説明されている。そして，（記憶以前のものは始まりがないと考えられ，あるいは，少なくとも，法が関心を持つような始まりはないとされているため），そのような制定法は，事実，現在は，国会の法律であるとして主張することはできない」[*ibid.*, p.4] とヘイルは指摘している。

　ヘイルはまた，エドワード2世の時代（1307-1327）以前の制定法について，「それらの多くは，コモン・ローを確認するためだけに創られ，残りは，コモン・ローに変化をもたらすものであったため，古い制定法と私は呼んでいる。しかし，それらの制定法は大変古いものであるので，現在は，いわばコモン・ローの一部であったように見える。それらについて，何代にもわたって，多くの解釈がなされてきて，それによって，司法的な解決や判決の大きな対象になったということを考えると特にそうである。よって，それらの古い制定法自体と合わせて，それらの解釈や判決は，いわば，コモン・ローに組み込まれ，その一部になったのである」[*ibid.*, pp.7-8.（　）内は引用者] と指摘している。

　ヘイルによれば，「現在，私たちがコモン・ローと見なしているものの多くは，疑いもなく，国会の法律であった」[*ibid.*, p.44] のであり，国会を通じた人々の「同意」によって現行のコモン・ローの多くは権威，正統性を与えられるのであった。その際，例えば，ヘイルが「古い制定法」と呼んだ制定法について現行の，

---

(39) *indenture* とは，歯形に切ることによってできた線を合わせることで，その同一性が証明される歯形捺印証書のことである。古来，契約等の際，当事者の数に応じて捺印証書を作成し，それらを重ね合わせ，上部などを歯形で切断し，その各々を保管していた [田中 1991, 437頁]。

あるいは実際の「同意」を証明することは不可能であるが、その「同意」の推定を提供したのが原初契約であった。すなわち、ヘイルによれば、国会の起源はサクソン時代にまで遡ることができるのであり、また、セルデンも論じていたように、原初契約で、人々は、自らの子孫も含めて立法権を国王、貴族院、庶民院から成る国会に委ね、それが創る法律に従うことに、黙示的に同意したのであった [Lobban 2007a, p.70]。もちろん、イギリスでそのような原初契約そのものを示す文書を示すことはできないことをヘイルは認めていたが、国会が「新しい法を創り、あるいは古い法を変更し、廃止し、あるいは強制すること」[Hale 1971, p.3] は、「すべての時代にわたってなされてきた」[ibid.] と述べているように、ヘイルによれば、恒常的な慣例によって、原初契約の内実は推測されうるのであった [Lobban 2007a, p.68]。

『イングランドのコモン・ローの歴史』においては、この他に、コモン・ローを構成するものとして、制定法にその起源を持たない慣習によって導入されたものも挙げられている。ここでいう慣習は、一般的な慣習(popular custom)ではなく、「特に、エドワード1世の時代から文書の形で、時代から時代へと伝えられてきたもの」[Hale 1971, p.44] で、相続、契約、譲渡などの基本的なルールの多くを含み、「それらの拘束力と法の力を長く超記憶的な慣行から得ている」[ibid., p.17] もののこととされている。そして、この慣習に基礎を置くコモン・ローについても、「法の性質一般と自然法に関する論稿」では、上述の立法に起源を持つものと同様な正統化がなされている。すなわち、ヘイルによれば、慣習に起源を持つコモン・ローも、長い間の慣行、使用により、「それらの起源と発散(promanation)が、最初は正統な立法的権威からのものであったと推定できる」[Hale undated, f.10v] のであり、「それに拘束される社会の同意のみならず、それに黙示的に同意する立法的権威の同意」[ibid.] もあると見なすことができるのであった。

以上の国会制定法、あるいは慣習に起源を持つコモン・ロー以外の、コモン・

---

(40) この原初契約の拘束力は自然法によって与えられたものであった。次章の第1節でブラックストーンの法思想における自然法の役割を論じる際、ヘイルの法思想における自然法の位置づけについても触れている。

(41) この文献は大英図書館に所蔵されているヘイルの未発表論稿であるが、ロバーン教授のご厚意で、その写しのコピーをいただいた。

ローを構成する第三の要素として挙げられている判決（judicial decisions）についてのヘイルの理解は，クックとの対照が最も明白なものの一つである。すでに見たように，クックにおいては，コモン・ローとは「理念」であり［石井 1975, 51頁］，裁判官の思考の様式こそが法源であり，判決，先例よりも格率が中心的な位置づけを有していた。一方，ヘイルにおいては，判決は，「この王国の法が何であるかについて，解釈し，宣言し，そして公布する（expounding, declaring, and publishing）非常に大きな重みと権威を持つ」［Hale 1971, p.45］と考えられている。そして，判決，先例を用いた裁判官の判決には以下の三つの範疇があるとする。すなわち，まず，第一に「王国の古来の，そして明白な法が，明白な判決を与えていて，裁判官が，それを宣言する道具にしか見えない」［ibid., p.46］場合で，誰が相続すべきなのか，自由土地保有地を譲渡するにはどのような形式が必要なのか，どのような財産，そしてどれだけが寡婦には与えられるべきかなどが争点になる場合が含まれる［ibid.］。第二に，ヘイルは，上述の明白な法「からの演繹や推論（deduction and illation）によって形成され，導き出された判決」［ibid.］があるとして，明確なルールがない場合には，コモン・ローそれ自体から，あるいは以前の時代の同様の判決などからの推論によって判決を下すべきであるとしている。そして，第三の範疇として，「事物の共通の理性（common reason of the thing）しか指針がないように思われる」［ibid.］場合があり，遺言，捺印契約の条項における当事者の意図など，ルールによって規定することが困難な場合があるとヘイルは続けている。なお，この第三の範疇は非常に限定的に理解されていたものではあるが［Cromartie 1995, p.105］，ヘイルが，法源としてのコモン・ローの限界を認めていたことを示すものでもあり，コモン・ローの万能性が説かれていたクックとの違いは興味深い。

　クックとヘイルの間の判決，先例の捉え方の違いは，両者が置かれた時代的状況にも起因している。ヘイルの時代には，政府の各機関の役割分担がより明確に

⑷⑵　この点を考慮すると，ヘイルにおいて「不文法の特殊形態として明文法が特徴付けられている」［高橋 2007, 170頁］という指摘や，ヘイルが，「議会の制定法をコモン・ローとは別の独立した『形式的法源』として認めるに至った」［石井 1975, 51頁］といった指摘には疑問が残る。「法の性質一般と自然法に関する論稿」において，ヘイルは，慣習に基づくコモン・ローは，「他の制定された法のような形式性は有していないが，立法的権威による制定の実質と相当物を有する」［Hale undated, f.10v］とも述べていたが，これは，本節の最後で触れる，主権者命令説に沿ったコモン・ロー理解でもある。

なってきて，命令，あるいは大規模な決定をすることは国会に委ねられるようになり，裁判所の従属的な傾向が強まっていったのである[Gray 1971, pp.xxxi-xxxii]。そのような状況において，「司法による古き良き法の発見や再興」[石井 1975, 52頁]というレトリックの下に，実質的な司法的立法を行なうことは難しく，ヘイルにおいては，権威的なルールについての解釈に基づき，判決は下されると考えられていたのである。また，次に見るように，大きな法改革も，基本的には立法によって主導されるべきものとして考えられていた。

　もちろん，本節第1項で確認したように，クックと同様に，技術的理性の観念は，ヘイルの議論の中核を構成するものであり，先例も，「過去の時代の解決や決定との調和や適合性」[Hale 1971, p.45]を持ち，裁判官による判決が，「いかなる私人の意見よりも，法についてのずっと大きな証拠である」[ibid.]が故に，尊重されるべきものとされていた。クロマティが指摘しているように，「ヘイルは，依然として，その対象（コモン・ロー）に内在する秩序と，共有された専門的方法の働きによって統合された法という感覚を保持していた」[Cromartie 2007, p.226.（　）内は引用者]のであり，「コモン・ローに正統性を与えるための，いくらかの技術的理性の残余の要素の必要性を感じていた」[ibid., pp.226-27]のであった。ホッブズの主権者が国会であるならば，ホッブズの主権概念とも両立するようなものであったとの指摘もなされているが[43]，ヘイルのコモン・ローは，究極的には国会に立法権を付与した原初契約における「同意」によって正統化されていた。そして，そのようなコモン・ローと整合的に，演繹や推論を用いて解釈する（expound）ことが裁判官には課せられていたのであった。次項では，ヘイルの法改革，法の発展についての議論を検討することで，ヘイルの法思想の性格をより明確にすることを試みたい。

（3）　コモン・ローと共同体

　ここまで検討してきたように，ホッブズのクック批判や国制認識の変化によって，ヘイルは，コモン・ローの権威，正統性の問題に関して非常にセンシティブであり，その結果，技術的理性それ自体に拘束力を認めたクックとは異なった法

---

(43)　これはタックの指摘である[Tuck 1979, p.135]。さらにタックは，ヘイルのコモン・ローの自生的な性質を論じているJ・ポーコックの理解を批判している [ibid., p.133]。

改革論を提唱している。しかしながら，ヘイルの法改革の議論においても，前項で触れた「法律家に共有された専門的方法」，すなわち技術的理性と「コモン・ローに内在する秩序」，すなわちコモン・ローの一貫性は重要な役割を有していた。さらに，ヘイルの法改革，あるいは法の発展の議論においては，「土台（substratum）」としてのコモン・ローという概念もあるが，それは，クックにおいては分離されていたコモン・ローと共同体の間の紐帯を回復する試みと解釈されることもある。「コモン・ローと共同体の関係」をどのように捉えるかは，現代に至るまでの英米の法思想史に通底する主要なテーマの一つである。

　さて，ヘイルの法改革の議論であるが，それは，ヘイルの死後に出版された「法の修正もしくは変更に関する考察（Considerations touching the Amendment or Alteration of Lawes）」という小論において展開されている。この小論を検討しているD・リーバーマンによると，ヘイルの基本的立場とは，コモン・ローは，継続的に生じる新しい出来事に対して，その都度，新しい救済を適用してきた結果の，いくつもの時代や出来事における発見，結果，適用の集合体のようなものなので，それを変えるのは，強い必要性があり，法改革が安全に行なわれ，結果として大きな便宜が得られるときにのみに限定されるべきだというものであった［Lieberman 1989, p.195］。そして，リーバーマンは，このような基本的立場から，ヘイルが，法改革について，以下のように考えていたと指摘している。すなわち，第一に，ヘイルは，法改革は，コモン・ローを通じてなされなくてはならず，裁判所や裁判官の権限の範囲内でなしうることは，立法に委ねてはならない。そして，第二に，大きな立法による改革は，裁判官や他の法の賢者の監視が必要であると考えていたとされているのである［*ibid.*, pp.195-96］[44]。

　要するに，ヘイルは，コモン・ローの一貫性，調和を保持しながら法改革を進めるために，コモン・ローや裁判官を中心とした法改革を進める必要があると論じていたのであるが，より一般的なコモン・ローの発展についても同様の見解が示されている。

---

[44]　ヘイルによれば，法案自体が裁判官や法律家によって準備されなければならなかった。その法案は，まず，「人々の共通の利益を特別な方法で代表している」庶民院で審議されるが，庶民院の委員会には法案を起草した裁判官も出席し，提案の理由や専門的な意見が示される必要があると論じている。そして，その結果，貴族院で審議される際には，あまり欠陥のない法案になるとヘイルは指摘している［Hale 1787, p.273］。

まず，ヘイルは，クックと同様に，コモン・ローは有機的な発展をすると捉えていたようである。ヘイルは，『イングランドのコモン・ローの歴史』において，法一般の性質として，「人々の状況，必要や便宜に適合させられるもの」[Hale 1971, p.39]であり，「それらの必要や便宜が，感知できないように人々から生じてくるにつれて，特に長い期間にわたってはそうであるが，法の変化も，そのような機会において，感知されない形で生じてくる」[ibid.]と述べている。コモン・ローの精神に沿って，裁判官が過去に起源を持つ法の一体を解釈し，発展させることによって [Lobban 2007a, p.89]，より具体的には，明白な法や過去の判決からの演繹や推論などの方法を通じて，コモン・ローは，変化する社会の必要に適応してきたとヘイルは考えていた。権威的な素材からの「類推」によって，コモン・ローの一貫性を維持しながら，コモン・ローは発展させられるとヘイルは考えていたとも言えるだろう。そして，コモン・ローは，そのように社会に適応することで，漸進的な改善と自己完成のプロセスをあゆむとされていたのである [Berman 1994, p.1712]。

　また，ヘイルは，立法などによって新しい法が創られるとしても，それらは，裁判官の解釈によって，コモン・ローに編入される必要があるとも考えていた。前項で触れたエドワード2世の時代以前の制定法についての議論でも示されていたが，ヘイルにおいては，新しい法は，裁判官の解釈により，コモン・ローの理性の中にその居場所を見つけるのであり，既存のコモン・ローと調和していることが示されるべきだと考えられていた [Cromartie 1995, p.107]。『イングランドのコモン・ローの歴史』に述べられているように，コモン・ローは，「保持されるべき偉大な土台 (the great substratum that is to be maintain'd)」[Hale 1971, p.46]なのである。

　ところで，この「土台としてのコモン・ロー」という概念は，クックにおいては分断されていたコモン・ローと共同体，あるいは，コモン・ローと一般的慣習との間の関係を回復させる役割を有していたと捉えることも不可能ではない。実際，コモン・ローの権威を，共同体の何らかの同意ではなく，コモン・ロー自体の内容の合理性によって基礎づけたクックとは対照的に，ヘイルは，コモン・ローが「それ自体において極めて正しく優れているだけではなく，イングランドの政府の枠組みやイングランドという国家の傾向に適合させられており，そして，それは長い間の経験と使用などにより，彼ら（イングランド人）の気質そのものに

組み込まれ、ある意味で、イングランドという国家の気質や構造になっている」[*ibid.*, p.30.（　）は引用者] と述べていた。そして、例えば、ポステマは、ヘイルのこの言明に依拠しながら、ヘイルにおいては、コモン・ローと人々の一般的な慣習との間には根本的なリンクがあり、裁判官の慣習であるコモン・ローが、人々の第二の自然である一般的な慣習と適合的なものとして捉えられていたと論じている [Postema 2002a, p.592]。

　このポステマの解釈は、クックとは対照的に、一般的な慣習がコモン・ローの法源であり、それとの合致がコモン・ローに妥当性を与えていたとヘイルの法思想を理解するもので、興味深いものではある。しかしながら、上記のヘイルの言明は、国王大権や臣民の権利、自由といったイギリスの国制、憲法に関するものとして読む方が自然である。また、ポステマは、ヘイルが、コモン・ローを正統化する際に、人々の受容や同意を挙げていたことも、自らの解釈の根拠としているが、ヘイルにおける一般的な同意とは、極めて形式的な同意である。前項でも見たように、ヘイルのコモン・ローの基礎とされた立法に対する人々の「同意」とは、個々の法律についての同意ではなく、国会の立法権や、既存の法律を修正・廃止したり、あるいは追認する権限を持つことに対する「黙示の同意」であった [Lobban 2007a, p.70]。もちろん、例えば、1661年以降に執筆された『国王大権（*The Prerogatives of the King*)』において、コモン・ローの拘束力が、立法による拘束力とは区別され、長く一般的な慣例によって導かれると説明されているように、ヘイルは、必ずしもコモン・ローのすべてが立法の枠組みで捉えられるとは考えていなかったとも理解しうる。しかし、その際の同意も「黙示の同意（implied consent)」とされており [Hale 1976, p.169]、ヘイルにおけるコモン・ローと一般的な慣習の実質的な結びつきを強調するポステマの解釈にはやはり問題がある。ヘイルにおいては、コモン・ローは人々の一般的な慣習が変化することではなく、あくまでも法律家の監督下の立法や、個々の事件を解決する際の裁判官によって発展させられるものであった [Lobban 2007a, p.89]。ヘイルにおいて、「コモン・ローと共同体の関係」は、あくまでも形式的に捉えられていたのである。

　関連して、ポステマによる、ヘイルの判決、先例の議論についての解釈も、ここで批判的に検討してみたい。すでに整理したように、判決には、コモン・ローを文字通り宣言すること、明白な法からの演繹や推論（deduction and illation）によるものの他に、「事物の共通の理性（common reason of the thing)」に基づく

ものがあるとヘイルは論じていた。ポステマによれば，ヘイルのここでの観念は，「法の形式的な源泉が尽きるならば，彼の助力を受けていない自然的理性に訴える権限があるというホッブズ的なものではなく，むしろ，ヘイルは，『事物それ自体の理性』に訴える裁判官は，法と慣習，そしてそれらが依拠する人々の『ふるまい（conversation）』に立ち返るのであり，鋭敏な判断と類推によって，目前の事例に取りかかる」[Postema 1986, p.71] のであった。ヘイルにおけるコモン・ローと一般的慣習に連続性を見るポステマは，ヘイルの裁判官は，新奇の事例において，過去の判決や確立されたルールを特徴づけたものと同様の，社会の経験やそこにおける共通の感覚，共有された理解や共通の流儀を参照するとしているのである [ibid., p.71]。

ポステマは，ヘイルにおける裁判官が，いわゆるハード・ケースにおいても，幅広く類推の根拠を持ち，その性質は違うものの，クックと同様，コモン・ローの万能性を論じていると解釈しているようである[45]。しかしながら，コモン・ローにとっては，法外在的な原理を裁判官に参照させることを余儀なくさせる新奇の事例はないと論じていたクックとは対照的に [Cromartie 1999, p.87]，ヘイル自身は，限定的ではあるが，裁判官にとって事物の共通の理性しか指針がない事例があることを言明していた。また，例えば，1660年代後半のスキナー事件（Skinner's Case）に関して，コモン・ローでは救済されなかった事例に対して貴族院が救済を与えた際に，そのような判決は，法によって与えられる安定性を覆すとヘイルは批判している。ヘイルは，コモン・ローを限定的に捉え，法の欠缺は，基本的には立法によって救済されるべきだと考えていたようである [Cromartie 1995, pp.112-15]。

以上，本節では，ホッブズに対抗する形で提示されたヘイルによる技術的理性に関する理論，コモン・ローを人々の「同意」によって基礎づけようとしたヘイルの試み，そして，その両者の関係が示されたものでもあるヘイルの法改革，法の発展についての議論を検討してきたが，以下のように，ヘイルの法思想は，極めて法実証主義的なコモン・ロー思想であったと結論づけることができる。

⒂　ポステマは，ヘイルを現代的に再構成することで，ドゥオーキンのものに代わる，コモン・ロー理論を提示することを試みている。ポステマのコモン・ロー理論については，コモン・ロー思想史のコンテクストに基づいて，ハートやドゥオーキンの法理論を検討している終章で扱っている。

まず、ヘイルにおいて、法は、「分別と意思を付与された存在に対して、まさにその服従を生み出す権力、あるいは権威を持っている人によって与えられる(中略)当該の行為を命じたり禁じたりする道徳的行為のルール」[Hale undated, f.3. ( )内は引用者]であると主権者命令説の観点から定義されており、コモン・ローも、そのような主権者の命令、すなわち立法か、国会に立法権を与えた人々の「同意」という事実によって正統性が付与されると考えられていた。もちろん、法を発展させる役割は裁判官に委ねられていたが、例えば、ホッブズの観点からは、裁判官に広範な裁量を与えていると捉えられていたクックとは違い、ヘイルは、上記のように、人々の「同意」に基づくとされたコモン・ロー、あるいはコモン・ローの具体的なルールが何かを明らかにする過去の判決、先例に基づく推論が要請されていた[Cromartie 1995, p.105]。さらに、その後のイギリス法思想の展開にとって重要な点であるが、コモン・ローは理念、理由づけの体系であり、決して書かれえないものであると論じていたクックとは対照的に、ヘイルにおいては、以下のように、コモン・ローがルールの体系として捉えられている。

ヘイルは、「(そうすることができるのは、国王と議会だけなので)、判決は、適切な意味でそう呼ばれる法(law properly so called)を創ることはない」[Hale 1971, p.45]と述べていたが、明白ではっきりとしており、争う余地のない理由がなければ先例から離れることはできないとも論じていた[Lobban 2007a, p.88]。ヘイルによれば、ある法の規定を導入した人々は、「他のものではなくその規定を選ぶ際に、おそらく理由を考えていたであろうが、かように確立されたのであれば、その規定の理由が、私たちにとって明白である必要ではない」[Hale 1966, p.505]のであった。「私たちに安定性を与える規定された法であれば十分なのであって、その規定の特定の理由が明らかでなくても、私たちがそれらに従うのは合理的である」[*ibid.*]とヘイルは論じているのである。

---

(46) もちろんすでに見たように、クック自身は、ハード・ケースにおける裁判官も、過去の偉大で学識のある裁判官に倣って推論することが求められ、コモン・ローの一貫性に従って判決しているとして、裁判官の裁量を否定していた。

(47) ヘイルは、判決、先例が権威を持つ理由として、法における学識、知識、経験に優れているという理由で国王によって任命された裁判官の資質、裁判官がイングランド法に従って判決するとの宣誓をしていること、裁判官が判決を生み出すための最良の資源を有していること、コモン・ローによって覆されるまでは、その同じコモン・ローによって判決、先例が支持され、強化されていることを挙げている[Hale 1971, p.45]。

望月礼二郎が,「水と油のように違うコモン・ローと法実証主義の法観念が19世紀のあいだに合体した」[望月 1995, 8頁] と指摘しているように, 一般的には, イギリス法, コモン・ローの「法実証主義化」は19世紀のベンサムによってもたらされたと考えられている。しかしながら, 王座裁判所首席裁判官も務めた典型的なコモン・ロー法律家であり, 続くブラックストーンにも大きな影響を与えた17世紀のヘイルにおいて, すでに法実証主義的な法思想が明確な形で示されていた。

第4節　小　括

以上, 近代以降の英米の代表的な法思想として, 本章では, クック, ホッブズ, ヘイルの法思想について, その交互の関係も含めて検討を試みてきた。本書で法思想の展開を明確にするために設定したいくつかの論争軸, キーワードに絡めて, ここまでの議論をまとめてみたい。

まず, クックの法思想においては,「技術的理性」が, その法思想の中心に据えられていた。この技術的理性とは,「裁判官の共通の学識」のことであり, 同時に,「コモン・ローの一貫性・調和」のことであったが, クックにおいては, 社会の変化に対しては, 裁判官が, 格率 (maxim) を中心とする過去の優れた裁判官の推論に倣うことにより, コモン・ローは, 過去との整合性を保ちながら, 有機的に発展すると考えられていた。クック自身が, 自らの営為を過去の「発見」や「再興」と捉えていたように, ハード・ケースにおいても, 裁判官の裁量はないとされていたことが特徴的である。同様に, ヘイルにおいても, コモン・ローは, 一貫性, 調和を保ちながら, 社会の発展に応じて, 自らを発展させることができると考えられていたが, 裁判官は, 立法に起源を持ち, 人々の「同意」に基づくとされたコモン・ロー, あるいは, そのコモン・ローを具体的な場面において明らかにした先例といった権威的な法源に基づいて推論することが要請されていた。「裁判官による法形成はいかにして正統化されるのか」という論点で整理すると, コモン・ローを「理念」として捉え, それを「宣言する」幅広い権限を裁判官に与えたクックとは対照的に, ヘイルは, 裁判官の役割を, コモン・ローや先例に基づいた類推など, 実定的なルールの「解釈 (exposition)」の枠内に限定したと言えるだろう。ホッブズのクック批判を容れる形で, ヘイルは, コモン・

ローは，その権威的ルールの解釈，類推によって発展すると論じていたのだが，「事実」によって正統化されたコモン・ローの基本的なルールを，「解釈」によって発展させるというヘイルの「コモン・ローとその発展を説明する枠組み」は，ブラックストーン，あるいはオースティンまで受け継がれることになる。

そのヘイルは，先例が確立されていることによる法的安定性を重視していたが，次の世代のブラックストーンにおいても，コモン・ローは，裁判官の共通の学識や理由づけを中心としてではなく，ルールの体系として捉えられており，さらに，コモン・ローの各々のルールは，技術的理性が結晶化したものとして考えられるようになる。一方，マンスフィールドは，技術的理性を復古的なものと見なし，自然法の諸原理をそれに対峙させて，ラディカルな法改革論を展開している。ここでは，「ルールか救済か」という論争軸も複雑に絡み合っているが，「コモン・ローは法ではない」と断じたベンサムのコモン・ロー批判も含めて，その論点については，次章で詳しく検討したい。

コモン・ロー思想に批判的であったベンサムの法思想は，クックにおける裁判官の「権威なき法創造」を批判したホッブズの問題関心を共有していると言えるだろう。ただ，ホッブズは，コモン・ローに優る立法論を有していなかったために，コモン・ローの豊穣なルールを，自然法の権威的な解釈によって代位させざるをえなかった。この問題意識は，「完璧な法典」を立案することによって，コモン・ロー裁判官による法創造を排除しようとしたベンサムによって引き継がれることになる。一方，ヘイルのコモン・ロー思想も，極めて法実証主義的なものであり，コモン・ローの起源を国会による立法，あるいは法的慣習の黙認に求め，国会に立法権を付与する原初契約によってコモン・ローの正統性が説明されていた。そして，続くブラックストーンは，ヘイルにおいては法に拘束力を与える二次的な根拠であった一般的な慣習にコモン・ローを基礎づけたが，この「コモン・ローと共同体の関係」という論点については，ベンサムによって，裁判官の慣習（custom *in foro*）と一般的慣習（custom *in pays*）を峻別する精緻な実証によって，批判的に検討されることになる。

本章をしめるに当たって，本書の法思想史のアプローチ，方法論について簡単に確認しておきたい。まず，当然のことではあるが，時代的な前後によって法思想の重要性が決定されるわけではないという点がある。私見では，次節で検討するブラックストーンの法思想は，コモン・ロー思想の内部では退行であると思わ

れる一方，本章第1節で検討したクックの法思想は，現代のドゥオーキンの法思想との類比という面でも，重要な意義を持つと思われる。また，特に政治思想の領域で強調されているコンテクスト主義は，本書の対象領域には妥当しないのではないかとも考えている[48]。例えば，ヘイルの法実証主義的な法思想も，補論でも検討するように，コモン・ローにより確認される実定的規準によって国王大権を制約するというその政治的な意図とは無関係とは言えないだろう。しかしながら一方で，例えば，本章で焦点を当てた「コモン・ローと共同体の関係」という論点は，クックやヘイル以降も，コモン・ロー思想における主要な論点，テーマになり続けており，さらに言うと，イギリスとアメリカの法思想を比較する際の貴重な視座を与えるものである。詳しくは終章で検討するが，「黙示の同意」という極めて形式的なヘイルの理解とは対照的に，アメリカでは，コモン・ローが，共同体の価値，社会道徳に一致することが要請されていた。思うに，政治思想史とは違い，議論が一定の枠組みの中で行なわれる，本書が対象としている裁判をめぐる法思想史のようなテーマでは，思想の連続性，時代超越性の程度は，より大きいのではないだろうか。そのような観点から，引き続き英米の重要な法思想を跡づけていくつもりである[49]。

---

[48] 周知の通りスキナーは，著者が著述によって為していることは，その著者の思想を解釈する際に関連を持たねばならず，解釈者の仕事の一つは，著述する際の著者の意図を明らかにすることでなければならないと論じている [Skinner 2002b, p.101]。

[49] 法思想史の方法論に関する興味深い論点を示しているものとして，Lobban [2004a] がある。

第2章

ベンサムとコモン・ロー
―― コモン・ロー思想の三類型に対する包括的批判 ――

第1節　ブラックストーンの法思想

(1) 救済としての法 (law as remedy) の伝統

　本章では，まず，ブラックストーンの法思想について扱うが，コモン・ロー思想の展開において，彼の主著である『イングランド法釈義』(1765-69年) で展開されているイングランド法の体系的な記述の重要な特徴は，コモン・ローをルールの体系として捉えたことにある。コモン・ローをルールとして捉える見方と非ルール的な思考の対立は，現代においては，一次的ルールと二次的ルールの複合体として法を捉えたH・L・A・ハートに対するR・ドゥオーキンの解釈的な法理論からの批判にも現れているが［松浦 1988, 299-300頁］, ブラックストーン以降，近代英米法思想の中の主要な論争軸の一つであり続けており，それを巡る様々な法思想が展開されている。ここでは，まず，これまでのわが国のブラックストーン研究においてはあまり触れられなかった観点ではあるが，近年の英米における研究を参考にして，そのような論争，対立の中で，ブラックストーンの法思想を検討することを試みたい。

　法をルールの体系として捉える見方は，制定法主義を取るわが国においては一般的なものであろう。しかしながら，イギリスにおいては，そのような見方が支配的になったのは，19世紀後半以降であるという研究もあり，また，わが国の代表的なイギリス法学者によって，「コモン・ローの法は依然として，(中略) 固定

---

(1) イギリスの法制史を専門とするD・シュガーマンによると，ホランド，サーモンドに代表される19世紀後半の法学者たちによってコモン・ローをルールの体系に結びつけて理解する傾向が強められたとされている［松浦 1988, 302-303頁］。なお，このような観点も含めて，ホランドとサーモンドについては，オースティン，メインとともに次章で詳しく検討する。

した言語形式により表現しつくされるものではない」[望月 1995, 12頁。( ) 内は引用者] と指摘されているように，ルールを法のパラダイムとする立場は，現代に至るまで繰り返し挑戦を受けている。例えば，コモン・ロー理論を論じる際に，現在においても度々言及される「コモン・ローと法理論(The Common Law and Legal Theory)」という1973年初出の有名な論稿において，B・シンプソンは，「コモン・ローをルールのセットとして，本質的に明確で限定された概念と見なすことは，その体系の性質を結果的に歪める」[Simpson 1987, p.370] ことになると論じている。そして，その根拠として，まず，コモン・ローにおいて何が法であるかという議論は，便益，常識，道徳など，特に法的ではないものによって支えられており，権威ではなく，理由づけが参照されるため，「コモン・ローの合理性がルールに還元されうるとは誰も主張しないだろうと私は思う」[*ibid.*, p.369] と述べている。また，コモン・ローを法律家の慣習，すなわち，訴訟の際の合理的な決定を導く指針として，法律家によって受容されている慣習として捉える立場からも，そのようなものは改善され，変化するものであるため，本質的に矯正されうるものとして捉えられると論じている [*ibid.*, p.376]。[2]

ところで，このような非ルール的なコモン・ロー観が最も典型的に表れている近代以降の法律家として，前章第1節で検討したエドワード・クック(Sir Edward Coke, 1552-1634) を挙げることができる。クックにおけるコモン・ローのルールは，裁判官の思考，弁論，理由づけの結果として生じてくるものであり，判例集における記述も，そのような裁判官の思考を注釈，あるいは解釈したに過ぎない流動的なものとして捉えられていた。さらに，クックの企図をより明確にするためにM・ロバーンに依拠すると，クックの非ルール的な法思考は，彼がコモン・ローの法源として，コモン・ローの格率や原理，権威的典籍，令状登録簿の訴訟開始令状 (original writs in Register)，承認された先例，便宜や共通の前提からの議論など20のものを挙げていたことや，[3]コモン・ローを裁判官の「長年の研究，

---

(2) 終章では，ハート，ドゥオーキンといった，現代の法実証主義とコモン・ロー理論との対立について，「コモン・ローと共同体」，「法宣言か法創造か」という論点とともに，「ルールか原理か」，あるいは「ルールか救済か」という論点からも検討している。
(3) クックによるコモン・ローの法源論については，深尾 [1992(3・完), 96-97頁] を参照。深尾裕造は，ここで取り上げられているものを，「不文の魂＝Artificial Reason としてのコモン・ローは如何にして知られ得るか，もしくは立証されうるか」に関する「20数個の泉乃至拠点」として整理している [同上論文, 95-96頁]。

観察, 経験によって得られる技術的理性の完成体」[Coke 2003, vol.2, p.701] として定義していたことからも明らかになる。すなわち, 前者の法源の多様性からは, クックにおけるコモン・ローが, 明確なルールの体系, あるいは法的問題に対する答えをそれ自体に含む一つの体系ではなく, その源泉の多くが思考の様式にあるような推論の体系であったこと, そして, 後者の定義からは, そのルールが自然法などの合理的なテストで明らかになるようなものではなく, また, 法源の多様性からの帰結と同じく, 法的問題についての裁判官の思考に依拠する推論の体系としてコモン・ローが捉えられていたことが明らかになるとされている [Lobban 1991, pp.6-7]。⁽⁴⁾

ここで留意すべき点は, このような推論の体系としてのコモン・ロー概念が, コモン・ロー思想の有力な一類型であり続けたということであろう [*ibid.*, p.8]。「一般性は, 何ものをも結論には導かない (generalities never bring any thing to a conclusion)」[Coke 2003, vol.1, p.151] としたクックに代表されるように, 法とは, 一つのルールの下にすべてを包摂することではなく, 事例や状況に基づいて柔軟に判決を下すことであるとするこのような見方は,「救済のシステム」として法を捉える見方とも言い換えうる。そして, それは, イギリスの, 特にその法実践においては有力な法概念であるため,「ルールか救済か」という論争軸は, 本節で扱うブラックストーンのもののみならず, 第2節で検討するマンスフィールドの法思想をも対照的に分析する視座を与えるものでもある。

もちろん, 第1章で検討した「コモン・ローと共同体の関係」という論点も, 引き続き重要なものであり, ベンサムも, コモン・ローを一般的慣習によって基礎づけたブラックストーンに対し, コモン・ロー＝裁判官創造法 (judge-made law) という周知の批判によって応えている。ただ, 本章第3節では, ベンサムのコモン・ロー批判が, ブラックストーンに対するものの他に, コモン・ローを自然法のルールの体系として捉えたマンスフィールドの法思想, そして上述の救

---

(4) 前章第1節で触れたクックのコモン・ローの万能性の主張も, このようなクックのコモン・ロー概念によって説明できる。クックは, 法律家が必要としているすべての合理的な原理が, 少なくとも潜在的には既存のコモン・ローの中に見い出されうると論じていたが, A・クロマティも指摘しているように,「もしコモン・ローのシステムがルールのリストに過ぎないのなら, この主張は全く途方もないものだが, もしそれが方法と源泉の中間にあり, 専門家の思考力を形作る何かだったならば, クックの考えは, いくぶん妥当であった」[Cromartie 1999, p.88]。

済を重視する法概念も含めた「コモン・ローの三類型」に対する包括的な批判であったことも示したい。以下においては、まず、ブラックストーンの法思想と対照させ、コモン・ロー思想の多様性を示すために、17世紀から19世紀までの判例を分析、検討しているロバーンの研究をおもに参考にして、コモン・ローを、非ルール的な、救済のシステムとして捉える立場の特徴を素描することから始めたい。

コモン・ローの判決におけるルールの性格を分析する際には、まず、判決において規定されたルールについて、裁判官団の間にコンセンサスがあったか否かを区別することが有益である。ロバーンが指摘しているように、「コンセンサスが存在しているところでは、裁判官は法的ルールに関するコンセンサスに忠実であり続けたのであり、ほとんどの事例においては、先例と類推の力が法的問題に対する異論のない答えを与えることができたため、何が法であったかについてほとんど争いがなかった」[Lobban 1991, p.80] のであった。クックにおける技術的理性も裁判官団の間のコンセンサスと言い換えることも可能であろう。一方で、シンプソンは、クックよりも先例を重視していたマシュー・ヘイル (Sir Matthew Hale, 1609-1676) においても、「コモン・ローの命題の相対的な価値は、その命題がどれほど一般に認められた観念や実践の正確な言明として受容されているかの程度に拠」[Simpson 1987, p.377] っており、法的ルールの権威と裁判官のコンセンサスが結びつけて考えられていたと指摘している。ヘイルは、ウェストミンスター・ホールに、共通の法学教育を受けた上位裁判所の裁判官が会し、彼らの判決が相互に伝えられたり、会話や相談をしたりすることで、そのようなコンセンサスが形成されると考えていたのだが [ibid., p.378]、「他者よりも法の学識、知識、経験が優れた」[Hale 1971, p.45] 裁判官のコンセンサスは大きな力を持っていたのである。

ただ、当時のイギリスにおいては、先例は、実質的に同じ事件を扱うが故に権威を持つとされたのではなく、その権威は、おもに理由づけの源泉として評価され、理解されたことに起因していた [Duxbury 2008, p.57]。N・ダクスベリーが整理しているように、中世における裁判官の役割は、訴答手続 (pleading) において、何が争点かに関して当事者に助言し、合意に導くことにあったが、16世紀の初めまでには、当事者の訴答の適切さに関する議論が、裁定の後に行なわれるようになり、裁判官の主要な役割が、助言的なものから判決を下すことに変化し

て，判決の理由が問われることになる。結果として，17世紀の初めまでには，一つの理由つきの判決が法源として捉えられるようになるが，判例集の整備によって，個々の判決の理由が明確になっていき，同様の事例を判決する裁判官への拘束力が強くなっていったのであった。年書（Year Book）のほとんどは，裁判官とサージャント（serjeant）の間のやりとりが収録された，訴答手続のあり方を教授するもので先例を明確にするものではなかったが，17世紀になると，フランシス・ベーコン（Sir Francis Bacon, 1561-1626）によって重要な事例に関する公的な判例集の刊行が提唱され，さらに，18世紀の半ばにはジェームズ・バローなどの優れた判例集の編纂者が登場してくるようになる。その結果，18世の終わりまでには，四つの上位裁判所（王座裁判所，人民間訴訟裁判所，大法官裁判所，財務府裁判所）の判例集の公刊が判例集編纂者に依頼されるようになり，19世紀の半ばには，判例集の原稿が裁判官によってチェックされたことで，その正確性がより保証されるようになってきた［*ibid.*, pp.52-56］。例えば，「私は先例拘束性の原理をつねに愛している（I always love *stare decisis*）」とまで述べていたヘイルとは対照的に，同時期の裁判官のジョン・ヴォーンが，司法的判断は，先例ではなく宣言された法に基づくものであると論じていたように［*ibid.*, p.34］，コモン・ローは，推論，理由づけの体系であり続けたが，「判例報告の漸進的な改善が，（中略）判決が注意深く記録され，そして理由づけの鍵となる点が容易に同定されうることを一般的に保証した」［*ibid.*, p.57.（　）内は引用者］ことで，先例の拘束力が強まっていったのであった。

　コモン・ローの救済のシステムとしての性格は，先例とされうるものに関して，理由づけに関するコンセンサスがない，いわゆるハード・ケースにおいてより明確になってくる。ロバーンによれば，判決の理由をそもそも正確に発見することができない多くの事例があり，事実関係と複雑に絡み合っているために，明確なルールを導き出せない事例も，同様に数多く存在していたとされている［Lobban

---

(5) これは，前章第3節で示したヘイルの法思想における法実証主義的要素を示すものとも思われるが，この言明を引用しているクロマティは，むしろ先例に従うか否かの選択が可能であるとヘイルが考えていたことの根拠としている［Cromartie 1995, p.105］。

(6) ダクスベリーは，最高法院法（Supreme Court of Judicature Acts 1873＆1875）によって裁判所の階層制が整備され，先例の理由づけの質ではなく，上位の裁判所の先例に裁判官が拘束されるようになったことで，先例拘束性の原理が強化されたと指摘している［Duxbury 2008, p.56］。

1991, p.86]。そして，そのような状況により新たな事例と言いうるものに対しては，法内在的な推論（reasoning from within the law）と法外在的な推論（reasoning from outside the law）による二つのタイプの対応があった。

このうち，法内在的な推論の代表的なものとしては，クックによる格率の使用を挙げることができる。前章第1節でも触れたように，クックにおいては，権威的な先例がないとき，あるいはそれらが競合している際に，格率は，その解決方向を指し示し，法を発展させる役割を有していた。ベーコンにおいて，様々な法律問題の中に一貫して流れているコモン・ローの原理である格率が，船のバラストのようにコモン・ロー全体を安定させる機能を果たすと考えられていたのと同様に［深尾 1992(3・完), 106頁］，クックにおいても，「過去の判例の当該法律問題をめぐる議論の中で働いている，コモン・ローに内在する法的論理を公式化」［前掲論文, 117頁］した格率は，解釈の方向を指し示す解釈原理としての役割を有していたのであるが［前掲論文, 110頁］，このような格率の位置づけは，コモン・ロー法律家の間で一般的なものであった。法内在的な推論の例としてロバーンが挙げているものは，*Brisbane v. Dacres*（1813年）であるが，そこでは，法に関する錯誤（mistake of law）により本来強制されえない支払いをした人物が，その誤認に気づいた後に取り戻すことができるかが争点となっていた。裁判所は，支払いから長い期間（約6年）が経っていたため，払い戻しをさせるのは合理的ではないとしたが，その際，*ignorantia legis non excusat, volenti non fit injuria* という格率を用いて，原告の過誤は，彼自身の不運に過ぎず（法の不知は許さず），また，被告によって詐取されたのではなく原告が自発的に支払ったものに対して被告には責任はない（同意あれば被害なし）との理由に基づき判決を下している。ロバーンが挙げているもう一つの事例は，*Milbourn v. Ewart*（1793年）で，それも明白な先例が存在しない事例であった。そこでは，結婚を促すために，夫の死後，一定の金額をその女性に支払うという結婚前の捺印金銭債務証書（bond）は，債務者が債権者と結婚した場合は債務が消滅するというルールからの類推によって無効であると主張した原告に対して，裁判所は，そのような推論は，もろくて技術的なものであるとして，法は不正をなしえずという原理によって，寡婦の請求を認める判決を下している［Lobban 1991, p.89］。

先例の明確な適用やそこからの類推によるものではなく，様々な理由を伴う議論による解決のあり方は，法外在的な推論を検討することでより明確になる。新

しい事例において，類推や格率による推論が不可能である際，裁判官たちは，事例に適用しうる幅広い議論によって法的問題を解決する傾向があり，自然法，正義，政治哲学，政治経済学，便益といった幅広い法源に依拠して判決を下していた［*ibid.*, p.90］。

ロバーンが挙げている例は，*Steel v. Houghton*（1788年）であるが，それは，収穫後に落ち穂拾いをするコモン・ロー上の権利が争われた事例である。不法侵害（trespass）で訴えられた被告側の弁護士は，ヘイルやブラックストーンに依拠して，落ち穂拾いの権利を認める一般的な慣習があると論じたが，グールド裁判官も，落ち穂拾いの一般的な慣習は，彼が知っているどの地域にもあり，先例でこの権利が議論されてこなかったのは，そのような慣習がよく知られていたため，問題にされる余地がなかったからだと論じている。一方で，多数意見，すなわち判決ではそのような議論は受け入れられず，例えば，そのような権利は，排他的な享受を認める財産権の根本的な性格に反するとされたり，浮浪を促進する，より質の良い落ち穂を拾うための詐欺的な収穫を促進してしまうなど，公共政策や便益などの観点から判決が正当化されている［*ibid.*, pp.90-93］。

他方で，*Nicholson v. Chapman*（1793年）のように，類推からの議論も可能であったが，法外在的な議論によって判決が下されている事例もあった。そこでは，木材が誤ってテムズ川に流出した際に拾い上げた人は，その木材に対して，木材を運んだ労苦や費用のためのリーエン（lien）も持たず，むしろ返却しなければ，動産侵害（trover）になると判示されている。一方で，海難救助を行なった当事者は，報酬を受ける権利があるという法原理が，*Hartford v. Jones*（1699年）で確立されており，一見，類推によって解決しうる事例でもあった。しかしながら，王座裁判所首席裁判官のエアは，そのような類推を認めることで，船舶や貨物の所有者は，意図的に彼らの船や物品を流出させ，報酬を請求しようとする者に対して自衛する必要に迫られてしまうと，政策的な観点から判決を下している［*ibid.*,

---

(7) この法源の捉え方，あるいは，すでに触れたクックの法源についての記述は，前章でも指摘した，法の一貫性，調和を重視したクックの技術的理性の観念とは矛盾するかのようである。しかしながら，ロバーンが指摘しているように，この当時，法は政策の道具ではなく，逆に，政策的考慮などが法の一部として捉えられていたことに留意しなくてはならない［Lobban 1991, pp.15-16］。クックも，コモン・ローの裁判官は，あらゆる科学を参考にし，それらの結論を広範に用いることができると考えていたが，それは，コモン・ロー全体の理性，一貫性と調和する限りにおいてであった［Cromartie 1995, p.21, 32］。

p.94]。

　以上は，全く新しい事例，あるいは論争的な事例で，それについて裁判官の間で何が法であるかについて合意がない，あるいは法がないことについては合意があるようなハード・ケースである[*ibid.*, pp.80-81]。その際，上記の *Brisbane v. Dacres* では，先例がなかったため，格率を中心とした法内在的な推論がなされていたが，一方で，*Steel v. Houghton* では，その事例を支配する法の原理に関する合意がない上に，既存の法の中に類推の材料がないとされた事例であり，法外在的な公共政策や便益による理由づけがなされている。また，*Nicholson v. Chapman* は，先例からの類推による解決が可能な事例であったが，そのような法内在的な考慮と法外在的な公共政策，便益などによる理由が衝突したものであった。ロバーンによれば，コモン・ローは明確なルールの体系ではなく推論の体系であったので，以上のように，法についての合意がない場合は，どの理由づけ，議論が，説得力を持ち優勢であるかによって判断が下されたのである [*ibid.*, p.97]。いわば，正と不正は，法が一致する抽象的なルールではなく，法的推論と実際の問題の法的解決から自然に生じるものであると考えられていたのであった [*ibid.*, p.58]。

　もちろん，先例を重視したヘイルとは対照的に，推論の体系としてコモン・ローを捉えたクックにおいても，コモン・ローの法的論理を公式化した格率によって，あるいは過去の偉大な裁判官に倣って推論することが裁判官には求められており，コモン・ローは，過去と調和しながら発展すると想定されていた。また，より一般的にも，S・ミルソムが指摘しているように，「過去に採用された理由は，目前の結果の原因ではなかったかもしれないが，目前の紛争が裁判所に提起される際の用語を左右」[Milsom 1965, p.498] しており，明確な先例がない場面でも，コモン・ローの裁判がランダムなものだったわけではなかった。しかしながら，本項で検討したような救済として法を捉える立場が，例えば，ハートの法概念とは相容れないことは明白であろう。コモン・ローには，「ルールの体系」に還元しえない側面もあったのだが，コモン・ローのそのような側面は，ブラックストーン，マンスフィールド，ベンサムによって，それぞれ異なったアプローチにより挑戦されることになる。

（2）　慣習的ルールの体系としてのコモン・ロー

　ウィリアム・ブラックストーン（Sir William Blackstone, 1723-1780）は，1745

年にオックスフォード大学を卒業してバリスタになったが，1758年には初代のヴァイナ講座担当教授（Vinerian Professor of English Law）になり，1766年までイギリス法の講義を行なっている。また，その前後に，庶民院議員や王座裁判所の裁判官（1770年），人民間訴訟裁判所の裁判官（1770-80年）も務めており，実務家としても活躍した。そのブラックストーンの主著は，1765年から69年の間に，全4巻の形で公刊された『イングランド法釈義（Commentaries on the Laws of England）』であるが，そこでのブラックストーンの意図は，彼によるクックの評価と，ベンサムによる彼の評価などからうかがい知ることができる。

　まず，クックの『イングランド法提要（Institutes of the Lawes of England）』の第1巻に関して，ブラックストーンは，コモン・ローが何であるかを知るために必要なものとして判決，判例集とともに，権威的典籍を取り上げた際に，若干触れている［Blackstone 1979, vol.1, pp.72-73］。クックのこの著書では，ローマ法学における『法学提要（Institutes）』を参考にイギリス法を体系化しようとした同時代の体系的・権威的著書（institutional writings）のような方法は取られておらず［Cairns 1984, pp.336-37］，むしろ，前章第1節で見たように，コモン・ロー的思考の一端を読者に示すことを目的としていたが，ブラックストーンも，「そのようなタイトル（提要）を正当とする体系的・権威的方法はほとんど取られていない」［Blackstone 1979, vol.1, p.73.（　　）内は引用者］と指摘している。ブラックストーンによれば，クックの記述は，「古来の判例集や年書から一ヶ所に集められ積み重ねられた，価値あるコモン・ローの学識の豊かな宝庫ではあるが，方法には非常に欠陥がある」［ibid.］のであった。

　一方，ブラックストーンとの対決の中でその思想形成が行なわれたとされるベンサムにおいては，以下の記述が，ブラックストーンの方法論，あるいはそれへの共感を示すものとして注目される。すなわち，ベンサムによれば，ブラックストーンは，「すべての体系的・権威的著者たち（institutional writers）の中で初めて，法学に学者と紳士の言葉を話すように教えた。すなわち，その粗野な科学にワックスをかけて，そこのゴミやくもの巣を取り除いたのである。そして，たとえ彼が，科学の真正な宝庫からのみ引き出される正確さによって法学を豊かにしたのではないにしても，彼は，有益なことに，古典的な学識（classic erudition）の装飾から法学を解放した」［Bentham 1977, p.413］と一定の評価を下しているのであった。

さらに、1768年の、『イングランド法釈義』第3巻出版時の書評においては、法学において非常に欠如していた明快さと体系性において、ブラックストーンに並びうるものではなかったので、ブラックストーンを「当代のクック (the modern Coke)」と称することでさえ、不十分な賛辞であるとも評価されていたが [Prest 2008, p.221]、ブラックストーン自身の意図も、コモン・ローの体系化にあった。コモン・ローの法源は、裁判官の思考方法の中にあり、それを学ぶためには、代表的な事例を検討することが最も有用であるとしたクックの、あるいは、おもに法曹学院 (Inns of Court) で行なわれていた従来のコモン・ロー教育の方法に対して、ブラックストーンは、「もし法実務が彼が教えられるすべてのことならば、それは、彼の知るすべてのことになり、(中略) 確立された先例から少しでも離れてしまえば、彼は完全に混乱させられ、途方にくれてしまうだろう」[Blackstone 1979, vol.1, p.32. (　) 内は引用者] と指摘し、必要なのは、「法実務のルールが依拠する要素や第一原理」[ibid.] を教えることであると論じている。判例集が発達途上にあり、司法的実践が、ウェストミンスター・ホールの上位裁判所の12人の裁判官の議論、コンセンサスに依拠していた時代に [Lobban 1991, p.17]、『イングランド法釈義』は、「法の一般的な地図 (a general map of the law)」[Blackstone 1979, vol.1, p.35] を提供する目的を持ってオックスフォードで試みられた、イングランドの大学では初めてのコモン・ロー教育の成果であった。

このコモン・ローの教育におけるクック的なものとブラックストーンの対立は、本書の問題関心からは、第1項で検討した、推論、救済の体系としての法を捉える立場と、法をルールの体系として捉える立場の対立として規定することが可能である。「ルールか救済か」という論争軸によって英米法思想史の展開の中に位

---

(8) ちなみに、この著書は、ブラックストーンに関する伝記で、文字通りその生涯について興味深い記述が展開されている。この他、近年の英米におけるブラックストーン研究としては、次のアンソロジーがある [Prest 2009]。なお、わが国のブラックストーン研究として、石井 [1978；1979]、松平 [1979]、小畑 [2010] などを参照。また、小山 [1996] は、W・ホールズワース、ミルソムによるブラックストーン論を翻訳し、検討を加えている。なお、以下、Milsom [1981] を引用するときは、上記の小山 [1996] の翻訳も参照する。

(9) 中世以来、法曹学院で講義、リーディング、模擬法廷に基づく法学教育が行なわれていた。しかしながら、17、18世紀には、そのようなギルド的な法学教育は相当衰退していた [Cairns 1984, p.333]。なお、ブラックストーンによっても、当時の初学者にとっての困難が指摘されている [Blackstone 1979, vol.1, p.31]。

置づけるならば，ブラックストーンは，上でベンサムが的確に指摘しているように，裁判官の法的思考に法源を求める見方，あるいは，裁判官の長年の経験によって得られる知識，学識にコモン・ローを基礎づける見方と訣別して，第一原理により統合されたルールの体系として法を捉えた体系的・権威的著書に依拠しつつ，自らの法学を基礎づけたのである。先に少し触れたように，17世紀，18世紀のイギリスにおいては，ヘンリー・フィンチやトマス・ウッドなどに代表されるように，ユスティニアヌスの『法学提要』を参考に，コモン・ローの体系化を行なった体系的・権威的著者が数多く存在したが [Lobban 1991, pp.19-26]，ブラックストーンも，これまで「理念」として，熟達した裁判官の頭の中にのみ存在するとされたコモン・ローを，『法学提要』の体系，すなわち，自然法を構成原理とするルールの体系に還元することを試みたのであった。

そのブラックストーンの自然法の定義は，『イングランド法釈義』の導入部 (Introduction) の１節である「法一般の性質について (Of the Nature of Laws in General)」において披瀝されている。すなわち，ブラックストーンによれば，「被造物として見なされる人間は，彼の創造主 (creator) の法に必然的に従わなくてはならない。なぜなら，人間は完全に依存している存在だからである。(中略) そして，人間は，すべての事柄に関して彼の創造者 (maker) に絶対的に依存しているので，結果的に，彼は，すべての点において彼の創造者の意に沿うということが必要である」[(　) 内は引用者] が，その「この創造者の意思が自然法と呼ばれる」[Blackstone 1979, vol.1, p.39] のであった。さらに，ブラックストーン

---

(10) 当時の国会制定法の増大という文脈において，ブラックストーンの目的を，コモン・ローを体系的に整理することによって，将来の立法者である貴族，ジェントルマンに，コモン・ローに基づいた立法を行なうよう導くことにあったと論じている研究として，Lieberman [1989, pp.56-67] がある。同様に，小畑 [2010, 295-96頁] は，ブラックストーンが「講義の対象として指定した『貴族』と『ジェントルマン』は，ブラックストンにとって，『ブリテンの自由』を保守するための最後の砦であった」として，混合政体を正当化している『イングランド法釈義』を「法学徒のための注釈書というよりもむしろ，将来のイングランドの政治を担うであろう学生に対する，名望家のための手引書」として捉えている。しかしながら，大学でのコモン・ロー教育の充実という講座の創設者，ヴァイナの遺贈の条件をブラックストーンも熟知していたことを示す研究もあり，『イングランド法釈義』の法学教育の側面を軽視することは難しいと思われる [Cairns 1984, pp.334-35]。
(11) もちろん，前章でも検討したように，裁判官の，「長年の経験によって得られる知識」に基づく「クック的学識法学」は，ホッブズの「無謬の規則によって得られる知識」とも対立するものであった [深尾 1992(1), 269頁]。

は，自らのイギリス法の記述が，自然法に基づくものであることを，「この自然法は人の始まり以来のものであり，神自身によって指図されるが，もちろん，義務の点で，他のどれよりもまさっている。それは，世界中において，すべての国々，そしてすべての時代において拘束力がある。これに反するならば，いかなる人定法（human law）も妥当性を持たない。そしてそれらのうちで妥当であるようなものは，すべての力，権威を，間接的あるいは直接的に，この原型から得る」[ibid., p.41]と宣言している。

しかしながら，『イングランド法釈義』全体を見ると，ブラックストーンは，イギリス法，コモン・ローを自然法に基づくルールとしては捉えておらず，むしろ，「法実証主義的な」法観念が取られていることが明らかになる。

ここでは，ロック的な権利概念との類似性が指摘され［小畑 2010，278頁］，自然法の影響が明白に表れているとも理解できるブラックストーンの絶対的権利（absolute rights）の記述における矛盾について検討したい。ブラックストーンの『イングランド法釈義』は，ローマ法学の人の法，物の法，訴訟法の分類に対応して，第1，2巻は，「人の権利（Rights of Persons）」と「物の権利（Rights of Things）」を，第3巻，4巻は，「私的不法行為（Private Wrongs）」と「公的不法行為（Public Wrongs）」を各々の主題としていた。そして，第1巻の「人の権利」の考察においては，まず，絶対的な権利と相対的な権利（relative rights）の分類がなされている。ブラックストーンによれば，「社会的で相対的であるような権利は，国家や社会の形成の結果として生じ，それらより後のものである」[Blackstone 1979, vol.1, p.120]のに対して，絶対的な権利とは，「たんに自然状態において人々の人格に属するようなもので，社会の外にいても，その中にいても，すべての人々が享受する権原を持つ」[ibid., p.119]権利であった。さらに，「社会の主要な目的は，不変の自然法によって付与されたこれらの絶対的な権利の享受において，諸個人を守ることである。（中略）それ故，人定法の第一のそして主要な目的は，諸個人のこれらの絶対的な権利を保持し，規定することである」[ibid., p.120.（　）内は引用者]とブラックストーンは論じ，絶対的権利に含まれるものとして，安全（personal security），自由（personal liberty），財産（property）に対する権利を挙げている。このような『イングランド法釈義』の第1巻第1章「諸個人の絶対的権利について（Of the Absolute Rights of Individuals）」の記述は，すでに触れた「導入部」における自然法の捉え方，あるいは，自然法を統合

原理とする法の記述というブラックストーンの当初の企図と一貫しているようである。しかしながら、ブラックストーンの絶対的権利と相対的な権利の区別には、ヘイルやウッドによる別の観点からの権利の分類の影響も指摘することが可能である。すなわち、ヘイルやウッドは、「人の法」を人の地位に関係なく検討される絶対的なものと、社会的関係のコンテクストにおいて説明される相対的なものに分類していたが、ブラックストーンも、権利を「たんに個人、あるいは人格として、特定の人々に関係し帰属するような絶対的なものと、社会の成員として、そして相互に対する様々な関係における地位（standing）として彼らに付随する相対的なもの」[*ibid.*, p.119]に分類しているのである。ブラックストーンは、ロックを想起させる哲学的観点とは別に、ウッドやヘイルといった体系的・権威的著者によって取られていた、コモン・ローの体系的理解といった教育的、便宜的な観点によっても絶対的な権利と相対的な権利を分類していたのであった [Lobban 2007a, pp.100-101]。そして、以下に明らかなように、ブラックストーンの絶対的権利の具体的考察においては、絶対的な権利が相対的な権利よりも根本的であるといった哲学的観点、自然権論の観点とは矛盾するような記述を数多く指摘することができる。

　まず、安全に対する権利に含まれる生命の権利（the right to life）は、ブラックストーンにおいては、生存の権利も意味しており、困窮していて、恵まれない人は、「社会のより豊かな部分から、生存に欠かせないすべてに十分なだけの供給を要求してもよい」[Blackstone 1979, vol.1, p.127]と述べられているが、それは、救貧法のような制定法によって初めて承認されるものであり [*ibid.*]、危機的状況下において、貧者の生存への自然的な権利が、富者の財産権よりも優位すると考えられていたわけではなかった [Lobban 1991, p.34]。また、自由の権利は、移動（loco-motion）の自由を意味しており、「完全に自然な権利である」[Blackstone 1979, vol.1, p.130]とされていたが、その具体的内容は、例えば、人身保護法（Habeas Corpus Act）などの制定法によって定義されており、さらに、「この制定法（人身保護法）が疑問視されることがない限り、その法が勾留を要求し、正当化する場合を除いては、イングランドの臣民は、長い間監獄に勾留されることはない」[*ibid.*, p.131. （　）内は引用者]と述べられているように、この権利も、絶対的、自然的な権利ではなく、別の制定法によって取り除きうるものだとも解釈できる。そして同様に、奴隷の自然権も、判決の変化によってその内容が変わるものとし

て記述されている［石井 1978, 29頁］。ロバーンによれば，以上の生命の権利や自由の権利などの「絶対的権利」が，社会の設立以前からの不可侵で制限できないものとして捉えられていなかったことは，ブラックストーンが，『イングランド法釈義』の第4巻において，法定犯（*mala prohibita*）の処罰に際しても，それらの権利を社会が奪うことは可能であると論じているところからも確認できるのであった［Lobban 2007a, p.101］。

　財産権に関しても，それが実定的な権利であることがブラックストーンによってより明白に示されている。すなわち，例えば，『イングランド法釈義』の第2巻において，相続に関するルールについて，「私たちは，長く慢性の慣習によって確立されたと見い出すものを自然のものとして度々誤解する。それは，確かに賢明で効率的なものであるが，明白に国家の制度である。（中略）被相続人自身に付与された永久的な財産の権利も自然的なものではなく，たんなる市民的な権利だからである」［Blackstone 1979, vol.2, p.11.（　　）内は引用者］と論じられ，「遺言（wills and testaments）と相続権（rights of inheritance and successions）はすべて，市民法，つまり国家法の産物であり，それ故，すべての面でそれらによって規制されている」［*ibid*., p.12］ことが確認されている。また，ロバーンによれば，『イングランド法釈義』において，自然法に関連づけて説明されている財産に関するルールは非常に少なく，野生の生物に対する権利——例えば，ミツバチを巣箱に集めるといった，それまで自由に移動していたものを獲得する権利——など自然法によって説明されていたものも，実定法による制限があると捉えられていた［Lobban 2007a, p.101］。

　結局，例えば，ジョン・アースキンなど，サミュエル・プーフェンドルフの影響を受けたスコットランドの体系的・権威的著書たちが，私法のほとんどは理性によって明らかにされる自然法から導かれるとしていた［Lobban 2004b, p.102］のとは対照的に，ブラックストーンにおける自然法は，明白な指針やルールを与えるものではなく，『イングランド法釈義』における詳細なルールは人定法，実定法によって与えられている(12)。この点はブラックストーン以前のイギリスの法思想の特徴でもあり，次節で扱うマンスフィールドは例外として，G・ポステマが指摘しているように，「コモン・ローの法学者たちは，彼らの法学において自然法に実質的な（substantial）役割を与えることはほとんどなかった」［Postema 2002b, p.177］と言えるだろう。例えば，クックにとっては，自然法は具体的な規準

を提供できず，政策的考慮などと同じく，裁判官の技術的理性によってコモン・ローの一部となったときにのみ，拘束力を持つものであったし，第1章第1節で触れたように，クックと同時代のジョン・ドッドリッジも，コモン・ローの基本的な原理は自然法に基づくが，具体的な法は，それらの基本的原理や格率を用いた裁判官の推論によって明らかになると考えていた。また，第1章第3節で検討したように，ヘイルも自然法に基づくホッブズの法解釈理論を退けている。確かにヘイルは，コモン・ローに正統性を与えていた原初契約を神に対する誓約としても捉えていたが [Lobban 2007a, p.67]，一方で，法がその役割を果たすために，裁判官に，自然法ではなくコモン・ローに記録された集合的経験の蓄積に依拠することを要求していた [Postema 2002b, p.177]。以上のコモン・ロー法律家たちと同様に，ブラックストーンにおいても，実定法が参照され，そして，その内容の多くは，上の財産権に関するルールなどのように，制定法でなく，慣習法，コモン・ローによって与えられていた。ロバーンが指摘しているように，その傾向は，特に，『イングランド法釈義』第2巻「物の権利」のうちの物的財産（real property）についての記述において顕著であるが，第3巻の私的不法行為と第4巻の公的不法行為の記述の多くが，第2巻で規定されている物的財産権の救済を記述していることを考慮すると，それは，『イングランド法釈義』の中核を占めていたことがわかるだろう [Lobban 1991, p.37]。18世紀に至っても，コモン・ローはジェントリ（土地保有者）のための法だったのであり [Postema 2002b, p.164]，ブラックストーン自身にも，物的財産に関する法を特権化する傾向があったことにも留意しなくてはならない [Graham 2009, p.159]。このように，『イングランド法釈義』の内実を，自然法に基づくルールの体系でも制定法に基づくものでもなく，慣習的ルールの体系として理解するならば，また，先述のように，コモン・

---

(12) プーフェンドルフなど大陸の自然法思想のブラックストーンの法思想への影響を丹念に検討した研究として，Simmonds [1988] がある。N・シモンズによれば，プーフェンドルフは，自然法の拘束力は神の意思に由来するが，自然法の内容は，効用からの議論によって明らかにされると論じていた。シモンズは，ブラックストーンの法思想も同様の性格を持ち，既存の制度の便益や良さを示すことで，イギリス法を自然法に関連づけることができると考えられていたと指摘している [*ibid.*, pp.210-11]。
(13) また，ブラックストーンが法実務に関わっていた際は，多くは財産と遺言に関する問題を扱っていて，『イングランド法釈義』で最も権威があるとされたのも，その領域であった [Doolittle 1983, p.106]。

ロー思想の展開を跡づける際に，自然法か法実証主義かという論争軸，整理軸が十分なものでないならば，ブラックストーンの法思想を「近代自然法思想から法実証主義（功利主義の法思想としてイギリスでは展開）へ至る過渡期の法思想の一つ」[石井 1979, 47頁]として捉えるよりも，むしろ，ブラックストーンが，ヘイルの「法実証主義」から何を引き継ぎ，クック的な技術的理性に対してどのように対処したかという，よりコモン・ロー思想史のコンテクストに基づく理解が可能になるであろうし，次項の課題ではあるが，ルールか救済かという論争軸からの，現代的な含意をも持ちうるブラックストーンの企図の限界もより明らかになるだろう。

　さて，ヘイルのブラックストーンに対する影響であるが，まず，コモン・ローの正統性に関する議論，すなわちコモン・ローを歴史的事実によって基礎づけた点において看取することができる。第1章第3節で検討したように，ホッブズのクック批判を受け，ヘイルは，コモン・ローに同意の契機を接合することで，その正統性を担保することを試みていた。より具体的には，コモン・ローの多くは制定法を起源に持つとされ，国会に立法権を与えた原初契約によって正統化されているか，あるいは，制定法にまで起源を辿れないコモン・ローのルールも，長い間の慣行，使用によって正統な立法的権威からのものであると推定できると論じられていたのである。一方，ブラックストーンにおいても，詳しくは次節で検討するが，技術的理性によるものでも，自然法によるものでもなく，「法実証主義的な」法の効力論が展開されている。その際，コモン・ローは，「その拘束力と法の力を長く超記憶的な慣例と王国全土の普遍的な受容から受け取っている」[Blackstone 1979, vol.1, p.64]と論じているように，ヘイルにおいては副次的な妥当根拠であった，一般的な慣習を通じた人々の同意という要素が前面に出ているのがブラックストーンの議論の特徴である。すなわち，ブラックストーンは，「私たちのコモン・ローが慣習に基づいていることは，イングランドの自由に特徴的な標識の一つである。そのこと（コモン・ローが慣習に基づいていること）は，コモン・ローが，おそらくは人々の自発的な同意によって導入されたという自由についての本質的な証拠を伴うものである」[*ibid.*, p.74.（　　）内は引用者]として，コモン・ローは，超記憶的な慣例により，人々の同意が得られたものであると論じていたのであった。「コモン・ローの正統性」が，「コモン・ローと共同体の関係」によって説明されていたのである。

また，すでに触れたように，ルールとして法を捉える側面についてもブラックストーンとヘイルは共通している。ヘイルはクックとは違い，先例を重視しており，古来の明白なルールについては，裁判官はそれを宣言する必要があり，明確な先例がない場合も，以前の時代の判決からの類推などにより解決すべきであるとして，法はそれ自体において，ルールや確実な解決を提供できるとする立場を取っていた［Lobban 1991, p.5］。ヘイルは，非常に明白ではっきりしており，決定的な理由がない限り先例に沿った判決を下すべきであるとまで論じていたが［Lobban 2007a, p.88］，ブラックストーンにおいても同様に，「法の原則は以下の通りである。すなわち，明白に常識に反していて，不正でない限りは，先例とルールは，従われなくてはならない。なぜなら，それら（先例とルール）の理由は，初見では明白ではないが，以前の時代には敬意を払わなくてはならず，彼ら（以前の裁判官たち）が完全に考慮なしに行動したと想定することはできないからである」［Blackstone 1979, vol.1, p.70. （　　）内は引用者］として，ルールとしての先例に従う必要が説かれている。[14]

以上の二点を総合すると，ブラックストーンにおいて，コモン・ローは，その拘束力を一般的受容と慣例に拠っている，一般的慣習に基づくルールの集合体として捉えられていたことになる。そして，当然のことながら，それは，教学上の観点からブラックストーンが批判したクック的な技術的理性に基づくコモン・ロー観とは対照的なものになっている。例えば，半血血族（half-blood）の兄弟間の相続はできないというルールに関して，「封建法から導かれたその理由は，すべての人々にとって，完全に明白であるわけではない」［*ibid.*, p.71］としながらも，歴史的起源を辿ることのみでその合理性が説明されているように，クックにおいて，あるいは，ヘイルにおいてもホッブズに対抗する形でその意義が認められていたコモン・ロー法律家の技術的理性は，コモン・ローの個々のルールに吸収され，何が法かという問題が，コモン・ロー法律家の推論，理由づけにではなく，歴史的受容，一般的同意に由来する権威の問題に還元されることになったの

---

(14) もちろん，先例から離れる「例外理由」についても考察する必要があるが，この点については，マンスフィールドの法思想について扱う次節において検討したい。なお，ブラックストーンは，法の配列についてもヘイルの『法の分析（*The Analysis of the Law*）』の影響を自任していたが，ただそれは主要な部分についてであり，ヘイルの方法に厳密に従ったわけではないとも述べていた。法の配列に関するヘイルとブラックストーンの方法論の比較として，Cairns［1984, pp.340-52］がある。

である [Cromartie 2007, pp.225-27]。コモン・ロー法律家の推論に法源を求める考え方は、救済として法を捉える見方でもあり、前項でも見たように、柔軟な法発展を可能とするものであったが、その点でも、ブラックストーンの、静態的なルールの体系としてコモン・ローを捉える見方とは対照的である。コモン・ローをルールに還元できないことは、終章で見るように、現代の英米法理論においても度々指摘されていることではあるが、次に、ブラックストーンの『イングランド法釈義』におけるルール概念の限界について検討したい。

(3) コモン・ローにおけるルール概念の限界

　ブラックストーンの、コモン・ローをルールの体系に還元する試みの限界に関して検討する際には、『イングランド法釈義』の導入部の第2節「法一般の性質について」の記述と、法を慣習法として記述することの矛盾について改めて取り上げることが有用であろう。ブラックストーンは、自然法と実定法の関係について、自然法があまりにも明白であるため実定法によって宣言されることが必要でないもの、重要でない (indifferent) 事柄であるため自然法ではなく実定法によって規定されるべきもの、そして、その中間の、自然法によって宣言されるところの具体的な状況が実定法によって規定されるべきものの三つの様相を挙げているが [Lobban 2007a, p.102]、前項でも検討したように、「法一般の性質について」では、イギリス法全体を統合するものとして自然法が捉えられていたにもかかわらず、自然法は基本的な原則を提示するのみで、『イングランド法釈義』の大部分は、実定法、おもに慣習法によって説明されていた。[15]ここでは、ブラックストーンの法命令説に基づく実定法の定義から生じる矛盾を明らかにしつつ、「ルールか救済か」という本章の主要な論争軸の一つにその法思想を位置づけてみたい。

　ブラックストーンは、「法一般の性質について」で、自然法も含めた法を、「法は、その最も一般的かつ包括的な意味においては、行為のルールを意味する。そして、それは、生物であれ無生物であれ、理性的なものであれ、理性を持たないものであれ、すべての種類の行為に無差別に適用される。したがって、私たちは、

---

(15) 松平光央は、ブラックストーンの自然法の意味を「ヨーロッパのユステイニアヌス法典との関連でいえば、(1)正直に生きよ、(2)何人も傷けるな、(3)各人に彼のものを与えよ、の三命題がそれであるが、イギリス法との関連では、自己自身の真の幸福を追求せよ、という命題に集約できるのであるという」と整理している [松平 1979, 481頁]。

自然法や万民法（laws of nations）などと同様に，運動の法則（law），引力の法則（law），光学の法則（law），機械の法則（law）などと言うのである。そして，それは，何らかの上位者によって指令され，下位のものが従う義務がある行為のルールである」[Blackstone 1979, vol.1, p.38] として，法命令説の観点から捉えている。そして，実定法，国家法（municipal law）に関しても，それは，「国家における最高の権力によって指令され，正しいことを命じ，不正なことを禁止する市民の行為に関するルールとして適切に定義される」[*ibid.*, p.44] として，同様に，法命令説に基づく定義がなされている。その国家法の定義はさらに補足され，それは，「特定の人に，あるいは特定の人に関する上位者の一時的で突然の命令ではなく，永久的で，統一的かつ普遍的なもの（something permanent, uniform, and universal）」[*ibid.*] であり，また，上述の定義にもあるように，自然，あるいは啓示の法とは区別される「市民の行為に関するルール（a rule of civil conduct）」[*ibid.*, p.45] として捉えられ，さらに，立法者の胸のうちにあるたんなる決意では不十分で，外部的なしるしによって示される「規定されたルール（a rule prescribed）」[*ibid.*] でなくてはならないとされている。ブラックストーンは続けて，「主権と立法府は全く同義の用語である」[*ibid.*, p.46] として，国家の最高権力とは立法府のことであり，国家法が立法府による命令であることを明確にしている。

「法一般の性質について」で示されているこのような法命令説に基づく国家法の捉え方と，『イングランド法釈義』のその他の大部分を占めているコモン・ローのルールが形成される過程が矛盾することは明らかだと思われる。ブラックストーンは，コモン・ローを「三人の兄弟がいるときは，末弟を排して，長兄が次兄の法定相続人になる」[*ibid.*, p.68] といった確立された慣習と，「国王はいかなる権利侵害もなしえず」[*ibid.*] や「何人も自己を告発するよう義務づけられない」[*ibid.*] といった確立された格率に分ける一般的な傾向に対して，双方とも，前項でも触れたように，その権威を「一般的な受容と慣例に完全に依拠する」

---

(16) クロマティが指摘しているように，ブラックストーンが法を規定されたルールとして捉えたことには，法の普遍的な公布（universal promulgation）が含意されていた [Cromartie 2007, p.225]。そして，後にベンサムに批判されることになるが，コモン・ローも普遍的な伝統と長い慣行によってその内容は知られていると論じている [Blackstone 1979, vol. 1, p.45]。

[ibid.] と論じている。そして、これらの慣習や格率が知られ、その妥当性が決定されるのは、「疑問のある事例すべてにおいて決定を下さなくてはならない、生ける託宣者 (the living oracles)」[ibid., p.69] である裁判官によるとされている。ブラックストーンによれば、コモン・ローのルールは、「慣習によって確定、確立されたもので、その慣習が判決によって明らかにされる」[ibid., p.70] のであるが、この説明では、立法府の命令ではなく、裁判官が何をするかによってコモン・ローが形成されることになる。わが国の先行研究でも指摘されているように、コモン・ローの運用と展開において裁判官が中心的な役割を果たすことが明確に示されていると言えるだろう [堀部 1969, 219頁]。

　もちろん、ブラックストーン自身はこの矛盾を解消するために、裁判官は「彼自身の私的な判断ではなく、国の知られた法や慣習に従って」[Blackstone 1979, vol.1, p.69] 判決するのであり、「新しい法を宣告するためではなく、古い法を維持し解釈するために職務を委ねられる」[ibid.] とする法宣言説 (declaratory theory) を唱え、確立されたルール、先例に倣う裁判官が無害であることを示しているが [Langbein 2009, p.68]、この議論には、以降で検討するように、ベンサムの批判や、より洗練されたオースティンの批判がある。さらに、第1章第1節でも引用したが、ブラックストーンと同じく、「良い裁判官は、彼自身の気まぐれや彼自身の意思の示唆によっては何事もなさず、制定法と法に従って宣告する」[Coke 2003, vol.1, p.229] と論じていたクックとの違いにも留意すべきである。確立されたルールがない新奇の事例 (novel cases) においても、クックの法的推論には、二つの解決方法があった。一つは、コモン・ローの内容の豊富さを強調することで、その事例に即したコモン・ローがすでに存在しているというアプローチで、もう一つは、法律家が技術的理性を行使すれば、一見類似していない事例との類似性が知覚できるようになり、遠い類推が可能になるというものであったが [Gray 1980, p.33]、以下において見るように、ブラックストーンのルール概念の限界は、そのようなクックの技術的理性を排除することを出発点としたことの結果であった。

　ブラックストーンは、「人の権利」と「物の権利」から成る権利とそれに対応する不法行為を配列の基礎とし、後者を民事的救済が関わる「私的不法行為」と刑事的な「公的不法行為」に分類していたが [石井 1979, 8-9頁]、ブラックストーンのコモン・ローを確立されたルールに還元する試みは、『イングランド法

釈義』の第2巻「物の権利」において，封建制の核であった物的財産権を記述する際には成功しているとも言える。ミルソムが指摘しているように，15世紀のトマス・リトルトン以来，土地法のテキストと呼びうるものがあって，複雑な実体的ルールもあり，ブラックストーンは，それらを要約し，簡明化することができたからである [Milsom 1981, p.5；小山 1996, 229頁]。また，それらの権利への侵害も，『イングランド法釈義』第3巻において，占有侵奪 (ouster)，侵害 (trespass)，生活妨害 (nuisance)，毀損 (waste)，義務履行差控え (subtraction)，侵害 (disturbance) といった実体的なカテゴリーによって捉えられている [Lobban 1991, p.38]。しかしながら，「物の権利」のうち，人的財産権（動産権）に関する記述においては，ロバーンが指摘しているように，ブラックストーンの試みは，成功しているとは言いがたい [ibid.]。明確なルールによって説明されている物的財産権とは違い，例えば，同じく第2巻の「物の権利」で扱われている契約についてブラックストーンは，「明示のものであれ，黙示のものであれ，すべての契約あるいは約束に関して，そして，（中略）無限に多様な事例に関して，法は，（契約が）履行されず，損害を与えられた当事者に対して，何らかの種類の訴訟を提供している」[Blackstone 1979, vol.2, p.397.（　　）内は引用者] として，ルールを明示することなく，訴訟においてそれに与えられる救済によって説明しようとしている。例えば，契約についての一般的な法，ルールといったものは未発達であったため [Cairns 1984, p.353]，人的財産に関する法はルールに基づくものではなく，それに対する不法行為によって説明され，後者がさらに救済を通じて説明されているのであった [Lobban 1991, p.38]。

　また，第3巻の「私的不法行為」も不法行為の実体的ルールではなく，おもに私人の権利を保護する救済について扱っている。ブラックストーンの時代の不法行為法は十分に発達しておらず，また，実体法と手続法の分離も進んでいなかったことがその背景にあるだろう。もちろん，現代の法学者の観点からすれば，不法行為の類型に対応した手続があるならば，「それぞれの訴訟において生じてきた準則を手続上の背景の説明なしで述べれば確かに十分であろう」[Milsom 1981, p.6；小山 1996, 232頁] とも考えられるが，ミルソムが指摘しているように，「18世紀においては訴権の種類は基本的関係ないし他人に対してなしうる権利侵害の態様の種類を直接的に反映していなかった」[ibid., p.7；前掲論文] ため，そして，「大多数の事態に対して少なくとも二つの訴権が可能であった」[ibid.；前掲論文]

ため,「基本的法観念によって法を分類して完了すること」[*ibid.*, pp.6-7;前掲論文]は不可能であった。

さらに,ブラックストーンは,コモン・ローの救済も,その多様性からルールに還元できないことも認識している。そして,イングランド法の卓越性は,「権利侵害の状況に正確に救済を適用することであり,一つの同じ記述の中に持ち込むことが不可能な相異なる不法行為に対して同じ訴訟を提供しないことである」[Blackstone 1979, vol.3, p.266]と述べ,「私は,彼自身の特殊な憤りに適切に適用されると考えられる救済の令状を,損害を与えられた当事者が見つけられないような,人あるいは財産に対して加えられる起こりうる権利侵害はほとんどないとあえて断言してもよい」[*ibid.*]とまで述べていたが,ここでも,ロバーンが指摘しているように「法一般の性質について」で強調されていた確定的なルールという法概念を放棄するとともに,立法ではなく,裁判官による法形成を容認しているかのようである [Lobban 1991, p.39]。

興味深いのは,ブラックストーンが,クックの技術的理性に基づく法思想に近づいている点である。ブラックストーンは,例えば,生涯不動産権者(tenant for life)や限嗣的不動産権者(tenant in tail)などの利益,特権,財産権は明確に特徴づけられ,「法はそれ自身の意味を宣言することをめったに躊躇しない」[Blackstone 1979, vol.3, p.329]とまで述べていた。しかし同時に,そのようなルールが最も蓄積されていた物的財産権に関する記述においても,ブラックストーンは,「私は,最も一般的に有用で,その諸原理が最も単純で,それについての理由が最も明白で,実務が最も当惑させることのなかったような領域をおもに選ぶよう努力してきた。しかしながら,私は,使うことを強いられていたこの学問の用語ですら以前は知らなかったような私の読者にとって,つねに十分にわかりやすかったとは思えない」[Blackstone 1979, vol.2, p.383]と述べている。また,同じく物的財産権についての記述で,「学生たちは,残余権(remainder)を設定し,確かなものにするのにどれだけの細かな相違が要求されるか気づくだろう。そして,私は,彼が何らかの方法によってこの細かな相違が基づいている一般的な理由を理解するだろうと期待している。何世紀もの間に生じた多様な事例によって,この原理が紡ぎ出され,細別されてきた詳細な緻密さと精巧さを扱うことを試みることは際限のないことになるだろう」[*ibid.*, p.172]とも論じているが,そこでも,一般的なルールではなく,事例や状況に基づく判断を重視する救済のシステ

ムとしての法概念とともに,「法は書かれることにおいてではなく,理解されることにおいて存在する」[Coke cited in Postema 2002b, p.176] とした,裁判官の学識,経験に依拠した技術的理性に基づくクックの法思想に近づいていると言えるだろう。[17]

結局,コモン・ローを確定的なルールに基づき体系化しようとしたブラックストーンの試みは成功しなかった。ブラックストーンが「確立され,不変の裁判の原理(the settled and invariable principles of justice)」[Blackstone 1979, vol.3, p.396] として描くことができたのは,当時,実定法(positive law)[18]として捉えられていた,裁判所において確立された実践が存在した物的財産権に関する法などの一定の部分であり,それ以外の,依拠すべきルールが存在しなかった契約や不法行為,救済などに関する法の内容については,裁判官の推論の中に求めざるをえなかったのである。事前の実定的ルールの定式化によってではなく,法についての技術と学識を持った法律家の熟議と議論に基づき法は形作られるべきであるとする,クックと同時代のドッドリッジによって典型的に示されているような [Dodderidge 1629, p.90],推論,救済の体系に取って代わりうるコモン・ローについての包括的な理論を『イングランド法釈義』は提示するには至っていない。ただ,一方で,以下において見るように,確立されたルールに関しては,その理由如何にかかわらず,法実践においても基本的に遵守される傾向も強まってくる。次節においては,そのような硬直したルール概念を批判して,理由づけを重視する立場からの裁判官によるルール形成を提唱し,さらにその理由が依拠していた自然

---

(17) もちろんミルソムも指摘しているように,ブラックストーンの目的は,法の概略的な地図を描くことであって,法律家を養成するのは,判例集,法要録(abridgments),実務書等からであると考えていたことにも留意しなければならないが [Milsom 1981, p.10;小山 1996, 236頁],以上の点がブラックストーン法学の限界であったことは変わらないだろう。ただ,ミルソムによって指摘され,小山貞夫によって整理されているように,その成否は別として,ブラックストーンが,「イングランド法史上初めて手続を超えて実体法準則を描いたこと」[前掲論文, 241頁] は否定できない。また,ミルソムによれば,ブラックストーンは,「そのことによりイングランドに実体法中心思考をもたらすという法思想上の偉業を果たした」[前掲論文] のであった。

(18) 一般的には実定法という言葉は,制定法を指し示すことが多いが,18世紀の法律家たちは,コモン・ローにおいて確立されたルールや実践も,実定法(positive law)と呼んでいた [Lobban 2005, p.46 (n.92)]。同様の用法は,ブラックストーンにおいても確認できる [Blackstone 1979, vol.1, p.70]。

法の概念から,「多くの初学者 (tyro) を妨げ,希望を失わせた粗野で気難しい著者」[Mansfield cited in Pawlisch 1980, p.694] であるとして,クックの技術的理性の実質,内容を批判したマンスフィールドの法思想を中心に検討する。救済,推論に基づくクックの法思想,慣習的ルールとしてコモン・ローを捉えたブラックストーンの法思想とともに,自然法に基づくマンスフィールドの法思想は,ベンサムの時代においても有力な「コモン・ロー思想の三類型」の一つではあったが,次節では,マンスフィールドの法思想の限界を明らかにすることで,コモン・ロー思想の法実証主義化への傾向,展開を具体的に示していきたい。

第2節　マンスフィールドの法思想

(1)　自然的正義に基づくコモン・ロー

マンスフィールド (Lord Mansfield, 1705-1793) は,法廷弁護士を経て裁判官になり,1756年から1788年まで王座裁判所の首席裁判官を務め,破産法,保険法,流通証券法といった商事法の近代化などをその法廷において積極的に進め,数多くの足跡を残した法律家である。マンスフィールドは,また,コモン・ローの伝統において特異で革新的な裁判官であると捉えられているが,それはおもに,以下の二つの理由においてであるとされている。一つは,判決を原理や正義に基づかせたことであり,もう一つは,将来の行為の指針となるような明確なルールと原理を判決において規定しようとしたことである [Lobban 1991, p.99]。本節では,第一の点については本項で,第二の点と,マンスフィールド自身が直面していた限界については,次項で扱いたい。

さて,判決を原理や正義に基づかせることであるが,第1節において概観した近代以降の一般的なコモン・ローの推論のあり方と対照しても,それだけでは,マンスフィールドの特徴や革新性を十分に示していることにはならないと言えるだろう。そこで確認したように,コモン・ローの推論においては,何が法であるかについてのコンセンサスのない,いわゆるハード・ケースの場合は,法内在的な理由とともに,自然法,正義,便益といった法外在的な理由に基づき判決が下されていたのである。マンスフィールドの特徴は,より正確には,法は特定の諸事例にではなく,それらに貫流する自然的正義,自然法,理性に基づいているとしたことにあるが [Lieberman 1989, p.86],このようなマンスフィールドの基本

的なスタンスは，ブラックストーンの先例理論との対比によって明らかになるだろう。先例に関する「ブラックストンの所説は，（中略）マンスフィールド裁判所の意見との実質的同一性をもっている」［堀部 1969, 222頁。（　）内は引用者］と結論づけられることもあるが，以下においては，まず，ブラックストーンの先例理論を検討した上で，マンスフィールドの法思想と比較したい。その両者の間では，前節で検討した「ルールか救済か」という論争軸ではなく，法がルールであることを前提に，それが自然法に基づくものか，慣習に基づくものかが争点となっている。

一般的には，ブラックストーンとマンスフィールドの法思想は，相関性があるとされ，マンスフィールドがブラックストーンに影響を与えているものとして，ブラックストーンにおけるコモン・ローとエクイティの統合論を挙げることもできる。例えば，石井幸三は，「エクイティの裁判所は，ルールの精神に従って決定し，法文の厳格性に従ってではない。しかし，それは，コモン・ロー裁判所も同じである」［Blackstone 1979, vol.3, p.430］というブラックストーンの言明に関連して，コモン・ロー裁判所においても，理性，法の精神といったエクイティに基づく裁判を行なったマンスフィールドの影響を指摘している。さらに，「明白に常識に反しているか，不正な」［Blackstone 1979, vol.1, p.70］先例やルールには従う必要はないと述べていることから，ブラックストーンにおいては，「『理性的でないものは法ではない』という理由が先例拘束の法理の例外理由とされて」［石井 1979, 16頁］おり，「法に対する安定性（形式的合理性）と並んで，或いはそれの前提として，法に対する実質的合理性が強い地位を占めていた」［前掲論文，16-17頁］と指摘している。このような解釈では，ブラックストーンの「法宣言説」の「法」の中には，先例やルールのみならず，エクイティや自然法，正義も含まれていたことになるが，そのような一般化はできないのではないかと思われる。

まず，ブラックストーンの例外理由であるが，それは，法と実質的合理性を一般的に結びつけるものではなく，より限定されたものだと考えられる。ブラック

---

(19) なお，J・ケアンズは，前節で検討した体系的・権威的著書が登場した背景には，ヨーロッパがそれぞれ独自の法体系を持つ様々な国家から成り立っているという認識があり，ブラックストーンのコモン・ローとエクイティの統合論も，イングランドが，コモン・ローというそれに特徴的な法を有していることを示すために試みられた可能性もあると指摘している［Cairns 1984, p.358］。

ストーン自身の例は，前節で触れたものだが，半血血族の兄弟間の相続は禁止され，当該財産は国王に帰属するという「超記憶的な時代に決定された」[Blackstone 1979, vol.1, p.70] ルールを前にして，ある裁判所が，半血血族の兄弟のうちの兄が，弟が取得したいかなる土地に対しても占有を取得できると判決したなら，その判決は，「非合理的で，それゆえ法ではない」[ibid., p.71] としたものだった。「法と裁判官の意見はつねに互換可能な用語であるということはなく，同じものでもない」[ibid.]，「裁判所の判決はコモン・ローが何であるかについての証拠である」[ibid.] というブラックストーンの言明も，この文脈で述べられたものであるが，ブラックストーン自身の例を見る限り，「法ではない」とされたのは，先例，権威を無視してなされた，法的な根拠のない恣意的な判決を指しているようである [Lobban 2007a, p.106]。さらには，「法におけるすべてのルールの特定の理由が，（中略）時間の間隔をおいて，つねに特定されうるということではない。ルールにおいて明白に理性に反するものがなければ十分であり，そうならば，法は，それ（ルール）がよく基礎づけられていると推定するだろう」[Blackstone 1979, vol.1, p.70.（　）は引用者] とブラックストーンが，ルールが理性に反することの立証責任を，そのルールの批判者に委ねていることにも留意すべきである [Orth 2009, p.89]。前節の整理を繰り返すと，ブラックストーンは，コモン・ローの拘束力を超記憶的な一般的受容と慣例という事実に求めていたのであった。J・ガードナーが指摘しているように，法の内容ではなく，しかるべき機関による実定化（posited）という事実に法の妥当性の根拠を求めることが法実証主義者（legal positivist）に共通の特徴であるならば [Gardner 2001, p.200]，ブラックストーンの法思想も，前章で検討したヘイルと同様に，法実証主義的な法思想として特徴づけることは十分に可能であると思われる。

　確かに，ブラックストーンは，「実定的な権利（positive right）に関しては，古来の不変の格率に従い，倣わなければならない」[Blackstone 1979, vol.3, p.436] が，特殊主張訴訟（actions on the case）などにおいては，「法の裁判所の判決は，非常に自由なエクイティによって導かれる」[ibid.] と述べている。しかしながら，ブラックストーンは，裁判官の役割を「古いもの（法）を維持し，解釈すること」[Blackstone 1979, vol.1, p.69.（　）は引用者] と見なしており，法は，権威的に定立された基礎からの類推，拡張によって発展すべきだと考えていたと言えるだろう [Lobban 2007a, p.105]。「裁判官による法形成はいかにして正統化さ

れるのか」という論点に関して，事物の共通の理性に訴えることを最後の手段としていたヘイルと同じく，エクイティなどに訴えることは，むしろ，コモン・ローをルールの体系として提示するブラックストーンの企図の限界を示すものでもあろう。また，特殊主張訴訟において，慣行上認められていた令状がない場合に，裁判所が個々の権利侵害の状況に対応した令状を発行する権限は，1285年のウェストミンスター第二法律（Second Statute of Westminster）から導かれると論じていたように，ルールの内容が，エクイティなど，法の外から来るとしても，そのルールの権威と妥当性は，法体系によって与えられると考えられていたと捉えることも可能であり [Lobban 2005, p.47]，ブラックストーンの「法宣言説」の「法」に，エクイティや自然法，正義などが含まれるとしても，それは，例外的なものに過ぎず，基本的に，ブラックストーンの体系は，先例，確立されたルールに基づくものであったと考えられる。

　これとは対照的に，マンスフィールドは，判決は法それ自体ではなく，何が法であるかについての証拠であるというブラックストーンの言明をその字義通りに実践した。実際に，その批判者からは，イギリス法のいかなる期間においても，マンスフィールドが裁判官であったときより，確立されたルールが覆されたことはないと指摘されている [Lieberman 1989, p.88]。そして，そのような傾向は，本節の冒頭でも少し触れたように，コモン・ローは先例の体系ではなく，自然的正義の体系であるという認識に基づいていた。すなわち，マンスフィールドによれば，「イングランドの法は，もしそれが，先例のみに基づいて判決されるのならば，実に奇妙な術になるだろう。先例は諸原理を例証する役目を果たし，それらに一定の確実性を与える。しかし，イングランドの法は，制定法によって法律にされる実定法を除いて，諸原理に基づいている。そして，各々の事例の特殊な状況が，それら諸原理のうちのいずれかの範囲内にあることが見い出されてきた

---

(20) 堀部政男が指摘しているように，マンスフィールドにおいても，「先例が誤っていても，先例の確実性によって先例に拘束されるという意見をとりあげることができる」[堀部 1969，197頁]。しかし，同じく堀部によって指摘されているように，「先例依存的意見だけでは，マンスフィールド裁判所による近代法の形成は，説明できない」[同上論文，201頁]。そもそもマンスフィールドは実務家であって，そこに完全な整合性を見い出すことは困難である。また，次項で詳しく検討するが，確立された先例があった領域においても，自然法からの判決の導出を試みたことをマンスフィールドの特徴として描くことは十分に可能であろう。

ことに応じて，それらの諸原理は，すべての事例に貫流している」[Mansfield 1774, p.956] のであった。また，ある事例が「いかなる実定法によっても禁止されておらず，いかなる先例によっても不法であると判決されていなくても，諸原理に基づいて，そのように判決されうる」[*ibid.*] ともマンスフィールドは論じている。以下，英米の先行研究を参考に，マンスフィールドのいくつかの判決と，その背景にある法思想の特徴を素描してみたい。[21]

まず，マンスフィールドが，原告側の弁護士として審理に参加した大法官裁判所での *Omychund v. Barker* (1744年) を検討したい。それは，オミチュンドが，東インド会社に在籍していたバーカーに対する債務の返済をその相続人に求めた裁判であった。その際，バーカー側は，ヒンズー教徒であったオミチュンドはキリスト教に基づいていた法廷における宣誓ができないため，イギリスの裁判所でその債務の存在を証明できないと反論している。オミチュンド側に有利な先例は存在しなかったのだが，マンスフィールドは，「(セント・ジャーマンによって) すべての法の第一の根拠であると述べられている理性と一般的な諸原理がその事例を決定しなければならない。それ故，唯一の問題は，理性，正義，便宜の諸原理に基づいて，この証人が認められるべきか否かである」[Mansfield 1744, p.23. (　) 内は引用者] と，まず述べている。さらに，「あらゆる出来事が一度に生じるわけではない。今，インド人の特殊な種 (の事例) が生じているが，この後，他の種のインド人 (の事例) が生じるかもしれない。制定法がすべての事例を見て取ることは非常に稀である。それ故，正義の泉から導かれるルールによって自らを純化するコモン・ローは，この理由によって，国会の制定法よりも優れている」[*ibid.*, pp.23-24. (　) 内は引用者] として，正義の原理に基づき，オミチュンドに証言させることは，コモン・ローに適った判決であるとも論じているが，結局，マンスフィールドの主張を受け入れる形で判決も下されている。

上述のマンスフィールドの，コモン・ローは「自らを純化する (works itself

---

(21) ここでは，おもに，Lieberman [1989] を参考にしている。なお，近年のマンスフィールドに関する研究書としては，Oldham [2004] がある。これは，王座裁判所の首席裁判官であった1756年から88年までの，自身の審理におけるマンスフィールドのメモの転写と，J・オールダムの解説などから構成される二巻本 Oldham [1992] のうちの解説の部分を抜き出して，簡約化，改訂したものである。その冒頭では，マンスフィールドについての伝記的な記述もなされている。また，邦語研究論文としては，堀部 [1969]，石井 [1977] などがある。

pure)」という言明は,「裁判官による法形成はいかにして正統化されるのか」という論点において,クック,あるいは現代においてはドゥオーキンによっても支持されるだろう。コモン・ローは,それ自体のうちに発展のための素材を有しているという有機的な(organicist) コモン・ロー観の一例として挙げられることもある [Cotterrell 2003, p.166]。しかしながら,コモン・ローの論理を内在化した格率により,既存の法との一貫性も考慮しながら法発展を主導したクックとは違い,マンスフィールドは,既存の法との一貫性よりも,自然法,理性,正義を法発展の原理としていることで,クックとは全く異なった立場を取っていると言える。さらに,法の歴史的な起源,あるいは慣例を重視したブラックストーンとの違いもこの判決で表れていると思われる。異教徒がイギリスの裁判所で証言できないことは,クックの『イングランド法提要』でも確認されているコモン・ローの慣例であったが,マンスフィールドにおいては,むしろ実質的な合理性が優先されている。「慣例(usage)は,疑いもなく大きな重みを持つ。しかし,明白な原理や法の権威に反する慣例は決して重みを持たない」[Mansfield cited in Oldham 2004, p.368] というのが,マンスフィールドの基本的な立場であった。

　次に,マンスフィールドが王座裁判所で判決を下した,著作権に関する著名な判例である *Millar v. Taylor* (1769年) を検討したい。これは,ジェームズ・トムソンの『四季 (*The Seasons*)』(1726-30年) という詩集の著作権を購入したミラーが,その同意なしにその詩集を出版したテイラーを訴えたという事例である。この事例には関係する制定法があり,著作が書籍商に最初に売られてから14年の間はその著作権は保護されると規定していたが,テイラーは,その14年の期間を過ぎてから出版しており,制定法に依拠する限り,ミラーには救済を受ける権利は与えられないことになる [Lieberman 1989, p.95]。しかしながら,マンスフィールドは,以下のように述べて,ミラー勝訴の判決を下している。すなわち,出版前の原稿に関する先例はなく,印刷技術が15世紀以降のものであることを考慮すれば,超記憶的な慣例と呼べるものもないため,それについてのコモン・ローは慣習には見い出されない。しかしながら,マンスフィールドは,「著者が彼自身の創意と労働から生じる金銭的な利益を得ることは正しいことである。彼の同意

---

(22) 終章で詳しく検討するが,例えば,Dworkin [1986, p.188;邦訳, 298頁] を参照。
(23) この判決については,Oldham [2004, pp.190-95] にも概略が描かれている。

なくして他人が彼の名前を使わないことは正しいことである。彼がいつ出版するか，あるいはそもそも出版するかどうかを判断することは至当である。彼が時期だけではなく，出版の方法——すなわち，何冊，何巻，どのような印刷で——を選択することは至当である。彼が，印刷の精密さ正確さに関して誰の管理を信頼するか，新たなものをそっと書き入れない誰の誠実さを信用するかを選択するのは至当なことである」[Mansfield 1769, p.253] と続けている。そして，以上のことが，「出版前の原稿を保護することが，正と不正の原理，事物の適合性，便益と政策，すなわちコモン・ローと合致していることを示すのに十分であると認める」[ibid.] とした上で，同様の権利は出版後も維持されるとして，先例でも超記憶的な慣例でもなく，自然法に基づいたコモン・ローによって永久的な著作権を規定したのであった。なお，上述の制定法に関しては，14年の間の著作権の侵害に対して付加的な罰を定めたものであって，自然法に基づくコモン・ローによる著者の権利を，廃止するものでも変えるものでもないとされている [Lieberman 1989, pp.96-97]。

　マンスフィールドのこの判決は，幅広い支持を得たわけではなく，次の年に貴族院で覆されている。そこでは，著者の出版物に対する著作権は永久的ではないと判示されたのであるが，D・リーバーマンが指摘しているように，それは，マンスフィールドの推論の前提を覆したわけではなかった。すなわち，貴族院が，永久的な著作権がコモン・ローにおいて存在しないとしたのは，そのような保護が自然法によっては与えられてはいないという理由からであり，マンスフィールドとの自然法の解釈の違いから生じたものであった [ibid., p.97]。

　ただ，このような著作権をめぐるこの二つの判決は，自然法を主要な法源とすることの問題点を如実に示していると思われる。それは，私法は，理性によって明らかにされる自然法から派生するとしたスコットランドの体系的・権威的著書において，既存の法を説明する際には有益なものであった自然法が，新しい事例に直面した裁判官たちに指針を与えることができなかった [Lobban 2004b, pp.102-103] こととパラレルな問題点である。第1章第3節で触れたように，ホッブズのエクイティに基づく法解釈理論は，個々の適用の場面において「沈黙」してしまうという批判が，ヘイルによってなされていたが，自然法を一次的法源とするマンスフィールドの法的推論は，技術的理性によって制約されていたクックの法発展のモデルと比較しても，裁判官の裁量の余地が大きいものであった。

また，関連して，マンスフィールドの *Millar v. Taylor* における推論は，人民間訴訟裁判所（Court of Common Pleas）の首席裁判官も務め，マンスフィールドのライバルでもあったキャムデンによってイギリス憲法の原則の観点から批判されている。ブラックストーンにおいても，裁判官の役割は，既存の法を維持し解釈することと捉えられていたが，当時の正説も，裁判官は，法を与える（*jus dare*）のではなく，法を言明する（*jus dicere*）と捉えていた [Lieberman 1989, pp.97-98]。マンスフィールドは，*jus* の中に，自然法，正義，理性なども含めようとしたと捉えることも可能であるが，それは，すでに広い支持を受けるものではなかった。次項で見るように，特に，確立された先例，ルールがあったところでは，マンスフィールドの推論は大きな抵抗を受けることになる。

（2） コモン・ローにおける原理的思考の限界

マンスフィールドのもう一つの特徴として，司法部によって，将来の類似の事件にも適用されるような一般的ルールを形成しようとしたことが挙げられる。本章第1節でも見たように，コモン・ローの伝統的な推論においては，確立されたルール，先例がないところでは，一つの先例が他の事例を拘束することはなく，すべての類似の事例を拘束するような一枚岩のルールも存在せず，先例は，推論のためのガイドラインとして捉えられていたが [Lobban 1991, p.87]，特に法的安定性が要求される商事法においては，そのような救済を主眼とする法が機能しないことは明白であった。マンスフィールドは，商事法の領域において，個々の先例の集積ではなく，一般的なルールに基づく確立した法体系を構築しようとしたのである [Lieberman 1989, p.104]。

マンスフィールドは，個々の事例を解決する際に，包括的な商事法のルールを創っていったわけであるが，リーバーマンによれば，それを可能にした第一の要因として，マンスフィールド自身が，実務を通じて，商事や商慣習法（law merchant），関連する万民法（law of nations）に精通していたことを挙げることができる。また，弁護士時代にロンドンの商人のグループに雇われており，裁判官になってからもロンドンのシティの指導者たちと懇意であり続けたこともあり，裁判の際に彼らの協力を仰ぐことが可能であって，商慣習を証明し，明白にする専門家証言（professional testimony）を度々依頼している。さらに，より重要な要因としては，商事事件の解決において，マンスフィールドが商人たちから構成さ

れた特別陪審 (special jury) を活用したことを挙げることができるだろう。マンスフィールドは，特別事件 (special case) や再審理の申立て (motion for new trial) を用いていたが，それは，法の争点を提示，あるいは洗練する上で有用な制度であった。巡回陪審裁判 (*nisi prius*) での単独審理の後，合議体 (court *in banc*) で再審理を行なったこれらの制度を用いれば，原審の証拠をすべて再検討することができたのであるが，その際，商人から成る特別陪審が同席していたため，彼らの助言により，いくつかの事例を扱うに際して，商慣習に基づいた一般的なルールを規定することが可能になったのであった [*ibid.*, pp.111-16]。

ところで，本書の問題関心から興味深い点は，マンスフィールドが，法的安定性を保障するためには，判決理由が正確に知られていることが必要であると論じていることである。マンスフィールドが，慣例や先例ではなく原理，すなわち理由づけを重視していたことは前項でも確認したが，以下の流通証券に関する考察において見られるように，同じく一般的ルールを重視しているとしても，理由づけを重視したマンスフィールドとブラックストーンとは対照的であった。

流通証券 (negotiable instrument) に関する法で問題となったのが，コモン・ローの契約において約因 (consideration) が必要とされていたことである。ブラックストーンが述べているように，コモン・ローにおける「契約の形成には，何らかの種類の約因が絶対に必要であり，一方が，何かをしたり，支払ったりするが，相手方が何の補償もしない合意，裸の契約 (*nudum pactum*) は，法的に完全に無効である」[Blackstone 1979, vol.2, p.445] とされていた。ただ，手形を振出した商人と，それを最終的に所持するに至った商人の間に上述の関係を見い出すのは困難であったため，流通証券をどのように説明すべきか問題が生じることになる。この際，約因に関するルールは明確なコモン・ロー上のルールであったため，ブラックストーンは，手形振出人のすべての手形は，約因についての内的な証拠を伴っているという擬制 (fiction) によって対応しようとした [Lieberman 1989, p.108]。ブラックストーンにおいては，前項でも触れたように，理由づけよりも，既存の確立されたコモン・ローのルールを維持しながら，それを発展させることに主眼が置かれていたのであった。

これに対して，マンスフィールドにおいては，一般的なルールは，確立されたルールを宣言することではなく，それを支える理由から導かれるべきであるとする姿勢が明白である。マンスフィールドは，流通証券，為替手形 (bill of exchange)

に関して，*Pillans v. Van Mierop*（1765年）において，「約因の必要性についての古来の概念は，証拠のみのためであったと解する」[Mansfield 1765, p.1039] とした上で，約因の不在によって無効とされるような「裸の契約は，商人の慣例にも商慣習法にも存在しない。（中略）商人間の商業上の事例においては，約因の欠如は異議にはならない」[*ibid.*（　）内は引用者] との判決を下している。この判決の背景にも，取引の円滑化という政策的な理由があったように [Lieberman 1989, p.110]，マンスフィールドにおいては，理由の妥当性が優先され，その理由に基づいた一般的なルールを確立することが試みられていたのである。そして，本章の冒頭でも見たように，判例法のあまり発達していない法領域では，自然法や正義など法外在的な推論によって判決することがコモン・ローでは一般的に行なわれてきたため，判例法の発達が不十分であった商事法に関するマンスフィールドの一般的なルールの形成も，裁判官たちのコンセンサスを得ることができたのである。

　しかしながら，マンスフィールドの推論は，確立されたルールが存在したところではうまくいかなかった。*Pillans v. Van Mierop* においてマンスフィールドは，「商慣習法と国土の法は同じものである」[Mansfield 1765, p.1039] と述べ，一般的な契約においても，通常の書面に基づいているならば約因がなくても保護されるべきだと論じていたが，このような「先例非依存的意見は，13年後には，葬り去られるに至った」[堀部 1969，207頁] のである。以下，相続に関する判決である *Perrin v. Blake* を検討することで，18世紀におけるコモン・ローの硬直化と，その要因でもあったコモン・ローにおける一貫性，調和の擁護というマンスフィールドが直面した壁，限界について見ていきたい。ブラックストーンが『イングランド法釈義』において，実定的な権利の体系，慣習的なルールの体系として描くことができた法領域を中心に，コモン・ローの裁判，実務においても法実証主義的な傾向が強まっていったのである。

　さて，*Perrin v. Blake* であるが，遺言の有効性が問題になった事例であった。ある遺言人が「私の子供たちの誰も，私の財産権を売却したり，彼の生涯よりも長い期間にわたる処分をなしてはならない」と，彼の息子に，その生涯にわたって財産を相続させ，さらに，その息子の法定相続人（heirs）に残余権（remainder）を譲与するという限定を付した際，それがクックによるシェリィ事件のルールに該当するか否かが問題になった事例である。シェリィ事件のルールとは，Aに

生涯権（life estate）を与え，'remainder to his heirs'，もしくは，'to the heirs of his body' という限定を付与した際，それは，Aには絶対的単純不動産権（fee simple absolute）が与えられ，法定相続人は，Aからの相続としてのみ財産を取得できることを意味するとしたルールであったが，ここでは，息子の権能を生涯にわたる保有に限定しようとした遺言人の意思に反して，その息子が自由に財産を処分できてしまうということが問題になった。この *Perrin v. Blake* は，遺言人が法的に不適切な表現を使った場合に，その明確に表された意思は尊重されるべきか否かが争点になった事例であったのだが，まず，1769年に王座裁判所で裁かれ，そこでは遺言人の意図を尊重する判決が下されている［Lieberman 1989, p.135］。その際，首席裁判官のマンスフィールドは，「あなたがその意図を，誰でもあなたが何を意味しているかわかるように伝えたのに，あなたが一定の技術的な表現を用いたために，私たちがあなたの意図を妨げ，あなたの遺言に異なった解釈を与える」［Hargrave 1787a, p.318］ことや，「あなたがやろうとしたことは完全に合法であるけれども，あなたに反対する唯一の理由が，あなたが法律家のように表現しなかったことである」［*ibid.*］ことは奇妙であると指摘している。マンスフィールドの法廷は，ここでも先例ではなく，理由づけを重視したのであったのだが，同法廷のウィルズ判事が，「その格率自体は，封建的な政策とともに生じたもので，現在，その理由は時代遅れのものである」［*ibid.*, p.299］と述べていたように，シェリィ事件のルールの理由の妥当性もすでに見い出せないと考えられていたのであった。[24]

しかしながら，この王座裁判所の判決には誤審令状（writ of error）が提出され，財務府会議室裁判所（Exchequer Chamber）において1772年に再審理され，覆されることになる［Lieberman 1989, p.136］。[25] 上述の王座裁判所の判決の反対意見において，イェーツ判事が，シェリィ事件のルールは，「その起源を封建的な政策に持っており，法が相続を可能な限り助力した時代に成長したものである。その元々の理由がずっと前に途絶えたことは，私も認めるが，そのような根拠で，

---

(24) シェリィ事件のルールは，相続による不動産権の取得の機会を増加させ，封建的付随条件（feudal incidents）の潜脱を防ぐことも目的としていた［小山 2011, 983頁］。

(25) 財務府会議室裁判所とは，16世紀後半以降に，王座裁判所の判決に対する誤審令状の審理に当たった裁判所のことも指すが，それは，人民間訴訟裁判所，財務府裁判所（Court of Exchequer）の裁判官で構成されていた［田中 1991, 316頁］。

それが反対されなければならないということは拒む。それは，ずっと国土の法だったのであり，国会が干渉しない限り，そうであり続けるべきである」[Hargrave 1787a, p.312] と述べていたように，すでに *Lisle v. Grey*（1679年）の判決文において，「シェリィ事件のルールは，実定法であり，そのルールについての理由は与えられないが，他の事例が拘束される目印である」[Lobban 2005, p.46（n.92）] と宣言されていた。また，シェリィ事件のルールなどの「確立された解釈のルール（established rules of construction）は，不確定さと論争的な権原に関するやっかいな訴訟を遠ざける防壁を形成する。そして，大変望まれているこの安定性は，確立された解釈のルールを固守することなくしては，もはや存在しない」[Hargrave 1787a, p.311] と同じくイェーツによって指摘されていたように，マンスフィールドの判決は，法的安定性の面でも問題があるとされていた。ブラックストーンの法思想に反映されているように，確立されたルール，先例がある法領域においては，一般的な法実践でも理由づけは後景に退き，マンスフィールドの推論も受け入れられなかったのであった。

　さらに，マンスフィールドは，コモン・ローの一貫性，調和の議論にも阻まれることになる。このコモン・ローの一貫性，調和の重要性は，例えば，相続のルール，物的財産法に関してブラックストーンによっても主張されたことであった。ブラックストーンは，上述の財務府会議室裁判所の判決に，人民間訴訟裁判所の裁判官として関わったのであるが，まず，すべての遺贈文言の解釈が依拠しなければならない根本的な原則として，「遺言人の意思は，完全にそして厳密に従われなくてはならないが，それは，そのことが確立された法のルールと一致する限りである」[Hargrave 1787b, pp.489-90] ことを確認し，さらに，「法の慣用語（legal idiom）を用いる際には，その法的な意味においてそれを用いていると考えられなければなら」[*ibid.*, p.495] ず，さもなければ，「その結果は無限に繰り返される訴訟になるに違いない」[*ibid.*] とマンスフィールドを批判している。ブラックストーンは，遺言者が不適切な法的文言を用いても，彼の意思を実行するために，法が援助するとすれば，「これは，すべての遺贈を未完成信託（executory trust）にするだろう。そして，すべてのコモン・ローの裁判所をエクイティ裁判所の裁判権以上のもの——遺言人がすでに立案した不動産譲渡を解釈するのではなく，遺言人のために不動産譲渡を立案する権限——で武装させるだろう」[*ibid.*, p.509] とも指摘しているが，ブラックストーンのエクイティ観を示すものとしても興味

深い。

　そして続けて，コモン・ローの一貫性，調和の観点からブラックストーンは以下のように述べている。すなわち，シェリィ事件のルールは，「厳格で狭いルールであり，ずっと前に途絶えた封建的な諸原理に基づいていると仄めかされている」[ibid., p.498] が，「多かれ少なかれ，封建的な色合いを持たない物的財産に関する古来のルールは存在しない。物的財産法定相続 (descent) の格率，占有引渡しによる不動産権移転 (conveyance by livery of seisin)，謄本保有 (copyhold) の原則の全体と，示されるだろう他の100個の事例は，明白に封建制度の派生物である。しかし，それらの起源が何であれ，それらは今，イングランドのコモン・ローによって採用され，その組織体に編入され，その政策と非常に強く編み合わされているため，この王国におけるいかなる裁判所も，それらをかき乱す権限も，[私は信頼しているが] 意向もない。(中略) その材料がどこから集められるとしても，この国の物的財産に関する法は，今は見事な技術的な体系に形作られているのであり，予測できない関連と微妙な依存関係に満ちているため，この鎖の一つの輪を断ち切る人間は，全体を崩壊させる危険にさらす」[ibid.（　　）内は引用者] と述べられているのである。本章で度々指摘しているように，ブラックストーンは，理由づけではなく，歴史的起源に依拠した法実証主義的な法の妥当論を展開していたが，その背景には，コモン・ローの一貫性，調和の擁護の議論があったのである。前章で，「技術的理性 (法律家の理性) か自然的理性か」という論点に即してホッブズのクック批判を検討したが，クックにおいて，コモン・ローの一貫性，調和も意味していた技術的理性は，コモン・ローを発展させる足場にもなっていた。一方，ブラックストーンにおいては，コモン・ローの理性は，各々のルールに結晶化され，コモン・ローの一貫性，調和も確立したものと考えられていたのであるが，マンスフィールドは，そのような硬直した技術的理性を，自然的理性によって改革することを試みたのである。『イングランド法釈義』でもコモン・ローのルールは，「非常に精密に形作られ，非常に技術的に結びついたものなので，それらのいずれかの最小の侵害でさえ，しばらくは全体の組織を乱すだろう」[Blackstone 1979, vol.2, p.376] と述べられているが，同様の議論は，例えばヘイルの法改革論においても見られるものであり，自然法によって統合されたコモン・ローを判決で実現しようとしたマンスフィールドの立場は極めてラディカルなものであった。他の法実践，例えば，一般的な契約において約因が証

拠に過ぎないというマンスフィールドの約因証拠論が後に否定されたのも，その推論がローマ法に基づいていたことに対するコモン・ロー法律家の対抗意識というよりも［石井 1977, 37頁］，引受訴訟（assumpsit）において，まず約因を提示することが必要とされていた手続法との矛盾，一貫性の欠如が問題視されていたと言えるだろう［Lobban 1991, p.108, 110］。

　ここではおもにブラックストーンとの対照においてマンスフィールドの法思想を検討してきたが，以上から明らかなように，彼らが活躍した18世紀は，確立されたルールとの一致を説く立場と，そのような確立されたルール，先例があった法領域においても，自然法や正義による理由づけからルールを導く立場が錯綜していた時代であった。さらに，法を技術的理性に基づかせ，裁判官の推論や思考の方法に法源を求めたクック的なアプローチも依然として有力であった［ibid., p.59］。本章では，この時代のコモン・ロー思想には以上の三つの類型が併存していたと整理してきたが，コモン・ローのこのような混乱した状態は，ベンサムにとって，格好の批判の標的になっている。

第3節　ベンサムの法思想

(1)　裁判官の慣習と一般的慣習の峻別

　周知の通り，ジェレミー・ベンサム（Jeremy Bentham, 1748-1832）は，コモン・ローを批判し，後には，コモン・ローに取って代わるパノミオン（完璧な法典）の構想を展開することになる。ベンサムのコモン・ロー批判については，わが国の先行研究においても，すでに紹介，検討が存在するが［石井 1981；山下 2007］，英米の研究も含めて，コモン・ローのコンテクストにおいてベンサムのコモン・ロー批判を捉えるというよりも，テキストの内在的な紹介，検討が主流であったように思われる[26]。ベンサムのコモン・ロー批判は，おもに，ブラックストーンの『イングランド法釈義』に対する批判が展開されている『釈義批評（*A Comment on*

---

[26]　例外として，Postema［1986］を挙げることができるが，小括で触れるように，コモン・ロー思想史に関するポステマの解釈には問題があると筆者は考えている。なお，本書と若干アプローチは異なるものの，コモン・ローか立法かという軸により，コモン・ロー思想やベンサムの法思想を比較，検討しているものとして，前著と同様に度々参照しているLieberman［1989］がある。

the Commentaries)』(1774-75年に執筆) の第2部「イングランドの法について (Of the Laws of England)」と『法学の刑事的部門の領域について (*Of the Limits of the Penal Branch of Jurisprudence*)』(1780-82年に執筆) の第17節「慣習法で完全なものはない (No Customary Law Compleat)」において披瀝されているが[27]，ここでは，ブラックストーン批判ということにとどまらず，本書でこれまで検討してきたコモン・ロー思想のコンテクストにベンサムのコモン・ロー批判を位置づけることで，これまでのベンサム研究においてあまり注目されてこなかったベンサムの法思想の側面に光を当てることを試みたい。すなわち，ベンサムの法思想に関しても，英米の法思想史に通底し，その展開を方向づけた様々な論争軸に即してその性格を明らかにしていくつもりである。その際，「コモン・ローはルールか救済か」という論点をめぐって生じた「コモン・ロー思想の三類型」に対するベンサムの包括的な批判については次項で検討することとし，本項では，「コモン・ローと共同体の関係」や「裁判官による法形成はいかにして正統化されるのか」といった論点に即して，ホッブズのクック批判の後に，ヘイルやブラックストーンによって提示されたコモン・ローの正統化，そしてコモン・ローを発展させる裁判官の役割の説明に対するベンサムの批判を検討していきたい。

　第1章で検討したように，ホッブズは，クックの技術的理性，すなわち法律家の理性によるコモン・ローの基礎づけを批判したが，その結果生じたコモン・ローの正統性危機に対して，ヘイルは，コモン・ローの起源を立法に求めることで，コモン・ローの技術的理性と人々の「同意」を接合し，コモン・ローの妥当性を主張していた。また，本章の第1節で確認したように，ブラックストーンは，より直截に人々の同意の側面を強調し，コモン・ローを一般的な慣習に基づくも

---

[27] 『法学の刑事的部門の領域について』は，ハートの編集によって『法一般論 (*Of Laws in General*)』というタイトルで，ベンサム新全集の一巻として1970年に世に出ていたものが，P・スコフィールドによってタイトルを変えて2010年に新たに出版されたものである。ハート版においては，対象としたベンサムのマニュスクリプトの独立性が指摘され，そのタイトルも，ハートのものも含めた現代の分析法理学との関連が想起されるものになっており，実際，ハートも権利，義務，所有，無効，妥当性といった概念を分析するベンサムの「普遍的法理学 (universal jurisprudence)」に関するものとして捉えていたようである [Hart 1970, p.xxxii]。一方で，スコフィールド版は，ベンサムの法典化論の核であった刑法典の序説として，『道徳と立法の諸原理序説 (*An Introduction to the Principles of Morals and Legislation*)』(1789年) との連続性が指摘され，その著書の第17章に続くものとして編集されている [Schofield 2010a, pp.xviii-xix]。

のと捉えていた。ベンサムの批判は，ブラックストーンを標的にしつつも，ヘイル以降のコモン・ローの正統性の擁護，すなわち，コモン・ローと人々の同意，一般的慣習，あるいはコモン・ローと共同体の結びつきの前提に対して鋭いメスを入れた，幅広い射程を持つものであった。

　ベンサムが批判の対象としたブラックストーンは，ローマ法を取り上げて，「ローマ法は，その自由な時代において実践されていたように，慣習に対しても大きな敬意を払っていたが，私たちの法ほどではなかった。(中略)にもかかわらず，『学説彙纂』で主張されている理由は，成文法と矛盾しない場合は，それと同じ権威を（慣習法に）与えている私たちの実践を完全に正当化するだろう」[Blackstone 1979, vol.1, p.73. (　) 内は引用者] と述べ，「成文法が，人々の判断によって承認されているという理由によってのみ私たちを義務づけているならば，書かれてはいないけれども，人々が承認した法も，すべての人々を義務づけなければならない。人々が投票によって法に対する彼らの同意を宣言するか，それ（法）に応じて，一様に行動すること（で同意を宣言すること）の違いはどこにあるのか」[ibid., pp.73-74. (　) 内は引用者] というユリアヌスの言葉を引用して，コモン・ローの正統性を強調している。そして，ベンサムは，以下に検討するように，コモン・ローが人々の同意や一般的慣習に基づいているというブラックストーンの前提を批判していくのであるが，「私たちの著者（ブラックストーン）を公平に扱い，（コモン・ローが人々の同意，一般的慣習に基づいているという）この考えにおいて，彼が決して特異ではないことを告白しよう。それは，彼らの偏愛にとって貴重であり，彼らの情熱に決して否定的ではなかったので，法律家たちの間では，実に一般的でうけがよい誤りである」[Bentham 1977, p.223. (　) 内は引用者] とも述べており，その批判は，ヘイルも含め，より広くコモン・ロー思想一般に向けられたものとして捉えることが可能であろう。

　さて，ベンサムは，『釈義批評』の第2部「イングランドの法について」の第8章「コモン・ロー——それはどれだけ人々に同意されているか（Common Law: How Far Consented to by the People）」において，「不文法と呼ばれているものが人々によってではなく裁判官によって創られ，その実質が，裁判官のみによる」[ibid.] ことを論証しているが，それは，彼の「一般的な慣習（custom in pays）[28]」と「裁判官の慣習（custom in foro）」の峻別の議論に基づいていた。その際，ベンサムは，まず，「慣習法」という概念をより明確にすることから始めている。

ベンサムは，慣習ということで一般的に意味されるのは，「当該の人々の，同時あるいは（かつ）継続的であるような行為の集合で，そこにおいて，統一性と類似性が見い出されうるもの」[*ibid.*, p.181] であると定義している。それと同時に，ベンサムは，「このような言葉の意味での慣習に関しては，それが構成されていると私たちが考えている行為が，そのいずれも未来のものではなく，すべて過去のものである」[*ibid.*, pp.181-82] ことを指摘している。ここでのベンサムの論点は，たんなる慣習は，人々の行為を将来にわたって規制することはできないということで，ブラックストーンが再三用いていた「超記憶的な慣例，慣習」であっても，それは同じであった。ベンサムによれば，慣習が，法としての役割を果たす，すなわち人々の未来の行為を規制するためには，それに制裁が付与されていることが必要なのである。人々が「それ（慣習）を遵守しない場合に，彼らが刑罰にさらされるという状況により，彼らの慣習であると語られているものが，その言葉の法的な意味における慣習になる」[*ibid.*, p.182.（　　）内は引用者] のであった。それ故，「私が義務的な慣習（custom obligatory），あるいは，法的な慣習（custom legalized）と呼ぶであろうものを構成するには，第一に，一般的な慣習（custom *in pays*），すなわち法的なものにされる慣習それ自体と，第二に，それを法的なものにする，人，あるいは人々の集合による少なくとも一つの行為という二つの事柄が必要である」[*ibid.*, p.183]。一般的な慣習を法的なものにする人とは，裁判官にほかならないが，このように，ベンサムは，裁判官によって制裁が加えられることによって，初めて「慣習」が「慣習法」，すなわちコモン・ローになるのであって，人々の自発的，自生的な慣習がダイレクトにコモン・ローに反映されるわけではないことを強調している。

　以上の点について，ベンサムは，具体例を挙げてさらなる説明を加えている。ベンサムが挙げている例は，偽証の罪（perjury）であるが，「裁判官は，そのように名づけられた種類の行為のある事例を罰することによって，それを差し控えることを法律化した，あるいは（中略）義務的にしたと言われてもよい」[*ibid.*,

---

(28) 『釈義批評』の編者注において述べられているように，*in pais*（ベンサムでは *in pays*）という言葉は，裁判所以外のあらゆる所を指していた[Bentham 1977, p.182(n.1)]。custom *in foro* に関しては，「法廷内の慣習」と訳されることもあるが，ベンサムの意図を明らかにするために，また，ベンサム自身もそれを裁判官の間の慣習（custom among judges）と同義に捉えているところから [*ibid.*, p.183]，本書では，それに「裁判官の慣習」という訳を与えている。

pp.218-19.（　　）内は引用者］。すなわち，「このように有害とされる行為の様態が，それを差し控える何らかの慣習であるというような性質のものではなくて，その行為を彼ら（裁判官たち）が罰する，すなわち，差し控えることを法律化するための根拠として裁判官が当てにするだろう行為の有害性であることは明白である。したがって，それを最初に罰したのが誰であれ，裁判官が彼の判決を基礎づけたのは，そのような行為を差し控えるというたんなる自生的な慣習ではないと私たちは考えてもよい」［*ibid.*, p.219.（　　）内は引用者］のであった。それ故，ベンサムによれば，慣習法ないしコモン・ローは，ブラックストーンの論じていたような，一般的な慣習に基づくものではなく，そのような「一般的な慣習」からは，独立して発展する「裁判官の慣習」，すなわち，一定の種類の行為に制裁を与える裁判官の間の慣習に過ぎないのであった。「慣習（私が意味しているのは，法的なものにされた一般的な慣習であるが）を創るのは誰か。誰でもということにはならず，それが一般的な慣習になった後に，最初に，それに違反したことを罰した裁判官である。裁判官の慣習を創るのは誰か。誰でもということではなく，裁判官によってであり，彼らの行為のみがそれを形作ることになる」［*ibid.*, p.191］と述べているように，ベンサムによれば，コモン・ローは，一般的実践に根拠を持つものではなく，裁判官の慣習として捉えられるべきものであった。

　留意すべき点は，ベンサムのここでの議論が，「裁判官による法形成はいかにして正統化されるのか」というコモン・ロー思想史上の関連する論点においても，ブラックストーン批判にとどまらない一定の射程，妥当性を有していたことであろう。すなわち，「法創造説」に基づくベンサムの「法宣言説」批判の射程の広さである。

　本章第1節で確認したように，ブラックストーンにおいて，コモン・ローのルールは，慣習によって確定，確立されたものが，判決によって明らかにされたものであった。その一方で，古来の「法の基本的な格率やルールは，人の権利，物の権利に関するものであれ，それら双方に加えられるだろう私的な権利侵害に関するもの，社会に影響を与える犯罪に関するものであれ，これまでも，そして今も日々改善しており，現在は，蓄積された時代の知恵に満ちている」［Blackstone 1979, vol.4, p.435］ともブラックストーンは述べている。その際，主権者命令説，国会主権を取っていたブラックストーンにおいても，すでに考察したように，ヘイルと同様，古来のコモン・ローの基本的なルールが，類推あるいは擬制による拡大

など，裁判官の立法行為を廃した形で発展すると捉えられていたのではないだろうか。ブラックストーンなどの「法宣言説」は，J・フィニスが指摘しているように，裁判官の権威や責任を，立法府のそれと区別するために用いられていたのである [Finnis 1999, pp.172-73]。そして，メインの指摘が正しければ，19世紀のイギリスの法律家に至っても，「自らの裁判所が立法をすることを認めず，それらがこれまで一度も立法していないことを暗示しながら，大法官裁判所と国会の一定の助けとともに，イングランドのコモン・ローのルールが近代社会の複雑な利益と同一の広がりを持つことを主張してい」[Maine 1920, p.37] たのであった。

ブラックストーンに代表されるこのような「法宣言説」に対して，ベンサムは，コモン・ローのルールが「超記憶的な慣例」に基づいていることを否定し，例えば，契約のルールに関して，「現在も妥当するであろうものと同じ契約が，すべてサクソン期においても妥当していたこと，あるいは，当時，妥当していたすべてのものが，現在においても妥当していることを示すのは，かなり難しいだろう」[Bentham 1977, p.167] と論じている。さらにベンサムは，裁判官自身の「権威に基づき裁判官によって最初に法律化される一つの行為の例の方が，(中略) 自生的な慣習の例よりも見つけるのが容易だろう」[ibid., p.218.（　）内は引用者] とも指摘しているが，上記の偽証の例にしても，そのような行為を差し控える自生的な慣習（spontaneous custom）を想定することが困難であることが指摘され，裁判官の意思的要素，裁判官による法創造が強調されていた。ただ，このベンサムの「法創造説」は，歴史的な起源によって権威を持つとされた基本的なルールを類推，擬制などによって拡大することで，コモン・ローの発展を説明しようとしたブラックストーン，あるいはヘイルの議論には十分には応えておらず，「法宣言説」に対するより洗練された批判はオースティンによって示されることになる。しかしながら，ヘイルやブラックストーンによって「解釈（exposition）」とされていたものが，次章で検討するように，ベンサム以降のオースティンやメインにおいては法創造として捉えられるようになり，コモン・ローの法的推論を記述する枠組み，そして法体系全体を記述する枠組みに一つの展開が生じることとなる。

---

(29) なお，「法宣言説」についての著者の理解は，終章で確認するように，一般的な「法宣言説」理解とは，多少異なったものである。

なお，J・ウォルドロンは，ベンサムの一般的な慣習と裁判官の慣習の区別に依拠して，慣習が裁判官によって法律化される際には，何が望ましくて，何が望ましくないかについての裁判官自身の推論が働かざるをえず，コモン・ローと一般的慣習，共同体（の規範）の間には「多かれ少なかれ，何らかの不一致が生じるはずだ」[Waldron 1998, p.105]と指摘しているが，「コモン・ローと共同体の関係」をどのように捉えるかという論争軸は，ここまで検討してきたイギリスのコモン・ロー思想の展開のみならず，英米間の法思想の性格の違いを分析する際にも貴重な視座を提供するものである。ホッブズのクック批判，ヘイルを経て，18世紀には，ブラックストーンのように，一般的慣習にコモン・ローを基礎づける立場が登場していたことは前述の通りであるが，にもかかわらず，ロバーンによれば，当時のコモン・ロー法律家においても，ベンサムの指摘のように，コモン・ローは裁判官の慣習として捉えられ，法とは，裁判官が法と考えたものであるというアプローチが取られていた[Lobban 2007b, p.41]。さらに，本章の冒頭でも触れたシンプソンは，コモン・ローの「アイデアや実践が存在するのは，ある集団において，慣習的な実践が存在すると言いうるのとちょうど同じように，それらが，法専門職の間で受容され，それらに従って行動されているという意味においてのみである」[Simpson 1987, p.376]として，コモン・ローが現在に至るまで裁判官の慣習であったことを論じ，「もし，例えば，永久拘束禁止則（rule against perpetuities）や履行期前の契約違反の原則（doctrine of anticipatory breach）などのコモン・ローの一般的な理論的命題を考慮するならば，このようなルールや原則を規定している命題を，イギリス人の慣習的な実践と一般的に見なされているものの記述として考えることは，完全に不合理な（perfectly absurd）ことである」[ibid., p.374]と述べている。コモン・ローと共同体との乖離は，ベンサムの批判にもかかわらず，オースティン，あるいはハートなどの現代のイギリス法理学にも引き継がれることになるが，終章でも検討するように，アメリカの法思想においては，対照的なアプローチが採られることになる。

ところで，そのように，コモン・ローを裁判官の間の慣習法として捉えるならば，コモン・ローが一定の継続性と一貫性を維持するためには，裁判官の間のコンセンサスが必要であろう。シンプソンは，マンスフィールドが王座裁判所の首席裁判官であった時期には，反対意見は20のみ記録されており，1756年から65年にかけては，すべての判決が全員一致であったと指摘しているが[ibid., p.381]，

ベンサムが，そのような裁判官の間のコンセンサス，裁判官によるルールの受容や継続的な使用の制度的な保障を試みていることは興味深い。ベンサムによれば，「一般的な慣習」と同様に，「裁判官の慣習」も法律化できるのであった。その際，「裁判官の慣習を法律化するためにも，刑罰，誰かを罰することが必要である」[Bentham 1977, p.184]が，「この刑罰は，最初は，刑罰のようには見えない」[ibid.]。なぜなら，「このような慣習を法律化するためには，不服従のどのような場合の際も，従わなかった裁判官の命令が，より上位の裁判官の，反対の懲罰的な命令によって敵対させられれば，外見上十分である。（中略）すなわち，現在流布しているフレーズを用いると，もしそれがより上位の裁判所の判決によって破棄されるならば，十分である」[ibid.（　　）内は引用者]と述べているのであるが，19世紀半ばからのイギリスに成立した，貴族院を頂点とした先例拘束性の原理を先取りしているかのようである。これは，次に検討する法をルールの体系として捉えるベンサムの法概念から導かれた議論である。本章で繰り返し強調しているように，18世紀のイギリスには，「ルールか救済か」という論争軸をめぐり，コモン・ローの救済面に焦点を当てる立場，それを慣習的ルールの体系として捉える立場，自然法のルールであるとする立場が併存していたが，ベンサムはそのようなコモン・ローの三類型を包括的に批判し，コモン・ローの法的性格を否認するようになる。

（2）　ルールとしての法

　ベンサムの法概念論については，それが記述的なものか，あるいは規範的なものかをめぐって論争があった。例えば，法実証主義は，道徳と法の内容には，必然的な関係がないとする実質的な法実証主義（Substantive Positivism）と，法について，法理論は規範的に中立な記述を提供できるし，提供しなければならないという方法論的な法実証主義（Methodological Positivism）に区分されるというS・ペリーの整理に基づいて，P・スコフィールドは，ハートがベンサムの法理論を論じる際に，実質的な法実証主義と方法論的な法実証主義を区別せずに，ベンサムが，法と政治の議論において，「正確で可能な限り道徳的に中立な用語」を用いていると捉えたことを批判している。スコフィールドによれば，ベンサムは，法的妥当性を特定の実質的な内容に結びつけることを非難したという意味で実質的な法実証主義者ではあったが[Schofield 2003, p.34]，法的用語の説明を企図す

る根拠そのものが,その効用にあったとして,ベンサムに,方法論的法実証主義の立場を帰することを批判しているのである [*ibid.*, p.37]。

ハートのベンサム理解は,同様に,ポステマによっても批判されている。ベンサムは,『釈義批評』において,効用を,自然から,あるいは人間の身体的特徴から導かれる始源的効用 (utility original) と期待に基づく効用 (utility resulting from expectation) に分類しているが [Bentham 1977, p.231],ポステマは,人間は,期待の安全が保障された場合においてのみ生存できると考えていたベンサムにおいては,人々の正当な期待が満たされることにより増進し,満たされないことにより減少する効用である期待に基づく効用が,最も重要と考えられていたと指摘している。そして,ベンサムの法概念も,人々の期待の安全を保障し,社会的相互作用を調整し,効果的に人々の行為を導くという,法の役割についてのベンサムの考え方から導かれたものであったと指摘している [Postema 1986, pp.160-62, 168-69]。

前項の最後で検討した,「裁判官の慣習」を法律化するためには,上位の裁判官の統制による統一的な法適用が必要であるというベンサムの議論も,このような背景から理解する必要があるだろう。『釈義批評』でも,人々の期待の安全を保障するという法の役割についての自らの前提から,コモン・ローに厳格な先例拘束性の原理を導入することなどが説かれているのであり [*ibid.*, pp.195-96],ブラックストーンやマンスフィールドに対する批判も,同様の観点からなされている。

まず,ブラックストーンが,すでに検討したように,歴史的起源による正統化の観点から,コモン・ローの確立されたルールの理由,合理性を推認したことに対しては [Blackstone 1979, vol.1, p.70],あるルールが,「理由を有したことがなかったか否か,あるいは,かつては理由を有していたけれども,現在はその理由が途絶えているか否かということは,私たちが今,それに従っている理由にとっては重要ではない。安定性という一つの言葉によって表現されてよいこの理由は,(中略) これらの間違っていて些細なもののために破棄されたようである」[Ben-

---

(30) しかしながら,スコフィールドは後に立場を変えて,ベンサムは実質的な法実証主義者でもなかったと論じている [Schofield 2010b, pp.158-59]。なお,ベンサムの言語論,存在論の観点からその法理学の性質を解き明かすスコフィールドの試みについては,次章の第1節で,オースティンの法理学とベンサムの法理学の性格を比較する際に再び取り上げる。

tham 1977, p.203.（　　）内は引用者］と論じられ、「超記憶的な慣例、慣習」という歴史的な起源ではなく、法的安定性の観点から、先例に従うことが説かれている。また、マンスフィールドに対して向けられたと考えられている批判においても［石井1981, 117頁］、「才能によって啓発され、改革の仕事へ偽りのない熱意によって突き動かされ、議会の遅れ、不規則、偏見、無知、悪意、気まぐれ、疑い深さ、忘恩にうんざりして、その手だけで伝統の愚かさの流出を破壊し、純粋で自然な正義の命令をその人の部屋で書き記す裁判官がいるならば、(欠文) 裁判官席からの修正が混乱であること、普遍的な確実性を犠牲にして得られた修正(欠文)、このように得られた部分的な善が、普遍的な害悪であることを、とにかく彼に思い起こさせなくてはならない」［Bentham 1977, pp.223-24.（　　）内は引用者］と述べられている。

一方で、『釈義批評』より後に書かれた『法学の刑事的部門の領域について』の第17節「慣習法で完全なものはない」においては、コモン・ロー的思考の欠陥についてより踏み込んだ検討がなされている。その冒頭で、「慣習法の下では、どのような事例においても、正しい、あるいは不正であると言われることはほとんどありえない。どのようにそこにあるのだろう。正しさは、ルールへの一致であり、不正とは、それからの離反である。しかし、ここではいかなるルールも確立されておらず、識別する方法も、訴える基準もない。すべてが不確実で、暗闇でそして混乱である」［Bentham 2010, pp.185-86］と述べているように、コモン・ローがそもそもルールを提供できないことが論じられているのである。

その際、ベンサムは、前節の第2項で検討した、ブラックストーンとマンス

---

(31) 前節の最後で検討したように、ブラックストーンは、マンスフィールドの判決を覆す際に、コモン・ローの諸ルール相互の密接な関連、あるいはコモン・ローの一貫性、調和を強調する観点からシェリィ事件のルールを維持することを論じていたが、『イングランド法釈義』においても、「その理由がおそらく思い出されることも見い出されることもないかもしれない法的に確立されたルールが、制定法や新しい裁定によって気ままに中断された場合はいつでも、その革新の結果として生じる不都合の中から、最終的にそのルールの英知 (the wisdom of the rule) が姿を現してきた」［Blackstone 1979, vol.1, p.70］と論じている。これに対してベンサムは、『統治論断片（*A Fragment on Government*）』（1776年）の序文において、「もしある慣行に対する理由が見い出されえないならば、私たちはそれを推定しなければならず、この推定されたものの力に基づき、私たちはそれを合理的なものと賞賛する。このようにして、法は、その子供たちによって正当化される(the Law is justified of her children)」［Bentham 1977, p.408（n.p)］と述べている。

フィールドの法思想の対比に代表されるような,コモン・ローの法的思考の矛盾に着目しているように思われる。ベンサムによれば,「訴訟の際の判決案を左右する法としての性格を持って,それ自体明らかに不合理な何らかの過去の判決が持ちだされるときはいつでも,異なった方向を示し,正反対の決定を押しつける二つの格率がある」[ibid., p.193]。この二つの格率のうち,「一つは,一般的効用 (general utility) からのもので,確立された先例を厳守することから生じる。もう一つは,特殊な効用 (particular utility) から生じるもので,とにかく判決の流れを,先例の力がそこからわきにそらしたと考えられている始源的な効用 (original utility) の水路に戻すことから生じる。一つは,安全と平和の母である統一性に魅惑されたもので,もう一つは,自然的正義,エクイティ,正しい理性,あるいは,どのような他の名前であれ,その幻覚が最もよく知られているものに魅惑されている」[ibid., p.194]。ベンサムのこの考察は,シェリィ事件のルールに対するブラックストーンとマンスフィールドの対応の矛盾を,効用の分類という自らの視点から捉え直したものと言えないだろうか。歴史的な起源からコモン・ローのルールを正統化したブラックストーンであるが,例えば,シェリィ事件のルールは,「実定法」として捉えられており,ベンサムによって指摘されているような統一性,あるいは「一般的効用」による正統化も含意されていた。実際,ブラックストーンは,シェリィ事件のルールをすでに1741年に確認していた Coulson v. Coulson が,不動産譲渡取扱人 (conveyancer) によって権威的なものとして捉えられているという観点から,それを変更することの弊害を指摘していたし[Lieberman 1989, p.138],『イングランド法釈義』においても,ベンサムも言及しているように [Bentham 1977, p.203],「正義の秤を一様で確実なものに保つこと」[Blackstone 1979, vol.1, p.69] の意義が指摘されている。また,マンスフィールドに関して言うと,クックの時代のシェリィ事件のルールの理由づけが,自然的正義,あるいは,ベンサムの整理では「始源的な効用」にそぐわないとの観点からの推論がなされていた。確立されたルール(ブラックストーン)対自然的原理(マンスフィールド)の対立が,一般的効用と始源的な効用の対立として捉え直されているのである。

　ベンサムにとって問題であったのは,不合理な先例の適用が問題となる際,「このジレンマが,すべての機会 (every turn) において生じているため,法律家は,当然,そのうちのどちらかを採用することを継続的に求められることになる」

[Bentham 2010, p.193] ことであった。そして，ポステマによれば，先例拘束性の原理をコモン・ローに導入しても，非常にありふれた事例を除けば，結局は柔軟性の要求から，エクイティ，自然的な理性などが用いられることになり，不安定なものになるとベンサムは確信し，安定性と柔軟性を両立できないコモン・ローの破棄を決意するに至っている［Postema 1986, p.286］。このポステマの整理を別の角度から捉え直すと，裁判官は，しっかりと判例に根拠を置いて自分の判決を下し，そのことによって既存の慣行に敬意を払ったとして賞賛を得ることもできたし，あるいは判例を無視して内容に基づいた訴訟を決し，それによって実質的な正義を愛したと賞賛を得ることもできた［Bentham 1962a, p.512］と論じた際のベンサムの着眼点は，コモン・ローが，理由づけ，推論の体系であることは排除できないことにあったと言えるだろう。クック以来の，そしてマンスフィールドによって再度前面に押し出されたコモン・ローのそのような側面は，ブラックストーンが試みたようには，ルールに還元できないという観点から，ベンサムは，コモン・ローの破棄を提唱し，次項で検討するような法典化論を提唱するに至ったように思われる。また，繰り返しになるが，ブラックストーンが歴史的起源によってコモン・ローのルールを正統化しつつも，そこに合理性，あるいはルールの英知を推認したことに対して，ベンサムが，先例に従うべきなのは，「それが確立されるべきであった（it ought to have been established）からではなく，確立されているからである」［Bentham 1977, p.197 (n.c)］と，ブラックストーンの「法実証主義」の基礎の脆弱さを指摘しているのも興味深い。

　一方で，ベンサムは，コモン・ローにおけるルールとされていたものの権威の問題についても論じているが，それは，コモン・ローの三類型のうち，ブラックストーンやマンスフィールドに対してではなく，クックに代表される技術的理性にコモン・ローを基礎づける立場に対して向けられたものとして見るべきである。ブラックストーンは，コモン・ローは，「時あるごとに裁判所の判決において宣言され，その判決が私たちの公的な記録において保存され，私たちの判例集において説明され，そして，法の尊敬すべき賢人たちの権威的な著作（authoritative writings）において一般的な使用のために要約される」[Blackstone 1979, vol.1, p.73] として，コモン・ローにおいては，判決が最も重要であり，それが判例集(reports)によって公衆に示されることになり，さらに，グランヴィル，ブラックトン，リトルトンなどによる著書（treatise），著作も権威を持つものとして引用されるこ

とを簡単に述べているのだが [*ibid.*, pp.71-73]，ベンサムは，それぞれについて詳細な検討を試みており，その検討に基づき，コモン・ローにおいてルールとされているものの権威の問題について論じている。ここでは，先行研究であまり触れられることのなかった法学者の著作についてのベンサムの見解をまず追ってみたい。

　ベンサムは，ブラックストーンが，法学者の著作は，「これこれの点が決定された事例が以前生じて，それら（の点）が，現在，確立され，主要な原理になっている」[*ibid.*, p.72.（　　）内は引用者] ことの証拠であると捉えていたのに対して，『釈義批評』において，そのような理解は，法学者の著作の本来の機能を見落としているかのようであると指摘している。ベンサムは，法学者の著作の機能として，「議論の結果として，法の一般的なルールを規定すること」[Bentham 1977, p.208] を挙げているが，その際のルールの正統性のため，それに対応する判決の存在が必要であると考えられているとも指摘している。すなわち，これが，ブラックストーンが法学の著作に与えた，判決の要約（digest）の機能であるが，ベンサムによれば，「私たちの著者（ブラックストーン）が挙げたものは，確かに，法学の著書の一つの使用法で機能であるかもしれないが，それは間接的なものに過ぎない」[*ibid.*,（　　）内は引用者]。むしろ，法学の著作は，「これこれの効果を持つ判決の存在についての推定的な証拠として用いられているが，それは，その点についての現存する判決の直接の説明が存在しないという前提においてのみ，そういうものとして用いられる」[*ibid.*] のであった。判決から明確なルールが導き出されるのなら，法学者の著作は必要なく，実際は，法学者たちが，彼ら自身で判決を創っており，「もし，（判決から導かれるルールと）相似のものならば，それら（法学者の判決）が取って代わるのであり，似ていないのなら，覆す」[*ibid.*（　　）内は引用者] のであった。要するに，ベンサムによれば，「一定の効果を持つ判決が言い渡されたとき，そこから導かれる一般的ルールはどのようなものか。どんな主題のものであれ，法学の著書の直接かつ自然の機能は，この問題に解答を与えることである」[*ibid.*, p.209]。ベンサムはここで，コモン・ローの伝統において，ある法，歴史的なもの（historical）とあるべき法，推論的なもの（argumentative）が混同されていることを指摘しているが，実際，相続に関するシェリィ事件のルールも，判決ではなく，クックの著作において規定されたもので，その権威も，判決ではなくクックの著作に拠っていた [Boyer 2003, p.117]。ここ

でのベンサムの考察は、法は、判決にではなく、法専門職の共通の理解、学識、技術的理性の中に存在するという中世以来のコモン・ローの伝統の特徴［Tubbs 2000, p.65］を把握した上でのものであったと言えるだろう。

さらに、ベンサムの検討は、コモン・ローのルールが導出される際に中心的な役割を果たした格率にまで及ぶものであった。ブラックストーンは、慣習と格率を同一視し、格率の権威も一般的な受容と慣例に依拠していると論じていた。これは、本章第1節でも見たように、ブラックストーンにおける「何が法か」という問題が、格率によって導かれる法専門職の学問的理性の問題ではなく、一般的な受容という権威の問題として捉えられたことの帰結でもあるが［深尾 1992（3・完), 133-34頁］、ベンサムは、ブラックストーン以前のコモン・ロー法律家と同様、両者を区別する必要があるとしている。ただ、それは、より批判的な観点からの区別であって、格率が形成される際には、「裁判官の慣習」とは違って、裁判官の存在さえ必要とされていないとベンサムは論じていた。クックにおいては、格率は、コモン・ローを導く羅針盤であり、「技術的理性の結論」であったが、ベンサムは、ホッブズと同様に、その権威に対して疑義を呈している。ベンサムによれば、格率とは、「法の状態は何かに関する、それ（格率）の作者の意見が含まれた命題」［Bentham 1977, p.185.（　）内は引用者］に過ぎず、誰によっても創ることができ、ある格率が普及するか否かは、それの見かけの真実性と重要性、そして、それを言った人の信用によるとされているのである［*ibid.*, p.191］。

以上の、法学の著作、そして格率についての考察から、ベンサムは、次のような、コモン・ローのルールの権威に対する原理的な批判を展開することになる。例えば第1章第1節で見たように、クックにおいては、技術的理性、すなわち、既存のコモン・ローとの一体性の観点から導かれたとされるルールも、ベンサムの議論に依拠するならば、クックの好みから導かれる権威なきルールであった。技術的理性において中心的な役割を果たしていた格率も、すでに見たように、裁判官でなくとも「すべての人が好きなだけ創ることができる」［*ibid.*］といった性格を有していたため、コモン・ローにおけるルール形成は、ベンサム自身の法観念からは許容できないものであった。「法は、国家における主権者によって抱かれ、あるいは採用される意思を宣言する記号の集合で、一定の場合に、その当の場合に彼の権限に服しているないし服していると考えられる一定の人や一定の種類の人々によって順守されるべき行為に関するものと定義されうる」［Bentham

2010, p.24]と法命令説の立場を取っていたベンサムにおいては，まず，コモン・ローで権威的なのは，個々の事例に関連する裁判官の命令と刑罰に限定されていた [Lieberman 1989, p.234]。そして，そこから，一般的なルールや将来の行為の規準を導き出すとしても，それは，裁判官でなくても，すべての人々によってなされうる不確定なものであり，権威を持たないと論じられているのである[Lobban 1991, p.121]。この点については，『法学の刑事的部門の領域について』においても，「もし，慣習法のルールの存在と確かさを擁護しようとする人がいまだにおり，彼の望むものをすべて与えるとしても，彼が何かそのようなルールを創り出すには，それでもフィクションにたよらなくてはならない」[Bentham 2010, p.196]とベンサムは指摘している。より具体的には，コモン・ローにおいては，「最初に，オリジナルな権威の点からは（判決の）記録が来て，判例集を経て，最後に（法学の）著書が来る」[ibid., p.191.（ ）内は引用者] が，その結果としてのルールは，「影の影の更なる影 (the shadow of the shadow of a shade) であり，そのような影が実質として崇拝されている」[ibid.] のであった。

ところでベンサムのコモン・ロー批判は，コモン・ローのルールそのものの正統性のみでなく，コモン・ローの発展，「裁判官による法形成はいかにして正統化されるのか」という論点にも及ぶものであった。マンスフィールド，そしてクックによっても提唱されていた，コモン・ローの一貫性，調和に基づいてその発展を説明する議論にも，ベンサムは反駁しているのである。ベンサムは，ブラックストーンが，特定の地域に適用される慣習の合法性を論じる際に，その慣習は，「理性的な (reasonable) ものでなくてはならない。あるいは，むしろ消極的に捉えられるならば，非理性的 (unreasonable) であってはならないが，そのことは，サー・エドワード・クックが述べているように，必ずしもすべての学識のない人の理性によって了解されるべきではなく，法の権威によって保証された技術的で法的な理性によって了解されるべきである」[Blackstone 1979, vol.1, p.77] と述べていることに対して，「この賢人ぶった抜け目のない見解によって，（中略）他の人がそれら（地域の慣習）についてどう思うだろうかは少しも重要でなく，それらは，法律家が嫌いにならないであろうようなものでなければならな」[Bentham 1977, p.240.（ ）内は引用者] くなったとして，上記の格率に対する批判と同様に，技術的理性を「法律家の好み」として定義している。さらに，ベンサムは，自然的理性に関しても，その人の好みとして捉えていたことから，リーバーマン

によれば，ベンサムは，コモン・ローの一貫性，調和，すなわち技術的理性から，コモン・ローの新たなルールが裁判官の恣意なくして導かれるとしたクックの議論，あるいは，コモン・ローは自然法の体系であり，「自らを純化する」としたマンスフィールドの議論への批判も展開していることになる。

　すでに見たように，ベンサムの法命令説の観点からは，裁判官の権威は，特定の事例に関して命令し，刑罰を科すことに限定されていたが，これに対するコモン・ロー側の反論としては，コモン・ローを構成するのは，技術的理性（クック），自然的理性（マンスフィールド）による調和であり，判決はその例示に過ぎないというものが考えられる。しかしながら，リーバーマンは，技術的理性や，自然的理性をたんなる個人の意見に還元することで，ベンサムがこのような反論を排除したのではないかと指摘している [Lieberman 1989, pp.234-35]。技術的理性，自然的理性から有機的に，あるいは客観的に導かれるとされたコモン・ローの新たなルールは，ベンサムによれば，法の内容についての個人の意見に過ぎなくなるからである。「裁判官による法形成はいかにして正統化されるのか」という論点に関して，前項で見たような，ヘイルやブラックストーンによって提示された法実証主義的な説明に対してだけでなく，コモン・ローの有機的な理解に基づく説明に対してもベンサムは批判しているのであった。ただ，リーバーマンによって再構成されたベンサムのこの議論は，マンスフィールドの自然的理性に基づく推論に対する批判としては有効であろうが，歴史的に形成，集積されてきた法に関する裁判官団のコンセンサスに基づいていた技術的理性に対する批判としては少し弱いのではなかろうか。ベンサムの技術的理性に対する批判は，その法典化論，違反行為の分類の議論において，より説得力を持ったものになっている。

(3) ベンサムの法の発展の枠組み

　ホッブズとベンサムは，コモン・ローの廃止を目指していたという点では共通していたが，その違いは，ホッブズが，コモン・ローの豊穣なルールを自然法の

---

(32) ベンサムの自然法論批判の代表的なものとして，『道徳と立法の諸原理序説』におけるものがあるが，そこでは，功利の原理とは対照的なものとして，自然法論が反感・同感の原理として捉えられている [Bentham 1996, p.25 (n.d)]。
(33) ホッブズとベンサムのコモン・ローのスタンス，特にその違いについて分析している論稿として，Crimmins [2002, pp.688-90] がある。

権威的な解釈によって代位させようとしたのに対し，ベンサムが，自ら法典を起草してコモン・ローに取って代えることを試みたことであろう[33]。クックやヘイルにおいて，裁判官が法を発展させる際の指針を与え，ブラックストーンがマンスフィールドの判決を批判して，コモン・ローの自然法に対する優位を論じた際の根拠でもあったコモン・ローにおける一貫性，調和の想定を批判して，ベンサムは，功利の原理によって統合された法典によって，取って代えることを試みている。

　1770年代のベンサムの提案の一つとしてダイジェストがある。ベンサムのコモン・ロー批判の一つとして，それが明確なルールを提供できないことがあったが，当初のベンサムは，先例拘束性の原理の導入とともに，コモン・ロー，制定法の法準則を記述し，それを整理したダイジェストを創ることで明確なルールを提供できると考えていたのである［ibid., pp.241-45］[34]。しかしながら，1780年代に『道徳と立法の諸原理序説（An Introduction to the Principles of Morals and Legislation）』（1789年）と『法学の刑事的部門の領域について』で立法の基礎理論を完成させたことを出発点として，コモン・ローも制定法もすべて廃棄し，新しい基礎の上に，新しい様式で創られる総合法典の考察に取り組むことになる。その総合法典について，ベンサムは，人間の活動から生じるあらゆる行為に対して，法がいかなる様相を持つか一目瞭然であるような法典と定義している［Bentham 1970, p.246；Bentham 2010, p.219 (n.2)］[35]。ベンサムは，その提案をパノミオン（Pannomion）という彼自身の造語で置き換えたが，最終的には，「憲法典」，「民法典」，「刑法典」，「訴訟法典」を柱とするものを構想していたようである［西尾 1994，179頁］[36]。

　パノミオンの基礎的な研究は，形式については，『法学の刑事的部門の領域について』，実質については，『道徳と立法の諸原理序説』において展開されているが，『法学の刑事的部門の領域について』において考察の中心的な対象となったのが，「個別的法（a law）」の概念である。ベンサムによれば，個別的法とは，

---

(34) しかしながら，リーバーマンによれば，ベンサムのダイジェストの構想の多くは，制定法に対するものであった［Lieberman 1989, p.242］。

(35) ベンサムの総合法典の定義は，ハート版では本文に収録されているが，スコフィールドが編集した『法学の刑事的部門の領域について』では，ベンサムがこの部分を草稿の余白に書いたとして，注に収録されている。

(36) ベンサムのパノミオンの構想については，戒能［2007］を参照。

一つ以上でも以下でもない完全な法と見なされるべきもので、「論理的、理念的、知的な」[Bentham 1996, p.301]対象としての法であり、「一つないし数多くの制定法の内容を帰属せしめる一つの型としてあらかじめ形成されていなければならないもの」[Bentham 2010, p.35；邦訳、深田 1984b, 146頁]であった。そして、主権者命令説を取るベンサムは、完璧な法組織体の中の個別的法としては、命令的規定を主要規定とする命令的法と、それを廃止する命令取消し的法しか認めておらず、一見、命令を伴わない財産権に関する規定などは、その侵害を禁止する命令的規定と一緒になって、初めて法としての性質や効力を持つと考えていた[ibid., p.221]。

一方で、パノミオンの実質面の基礎的研究は、『道徳と立法の諸原理序説』の第16章の違反行為（offence）の分類において展開されている。違反行為をその害悪に従って分類することで、法は、その目的である害悪の防止からなる善に従って分類されるため、違反行為の分類は、「諸法の自然的な目的や、諸法の実質ないし内容の観念」[ibid.；邦訳、深田 1984b, 216頁]を与えると考えられていたのである。そして、ベンサムによれば、この違反行為の分類は、パノミオンにとって、非常に大きな意味を持つことになる。すべての個別的法が各々一つの違反行為を創り出すため、「起こされうるあらゆる違反行為の完璧な分析は、法によってなされうるすべての事柄の完璧な説明」[ibid., p.287]となる。よって、違反行為の分類が包括的であるならば、完璧な法典においては、すべての事柄について規定され、ブランクはなくなることになる。「違反行為を分類することは法を分類することである。説明的事項のすべての集合も含む、法により創られるすべての違反行為の完璧なカタログを展示することは、（中略）力を持った法の完璧なコレクションを展示することになるだろう。言い換えると、それは完璧な法典で、もしそう名づけてよいならば、パノミオンである」[Bentham 1996, p.305.（　）内は引用者]とベンサムが述べているところからも明らかだが、ベンサムの違反行為の分類は、パノミオンの青写真となっていた。

さて、このようにベンサムの法典化論の軸であった違反行為の分類を、イギリスの法思想史のコンテクストに位置づけ、コモン・ローの一貫性、調和の擁護に対する批判としても捉えたい。そのコモン・ローの一貫性、調和とは、必然的に、裁判官によるものを意味していた。例えば、第1章第3節で見たように、ヘイルは、裁判官の権限の範囲内でなしうることは、立法に委ねてはならず、立法によ

第2章 ベンサムとコモン・ロー　111

る法改革には，裁判官による監視が必要であると論じていた。また，ブラックストーンは，制定法によって，コモン・ローは，「度々その対称（symmetry）が破壊され，その比率（proportions）が歪められ，その壮大な簡潔さが見せ掛けだけの装飾と空想的な新しさに取り替えられた」[Blackstone 1979, vol.1, p.10] と断じている。しかしながら，訴訟における当事者は勝つための議論をしたのであって，変化の道筋を作るためではなかったし，裁判官も彼らの要求に適宜対応しなくてはならなかったため，コモン・ローに，つねに継続的な発展の線が見られたわけではなかったとのミルソムの指摘も可能であり [Milsom 1965, p.499]，ベンサムもそこを突いている。

『統治論断片』で，ベンサムは自らの方法を自然的な配列（natural arrangement）と呼んでいるが，それは，人間の自然の共通の構造（the common constitution of man's nature），すなわち功利の原理に基づくものであった。ベンサムによれば，「行為一般に関して，それらすべての共通の目的として呼ばれうるものに対してそれらが持つであろう傾向，あるいは，（もしそう言っても良いのなら）そこからの逸脱ほど，それら行為自体の中で，観察者の注意をすぐに引き，しっかりととどめるような性質はない。私が言っている目的とは幸福であり，何らかの行為における傾向とは，私たちがその効用と呼ぶものであり，同様に，この逸脱は，私たちがそれに害悪という名前を与えるものである。ならば，特に法の対象であるような行為に関しては，それらの効用，あるいは害悪を人に指し示すことは，すべての人が探しているそれらの性質を人に明瞭に見させる唯一の方法である」[Bentham 1977, pp.415-16]。要するに，ベンサムが述べているように，「違反行為は，共通の目的（幸福）からのそれらの逸脱の様々な様態によって命名される部類に集められることになるだろう。すなわち，すでに述べたように，それらの害悪の様々な形態や程度によって，一言で言えば，それらが違反行為とされる理由であるそれらの性質によって」[*ibid.*, p.416.（　）内は引用者] 分類されることになる。一方で，ベンサムは，コモン・ローの分類を技術的な配列（technical arrangement）と称していたが，それは，「それに投げ入れられるどんな生ごみも等しい能力で飲み込んでしまう流し」[*ibid.*]であった。例えば，侮辱行為（misprision），侮辱罪（contempt），重罪（felony），王権軽視罪（praemunire）などは，国王大権に対する犯罪に分類されるが，これらの技術的な配列の名称が，「それぞれ示すために置かれた各種の行為に関する法と，私たちが話していた共通の目的（幸福）

との間に記している関係は何か,何もない」[*ibid.*, p.418.（　）内は引用者]と述べているように,技術的な配列においては,「すべてが,端的に,暗闇の中にある」[*ibid.*, p.419]のであった。ここでのベンサムの議論は,第1章第2節で見た,クックの技術的理性を自然的理性によって批判したホッブズの議論と同様に,技術的理性と人間の自然＝功利の原理の間の乖離を批判したものであり [Schofield 2003, pp.32-33],ベンサムは,「私たちは,法の書物を閉じて,自然史の書物を開かなくてはならない。私たちがここで助けを求めるべきなのは,（中略）リンネや未開の人々であって,フィンチやクック,ヘイルではない」[Bentham cited in Lieberman 1989, p.263.（　）内は引用者]とも述べていた。一方で,上述のように,コモン・ローの犯罪に関する法が,幸福への傾向やそこからの逸脱の形態や程度を反映していない点を批判していたことからは,コモン・ローの一貫性のなさを指摘するものとして,ベンサムの議論を捉えることは可能だろう。

　ベンサムは,パノミオンの構想において,自らの自然的な配列に基づき,違反行為を,①私的違反行為(private offences),②自己に関する違反行為(self-regarding offences),③準公的違反行為（semi-public offences),④公的違反行為（public offences)に分類し,各々の更なる詳細な分類も試みているが [Bentham 1996, ch.16; Bentham 1962b, pp.163-71],以下に見るように,ベンサムの違反行為の分類の性格は,法の発展に関してベンサムがどのように考えていたかを理解する際の鍵となってくる。ベンサムの自然的分類に基づくパノミオンの構想に対する一般的な反応としては,ベンサムが,前項で見たように,コモン・ロー,判例法を否定したことを念頭に入れた上で,パノミオンや違反行為の分類のレベルでは立法者がすべての事象を予見することは不可能であるとしたR・ポズナーの指摘を挙げることができるだろう [Posner 1990, pp.13-14]。しかしながら,ベンサムの違反行為の分類は,コモン・ローの対案となることが目指された,裁判の場における新たな法形成を可能とする枠組みを支えるものでもあった。

　まず,ロバーンが指摘しているように,違反行為の分類も含めたベンサムにおける分類は,一般的な第一原理からの演繹に基づくものではなかったことに留意

---

(37) このうち,自己に関する違反行為を罰することは,罰しないことで生じる害悪よりも,より大きな害悪を生み出すことをベンサムは指摘している。ベンサムによれば,この範疇の違反行為を明らかにすることで,刑罰の対象にならない行為を明らかにすることができるのであった [Bentham 1962b, p.167]。

する必要がある。むしろ、『釈義批評』において、「教示が獲得される唯一の推論の形式で、それによって、例えば、ベーコン、ロック、そしてニュートンが、彼らが私たちに教えたことを学んだのは、『特殊から一般に』進むものである。帰納法がその形式である」[Bentham 1977, pp.96-97] と述べているように、ベンサムにおける知識の獲得の方法はジョン・ロックの影響を受けていた。パノミオンの基礎であったベンサムの違反行為の分類においては、帰納と観察による特殊から一般へと進み、その後、分類、配列がなされるのである [Lobban 1991, p.163]。さらに、ベンサムによる犯罪の分類の包括性の主張も、上の指摘に含意されているような事実的なものではなく、分析的な包括性であった。ベンサムにおける違反行為の分類の役割は、新しい事実や事例が生じてきた際に、それらを含みうるような一定の枠を作ることであったとされ、分類が経験的な観察に取って代わることはなかったことがロバーンによって強調されている [*ibid.*, pp.165-66]。

このロバーンの解釈は、法典化論についての代表的な論稿である「完璧な法典の概観 (A General View of A Complete Code of Laws)」(1802年) におけるベンサムの記述によっても裏書きしうる。そこでベンサムは、すべての個々の違反行為がパノミオンに収められるわけではないが、違反行為の種 (species) を前もって予測することは可能であり、新奇の事例も既存の違反行為の分類のどこに収められるか明らかであると論じていた [Bentham 1962b, p.205]。

このようなベンサムの違反行為の分類の柔軟性については、リーバーマンによっても、別の角度から検討されている。リーバーマンの検討の中心にあるのが、『法学の刑事的部門の領域について』や『法一般論』に収められた草稿における個別的法の完全性と統一性の区別である。このうち、法の完全性 (integrality) は、表現、関係、立案の三点から考察されており、例えば、表現の観点からは、それぞれの個別的法が、行為についての立法者の意思を完璧に表現することが要求されている。一方で、法の統一性 (unity) とは、個別的法を構成する以上のものを含ませないためのものであったが、その際、麦の輸出を禁止する法を小麦と

---

(38) この他に、関係の点においては、複数の法的規定が一つの法を構成するとき、これらの規定の相互関係が明らかにされなくてはならないとされ、リファレンスの方法を用いることの必要性が説かれている。また、立案の点では、裁判官による法の自由解釈を抑制するため、立法者は十分に広範で明確な法を創らなければならないとされている [Bentham 2010, pp.168-78]。

大麦の輸出を禁じる二つの法に区分するなど、違反行為は無限に形成されうるため、法の統一性は確保できなくなる。しかしながら、ベンサムは、法の完全性と統一性を区別することで、「もともとは一つであった個別的法はこのように二つの個別的法に分割されうるけれども、それぞれが完璧であるだろう」[Bentham 1970, p.171] とし、それら完璧な諸法から成り立っているパノミオンも、完璧で確定的で包括的なものになると考えていたのである [Lieberman 1989, p.272]。

　以上のパノミオンにおける違反行為の分類の柔軟性、法の完全性と統一性の区別とベンサムの法の発展論との関係は、ベンサムの法の採用（adoption）についての考え方を考察することで明らかになる。ベンサムは、以前の主権者、あるいは、裁判官などの下位の権限保持者が表明した意思で、主権者によって採用されたものも法であるという立場を取っていた。その際、司法の場において社会的慣行を取り込むことで、完璧な法典に新たな個別的法が付け加えられることになり、法の統一性が維持できなくなっても、表現、関係、立案の点で、それぞれの個別的法が、完全で完璧であるならば、法典の完璧さは維持されるとベンサムは論じていた [ibid., pp.271-72]。すでに見たように、ベンサムにおいては、命令を伴わない財産権に関する規定などは、その侵害を禁止する命令的規定と一緒になって初めて個別的法になると捉えられていたため、例えば、社会的慣行を取り入れることで譲渡のルールも多様なものになりうるが、それらは、財産の不法な占有を禁止する個別的法が、新たな個別的法に分割されたものであり、パノミオンの完璧さは維持されるとベンサムは論じることができたのである [ibid., pp.275-76]。逆の観点から見ると、譲渡のルールは無限に採用されうるが、それらは、財産の不法な占有を禁止する一つの完璧な個別的法によって統一されている、確定的なものとしても捉えることができるのであった [ibid., p.276]。さらに付け加えると、ベンサムは、パノミオンがカバーできないような問題が生じてくる可能性を念頭において、裁判官の提案と立法府の採択による法の修正を積極的に認めており、裁判官に、競合解釈報告機能（contested-interpretation-reporting function, 法の形式の修正提案）、結果的修正機能（eventually-emendative function, 法の実質の修正提案）、そして一般市民にも前解釈的機能（preinterpretative function, 訴訟に関わらない修正提案）を認めていた [Schofield 2006, pp.310-11]。いずれにせよ、ベンサムにおいては、一般的な裁判官の法解釈の問題は検討されておらず、すべて、最終的には、立法府による採用、修正という形が取られていたことが特徴的であ

ろう。[39]

　結局, ベンサムのパノミオンは, 技術的理性ではなく, 功利の原理によって統合されたものであって, 快楽の追求, 苦痛の回避という, より人間の「自然」に基づくものと考えられていた。また, ベンサムの法命令説の観点からは, コモン・ローは特定の命令の集合に過ぎず, そこから一般的なルールを導くとしても不確実な推論に基づいていたのに対して [Lobban 1991, p.121], パノミオンは, 明確で一般的なルールを提供できるとも論じられていた。もちろん, 社会の変化に応じて法を発展させる必要も認識されていたが, その際は, コモン・ロー裁判官による, 類推などの技法に基づく判例法の発展によってではなく, あくまでもパノミオンの枠内で対応できるとベンサムは考えていた。新しい違反行為は「個々に予見することは可能ではないが, それらの種 (species) においては予見しうる」[Bentham 1962b, p.205] ため, 個別的法の分割によって新たな法をパノミオンに吸収することができると考えていたのであった。

　ただ, ベンサムの, このような立法万能主義はイギリスにおいても受け入れられず, 次章で検討するオースティンは, ベンサムの概念を転釈しながらも, コモン・ローの実践に即した形で, コモン・ローとその発展を説明する枠組みを提示することになる。

第4節　小　括

　以上, おもに18世紀のイギリスを代表する法思想として, ブラックストーン,

---

[39] なお, ベンサムにおける裁判官の役割に関しては, 実体面で硬直化が進み, 手続面でも必要以上に複雑で時代遅れのものであったエクイティ裁判所の改革が提案されている。ベンサムの「エクイティ迅速裁判所提案 (Equity Dispatch Court Proposal)」(1830年) などを参考にして, ポステマが, ベンサムにおける裁判官はルールの適用ではなく功利の原理の直接適用を推奨されていたと論じている [Postema 1986, pp.413-15]。これに対して, ベンサムの裁判官は, 法を無視して功利の原理に直接依拠して判決を下すことはできなかったとする, ベンサムの『憲法典 (*Constitutional Code*)』に依拠したJ・ディンウィディの指摘がある [Dinwiddy 1989, p.286-88]。ベンサムは, 当時のエクイティ裁判所では人々の期待の安全が保障できず, その応急措置として, 功利の原理に訴えることがなされていたのであり, パノミオンの下では, 裁判官にはそのルールに従う義務が課されていた [Ferraro 2010, pp.15-16]。ベンサムにおいて, 裁判官が法を変更するには, 立法府の採択が必要であったと考えるのが妥当であろう。

マンスフィールド，ベンサムの法思想を取り上げて，その相互の関係とともに検討してきたが，本章をしめるに当たり，ホッブズ，クック，ヘイルを検討した前章で提示された論点とも絡めて，これまでの議論をまとめてみたい。その際，本書は，「ルールか救済か」，「コモン・ローの正統性」，「技術的理性（法律家の理性）か自然的理性か」，「コモン・ローと共同体の関係」，「裁判官による法形成はいかにして正統化されるのか」，「コモン・ローとその発展を説明する枠組みはいかなるものか」といった論点，論争軸をめぐる英米の法思想の展開は，直線的なものではなく，繰り返し問い直される循環的な（circular）ものであるというスタンスを取っているので，特にベンサムに関しては，現代のコモン・ロー理論をめぐる議論状況にも多少言及しながら考察する。[41]

まず，『イングランド法釈義』で示されたブラックストーンの議論は，コモン・ローとは，法律家の記憶の中に蓄積された経験の中に見い出されるもので，明確に規定されうるものではないというクックの技術的理性の観念に挑戦するものであった。ブラックストーンは，コモン・ローをルールの体系として描こうとしたのであるが，しかし，すでに明確なルールが存在した物的財産に関する法などの一定の領域以外においては，その試みは必ずしも成功しているとは言えない。ただ，本章や前章で取り上げたシェリィ事件のルールなど，確立された判決，ルールに関しては，「実定法」として捉えられ，理由づけよりも，むしろ歴史的な起源によって正統化されるようになり，コモン・ローの硬直化が法実務の面においても顕著になってくる。そのような状況の下で，コモン・ローを自然法に基づく理由，推論，あるいは原理の体系として捉え，商事法の改革をはじめ，コモン・ローを時代の要請に合致させようとしたのがマンスフィールドであった。しかしながら，マンスフィールドの推論は，判決の蓄積がなく，法外在的な推論が許容されていた分野では受け入れられたが，確立されたルールがある法領域において

---

(40) 英米のコモン・ロー思想史の発展について，その循環的な側面を指摘しているものとして，Cotterrell［2003, p.176］を参照。本書とは，古典的コモン・ロー思想の捉え方について違いがあるが，R・コテレルは，法と共同体の価値の不可分，基礎となる原理への関心，継続的に発展する法イメージといった古典的コモン・ロー思想の徳が，パウンドやドゥオーキンによって再現されたと指摘している。

(41) なお，終章では，ハート，J・ラズ，ガードナーやドゥオーキン，ポステマといった現代の英米の法理論について，第1章から第4章までの英米のコモン・ロー思想史の検討を踏まえて検討している。

は，ブラックストーンに代表されるような法の歴史的起源を重視する議論，あるいはコモン・ローの一貫性，調和を擁護する議論に阻まれることになる。

　ベンサムは，ホッブズと同様，コモン・ローの破棄を最終的には主張することになるが，そのコモン・ロー批判は多岐にわたるもので，それぞれが，現代の議論状況にも関連するような含意を持つものであった。まず，ベンサムは，コモン・ローが人々の一般的な同意を得たものであるというブラックストーンの言明を批判するが，ベンサム自身が，「裁判官の慣習」と「一般的慣習」の間の一致を説く立場は，「彼ら（ブラックストーン以前の法律家）の利益や偏愛にとってあまりにも都合が良いものなので，厳密に精査されていなかった」［Bentham 1977, p.223 (n.1). （　）内は引用者］と述べているように，ここでのベンサムの議論は，コモン・ロー的伝統に対して幅広い射程を持つものである。コモン・ローが，一般的慣習ではなく裁判官の慣習であり，専門化され，非常に技術的な法原則やルールの集合体から成ることは，すでに14世紀の頃から明白なことであり，ほとんどのイギリス人は，彼ら自身の法の多くを知らないという状態であった［Postema 2002b, p.171］。ホッブズのクック批判の後，ヘイルによってコモン・ローの技術的理性に，形式的なものであれ，「同意」の契機が接合されて，ブラックストーンに受け継がれるわけであるが，一般的な慣習を法律化する際の裁判官の意思的要素を指摘したベンサムによって批判されることになる。ところで，この「コモン・ローと共同体の関係」，あるいは「コモン・ローの正統性」という論争軸に関して，詳しくは終章で検討するが，現代のアメリカのコモン・ロー理論に目を向けてみると，コモン・ロー裁判官の権威は，政治的なものとしてではなく，共同体の法を規定するものとして与えられるとする立場も有力である。例えば，ポステマは，法とより広い社会の実践の間には内容的な一致，継続性がなくてはならないとする「コモン・ロー＝コンヴェンショナリズム（Common Law Conventionalism）」を提示しているが［Postema 2002a, p.602］，現代の法実証主義陣営の新鋭であるガードナーによって，ベンサムと同様に，「この基礎となる神話は多くの点でばかげている（ridiculous）」［Gardner 2007, p.73］と指摘されている。また，ベンサムの「裁判官の慣習」と「一般的慣習」の峻別は，「裁判官による法

---

(42) 『釈義批評』の編者によると，ベンサムのこの指摘は，ベンサムの草稿の余白に書かれたものであり，編者注の中で触れられている。

形成はいかにして正統化されるのか」という論点に関連して、周知の「コモン・ロー＝裁判官創造法」という批判に発展していくのであるが、ベンサムには、自らのパノミオンの採択をアメリカの市民に働きかける際の「イングランド人ジェレミー・ベンサムから、いくつかのアメリカ合衆国の州の市民へ (Jeremy Bentham, an Englishman, to the Citizens of the several American United States)」という論稿において興味深い一節がある。そこでベンサムは、コモン・ローは「もし裁判官によってでなければ、誰によってそれは創られたのか。法は、自分自身を創ることはない (laws do not make themselves)」[Bentham 1998, p.126] と述べているのだが、本章、あるいは前章ですでに触れたように、技術的理性に基づいたコモン・ローの発展を主張したクック、コモン・ローは「自らを純化する (works itself pure)」と述べたマンスフィールドは、まさに、「法が、自分自身を創る」というコモン・ロー観を持っていたのではないだろうか。この論点に関しても、終章でも検討するように、コモン・ローを原理に基づかせるならば、有機的に (organically)「伸縮可能なものになり、(中略) 起こりうる各々の紛争問題ごとに詳細な立法や裁判を行なう必要がなくなるだろう」[Dworkin 1986, p.188；邦訳、298頁。（　）内は引用者] と述べているドゥオーキンなどの、法の「有機的な性質 (organic quality)」に基礎づけられた議論に対して、判例法は、明白にではなく、必ずしも意図的ではないが、誰かによって創られるものであると批判するガードナーのより洗練された議論に受け継がれている [Edlin 2007, p.6]。

　このように、ベンサムの法思想は、実定法一元論、法と道徳分離論といった現代法実証主義の特徴 [深田 2004, 20頁]、あるいは現代の法理論をめぐる論争の枠組みを設定しているだけではなく、現代のアメリカのコモン・ロー理論に対するイギリスを中心とした法実証主義陣営の応答の原型をすでに示していると言えるものである。この点は、これまでのわが国におけるベンサム研究ではあまり指摘されてこなかったことだと思われるが、本章で主題的に取り上げた「ルールか救済か」という論争軸、コモン・ローとルールの関係についても、以下のD・ダイゼンハウスの再構成に見られるように、今日にも至るような幅広い射程を持つ

⑷3　ハートは、現代法実証主義の特徴として、分析法理学の重視を挙げており、道徳的な観点などからの批判的、評価的検討から区別されるべきであると論じている [深田 2004, 20頁]。本章では、方法論的な法実証主義とした立場であるが、第3節第2項でも検討したように、ベンサムの法思想は、そのような立場とは相容れないものである。

議論をベンサムは展開している。

　ダイゼンハウスは，抽象的な法（law）と法律（the law）が一体のものであり，法秩序に内在する価値が司法の場において実定化の根拠になっていたことが特徴であると，理由，推論の体系であったコモン・ローを捉えている [Dyzenhaus and Taggart 2007, p.156]。一方で，ベンサムの法思想の特徴は，抽象的な法を排除したことによって，ハード・ケースにおいて裁判官の法に基づかない裁量が許容されるようになったことであるとして，オースティン，あるいはハートにおいても同様のスタンスが継承されたことで，法実証主義における裁定理論の限界が規定されていると論じている [ibid., pp.159-60]。すでに詳細に明らかにしたように，ベンサムのパノミオンにおいては，違反行為の分類の包括性，あるいは主権者による法の採用作用により，裁判官の裁量を排除することが目的とされていたのであり，ダイゼンハウスの議論をそのまま承認することはできない。ただ，ダイゼンハウスは，本章で検討したベンサムの法理論の性格に基づいて，以下のような興味深い主張を展開している。すなわち，ダイゼンハウスによると，「ベンサム自身は，コモン・ローをルールに還元することをあきらめて，それを完全に廃止することを主張したのであった。しかし，（ハートなどの）概念的な法実証主義者たちは，彼らの法の概念が政治的なものであるということを認めることができないので，ベンサムの議論の論理を追うことを彼ら自身に禁じている。彼らはいまだに，コモン・ローの，ルールモデルへの還元を試みるよう彼らを強制するベンサムの法概念とともに取り組むという問題に行き詰っている。そして，コモン・ローがそのように還元できないならば，彼らは，その特徴を法ではなく，むしろ，裁判官の準立法的な裁量の行使を導く法外在的な要素であると宣言しなければならない」[ibid., p.163. （　）内は引用者] のであった。「権威についての命令的概念に収まる法の概念は，ベンサムには，確定的なルールの法典化されたシステムによって取って代える，コモン・ローの法秩序を排除しようとした改革のプログラムの究極的な部分」[ibid., p.162] であるが，「その改革から引き抜かれてしまうと，その概念は，コモン・ローを排除することを主張するためにはもはや用いられえない。むしろ，それは，コモン・ローを異質な概念であるルールモデルに

---

(44) ダイゼンハウスのここでの議論は，注(39)で批判的に検討した，ベンサムの司法裁定論に関するポステマの解釈に基づくものであろう。

還元するよう試みるように強いられる」[ibid.] とダイゼンハウスは指摘しているのである。このようなスタンスは，本章の冒頭で言及したような，シンプソンによっても共有されているものである。ハード・ケースにおける司法裁定を準立法的なものとして捉えていることは，法実証主義のアキレス腱とされることもあるが，逆に言うと，「コモン・ローはルールではない」というベンサムの着眼点の鋭さを示しているとも言える。

ただ，ダイゼンハウスは，理由づけ，推論の体系としてのコモン・ローとベンサムの法思想を対置しているのであるが，本章の第3節で検討したように，ベンサムの問題意識は，むしろ，コモン・ロー思想においては，慣習的なルールの体系としてコモン・ローを捉えるブラックストーンの立場と，それを自然の原理によって統合されたものとして裁判を行なったマンスフィールドの立場が併存していることであったことに留意しなくてはならない。このようなコモン・ロー思想の「単純化」は，現在，コモン・ロー理論をめぐる議論において度々参照されるポステマの「古典的コモン・ローの法学 (Classical Common Law Jurisprudence)」という論稿 [Postema 2002b ; 2003] においても見られるものである。そこにおいて，ポステマは，コモン・ローにおける法の理解の一極には，「18世紀のマンスフィールド卿が，この見解の最も力強い提唱者であったかもしれないが，法的な推論において，一般的な正当化の原理の役割を強調する見解」[Postema 2003, p.14] があるとする。そして，もう一方の極には，「法は，判決の一体において記録された裁判所と国の実践の中に内在しているという見解がある」[ibid., p.15] と整理しているが，「コモン・ロー法学をこれらの陣営のいずれかに引き渡すことは誤りであろう」[ibid., p.16] とも論じている。ポステマによれば，コモン・ローの法学の中心にはつねに技術的理性があったのであり，コモン・ローの法律家は，原理に重きを置くあまり，特定の判決を関連性がないと扱ったことはなかったし，また，ヘイルのような立場においても，判決の基礎となる一般的な理由づけや根拠を省察することが重視されていたと論じているのである。結局，ポステマによれば，コモン・ローの「ルールや規範は，おそらく定式化されうるが，しかし，そのような定式で最終的に権威的なものはなかった。それぞれは，原則的に，理由を伴う議論の過程の挑戦や見直しによって傷つきやすいもの」[ibid., p.14] なのであった。

以上のポステマのコモン・ロー思想の記述は，本書におけるそれと大きく矛盾

している。たしかに，すでに前章で検討したように，ヘイルにおいては，適用できる明確なルールがない際，コモン・ロー自体，あるいは以前の時代の同様の判決などからの類推に基づき判決を下すべきであるとされ，技術的理性は大きな役割を果たしていた。そして，法改革に関しても，法の一貫性，調和を保持するために，コモン・ロー法律家による監視が必要であると指摘されていたが，クックの時代とは違い，裁判所の立法府に対する従属的な位置づけが明確になりつつあったヘイルにおいては，先例の位置づけもクックとは顕著な差があることは無視できないだろう。また，別の論稿で，ポステマは，ブラックストーンにおいても，コモン・ローは理由，推論の体系であり，一つの判決が，その際の当事者を超えて法の権威を有することはなかったと指摘しているが [Postema 2002a, p.596]，本章の第1節などで検討したように，ブラックストーンの時代においては，物的財産に関する法を中心に確立されたルールが存在し，それらが実定法として捉えられていたこと，ブラックストーンにおいては，ルールの理由づけよりも，むしろその歴史的起源が重視されていたのであり，*Perrin v. Blake* をめぐる議論でも明らかなように，そのような法の捉え方が当時の裁判官の法実践を反映していたことを説明できないであろう。ポステマはさらに，マンスフィールドの判決を基礎づけた諸原理と技術的理性を同じものとして扱っているようであるが[45]，本章でも度々指摘したように，それぞれは，別個の性格を持つものであった。

ポステマの古典的コモン・ロー思想についての記述は，終章で詳しく検討する，ポステマ自身のコモン・ロー理論とあまり変わらないものでもあるが，本人も認めているように，現代のコンテクストに即した形の「古典的コモン・ローの概念の哲学的な再構成（philosophical reconstruction of classical common law conception）」[Postema 2002b, p.156] と捉えるべきなのかもしれない[46]。しかしながら，ヘイル，ブラックストーンにおける「法実証主義的」な要素を看過することは，独立当初に，固有の法原理と法的なアイデンティティを確立するために，いくつ

---

[45] ポステマによれば，クックの技術的理性に代表されるコモン・ローにおける理性の特殊主義的な概念と，マンスフィールドに見られる一般的正当化の原理としての理性は，完全に両立不可能なものではなかったとされている。そこでは，特殊主義的な理性は，一般的正当化の原理としての理性による導きがなければ不適当で不完全であるが，一般的正当化の原理としての理性も先験的で歴史と無関係なものではなく，むしろ社会に内在するものであったという再構成がなされている [Postema 1986, pp.35-36]。

かの州において，確立されたイギリスのコモン・ローのルールを援用することが禁止されていたことに端を発し [Duxbury 2008, p.98]，19世紀の前半においても先例が法の証拠と捉えられていたアメリカ合衆国とは対照的に，19世紀以降に，法を，理由づけの体系ではなく，ルールの体系として捉える見方がますます強くなっていくイギリスの法思想の展開を説明できなくなるのではないだろうか。「皮肉なことに，新しく造られた合衆国よりも，法創造と紛争解決のより完全な分離の場になったのは，成文憲法も，それによる権力分立の原則の体系化もない国であった」[Orth 2009, pp.88-89] というJ・オースの指摘の通り，19世紀以降，確立されたルールの蓄積がイギリスの法実践においては進んでいくが，それは，17, 18世紀においてヘイルやブラックストーンによってすでに準備されていたものであったというのが本書のスタンスである。次章においては，そのような観点を絡めながら，オースティン，メイン，ホランドを中心に，19世紀イギリスの法思想を考察していきたい。また，ベンサムによって詳細かつ批判的に検討された「コモン・ローと共同体の関係」，「裁判官による法形成はいかにして正統化されるのか」といった論点に即しても，19世紀という時代は，アメリカの法思想とは対照的な，イギリス法思想の法実証主義的な性質がより鮮明になってくる時代であった。

---

(46) 終章で見るように，ポステマは，自らの法概念をハートやラズの法実証主義的法概念と対置し，法と共同体の価値，社会道徳との一致を志向する自らの法概念（コモン・ロー＝コンヴェンショナリズム）の優越性を論じている。その際，特にヘイルのコモン・ロー思想を現代的に再構成しつつ援用し，法実証主義的な法思想と対置することも試みている。しかしながら，第3章で検討するサーモンドや第4章で検討するルウェリンなどについては，原典に忠実な解釈がなされていると筆者は考えている。

第3章

コモン・ロー思想の再生
──分析法学と歴史法学──

第1節　オースティンの法思想

(1) 主権者の命令としての法

　19世紀のイギリスの法思想において特徴的なことは，マシュー・ヘイル（Sir Matthew Hale, 1609-1676）やブラックストーンの影響下において，法をルールとして捉える傾向が一層進んでいったことであろう。法実務においても，すでに18世紀において，権威的なルールの類推や拡張によって，法を人々の状況，必要や便宜に適合させるというヘイルの法思想 [Hale 1971, p.39] が裁判官たちに受け入れられていた。例えば，1785年に，ウィルモット判事は，人身保護令状が私的な監禁（private custody）を包摂するようになったのは，「ある事例から他の同じような事例への，法的な救済の正当な拡張」[Wilmot cited in Lobban 2007a, p.107] であり，それによって裁判官たちは，「訴訟当事者の安静と利益のために，彼らの実践を改革し，修正し，新しく造り，変更してきた」[*ibid.*] と論じている。

　19世紀のイギリスの法実務においては，M・ロバーンによれば，法を一般的ルール，そして「書かれた法」として捉えるベンサムの法概念も，コモン・ローをルールとして捉える傾向を促進したとされている。1828年の庶民院におけるヘンリー・ブルームの演説(1)の影響もあり，物的財産法に関する王立委員会(2)やコモン・ロー裁判所の手続に関する王立委員会が設置され，さらに刑法に関する王立委員

---

(1) ブルームの演説に失望したベンサムは，ブルームは，「法改革の救世主（Messiah of law-reform）」ではないと指摘している。ベンサムは，法典化論者であったがブルームはそうではなく，ベンサムは裁判所における手数料の廃止を主張したが，ブルームはそれを適切なインセンティブとして捉えていた。またベンサムは書面による訴答を廃止し，略式の手続を提案したが，ブルームは，書面による訴答に基づいた既存の手続を保持しようと考えていた [Schofield 2006, pp.316-17]。

(2) この委員会とベンサムとの関係については，Sokol [1992] を参照。

会も開かれることになるが、それらの委員会においては、ベンサムの法典化論、パノミオンの構想の影響は別として、コモン・ローをルールとして捉える見方が、コモン・ロー法律家にも浸透していたことは確認できる。そのうち、本章でまず取り上げるオースティンも所属した刑法に関する王立委員会は、法典化の試みが最も成功に近づいた委員会であった。この委員会では、コモン・ローの判決においては明確なルールが規定されていないことが批判され、法は犯罪を是正する体系以上の、命令によって社会を形作り、統治するものであるという法実証主義的・ベンサム的な法観念が支持されていた。具体的には、委員たちは、これまでのように先例、あるいはそれに基づく類推ではなく、ダイジェストの形で成文化された規定に依拠することが提案されたのであるが、これは、法の形式に関するベンサムの見解に沿ったものであったと言える [Lobban 1991, pp.203-205]。さらに、パノミオンによって包括的に権利義務関係を定めることで判例法の生成を否定し、実体法と手続法は分離すべきであると論じていたベンサムのラディカルな提案は否定されたものの、明確なルールという法概念が、手続法の改革にも反映されている。コモン・ロー裁判所の手続に関する王立委員会は、個別的訴答 (special pleading) の拡大を提案したが、その理由は、事例を整理するだけであった全面否認訴答 (general issue) に対して、個別的訴答はルールを明確にすると考えられたからであった。つまり、責任なし (not guilty) などと原告の最初の訴状 (declaration) を全面的に否認する全面否認訴答よりも、個別的に理由をつけて反論する個別的訴答の方が、論点を細分化するため、明確なルールを生み出しやすいと考えられたのである。ロバーンが指摘しているように、「ベンサムの理想とした手続のアンチテーゼであった個別的訴答は、ベンサム的なルールを生み出す理想の手段として知覚されていた」[*ibid*., p.211]。

　もちろん、19世紀においても、確立されたルールがなかった法領域においては、前章でも見たように、確立されたルールの適用、そこからの類推ではなく、正義、道徳、便益、政策など、多様な法外在的な要素によっても紛争が解決されていた。例えば、生命保険契約における善意原則 (principle of good faith) を解釈する際

---

(3) この委員会は1833年に設置され、オースティンは当初からの委員であったが、1836年に委員を辞職している。オースティンとこの委員会の関係については、Rumble[2005a, pp.19-20] を参照。

に，約款の中に申告の真実性を確認する明白な条件がないならば，間違った申告であっても保険契約を無効にはできないと *Wheelton v. Hardisty*（1857年）においては判示されている。これは，何らかの真実でない申告がなされた際には無効になった海上保険契約の事例との類推を否定したものであったが，そこでは，保険料を何年にもわたって回収してきた生命保険会社が，死亡した時点で支払いを拒絶しうることの道義性のなさや，もしリスクを被保険者に負わせるならば，このような保険は遂行できないといった政策的な観点から判決が下されている [Lobban 2007b, pp.49-50]。また，交通革命とも形容しうる変化が生じた19世紀の初期においては，急増した衝突事故によって乗客が負傷した際，馬車の所有者の責任をどのように構成するかという新たな問題に裁判所は直面している。商品の輸送に関しては，運送業者が厳格責任を問われるのが18世紀において確立されたルールであったが，*Culverwell v. Eames and Billett*（1823年）においては，もし乗客の輸送の場合も厳格な責任が問われるならば，誰も馬車を走らせなくなるだろうという政策的な考慮によって判決が下されている [*ibid.*, p.54]。

このように，19世紀イギリスにおいても，いわゆるハード・ケースに直面した際は，裁判所は，法外在的な道徳的，政策的な基準に基づいて新たなルールを形成している。しかしながら，一旦，新たな法領域における法的な枠組みが確立した後は，ヘイルが論じていたように，その基礎となるルールを類推，あるいは拡張することで，裁判官たちは法を発展させていった [*ibid.*, p.44]。そして，本章の第3節で取り上げるサーモンドが，20世紀の初頭に，「法体系の成長は，法の領域が事実の領域を連続的に侵食し，すでに決定された法的原則によって司法裁量が徐々に排除されることにある。すべての体系は一定程度に，そして，先例を法の主要な法源として認めているものは，より格別に，過度にこの発展の過程を進める傾向を示す」[Salmond 1913, p.26] と指摘しているように，法実務においてもルールの蓄積が進むことになる。

本章では，19世紀，そして20世紀初頭のイギリスを代表する法思想として，オースティン，メイン，ホランド，サーモンドを取り上げるが，彼らの間では，歴史法学派のメインも含めて，法典化やダイジェストによってコモン・ローのルールをより明確にすることが盛んに提唱されることになる。「ルールか原理か」という論争軸，自然的原理から導かれるコモン・ロー（マンスフィールド）と歴史的に確立されたルールから成るコモン・ロー（ブラックストーン）の対立は後景に

退いており，むしろ，「コモン・ローとその発展を説明する枠組みはいかなるものか」という論点が前面に出てくるようになり，オースティンのように主権者命令説に基づき，コモン・ローのルールを立法の枠組みによって捉えるか，あるいは，第3節で検討するサーモンドのように，裁判所，裁判官の観点から捉えるかが主要な論争軸になっていく。ただ，上述の刑法に関する王立委員会をめぐって，*Law Magazine* 誌上で，法は，「特定の議会や立法府の思慮の事柄ではなく，この世界で最も賢明なもの，すなわち時の様々な経験や適用の産物である。それは，日々，新しい不都合を見い出すとともに，新しい救済を継続的に適用する」[Lobban 1991, p.206] と論じられていたように，コモン・ローが「ルールか救済か」という論争も根強く続いており，ルール概念の優勢にもかかわらず，この時代も主要な論点であり続けていた。オースティンに関しても，わが国における一般的な理解とは異なるが，その法思想は，本章第1節で明らかにしていくように，主権者の命令であるルールとしての法と，裁判所が発展させる救済としての法を統合的に説明することを目指すものであった。すなわち，オースティンの法理学では，主権者命令説に基づくルール中心の法観念のみでなく，人々の慣習の変化に基づき，コモン・ロー裁判所が新たな救済を提供するという伝統的な法観念をも包摂することが目指されていたわけであるが，それらは相互に矛盾するものであり，その矛盾をめぐる論争も，社会の変化に即して法も変化するというメインの歴史法学を巻き込みながら，19世紀イギリスの法思想を支配していく。そして，その論争の結果は，H・L・A・ハートやJ・ラズなどの現代イギリス法理学にもレレヴァンスを持つものであったと筆者は考えている。「静態的な」ルールに基づく法概念と，「動態的な」コモン・ローの実践の矛盾というオースティンの法理学が残した課題は，19世紀末のアメリカ合衆国におけるホームズに批判的に継承されることになるが，以下においては，コモン・ローのコンテクストに位置づけることで，ベンサムのものと同様に，オースティンの法思想に新たな光を当てることから始めたい。

　ジョン・オースティン（John Austin, 1790-1859）は，法廷弁護士（barrister）を経て1826年にロンドン大学初代の法理学（Jurisprudence）の教授に任命されている。その講義の準備のために与えられた2年間をドイツのボンなどで過ごした後[4]，1828年に，ロンドン大学での講義を始めるが，周知の通り，その講義は不評であり，受講生を集めることができず，1832年に職を辞している。「オースティ

ンは，ベンサムと同じくらい無味乾燥であることを義務と考えており，その義務を誠実に果たした。受講生はだんだん少なくなって，授業料から与えられていた給与も，それとともに少なくなっていった。哀れなオースティンは，無報酬で，空のベンチに対して講義し続けることができなくなり，1832年に，彼の最後の講義をした」[Stephen 1900, p.318] というのは有名な話である。オースティンの主著としては，ロンドン大学での講義の最初の部分を収めた『法理学領域論 (*The Province of Jurisprudence Determined*)』(1832年) と，その死後に，妻サラによって講義ノートをもとに出版された『法理学，あるいは実定法の哲学の講義 (*Lectures on Jurisprudence or the Philosophy of Positive Law*)』(1863年)[5] があるが，まず，先行研究を参考にしながら，簡潔にではあるが，その法理学におけるオースティンの法の定義，法概念を確認しておきたい。[6]

オースティンの法理学の課題は，『法理学，あるいは実定法の哲学の講義』に収められている「法理学研究の有用性 (On the Uses of the Study of Jurisprudence)」では，「すべての体系に共通であるような法の主題や目的の記述，そして人間の共通の性質に基づくか，あるいはそれら（体系）のいくつかの局面における類似した点に対応する，異なった体系間の類似の記述」[Austin 1879, p.1112. (　　)

---

(4) オースティンがドイツに留学していたのは，2年の準備期間，研究期間の終わりの半年であった [八木 1977, 20-21頁]。

(5) なおここでは，1879年に公刊された第4版に基づき，考察を進めている。

(6) わが国におけるオースティンに関する先行研究としては，八木[1977]，石井[1987a；1988]がある。また，オースティンの法解釈理論に関する研究として，八木 [1960]，英米における近年の代表的な研究としては，オースティンに対する正当な評価を目指すRumble [2005 a] がある。また，同じくW・ランブルによってオースティン自身の論稿とともにその周辺の論稿が抜粋，編集されたものとして，Rumble [2005b] がある。なお，2009年の12月16日と17日の2日間にわたって，ロンドン大学ユニバーシティ・カレッジ (University College, London)において，オースティンの没後150周年を記念したシンポジウム(John Austin and His Legacy；Celebrating 150 years of the life and work of John Austin) が開催され，延べ22人の研究者による報告と質疑がなされている。筆者も聴講したが，B・ビックス(University of Minnesota)，M・クレーマー (Churchill College, Cambridge)，F・シャウアー(Virginia University) など，現代の法理学の観点からオースティンを捉えた報告と，ランブル(Vassar College)，P・スコフィールド(University College, London)，ロバーン(Queen Mary College, London)などの，より内在的な報告が交差した興味深いシンポジウムであった。これらの報告は，後日，まとめられて出版されている [Freeman and Mindus 2012]。なお，『法理学領域論』と『法理学，あるいは実定法の哲学の講義』の双方に収められている重複部分（後者の最初の6講）については，ここでは，『法理学領域論』を参照する。

内は引用者]にあるとされている。そして,その効果としては,「法理学の一般的な原理についての十分に根拠づけられた知識と法の一体の地図」[*ibid.*, p.1117]を持つことにより,イギリス法を学ぶものが,「(体系,あるいは有機的な全体としての)それについての明確な概念を,比較的容易かつ迅速に得ることができるだろう」[*ibid.*]という,ブラックストーンの『イングランド法釈義 (*Commentaries on the Laws of England*)』(1765-69年)と同様のものが挙げられている。

　周知の通り,オースティンの法理学の出発点は,法理学の対象をそれ以外の,漠然と法と捉えられているものから峻別することにあった。『法理学,あるいは実定法の哲学の講義』の最初の6講義が収められた『法理学領域論』の目的は,「法理学の適切な事柄 (the appropriate matter of jurisprudence)」[Austin 1998, p.2] である実定法を「類似性と類推によってそれら(実定法)が結びつけられている対象,『法』という共通の名前によってそれら(実定法)が一層結びつけられている対象」[*ibid.*(　)内は引用者]から区別することにあった。その際,オースティンはまず,一般的命令の性質を持つか否かによって,「適切にそう呼ばれる法 (laws properly so called)」と「不適切にそう呼ばれる法 (laws improperly so called)」に分類し,また,前者とそれに非常に類似したものを「神によって,彼の創造物である人間に命じられる(適切にそう呼ばれる)法」[*ibid.*, p.123],「政治的優越者として,あるいは法的権利の遂行における私人としての人々によって命じられる(適切にそう呼ばれる)法」[*ibid.*],そして,「1. 人々から人々に命じられるが,政治的優越者としてでも,法的権利の遂行における私人としての人々によるものではない(適切にそう呼ばれる法)。2. 適切な法に非常に類似した法であるけれども,人間の行為に関して持たれるあるいは感じられるたんなる意見や感情に過ぎないもの」[*ibid.*]の二つから構成されるものの,計三つの種類に分類している。この三つは,それぞれ神の法 (the law or laws of God, or the Divine law or laws),実定法 (positive law, or positive laws),実定道徳 (positive morality, rules of positive morality, or positive moral rules) と名づけられているが,「法理学という科学(あるいは,単純かつ簡潔には法理学)は,その良し悪しにかかわらず考究されるものとしての,実定法,あるいは厳密にそう呼ばれる法に関するも

---

(7) なお,オースティンの『法理学,あるいは実定法の哲学の講義』の第5版に収められたものの邦訳として,石井[1987b]がある。

のである」[ibid., p.126] とされている。

　その実定法は，オースティンによって，「実定法，あるいは厳密にそう呼ばれる法 (laws strictly so called) は，直接，直に (directly or immediately) 三つの種類の作者によって確立される。最高の政治的優越者としての君主，あるいは主権集団によって。従属している政治的優越者として，服従の状態にある人々によって。法的権利の遂行における私人としての臣民によって。しかし，すべての実定法，あるいは厳密にそう呼ばれる法は，政治的優越者という性格を持つ君主，あるいは主権集団の直接，あるいは間接の (direct or circuitous) 命令である。すなわち，その作者に服従の状態にある人，ないしは人々に対する，君主あるいは主権集団の直接，あるいは間接の命令である」[ibid., p.134] と定義されている。ここでは，オースティン自身が，「(偉大な私たちの同時代人のジェレミー・ベンサムを除いて)，私は，最高の政府の必然的な構造と，実定法によって含意される多くの必然的な特徴について，新しくそして重要な非常に多くの真実を語った著者は他に知らない」[ibid., p.279 (n.25)] とホッブズについて語っていたように，ホッブズ，ベンサムの影響が色濃く反映されている[9]。また，オースティンの法の定義，法概念論の「基礎には，『法は一般的命令である』ということが彼の頭のなかで自明の真理であるかのごとく，前提されているのであり，このように頭のなかで考えられた前提にもとづいて，法概念論の構造がつくりあげられている」[八木 1977，56頁] という八木鉄男の指摘も可能であろう。

　イギリス法思想史，コモン・ロー思想史のコンテクストにオースティンの法思想を位置づけるために，前章でも主題的に検討した「ルールか救済か」という論

---

(8)　オースティンは，一般的命令としての性格を持つ「適切にそう呼ばれる法」を「神の法」と「人定法 (human laws)」に分類している。そして，実定道徳のうちの非政治的権威に基づく命令も，「人定法」に含めていたが，それは実定法とは区別されていた。なお，わが国の代表的なオースティン研究では，「適切にそう呼ばれる法」は，「固有の意味での法」と訳されている［八木 1977，50-51頁］。

(9)　ホッブズ，ベンサム，オースティンの法思想の比較，検討については，深田 [1984a] がある。本章で扱うメインによってもホッブズとオースティンの主権概念などの比較がなされている [Maine 1888, pp.354-57]。そこでは，ホッブズの主権概念に，ベンサム，オースティンによって付け加えられるものはあまりなかったが，特にオースティンによって，主権の観念に依拠する実定法，実定的な義務，制裁，権利などの概念が，より詳細に検討されたことが評価されている [ibid., p.354]。なお，オースティンの主権論については，英米における法の支配の思想史的展開を検討している補論で扱う。

争軸で整理してみると、オースティンの法の定義、法概念論においても、ブラックストーンと同様に、法の一般性が強調されていたことが注目される。オースティンは、まず、法が「人あるいは人々を義務づける命令である」[Austin 1998, p.24]ことを確認した後に、「しかし、一時的、あるいは特定の命令とは対比的に、あるいは対立して、法は、人あるいは人々を義務づけ、かつ、ある部類の行為、あるいはその自制を一般的に義務づける」[ibid.]。すなわち、「法とは、人あるいは人々に、一連の行為（a course of conduct）を義務づける命令である」[ibid.]と述べている。具体的には、オースティンによれば、例えば、穀物の輸出を単純に、一定の期間あるいは不特定期間にわたって禁止することは、命令によって行為の種類が決定され、その種の行為が一般的に禁止されているため、法やルールが確立されるが、国会によって差し迫った食糧難に対処するために、ある時点で港の船に積まれている穀物の輸出の禁止を命じることは、主権的な立法者によるものであっても、特定の量の穀物に関する命令であり、また、そのように限定された対象についての特定の行為の自制を命じるものであるため、法やルール足りえないとされている。同様に、法律によれば犯罪ではない行為を主権者が不快に感じて罰することも、特定の場合における特定の刑罰を命じるもので、ある部類の行為やその自制を一般的に命令するものではないので、法あるいはルールではないとオースティンは指摘している [ibid., p.20]。また、前章第1節で見たように、同じく法を一般的ルールとして捉えていたブラックストーンに対しては、「法は一定の社会の成員を一般的に義務づけるか、あるいは一定の部類の人々を一般的に義務づける。特定の命令は、一人の個人、あるいはそれが個別に決定する人々を義務づける」[ibid., p.22]と考えていたと整理し、上記の緊急時の穀物の輸出禁止の例を挙げ、その命令は、社会全体を義務づけるものであるが、個別に指定された一組の行為（a set of acts）を義務づけるに過ぎないため、法ではないとオースティンは論じている。

このようなオースティンの法理解は、全面的に承認しうるものではなく、オースティン自身も、「法、あるいはルールという用語は、頻繁に一時的、あるいは特定の命令に適用されるので、すべての点において確立された話法と一致する境

---

(10) 例えば、オースティンが挙げている緊急時の穀物の輸出禁止の例も、主権者によって創設された実定法としての形態を持っている例であるため、一般的には法と呼ばれるものだとも考えられる [八木 1977, 63-64頁]。

界線を描くのはほとんど不可能である」[*ibid.*, p.19] ことを認めている。ただ，オースティンが，「その区別を最もよく例証し，その区別の重要性を最も著しく示す例」[*ibid.*, p.21] として，「司法の命令は，通例，一時的で特殊であるが，それらが強制するよう意図する命令は，通常は，法あるいはルールである」[*ibid.*] と論じている部分は，オースティンの法思想の特徴の手がかりとなる部分であると思われるし，本書の問題関心からも興味深い。すでに検討してきたように，ホッブズにおいては先例の拘束力や慣習法の生成自体が否定され，ベンサムにおいても，権威を持つのは個々の判決のみで，そこから一般的なルールや行為の基準を導き出すことはできないとされていたが，対照的に，オースティンは，レイシオ・デシデンダイを法と見なしている [石井 1988, 17頁][11]。関連して，裁判において適用される法を主権者の命令，主権者によって権限を付与された裁判官によって解釈された自然法に限定したホッブズ，法源をパノミオンとその規定が分割されたものに一元化したベンサムに対して，オースティンは，より多様な法源を認めている点も重要な差異である。例えば，『法理学，あるいは実定法の哲学の講義』においては，クックの著書の多くは，既存の法に対する推論から成り立っているが，クックの「推論と結論の多くは，疑いもなく，諸判決の基礎になってきた」[Austin 1879, p.563] と述べられており，「多数のそして経験のある法律家の権威は，ここ（判決）で大きな重みを持っている」[*ibid.*, p.565.（　）内は引用者] ことが指摘されている。また，「周知のように，物的財産の法の多くが，不動産譲渡取扱人（conveyancer）の間で生じ，日々生じ続けている意見や実践から取られている」[*ibid.*, pp.563-64] ともオースティンは述べている。

　もちろん，上記の差異については，ホッブズやベンサムが規範的な法理論の提示を試みたのに対して，オースティンの法理学が記述的なものであったという観点からも説明することは可能であろう。そして，その上で，「彼（オースティン）は，立法を周辺ではなく中心とする法の見方を示した。そのようにして，彼の法理論は，巨大な権力の機構としての近代国家の現実を明確に理解していた。それ（オースティンの法理論）は，この中央集権的で広範な権力構造と法の関係を示そうとした。それは，共同体ではなく，政府が明白な法源であった近代の状況と調

---

(11) ベンサムとオースティンによるレイシオ・デシデンダイの捉え方の違いは，本節第3項の冒頭でも検討するように，それぞれの法理学の性格の違いにも起因している。

和しているようである」[Cotterrell 2003, p.49.（　　）内は引用者]とオースティンの法思想を捉えるのが一般的であろうし，オースティンの法の定義からもそのような解釈は自然なものでもあろう。一方で，立法者ではなく，裁判官，法律家を介することにより，法は社会とともに発展することが可能になると論じていたヘイルにおいても，第1章第3節で見たように，主権者命令説の観点から法は定義されていた。次項以降においては，オースティンのコモン・ロー，判例法についての議論を検討するが，オースティンは，法律家について，「一般の人（あるいは社会の非法律家の部分）は，より一般的なルールを理解することは可能である。しかし法律家（あるいはその頭がつねにルールで占められている人々）のみが，ルールが包含する非常に多くの帰結を創る（あるいは発展させる）ことができるし，ルールそれ自体に必要な正確性を与えることができる」[Austin 1879, p.667]と述べていた。以下，第2項と第3項では，オースティンが，本項で紹介した彼の「ルールとしての法概念」とは矛盾するものであるが，ブラックストーン以上に，「救済としての法」の要素も色濃かったイギリスの法伝統，法実践に即したコモン・ロー理解を有していたこと，さらには，「コモン・ローとその発展を説明する枠組みはいかなるものか」という論争軸によって整理すると，オースティンの法思想は，コモン・ローに関する新たな枠組みの提示を目指すものであり，ホッブズやベンサムではなく，むしろ，ヘイルやブラックストーンの系譜に位置づけるべきであることを明らかにしていきたい。

（2）　コモン・ロー的思考の擁護

　わが国における先行研究においてもオースティンのコモン・ロー理解や，法的推論，判例法の理論についての検討はなされているが［八木 1977, 143-155頁；石井 1988, 14-17頁]，ここでは，より詳細に検討することを試みたい。『法理学，あるいは実定法の哲学の講義』の第2巻の前半の「その法源との関係における法（Law in Relation to its Sources）」に収められた諸講義におけるオースティンの議論を追っていくが，そこでは，「法はそれ自身の意味を宣言することをめったに躊躇しない。しかし，裁判官は，他のもの（当事者の意図など）の意味を見つけ出すために頻繁に困惑している」[Blackstone 1979, vol.3, p.329.（　　）内は引用者]として，法的推論についての考察が深くは追求されていないブラックストーンの『イングランド法釈義』よりも，はるかに詳細なコモン・ローの法的推論に

関する考察が展開されている。

　まず、オースティンの法の区分論を見ていくが、オースティンは、イギリス法学における伝統的な区分、すなわち、ヘイルやブラックストーンによっても採用されていた成文法（written law）と不文法（unwritten law）という区分を批判している。自らの法源論において、ブラックストーンは、制定法のように、原初の制定が書面によるものである成文法と、超記憶的な慣例と普遍的な受容により拘束力を持つ不文法、すなわちコモン・ローを区別していた［Blackstone 1979, vol. 1, p.64］。オースティンが、慣例、慣習から生じる法を「伝統的に法律家の間に漂っている（floating traditionally amongst lawyers）」［Austin 1879, p.529］法であり、「バー（bar）でつねに創られ、やがて裁判官たちによって採用され、彼らによって再びバーに送り出される」［ibid.］ものとして捉えているのは興味深いが、いずれにせよ、成文法、不文法という区分は批判されることになる。オースティンは、例えば、「年書に記録された部類の司法法は何なのだろうか。（公的な判例集の刊行を提案した）ベーコン卿の提案がそれに当然与えられるべき注目を受け、すべての審判における判決が権威ある報告者たちによって記録されていたならば、いずれかの判例集において記録された部類の法とは何なのだろうか」［ibid., p.547.（　）内は引用者］とブラックストーンの不文法理解に疑問を呈している。

　一方で、オースティンが、ベンサムがコモン・ローを批判した際の「裁判官創造法（judge-made law）」という表現も、法の区分を曖昧にするという観点から批判していることは興味深い。オースティンは、「裁判官創造法」という表現が敬意を欠くこと（irreverence）を指摘した後に、それが「主権的立法者によって創られる法に対置される、従位の裁判官たちによって創られる法」［ibid., p.549］であり、「従位の裁判官たちによって、彼らの司法的機能を行使することによって創られる法」［ibid.］を意味しているようであり、法の源泉（source）と法の形態（mode）を混同していると指摘しているのである。そのうちの法の形態とは、法が生じる際の形態を指していたが、法あるいはルールが直接的に確立される「そ

⑿　本書の「はしがき」でも触れたような、R・ドゥオーキンの解釈的法理論に、ブラックストーンの法解釈理論を近づけて捉えている松平の理解［松平 1979, 467頁注⑸］には、筆者は与しない。以下において検討するように、コモン・ロー裁判官の推論を包括的に検討し、法の発展の主要な手段として既存の法との類推を挙げていたオースティンの方が、むしろドゥオーキンに近いとも考えられる。

の直接の作者，あるいは作者たちの適切な目的が，法あるいはルールの確立である」[*ibid.*, p.547] 場合と，法，あるいはルールが間接的に (obliquely) 導入される「ある特定の事例が新しいルールによって決定されるけれども，裁判官の適切な目的がそのルールの導入ではなく，そのルールが適用される特定の事例の決定にあり，(中略) 立法の概観が避けられている」[*ibid.*, p.548. (　　) 内は引用者] 場合に分けられている。第2章第3節で検討したように，ベンサムは，コモン・ローで権威的なのは，裁判官の命令である個々の判決のみであるとして，そこから，一般的なルールや将来の行為の基準を見つけるとしても，不確定な推論によってのみ可能になることが批判されていた。コモン・ローの一般的ルールに向けられたベンサムの「裁判官創造法」という批判は，オースティンの観点からは，主権者，立法者に限定されるべき一般的ルールの法源からの逸脱に対するものと，判決による一般的ルールの形成という法の形態に対するものを混同していると捉えられていたようである。

　オースティンが，法の源泉と法の形態の問題を区別したのは，法の源泉，法源によっては法の区分はできないというオースティン自身の理解によると思われる。オースティンにおいては，法体系において強制されるすべての法の形式的な法源は主権者であった [Lobban 2007a, p.179]。「直接的に，あるいは間接的に確立されるにせよ，法，あるいはルールは，主権者，あるいは下位ないし従属した源泉のいずれかから生じるだろう」[Austin 1879, p.548] とされているが，一方で，「近代ヨーロッパのほとんどの政府においては，主権者によって下位ないし従属した裁判所に委任されているけれども，他のすべての権力と同様に，司法権は，主権者に属する」[*ibid.*] と理解されており，よって，法を区分する際の「重要な相違は，源泉の相違ではなく，形態の相違」[*ibid.*, p.549] になってくる。その際，オースティンの議論の特徴は，立法的機能だけではなく，司法的機能を適切に行使することによっても法，あるいはルールが導入されると考えていたことにあるだろう。ベンサムとは対照的に，オースティンは，「間接的に導入され，通用している法」，「司法的形態において確立され，導入された法」，「司法的立法 (judicial legislation) として確立され，導入された法」[*ibid.*] を，制定法と同様，法として認めていたのであり，以下のように，そのような枠組みによってこそ，コモン・ローないしその推論を記述することができると考えていたのであった。

　まず，オースティンは，成文法，不文法の区分とも関連するが，コモン・ロー

を慣習法として捉える，一般的に受容されていた見方を批判している。すなわち，「慣習法は超記憶的な慣例の力によって実定法として存在するため，裁判所の判決は，それを創ったのではなく，たんに解釈ないし宣言してきただけである」[*ibid.*, p.556]という「法宣言説」の立場をヘイルやブラックストーンに帰し，批判しているのである。オースティンは，人々が慣習的なルールとして従ってきたというだけで，それら慣習的なルールが実定法として存在するならば，人々はそれらを認識できるので，裁判官による解釈や宣言，すなわち判決は不要になると「法宣言説」の矛盾を突いた上で，「もしすべての私たちの慣習法が超記憶時代から通用しているならば，それらのすべてが，社会のまさに当初から通用していたかもしれない。しかし，これらの法と関係がある主題の多く（例えば，為替手形のような）は，比較的最近の時代まで存在していなかった」[*ibid.*]と述べているが，後者に関しては，第2章第3節で検討したように，ベンサムにも全く同様の指摘があった。さらに，コモン・ローの多くは，超記憶時代からの慣習ではなく，「その作者である裁判官たちによって，公共政策，あるいは便益についての彼ら自身の概念から導き出されてきた」[*ibid.*]という，それに続くオースティンの指摘も，「一般的慣習」と「裁判官の慣習」を峻別し，後者にコモン・ローを特徴づけたベンサムのコモン・ロー理解に，基本的に合致するものである。

　ただ，同じくブラックストーンを批判しているとしても，オースティンの批判は，ベンサム以上に，ブラックストーンの法思想をより深く理解した上のものであった。第2章第2節でも述べたように，ブラックストーンにおいては，超記憶的な慣習に基づく基本的なルールを類推，拡張することでコモン・ローは発展してきたと考えられていたが，オースティンには，「サー・ウィリアム・ブラックストーンの意味するところは，以下のようなことであったかもしれない。すなわち，慣習法の土台である先行する慣習は，必然的に人々の同意によって導入された」[*ibid.*, p.559]という指摘がある。そして，その上で，「司法的立法者は，適切に司法的に行動し，したがって，自然に立法の概観を差し控えるため，見たところでは，彼は新しいルールを創ったり適用したりするのではなく，すでに存在するルールを適用している。そして彼が適用しているように見えて，彼がそれに基づき実定的なものを形作るのは，一見，慣習的なルールであるため，その慣習的なルールの源泉と，彼が事実上確立する実定法の源泉が度々混同される」[*ibid.*, p.554]とオースティンは論じていた。

いずれにせよ,オースティンは,慣習として類型化される法は,法の別個の種類とは考えられないと結論づけ[13],コモン・ローを慣習法としては捉える事ができないとしている。「(法という用語のゆるやかな,そして不適切な意味における) たんなる慣習法として,あるいは,むしろたんなる実定道徳としては,それは,自発的に,または,国家による強制なしにそれに従った社会の成員に直接は由来するものである。しかし,実定法としては,それは,道徳ないし不完全なものを,法的ないし完全なルールに変える主権者あるいは従属した裁判官に直接由来する」[ibid., p.555]のであった。

　次にオースティンは,司法的立法,すなわち,その法源が主権者にあり,判決の過程で規定されるルールという彼自身の枠組みと,コモン・ローの実践に関する一般的な見解との間の齟齬について若干,検討している。オースティンがここで取り上げているのは擬制 (fiction) であるが,裁判官が実際には立法を行なっているのに,それを擬制という形に基づかせるのは,「変更を加える裁判官の側の,彼らが実質的には変えた法への尊敬」[ibid., p.630]があるからとしている。擬制を通じて法の変化を実現させることで,「実際には,それを破壊したにもかかわらず,外見では,その統合性 (integrity) を保持した」[ibid.]ことになる。そして,「私たちの裁判所が,(古代ローマの) 法務官のようには,彼らの法を一般的なルールの形で公布し,こっそりではなく公然と立法しないこと」[ibid., p.633.( )内は引用者][14]は,惜しまれるべき状況であるとして,「憲法的な嫉妬 (constitutional jealousy)」[ibid.]をその要因に挙げている。

　この憲法的な嫉妬とは,もちろん,イギリスにおける国会主権の原則に付随する現象のことであるが,ここでのオースティンの指摘も,ヘイルやブラックストーンの法思想に集約されている17,18世紀以降のコモン・ローの実践を的確に捉えていると言えよう。第1章や第2章で検討したヘイルやブラックストーンにおいては,国会主権の原則の下,既存の法を宣言,解釈することが要請されていたのであり,権威的なルールに基づいた擬制,あるいは類推によって法の発展は説明

---

(13) オースティンによれば,すべての法,あるいは法のルールは制定法か司法法なのであり,成文法と不文法の区別も,制定法と司法法という区分と対応する (同じ) ものであった [Austin 1879, p.549]。

(14) オースティンは,元来裁判官であった古代ローマの法務官によって,直接的な立法権能が行使されたことを検討している [Austin 1879, pp.610-24]。

されていた。おそらく、このような法思想、あるいはそれに依拠した法実践を念頭において、オースティンは、「憲法的な嫉妬は、裁判官がその名によって（eo nomine）、立法の権能を引き受けて行使するのを禁じたであろうが、徐々に進むという条件では許している」[ibid.]と述べている。

　このように、「法への尊敬」や「憲法的な嫉妬」により、イギリスの裁判官たちは、自らの立法者としての役割を否定していたが、オースティンは、「判決の根拠が、将来の類似の事例における判決の根拠として役に立つであろう限り、その作者は、実質的に、あるいは事実上立法している。そして、彼の判決は、通常、（彼の目前にある事例についての考慮のみでなく）、一般的な法、あるいはルールとして、彼の判決の根拠が作り出すであろう効果についての考慮によって決定される」[ibid., p.642]と述べ、司法的立法、司法法（judiciary law）という自らの枠組みが、より正確であることを強く主張している。本章でも、以下において主題的に取り上げる「コモン・ローとその発展を説明する枠組みはいかなるものか」という争点は、イギリス法思想史の展開に通底するものであったが、判決を法の「証拠」として捉え、コモン・ローの発展を法の「解釈」によって説明しようとしたヘイルやブラックストーンへの対案がここでは提示されている。オースティンに従えば、裁判官は、「同様の事例が同様の方法によって決定されるであろうこと」[ibid.]、彼らの判決が、「社会の成員が彼らの行為を導くために義務づけられる法であるだろうこと」[ibid.]を知っているのであるが、次に、その裁判官によって確立される法がレイシオ・デシデンダイであることが示されている。

　オースティンによれば、「その判決のために裁判所によって主張されている一般的な理由を見て、これらの理由を、事例の特殊性によって示された修正から分離すると、私たちは、ある部類の事例に普遍的に適用され、制定法と同じように、行為のルールとして資するであろう、判決の根拠や原理に辿り着く」[ibid., p.643]が、レイシオ・デシデンダイと呼ばれるその判決の一般的な理由や原理が、法として捉えられるものであった。すなわち、レイシオ・デシデンダイは、「形式においてはルールではないけれども、それは、主権者、国家、あるいは、それによって権威を与えられたいずれかの従属者から生じる一般的な命令に等しい」[ibid.,

---

(15) ブラックストーンやヘイルと比較した際の、オースティンによるコモン・ローを捉える枠組みの特徴については、次項で検討している。

p.648]とオースティンは論じているのである。特定の事例の一般的な判決の理由が将来の事例を拘束することがよく知られている故,「臣民は,(そのような判決の機会に),国家から,その理由や原理に彼らの行動を適合させるべしという,主権者の意思の表明あるいは暗示を受け取る」[*ibid.*]のであった。

このように,オースティンは,レイシオ・デシデンダイが,主権者の一般的命令という自らの法概念に合致することを主張しているのであるが,それが,ヘイルやブラックストーンなどによる判決についての理解のみでなく,ベンサムの理解とも齟齬があることは意識していたようである。ベンサムは,『統治論断片(*A Fragment on Government*)』(1776年)の時点においては,コモン・ローを準命令から成り立つと論じていたが[石井 1981, 126頁],オースティンは,この記述を念頭に置いて,(16)「ベンサムにより,司法法は,適切に法であること,すなわち,命令的な法であることが否定されているようだ。彼はそれが,せいぜい準命令(*quasi-commands*),すなわち,命令ではなく,たんに命令に類似しているものから成り立っていると言っている」[Austin 1879, p.663]と指摘していた。しかしながら,オースティンは,「司法法は,主権者によって創られるにせよ,従属した裁判官によって創られるにせよ,私には,ベンサム自身の,本物だが暗黙の命令(*genuine but tacit command*)に一致しているように思われる」[*ibid.*]とも述べている。ベンサムは,主権者の意思は,採用作用(*adoption*)によっても主権者のものになると考えており,下位の権限保持者たちの表明した意思が,主権者自身の意思として採用されることで法になると説明していた[深田 1984b, 150頁]。そして,ベンサムは,採用されうるのは個々の判決のみで,裁判官による一般的ルールは法たりえないと考えていたのであるが,オースティンによれば,「裁判所の判決の原理あるいは根拠が,臣民によって行為のルールとして遵守されるべきこと,そして,それらを侵害することで彼らが罰せられるべきことが立法者の意思であると完全によく知られている場合,立法者の意思の暗示は,他の場合と同様に完璧である」[Austin 1879, p.663]のであった。ベンサムとオースティン

---

(16) 石井幸三によれば,オースティンが『法理学,あるいは実定法の哲学の講義』で言及しているベンサムの著作は,『道徳と立法の諸原理序説(*An Introduction to the Principles of Morals and Legislation*)』(1789年),『統治論断片』,E・デュモン編の『民法刑法の理論(*Traités de Legislation Civile et Pénale*)』(1802年)と仏語版の「完璧な法典の概観(*A General View of A Complete Code of Laws*)」である[石井 1988, 3頁]。

によるコモン・ローのルールの捉え方の差異は、それぞれの法理学の性質の違いとともに次項の冒頭で詳しく検討するが、オースティン自身の観点からは、判決のレイシオ・デシデンダイが適切に法とは呼ばれないとするならば、なされるべき、あるいは控えられるべき行為について記述している制定法の説明的部分も、同じく法たりえないことになり、レイシオ・デシデンダイを、「適切にそう呼ばれる法」に含めることは妥当であると論じられている [ibid.]。

この後、オースティンは、以上のようにコモン・ローを捉える枠組みとして提示した司法的立法、司法法の具体的なあり方、すなわち、裁判官による法形成や、その際のレイシオ・デシデンダイの働きについて考察しているが、そこでは、オースティンのコモン・ローの実践に対する深い理解が示されているのと同時に、レイシオ・デシデンダイを、主権者による一般的命令と捉えることの限界も明らかになってくる。「ルールか救済か」というイギリスの法思想史上の主要な論争軸に関連して、第2章では、コモン・ローをルールの体系として描こうとしたブラックストーンの限界について検討したが、オースティンのコモン・ローの記述に対しても、同様の限界、矛盾を指摘することができる。

まず、既存の法の適用に過ぎない判決においてはルールが創られないことを確認した後 [ibid., p.648]、オースティンは、裁判官が様々な基礎の上に司法法を創っていることを論じている。オースティンにおいては、法の源泉 (source) と法の要因 (cause) も区別され、前者は、すでに見たように主権者に限定されていたが、後者に関しては、幅広く認められていた。オースティンによれば、裁判官は、「法の力を持っていないが、社会全体、あるいはその一定の階層において通用している慣習、国際法の格率、（彼が採用する基準が、一般的な効用であれ、何か他のものであれ）、法がどうあるべきかについての彼自身の見解」 [ibid., p.660] などを基礎にして司法法を形成しているのであった。このようなオースティンの法の要因の捉え方は、例えば、一般的な慣習を宣言すること以外にも、マンスフィールドの法廷においては商慣習が用いられ、あるいは、確立されたルールが存在しない法領域においては、第2章第1節で確認したように、便益、公共政策や正義など、様々な法外在的な考慮によって判決が下されていたコモン・ローの実践を反映したものであると考えられる。

オースティンの司法法の形成過程の分析におけるこのような特徴は、類推についての検討にも明白に表れている。オースティンは、司法法が創られる際、「よ

く［おそらく最も一般的に］生じることは，彼（裁判官）が，（法）体系の現に一部分であるルール，あるいは諸ルールから，類推に基づき築かれた結果によって，新しいルールを導き出しているということである」[ibid.（　　）内は引用者］と述べているが，本章の冒頭でも触れたように，基礎となるルールからの類推によって紛争を解決することは，特に18世紀以降は，コモン・ロー裁判所の一般的なあり方であった。実際，オースティンは，ここでの類推は，「ヘイルによって，以前の法の上に，推論 (illations) によって形成される法と呼ばれている」[ibid.] と，ヘイルの『イングランドのコモン・ローの歴史 (The History of the Common Law of England)』(1713年) を参照している。「裁判官による法形成はいかにして正統化されるのか」という論点に関して，ヘイルの理解を踏襲していると言えるだろう。また，オースティンは，例えば，約束手形のルールの類推により為替手形に関するルールを導き出すとすれば，「新しいルールの対象は，古いもののそれと類似しているが，その特有の（新しい）対象が属する種，種類の固有の特徴という理由により，新しいルールは，古いものと，同様のものだけれども異なってもいる」[ibid., p.661.（　　）内は引用者］ことを強調しており，類推の結果を裁判官による立法と捉えるか否かという違いはあるが，既存の法を拡張していくことによって，社会の変化に対応するというコモン・ローの法観念に近づいているようである。

　ただ，このように，コモン・ローにおける法的推論の特徴を正確に記述すればするほど，主権者による一般的な命令，ルールというオースティンの法の定義との溝が深くなっていくのも事実である。オースティンは，類推によってルールが導き出される際，属 (genus) の総体に一般的に関わるルールから導かれる場合と，その中の種 (species) に特に関わるルールから導かれる場合に分けることができると指摘していた。例えば，契約に関しては，契約に一般的に関わるルールからの類推でルールが導かれる場合と，契約の特定の種に関わるルールから導かれる場合に分けられているが，上記のように，「いずれの場合においても，（中略）類推に基づく結果によって，既存の法から新しいルールが導かれる」[ibid.（　　）内は引用者］とオースティンは論じている。よって，類推に基づく判決においても，そこにおける「レイシオ・デシデンダイは，新しい根拠，原理であるか，または，以前は法でなかった根拠，原理である」[ibid., p.649]。また，類推による推論には，「対立する類推の競合 (competition of opposite analogies)」が伴うこと

があることもオースティンは指摘している。「解決を待っている事例は，いくつかの点において，（その事例への適用が検討されている）法のルールが実際に適用された事例，諸事例と類似しているかもしれないが，それはまた，他の点において，その法のルールの適用が差し控えられた事例，諸事例に類似しているかもしれない」[ibid., p.654.（　）内は引用者]という指摘である。さらに，オースティンは，レイシオ・デシデンダイそのものについても，「判決によって確立される法のルールは，正確な表現，レイシオ・デシデンダイの部分である表現のどこにも存在しない。司法的立法者によって使用される用語や表現は，それらの明白な意味が全く疑問の余地がない場合に，確固として従われるべき指針であるというよりも，そこから原理が推測されうる，かすかな足跡である」[ibid., p.651]と述べているが，このように曖昧で流動的なレイシオ・デシデンダイが，前項で検討したような，特定かつ一時的な命令が排除された，主権者による一般的命令という彼自身の法概念に包摂しうるものでないことは明白ではないだろうか。

　オースティンの『法理学，あるいは実定法の哲学の講義』の第38講「司法的立法に対する根拠なき批判 (Groundless Objections to Judicial Legislation)」は，以上のような司法法の不確定性に対する批判への反論でもあった。そこで，オースティンは，主権者に従属した裁判官によって創られる司法法が，世論，主権的立法者，上訴裁判所によってコントロールされることを論じている。さらには，ベンサムの「裁判官商会 (Judge & Co.)」という批判を逆手に取る形で，司法法が裁判官のみならず，法曹全体によるものであることを指摘した上で，「その専門職の一般的な意見の影響は非常に大きいので，それはしばしば，一種の道徳的必要性によって，法のルールの採用を裁判所に強制する」[ibid., p.667]と指摘している。ロバーンに依拠すると，司法法，レイシオ・デシデンダイの実態は，オースティン自身の枠組みでは，意見 (opinion) によって定められ，強制される「実定道徳」[Austin 1998, p.12] に近いものであったと言えるかもしれない [Lobban 2007a, p.182]。

　ここではオースティンの判例法についての見解を検討してきたが，それは，コモン・ローにおける法的推論に対する深い理解に基づくものであった。まず，実定法とされたのは，裁判所の判決，レイシオ・デシデンダイであったが，その要因，すなわち，コモン・ローの実質を提供するものとしては，多様なものが挙げられており，伝統的なコモン・ローの実践を反映したものでもあった。さらに，

コモン・ローの担い手を法専門職としている点は,「裁判官の慣習」と「一般的慣習」を峻別したベンサムと共通しているが,それらの関係については,「その職業(法曹)の利益は,たびたび社会の利益に反するものであるが,その二組の利益は,概して調和する」[Austin 1879, p.667.(　)内は引用者]として,その間の断絶を指摘したベンサムとは対照的である。第1章,第2章で詳しく検討した「コモン・ローと共同体の関係」という論争軸に照らしてみても,オースティンは,コモン・ローに対する人々の同意を極めて形式的に捉えていたという点で,ヘイルに近い。さらに関連して,「コモン・ローの正統性」という論点についても,国会の立法権,あるいは法を追認する権限に対する「黙示の同意」によってコモン・ローを正統化したヘイルと同様に,オースティンが,「主権的立法者が,明示的あるいは黙示的に同意する」[*ibid.*, p.666]ことによってコモン・ローの変化を基礎づけていたことは興味深い。また,本項では,オースティンの類推についての議論も検討してきたが,主権者による一般的な命令という法概念との矛盾を孕みつつも,そこでのオースティンの分析は,社会の発展に応じて変化するというコモン・ロー的な法観念を,自らの司法法という枠組みで説明しようとする試みであった。以上の点は,オースティンの法理学の目的,そして,イギリス法思想史の展開におけるその位置づけを明らかにする上でも重要である。

(3) オースティンの法理学の目的とその整合性

　オースティンの法理学の目的を理解するためには,まずその性質を確認しておく必要があるが,その手がかりとして,ベンサムとオースティンの法理論を比較したわが国の先行研究を批判的に検討することが有用であろう。
　石井幸三は,ベンサムとオースティンの法理論を,法,制裁,権利,コモン・ロー,法典編纂,神の法といったトピックの下に比較しているが,本節の問題関心から注目されるのは,「ベンタムが判決理由を法とみなさないのに反して,オースティンはそれを法とみなす」[石井 1988, 17頁]といった点など,コモン・ローに対する評価の相違が,「功利主義の相違,ルール功利主義者オースティンと行為功利主義者ベンタムの相違を示している」[前掲論文]との指摘である。
　まず,ベンサムに関して言うと,期待に基づく効用の観点から法は一般的ルールとして捉えられ,繰り返しになるが,コモン・ローにおける個々の判決は権威的とされていたが,レイシオ・デシデンダイ(判決理由)は,そのような一般的

第3章 コモン・ロー思想の再生 143

ルールを提供しえないという観点から批判されていたことを確認する必要がある。また，コモン・ローの対案であったベンサムのパノミオン（総合法典）の構想でも，裁判官は，功利の原理を直接適用して判決を下すのではなく，人々の期待の確固たる基礎を提供するため，法典のルールを固守することが要求されていた[Ferraro 2010, p.16]。上記の石井の枠組みでベンサムを捉えることができるとするならば，ベンサムはむしろルール功利主義者に含められるだろう。

　また，ベンサムがレイシオ・デシデンダイを法として捉えていなかったことは，ベンサムの言語論，存在論を整理したP・スコフィールドの研究からも説明しうる。スコフィールドによれば，ベンサムにおいては，「言語についての適切な概念，特に，言語と実在世界に関する人間の知覚のかかわり合いについての適切な概念が，真実と虚偽，物理的な事実と精神による空想を区別することの鍵であった」[Schofield 2003, p.14]。その際，ベンサムにおいては，人間が知覚することができる現実的実体（real entity）と区別される虚構的実体（fictitious entity）は，パラフレーズ，言い換えによって現実的実体との関連が示されない限り，非実体（non-entity）とされ，それを表す言葉は，たんなる騒音に過ぎないとされ，それが含まれる命題は無意味なものとされていた[*ibid.*, p.15]。ベンサムに依拠すると，例えば，「法的義務」という虚構的実体は，それに違反する際の刑罰に付加される苦痛という現実的実体と関連づけて説明しうるのに対し，レイシオ・デシデンダイは，前章でも触れたようなコモン・ローにおける法的推論の不確定性によって，快楽，苦痛といった現実的実体とは結びつけることができないため，非実体，あるいは「法ではない」と捉えられることになる。スコフィールドによれば，ベンサムの法理学も，虚構的実体である法的諸概念を現実的実体と関連づけて説明することによって導かれており，それは，自然法，自然権，社会契約といった非実体はもちろん，実際の害悪，苦痛と結びつけることができないコモン・ロー上の犯罪類型を排除し，さらに，従来見落とされていた観念に対応する新しい用語の発明をも含む改革的なものであった[*ibid.*, p.37]。

---

(17) すでに第2章第3節で触れたように，ベンサムにおける裁判官が，功利の原理を直接適用するよう想定されていたとするG・ポステマに対しては，『憲法典（*Constitutional Code*）』に依拠したJ・ディンウィディの反論がある。

(18) ベンサムの言語論，存在論についてのスコフィールドの解釈については，高島和哉による解説がある。深貝・高島・川名・小畑・板井[2007, 32-38頁]を参照。

一方のオースティンの法理学は,記述的なものとして理解すべきであろう。オースティンの法理学の目的を理解する上でも,オースティンの功利の原理についての検討は,あるべき法についての考察,立法の科学に属するものであって,ある法についての考察である法理学と明確に区別する必要がある[Lobban 1991, p.254]。

　まず,オースティンの法理学における法体系論,法構造論の中でもよく知られている人の法（law of persons）と物の法（law of things）の峻別について検討したい。オースティンによれば,「人の法とは,地位あるいは身分（status or condition）に関係する法の部分である。物の法は,人の法と同様に権利と義務に関係するが,それは,一般的,抽象的に考慮される権利と義務に関係する」[Austin 1879, p.709]。よって,「物の法と人の法の区別は,地位あるいは身分に基づいている。物の法は,法大全（corpus juris）から地位あるいは身分の法を差し引いた法」[ibid.]になる。その際,オースティンは,「人の法は地位あるいは身分についての法で,法システム全体の一体から便宜（convenience）のために分離されている」[ibid.]とも述べている。

　この人の法と物の法の区別は,例えば,契約をめぐる権利や義務が,当時の既婚女性,あるいは幼児に特有の権利や無能力によって変更されることを意味していたが,オースティンの法理学の性質を理解する上で重要なのは,上記の引用にもあるように,オースティンがそうすることの便宜を強調していたことである。すなわち,オースティンは,人の法と区別することによって,物の法は,「それらがより特殊な事柄と一緒になって散在している場合と比べ,明確に提示されうる。それぞれのルールや原理は,より特殊な事柄から受ける修正が追加され,付加される場合以上に,容易にそしてはっきりと理解される」[ibid., p.714]と考えていたのである。さらにオースティンは,法大全の配列を記述する際,「その一つ一つの部分がなぜその特定の場所にあるのか,理由を挙げること」[ibid., p.718]は,「私の現在の講座の目的とは関連性がない」[ibid.]とも述べているが,第2章第3節で見たように,功利の原理に基づいて,あるいはスコフィールドに依拠するならば,快楽,苦痛といった現実的実体との関連で違反行為を分類していたベンサムの法理学の方法とは対照的である。

　すでに触れたように,石井は,オースティンにおいてレイシオ・デシデンダイが一般的ルールであり,法として捉えられていたことと,オースティンがルール功利主義者であったことを関連づけていたが,オースティン研究者のW・ラン

ブルも「オースティンの倫理学についての議論は、倫理的な決定にとってのルールと権威の必要性の擁護を含んでいる。彼が行なっているその主張は、人間の性質あるいは行動についての見解を反映しているが、それはまた、彼の法と主権についての概念を左右している」[Rumble 1985, p.63] と論じている。ランブルは、オースティンにおいては、まず、緊急性に対応するためには、すべての可能な行為の効果を計算することは迅速さを欠き、不確定であること、また、即座の計算が誤りやすいこと、そして、功利の原理の直接適用が、有用なルールに対する例外を助長することなどから、ルール功利主義が採用されていたと整理しているのだが [*ibid.*, p.68]、そのようなルールについての考慮が、オースティンの法理学にも反映されていると考えているようである。このような解釈からは、前項で検討したオースティンの司法法の考察も、ルール功利主義の立場から、規範的に導かれたものとして捉えられることになるだろう。ただ、コモン・ローにおける原理とルールのジレンマに直面していたベンサムの時代よりも、オースティンの時代においては、本章の冒頭においても見たように、法をルールとして捉える傾向がより強まっていったことにも留意する必要がある。あるいは、コモン・ローの発展を先例＝ルールの類推適用によって説明しようとしたヘイルの考察への言及など、オースティンは、ベンサムよりも、ルールに基づいていたコモン・ローの実践に精通していたとも考えられる。司法の命令は、「通常は、法あるいはルールである」[Austin 1998, p.21] というオースティンの言明は、救済の側面を維持しつつも、ルールの体系としての性格を強めていったイギリスのコモン・ローの実態を反映したものであったとは考えられないだろうか。

ところで、オースティンの司法法の考察とその功利主義を結びつける観点については、D・ダイゼンハウスによる興味深い指摘がある。すなわち、「オースティンの記述は、記述的な方法に対する彼自身の外見上の忠誠にもかかわらず、明らかに、規範的な根拠を身につけているようだ。効用（utility）は、裁判官がコモン・ローのスタイルの言語を避け、彼らが法を創っていないという子どもじみた擬制（childish fiction）を避けていることを明らかにする実証主義的な、立法の響

---

(19) なお、ランブルは、近著において、オースティンをより合理主義的に捉え、その法理学のアプリオリな面にも注目するようになったと述べているが、「私は今でも、ほとんどの研究者が認めるよりも、オースティンの功利主義が、彼の法理学に密に関係していると信じている」とも述べている [Rumble 2005a, p.11]。

きを持つ言語を使う場合に限って、最もよく推進される」[Dyzenhaus 2004, p.53]という指摘である。ダイゼンハウスは、オースティンが、司法法、司法的立法としてコモン・ローを捉えたことは、コモン・ローの「法的理由の無尽蔵性（inexhaustibility）」を否定するとともに、裁判官が法を発展させる際には、立法をしているという自覚が伴わなければならないという政治的理由によると考えているようだが[*ibid.*, p.46, 53]、例えば、クックなどの「法の著者の立場が部分的に採用された場合、彼の原則の残りの部分も、結果として、あるいは類推によって、現に認められたものと関係している限り、通常は、法と見なされる」[Austin 1879, p.564]と述べているように、オースティンの法源の捉え方は、むしろコモン・ロー法律家のそれに近いものであった。さらには、「すべての国家において、裁判官によって創られた部分の法は、立法府によって規定された制定法から成る部分よりもずっとうまく創られてきた」[Austin 1998, p.191]という記述もオースティンにはある。オースティンの司法法の概念は、ダイゼンハウスの指摘が含意しているような、裁判官による法発展を抑制することを目的としていたのではなく、擬制、あるいは類推といった、コモン・ローの発展に関するそれまでの枠組みの代替案であった。「コモン・ローとその発展を説明する枠組みはいかなるものか」という論点に即して、以下に見るように、オースティンの目的は、ヘイル、ブラックストーン、あるいはクックの枠組みをより洗練させることにあったという整理も可能なのである。その際に鍵となる概念が、オースティンにおける二次的権利と主権者の概念である。

　まず、オースティンの権利の分類であるが、サラ・オースティンによって整理され、『法理学、あるいは実定法の哲学の講義』に収められた資料で、「法（あるいは法の科学、法理学）は、それを諸部分に分割しなければ、説明されえない。最も用いられている分類は、いくつかの種類の権利の一覧表に基づいている」[Austin 1879, p.769]とオースティンは確認している。すでに見たように、オースティンにおける物の法と人の法の区別は、「一般法と特別法、一般法典と特別法典」[*ibid.*, p.787]の区別に対応するものであったため、権利の主要な分類も、「私の見解によれば、物の法に与えられなければならない」[*ibid.*]と論じられている。その際、まず、オースティンは、物の法に関する権利を違法行為（delict）からは生じない一次的権利（primary rights）と、違法行為から生じる二次的権利（secondary rights）に分類し、さらに、前者を土地に対する権利のような対物

的権利 (rights in rem) と，契約の権利が含まれる対人的権利 (rights in personam)，抵当権などその両者に関係するものに分類している。一方，二次的権利には，不法行為と犯罪が関わるものがあり，そのうちの前者は，対物的権利，対人的権利，それぞれの侵害から生じるものに分類されている [Lobban 2007a, p.184]。

本書の問題関心から特に重要なのは，一次的権利と二次的権利の区別なのであるが，オースティン自身はその区別について，「第一に，それ自体において，そしてそれ自体で (in and per se) 存在し，いわば法が存在する目的であり，あるいは，法の目的や趣旨に，直ちに役に立つようなもの。第二に，他の権利と義務の存在を含意し，そして，たんに，その存在をそのように前提としている他の権利や義務のより良い保護と強制のために付与されるもの」[Austin 1879, p.789] として一般的に捉えている。この区別は，法の分類の観点から，より明確に，「私の物の法に関する主要な分割は，したがって，これである。第一に，権利侵害や犯罪からは生じない，あるいは権利侵害や犯罪から直接，直ちには生じない権利と義務に関係する法。第二に，権利侵害や犯罪から直接，そしてもっぱらそこから生じる権利や義務に関係する法。あるいは法廷，裁判所によって直接強制される法」[ibid., p.791] として再規定されている。オースティンは，権利を，それ自体で権利とされるもの（一次的権利）と，それらが侵害された場合に裁判所において救済を受ける権利（二次的権利）に分類していたのであるが，その際，オースティンが，後者とそれに関係する法をより重視していたことが注目される。すなわち，「救済を提供し，刑罰を決定する法が絶対的に必要な唯一のものであるということは完全に明白である。なぜなら，救済あるいは刑罰は，それに先行した権利侵害を含意し，先行した権利侵害は，侵害された一次的権利や義務を含意するからである。さらにまた，一次的な権利や義務は，そういうものとして，一定の行為に対する差止めや禁止，そして違反の場合に適用される救済や刑罰にその存在を負っているからである」[ibid., p.794] と論じられているのである。このようなオースティンの権利の捉え方は，その法理学における法体系論，法構造論にも反映されている。

オースティンは，ローマ法学における人の法 (jus personarum)，物の法 (jus rerum)，訴訟法 (jus actionum) という分類は，「著しい論理上の過誤 (a gross logical error)」[ibid., p.751] であると断じている。オースティンによれば，「民事的侵害であれ，刑事的なものであれ，権利侵害に関する法と，権利侵害から生じる権利と義務に

関する法、そして民事と刑事の手続の法は、実際は、これら二つの属（人の法と物の法）に所属する多様な種から成り、したがって、人の法と物の法と対等にさせられるべきではなく、それら双方の下に配置されるべき」[ibid.（　　）内は引用者]なのであった。また、同じような観点から、公法の一部の刑法が、ローマ法学者たちによって、人の法と物の法から除外されていることが批判され、「それ（刑法）は、これら二つの部門（人の法と物の法）の下に配置されるべきである」[ibid., p.752.（　　）内は引用者]と論じられている。「手続の多くは権利と義務から成り立っており、そのすべては二次的権利と義務が執行され、強制される方法に関係していることは明白である」[ibid., p.791]とも指摘しているように、このような法体系論、法構造論は、オースティンにおける権利を決定する際の救済、あるいは手続の重要性を示すものであり、さらに、一次的権利とそれらを守るために用いられる二次的権利、手続が一体のものとして考えられていたことを示している[Lobban 1991, p.240]。この点については、ベンサムとブラックストーンの実体法と手続法の関係の理解とオースティン自身のものとの異同からも窺い知ることができる。

　オースティンの法理論の多くは、ある法とあるべき法の区別、主権者命令説、服従の習慣による主権者の説明など、ベンサムのものを受け継いでいるとも考えられうる。しかしながら、実体法と手続法の関係については、両者は全く異なった見解を有していた。深田三徳の整理によると、ベンサムにおいては、実体法、手続法の区分は、一次的法(principal law or substantial law)、二次的法(subsidiary law or adjective law)の区分に対応させられていた。すなわち、一次的法は、通常、立法者の意思を明らかにする指図的部分（directive part）と、立法者が自己の意思に従わせるため、どのような罰や報償を用意しているかを知らせ、予期に関係している制裁的部分（incitative or sanctional part）から構成されていたが、一次的法に含まれるその予期を現実のものとするために必要とされたのが二次的法であった。その二次的法は、人々を罰するように裁判官や執行人などに向けられていたが、ベンサムにおいては、それらは一つの独立した法であり、一次的な法とは論理的に別個の法と捉えられていた[深田 1984b, 155頁]。一方、オース

---

(20)　一方、J・マーフィーは、オースティンが神の法を分析していることなどから、ベンサムよりも、ホッブズ、あるいはトマス・アクィナスとオースティンの近さを強調している[Murphy 2005, p.195]。

ティンにおいては、「一次的そして二次的権利と義務は、論理的な区別を表していない」[Austin 1879, p.795] とされている。「法の一方の部門ともう一方のものとの結合関係（complication）は非常に完全なものなので、一定の一次的な義務は、それら自身の法の部分では、完璧さに近づくようには記述されえない。それらは、対応する権利侵害についての記述を見ることによってのみ、理解されうる」[ibid.] とも述べているように、オースティンにおいては、実定法は、二次的な権利や義務を執行し、強制する手続法と分離不可能なほど、密接に関係していたのであった。

オースティンはまた、実定法と手続法の関係の考察において、ブラックストーンの方法が、「一般的にはローマの法律家のものよりも大きく劣っているが、ここではそれより優れている」[ibid., p.796] と述べていた。すでに本書の第2章第1節でも検討したように、『イングランド法釈義』の第2巻の「物の権利」の記述において、ブラックストーンは契約について明確なルールを提示することなく、むしろ第3巻の「私的不法行為」における救済の記述によって説明がなされている。この点は、コモン・ローをルールの体系として捉えようとしたブラックストーンの限界を示すものでもあったが、オースティンは、法の配列という観点から一定の評価を下している。すなわち、「人的財産権（動産権）の題目の下、彼（ブラックストーン）は契約や準契約から生じる一次的な義務について扱っている。不法行為を扱う際、彼の（『イングランド法釈義』）第3巻において、彼はそれら一次的なものの違反に起因する、契約や準契約から生じる義務に注意を向けている」[ibid., pp.796-97.（　）内は引用者] ことが評価されていた。

以上のような一次的権利と二次的権利・手続の一体性は、オースティンにおいては、裁判において与えられる救済、あるいは手続においてのみ、初めて人々の権利は確定されると考えられていたことを示すものであったが、それは、伝統的なコモン・ローの実践における権利の捉え方がまさに反映されたものであった。ベンサムとは対照的に、オースティンの「コモン・ローとその発展を説明する枠組み」は、コモン・ローの実践に忠実なものであったと言えるだろう。ロバーンによれば、コモン・ローにおいては、何が権利侵害かは事実に依拠していたのであり、法によって事前に完全な定義をすることはできず、法の基礎は、権利を強制する裁判所による事例毎の救済に求められていたが[Lobban 1991, p.241]、オースティンにおいても同様に、権利は裁判における救済によって初めて確定される

ものと考えられていた。その際，そのような権利と相関する義務の体系を統合するものとして，オースティンの主権者の概念を捉えることはできないだろうか[21]。オースティンは，その法実証主義的な権利と義務，法の捉え方から，「すべての法的権利には，三つの別々の当事者たちがいる。すなわち，権利を持つ当事者，関連する義務を負う当事者，そして権利と義務が各々付与され，賦課される法を定める主権を有する政府」[Austin 1998, p.284] と論じていた。そして，サラ・オースティンによって整理された資料において，「権利と義務［すなわち，法的権利と法的義務］の双方は法による創造物であるので，法の概念［あるいは政治的に制裁規定を設けられたルールの概念］が，(法の) 分類の前に（中略）置かれなければならない」[Austin 1879, p.769.（　）内は引用者] と示されているように，主権者の命令に基づくオースティンの法の定義は，再びロバーンに依拠するならば，救済によって確定されるコモン・ロー上の権利の体系に形式的な統一性を与えるものとして捉えることも可能であろう [Lobban 1991, p.249]。

　さて，このようなオースティンの法体系論，法構造，あるいはそれに基づく法理学の目的であるが，それは，法典化との関係で考察される必要がある。オースティンが，自身の法理学の目的を述べた論稿としては，『法理学，あるいは実定法の哲学の講義』の第 2 巻に収められた「法理学研究の有用性」の他に，同じく第 2 巻に収められ，特に法典化との関係で自らの法理学を位置づけた「法典化と法改革（Codification and Law Reform）」がある。前者については，すでにわが国においても翻訳や検討があるので［石井 1987b；八木 1977, 39-47頁］，ここでは後者を紹介，検討したい。

　そこでオースティンはまず，イギリスにおいて法典化が進みつつあること，そしてそのような変化が望まれていることを念頭において[22]，「その仕事に招かれる人は，有機的統一体と見なされたその体系についての精通した知識を有しているということが必要である。（中略）彼らが，基本的な原理や区別，そして主要な語句の意味について，明白かつ正確でつねに存在する諸概念を持つこと，彼らが，絶えず頭の中に，全体としての法の地図を持つことは，著しく必要なことである。

---

(21) オースティンが，「法体系論では権利中心に論じているが，彼の法の定義は法命令説と言われる義務中心である」［石井 1987a, 24頁］ことも，このような観点から説明されうる。

(22) オースティンの法典化論については，ホランドのダイジェストの構想を検討する本章第 3 節で触れている。

それにより,より一般的でないものをより一般的なものの下に置き,諸部分の相互の関係を理解できるようになる」[Austin 1879, pp.1129-30.(　　)内は引用者]と述べている。すでに触れたように,オースティンにおける人の法と物の法の区別は,立法上の理由に基づいたものではなく,より良い理解という観点から,ここでのオースティン自身の言葉では,法の地図(a map of the law)を提供する目的でなされたものであったし,権利を救済に基づかせることや,主権者の概念によって,有機的統一体(organic whole)としての性格をコモン・ローに与えることもできた。オースティンは,ベンサムの実体法と手続法の区分を,非論理的(illogical)であると論じているが[ibid., p.792],オースティン自身の試みは,論理的に一貫した枠組みを提供することで,法典化の前提となる法のより良い理解を目指すものであった。

　さらに同じ論稿で,オースティンが,自身の法理学の企図が,「法の地図を頭の中に固定する傾向があり,実務の過程で経験的に獲得されたすべてのものは,いくつかの関連のない,たんに恣意的なルールの無秩序な集合を形成するのではなく,よく考えられた体系の中で,それらの適切な位置を取る」[ibid., p.1132]とも述べていることが注目される。オースティンの司法法の概念は,コモン・ローの法実践の正確な理解に基づいていた。オースティンは,コモン・ローにおいて,「それから先,新しいルールが通用するならば,それは直接的に通用するのではなく,その判決が先例になるからである。すなわち,それ以前の法の状態の証拠として考えられるからである。そして,このように古いものの外観に隠されている新しいルールが,新しい事例に法として適用される」[ibid., p.548]と分析していたが,それは,コモン・ローにおいては,「一般的に新しいルールは,そう称して導入されるのではなく,既存の法が解釈によって確かめられると称されている。(中略)そしてその後,判決を待つ事例や問題に適用されると称されている」[ibid.(　　)内は引用者]ことを意味していた。既存のルールの解釈,あるいは類推による法発展を,ヘイルのように法の解釈としては捉えず,司法的立法,司法法として捉える違いはあるが,救済に権利,法を基礎づけたところにも表れているように,オースティンも,ヘイルと同様,社会の変化に応じて変化するという法観念を有していたようである。わが国の先行研究においては,オースティンの「法的権利の説は,いかなる内容のものを法的権利にするかの問題を,学問的には立法学に委ね,実践的には主権者に委ねることでして法学から切離し,法学

は，相対的義務の範囲が確定されることで確定される法的権利を扱うという構図である。したがって，法学における権利の研究は制限された枠内に置かれる」[石井 1987a, 27頁] と指摘されているが，むしろオースティンの法理学は，司法的立法と主権者概念に基づき，裁判官によって発展させられる救済とそれに対応する新たな権利を包摂しうる枠組みを提供するものだったのではないだろうか。オースティンが「法典化と法改革」で，自らの法理学は，「心の眼につねにある地図で，そこにおいては，部分の依存，すべての特殊なものの適切な場所，そしていずれかのものの変化が，残りのいずれかのものに対して持つ影響が，確実性を持って跡づけられうる」[Austin 1879, p.1133] とも述べているのは示唆的である。確かに，前章で主題的に検討した「ルールか救済か」という論争軸からは，オースティンのルールとしての法概念，静態的な法概念と，社会の変化に応じた法の発展が強調され，その救済的な側面に焦点が当てられている判例法の分析には，すでに論じたように矛盾がある。また，そのような救済的な側面の理解がありながら，裁判官が，具体的にどう紛争を解決し，どのような方向に法を発展させるべきなのかといった考察はオースティンには見られない。しかしながら，オースティンは，個々の事例をどう解決すべきかについての指針を示さなくとも，ルールの集合体であり，さらに一貫した論理的な体系である自らの枠組みによって，コモン・ローとその発展を説明することが可能であると考えていたことが，「法典化と法改革」からは推察できないだろうか[23]。

　ところで，特にオースティンの法体系論，法構造論の記述において本節で参考にしたロバーンの研究においては，オースティンの方法論に対するドイツ法学の影響が指摘されているが[24]，オースティン自身は，自らの企図をクックやヘイルの

---

[23] もちろん，オースティンの対象が，裁判官であるよりも，法律を学ぶ学生であったことも，オースティンにおいて，個々の事例をどう解決し，法をどう発展させるべきかについて十分な検討がなされていない要因であろう [Lobban 2011, p.558]。しかしながら，筆者は，終章でアメリカの法思想と比較しながら検討するように，イギリス法思想において，法と共同体の関係が極めて形式的に捉えられていたことを，その主要な要因と考えている。

[24] ロバーンは，オースティンはドイツ留学時代に，特にアントン・ティボーの影響を受けたのではないかと指摘している。その際，第一に，オースティンと同様，ティボーにおいて，法システムが多様な法的現実を探求する道具として捉えられていたこと，第二に，その法典化論が，ベンサム的な，第一原理からの演繹に基づくものではなく，経験的，歴史的な探求を必要とするものとされていたことなどにティボーの影響が見られると指摘されている [Lobban 1991, pp.227-34]。他に，Lobban [1995, pp.36-40] も参照。

ものを継承し、発展させたものとしても捉えていたようである。再び「法典化と法改革」に依拠すると、オースティンは上述の「法の地図」が、すべての時代と国の熟練した法律家たちによって所有されてきたと論じている。すなわちオースティンによれば、ローマの法律家たちだけでなく、それはクックやヘイルによっても所有されたのであり、クックについては、「形式の点では混沌としていたけれども、ルールについての彼の理路整然とした習熟は完璧であった」[*ibid*., p.1130]と述べられている。

クックによれば、コモン・ローの詳細の中に一貫性、調和を見い出すことができるとされていたのであり、それが、コモン・ローが理性的であることの証左であると考えられていた。そしてそのような理性的なコモン・ローは、社会のいかなるニーズにも対応できる順応性のある道具として捉えられていたが、コモン・ローの理性＝技術的理性は、熟練した裁判官の頭の中にのみ存在するものとして捉えられていた。一方、ヘイルにおいては、オースティンと同様、主権者命令説が取られており、コモン・ローの基本的なルールは立法に起源を持つ権威的なものとされ、そこからの類推によってコモン・ローの発展が説明されていた。その際、オースティンの法理学は、まず、クックの技術的理性に形式を与えるものであった。また、類推を司法法という枠組みによって捉え直して主権者の命令と関連づけることで、ヘイルにおいてはなされていなかったコモン・ローの発展についての形式的な統一性を伴う説明を、可能とするものと言えないだろうか。オースティンは、法の地図を頭の中に描けるような熟練した法律家（consummate lawyers）によって法典化は実行されなければならないと論じていたが、逆に言うと、その法理学の目的は、法改革の前提となる法の地図を提示することであったとも言える。ブラックストーンの『イングランド法釈義』の目的が、コモン・ローを体系的に整理することによって、将来の立法者である貴族、ジェントルマンに、コモン・ローに基づいた立法を行なうよう導くことにあったと再構成できるとするならば[Lieberman 1989, pp.56-67]オースティンの『法理学、あるいは実定法の哲学の講義』を、さらに、ブラックストーンの企図の延長線上に捉えることもあながち不可能ではないだろう。

以上、ここでは、オースティンの法理学を古典的コモン・ロー思想の伝統の中に位置づけることを試みてきた。もし本節における整理が正しいならば、オースティンの主権者命令説に基づく法概念に対するハートの批判は、法理学全体に形

式的統一性を与える前提条件，あるいは形式的な法源とされたものに対する批判であったということになる。ただ，オースティンの後，コモン・ローにおける判決を司法的立法，司法法として，従属的な権限保持者による立法という枠組みで捉えたオースティンの試みに批判が集中することになる。次に，そのような批判の視座を提供し，さらには，オースティンも共有していた，社会の変化に従って発展する法という法観念を，「法の発展を導く原理の探求」という異なった視点から提示することを試みたメインの歴史法学について検討したい。

第2節　メインの法思想

（1）　歴史法学と法命令説批判

　ヘンリー・メイン（Sir Henry Sumner Maine, 1822-1888）は，1847年に25歳の若さで母校ケンブリッジ大学のローマ法の教授に就任している。1853年以降に，法曹学院でローマ法，法理学を教え，1860年代に法律顧問としてインドで過ごした後は，オックスフォード大学の法理学の教授，ケンブリッジ大学の国際法の教授を歴任している。まさに前節で扱ったオースティンとは対照的な華々しいキャリアであるが，そのオースティンの『法理学領域論』が再版された1861年に『古代法（*Ancient Law*）』を出版した後も，『東洋と西洋における村落共同体（*Village Communities in the East and West*）』（1871年），『初期制度史講義（*Lectures on the Early History of Institutions*）』（1875年），『初期の法と慣習に関する諸論（*On Early Law and Custom*）』（1883年），『大衆統治制（*Popular Government*）』（1885年）など多くの著作を世に問うている［石井 1989, 5頁］。ところで，1988年には，メインの死後100周年を記念したコンファレンスがケンブリッジで開かれている。そして，その際の報告が法制史，政治学，社会理論，思想史，人類学，言語学など，様々な観点からメインについて論じていたように，メイン自身の問題関心も多様なものであったが，ここでは法思想史の観点から，その中でも，本書の主題であるコモン・ロー思想史の観点からメインの法思想を検討していきたい。

　そのメインの法思想の主題と言いうるものは，『古代法』の以下の一節から窺

---

(25)　周知の通り，オースティンの服従の習慣に基礎づけられた主権者の定義に対する批判として，主権の継続性を説明できないことや，主権の法的制限が説明できないことなどを挙げることができる［Hart 1994, pp.50-71；邦訳，56-80頁］。

い知ることができると思われる。すなわち，メインは，ベンサム，オースティンの法理学を念頭において，「既存の法理学の諸理論には，非常に幅広い不満があり，そして，それらが解決しようとしている問題を，実際には解決していないという非常に一般的な確信があるため，それらの著者たちによって，完全な結果に必要な，一定の探求の筋道が不完全に追求されてきた，あるいは完全に無視されてきたという疑いを正当化するほどである。(中略) それら (既存の法理学の諸理論) は，それらが出現した特定の時期から離れた時代に，法が実際にどのようなものであったのかについて全く考慮に入れていない。それらの創始者たちは，彼ら自身の時代と文明の諸制度，そして彼らが一定の知的な共感を持っていた他の時代と文明の諸制度については注意深く観察したが，しかし，彼ら自身のものと大きな表面上の違いを見せる古代の社会国家に彼らの注意を向けたとき，彼らは一様に観察することを止め，想像することを始めた」[Maine 1920, p.128. (　) 内は引用者] と述べているが，メインの主要な関心として，法の歴史的考察を通じて，オースティンの法理学を検討することがあった [Lobban 2010, pp.109-11]。また，『古代法』の少し前の個所でベンサムについて，「ベンサムは，社会がその法を，一般的効率性についての見解の修正に従って変更し，これまでもずっと変更してきたとの答えを示唆している。この命題が誤っていると言うことは難しいが，それは確かに実りのないように見える。(中略) 効率性と最大の善とは，変更を促す刺激の別の名前に過ぎない。そして，効率性を，法あるいは意見における変化のルールとして定めるならば，その命題から私たちが得るすべてのものは，私たちが変化が生じると言うときに必然的に含意されている用語の代わりに，明示された用語を用いるということである」[Maine 1920, p.127. (　) 内は引用者] とメインは述べている。その成否はともかく，本書が考察の対象としているクック以降のイギリス法思想の展開において，「法の発展を導く原理の探求」といった視点は，メインの法思想に特徴的なものであった。以下，本節ではまず，メイ

---

(26) Diamond [1991a] は，1988年の9月30日，10月1日の2日間にわたってケンブリッジで開催されたメインの死後100周年を記念したコンファレンスでの報告を基にした論稿を集めた著書である。法制史，法思想史の分野では，P・スタイン，W・トワイニング，D・イェール，A・ダイアモンドなどの論稿が収められている。メインの法思想については，他に，Cocks [1988] がある。また，わが国における先行研究としては，メインの著作全体を包括的に検討したものとして，石井 [1989；1990] がある。

ンのオースティン批判を取り上げ，次項で，メインによる法の発展理論について扱いたい。さらに，第3項では，それぞれが19世紀後半以降のコモン・ロー思想に対して与えた影響を検討する。

さて，オースティンの法理論，特にその主権理論に対するメインの考察は，オックスフォード大学での講義を収録した『初期制度史講義』の第12講「主権 (Sovereignty)」と第13講「主権と帝国 (Sovereignty and Empire)」において展開されているが，そこではまず，「彼の体系の基礎を明らかにし，『法理学領域論』として数年前 (several years ago) に出版されたオースティンの講義の一部は，長い間，この大学（オックスフォード）における高等テキストの一つであったが，より最近，［不幸なことに断片的な形ではあるけれども］，この世に生み出された残りの諸講義（『法理学，あるいは実定法の哲学の講義』）と一緒になって，つねに，そしてこれから来る長い期間にわたって，この分野で追求される勉学の中心となるに違いない」［Maine 1888, p.345.（　）内は引用者］とオースティンが評価されている。ただ，法理学の学生たちに必要なことは，分析法理学によって提唱された主権理論が，人間の性質と社会について観察された事実によって，どれだけ支持されるかを注意深く検討することであるともメインは指摘している。その際，メインは，オースティンの主権理論の真実性は，「一定の事実の集合，特に西洋そして近代世界の政治的事実によって強く示唆されているが，すべての関連する事実が十分には観察されてこなかったということが想起されなければなら」［ibid., p.358］ず，「人間の性質についての理論家が，それについて半分よりもかなり多くは極端に忘れがちである全世界，そして全世界の完全な歴史が，私たちが事実について完全に確信が持てるようになる前に検討されなければならないであろうが，もしこれがなされるならば，非常に多くの事実が，その（オースティンの）結論をそれほど強くは示唆しないということになるかもしれない」［ibid.（　）内は引用者］と論じている。

具体的には，例えば，前節で見た，法を主権者の一般的命令としたオースティンの法の定義に対する歴史的観点からの批判的検討を挙げることができる。「法への服従を強制する力は，つねに，主権者の強制的な力と合理的に同定できるような性質であって，法は，（中略）一般性によって特徴づけられてきたのだろうか」［ibid., p.375.（　）内は引用者］と疑問を呈したメインは，古代のアッシリアやバビロン，アテナイなどは立法国家ではなく徴税国家だったのであり，古代

のメディアやペルシャで法と考えられていたものも,「オースティンが『特定の命令 (particular command)』と呼ぶであろう,突然の断続的で一時的な」[ibid., p.384] ものであったことを指摘している。

　本書の問題関心から特に注目されるのは,オースティンが慣習法,コモン・ローを主権者の命令として捉えた際に用いた「主権者が許容していることは,彼が命令していることである (what the Sovereign permits, he commands)」[ibid., p.381] という枠組みについてのメインの考察である。前節で検討したように,オースティンは,コモン・ローに形式的な統一性を与えるために,コモン・ローを司法法として,主権者に従属する裁判官による立法の枠組みで捉え,ベンサムにおける主権者の暗黙の命令としても見なすことができると論じていた。すなわち,従位の裁判官の判決は,「主権を有する立法府 (sovereign legislature) によってコントロールされる。その監査の下に彼らの判決は創られ,その権威の下に彼らの判決は覆される」[Austin 1879, p.666] と論じていたのであった。

　ここではメインは,インドのパンジャーブ地方においてイギリスによる併合が始まる前のランジート・シング (1780-1839) による統治を,オースティンの枠組みに対する反証として取り上げている。メインによれば,どんなことでも命じることができたこのランジート・シングの主権ほど,オースティンによって考えられた主権概念を完全に具体化したものはないとされている。しかしながら,その一方で,オースティンが法と呼ぶだろう命令を,ランジート・シングがその生涯において一度でも発したことがあっただろうかとメインは疑義を呈している。ランジート・シングについてメインは,「彼は,非常に多くの人間を処刑した。彼は巨大な軍隊を招集した。彼は権力のすべての材料を持っており,それを様々な方法で行使した。しかし,彼は法を創ったことがなかった。彼の臣民の生活を規制したルールは,彼らの超記憶的な慣例から導かれており,そしてこれらのルールは,家族や村落共同体の土着の審判において司られた」[Maine 1888, pp.380-81] と指摘しているのである。「主権者が許容していることは,彼が命令していることである」というオースティンの枠組みについても,「ランジート・シングは,彼の臣民がその下で暮らしていた民間の (civil) ルールを変えることを夢想することもなかったし,そうすることもできなかっただろう。おそらく彼は,それらを適用した長老たち自身と同様に,そのようなルールが独立して持つ義務的な力の強い信奉者であった」[ibid., p.382] と論じている。

ところで，オースティン研究者のランブルは，従来の研究の中には，オースティンとメインの法思想は，「正反対の性質を持ち，ほとんど共通するものがないと考えている」[Rumble 2005a, p.132] 研究があると指摘している。実際に，わが国の先行研究においても，メインは，「経験科学，社会学，歴史学から知識に立脚することで，近代自然法や法実証主義が強調した，法とは力を背景とした主権＝立法権力の定立する規範という法の定義に修正を迫った」[石井 1990，18頁] と論じられていることもある。しかしながら，ランブルが指摘しているように，「オースティンとメインの間の類似性は際立っており，数多く，そして重要である。メインが，オースティンの法哲学の基本的な原理のいくつかについて完全に，あるいはかなりの範囲まで同意していたということは明らかである」[Rumble 2005a, p.141]。例えば，『初期制度史講義』においても，ホッブズ，ベンサムとともにオースティンの主権と法の概念と事実との一致は，「彼らの時代までには実際に存在したのであり，つねに，より完全になる傾向にあった。(中略) もしそれ (オースティンなどの主権と法の概念) が完全には事実を表していなくとも，その正確さの限定は，それから価値を奪うほどに深刻なものでは決してなかった」[Maine 1888, p.397.（　）内は引用者] と論じられている。より具体的には，パンジャーブ地方においては，主権者の命令ではなく，慣習的ルールが支配していたとの上述のメインの指摘にも，「オースティンの原理の適用がなされえないものよりも，大きくはない，あるいは同じくらいの大きさの集団」[*ibid.*, p.381] のことであると付け加えられている。「主権者が許容していることは，彼が命令していることである」とのオースティンの枠組みについても，当時のイギリスに言及した際は，「事実の問題として，(中略) コモン・ローは，広い範囲で国会制定法に侵食されてきており，私たちの時代には，その拘束力のすべてを制定法に負うようになったかもしれないということもありうる」[*ibid.*（　）内は引用者] と述べられている。

---

(27) オースティンには，共通の確定した上位者に対して一定の服従の習慣がある政治社会と自然社会の区別があり，自らの法の定義は，前者のみに適用しうると考えていた。ただ，後者には，人口が大きくても，主権者への服従が継続的なものでなく，慣習的なルールによって人々が支配されている社会も含まれており，ランブルは，メインが挙げているパンジャーブ地方の例は，オースティンの範疇では，そのような自然社会の部類に属するのではないかと論じている [Rumble 2005a, pp.158-60]。

このように，オースティンの法，主権概念に対するメインの議論は，それに修正を迫ることではなく，その歴史的，地理的な射程を限定することに主眼が置かれていたようである。ただ，パンジャーブ地方の慣習の記述に関連してコモン・ローに言及した際，オースティンが，主権者の命令としてコモン・ローを捉えたことに対して，「私の東洋の例は，コモン・ローについて昔の法律家によって感じられた困難が，ホッブズやその後継者たちから得られたものよりも，より多くの尊重に，一度は値したかもしれない」[*ibid.*]ともメインは論じており，「コモン・ローとその発展を説明する枠組みはいかなるものか」という論点，論争軸において，後の時代に利用される余地を持つものであった。すなわち，主権者に従属する裁判官による立法，主権者の暗黙の命令，あるいは主権を有する立法府（sovereign legislature）によってコントロールされるものとしてコモン・ローを捉えたオースティンに対して，「それは，裁判所が，それらが全く意図していない方法と動機で動くと見なしている」[*ibid.*, p.364]とも述べていたメインの議論は，19世紀末において，ポロックのものなど，主権者の命令から自律したものとしてコモン・ローを捉えようとした法思想に足掛かりを与えるものであったし，その後の，裁判所を法体系の中心に据えたホランド，サーモンドなどの法理学にも一定の影響を与えることになる。ただ，メインのオースティン批判の影響について考察する前に，オースティンとメインの関係をより明確にするために，メイン自身の法の発展理論を概観したい。

（2） 法の段階的発展と法改革論

メインは，前項で検討した『初期制度史講義』の第12講「主権」において，オースティンが，「主権やそれに依存する諸概念がアプリオリな存在を持つということをほとんど含意しているかのような言葉を用いている」[*ibid.*, p.187]と指摘していた。少なくともメイン自身の意図は，そのような概念が事実と合致していることを要求すること，あるいはその適用範囲を限定すること以上に，オースティンの法理学に代表される論理的な分析だけでは，法の性質は十分には説明できないことを主張することにあったと捉えることも可能なのかもしれない。一般的には，メインは，法の完全な理解のためには，法実践の起源とその発展についての注意深い探求が必要であり [Schofield 1991, p.58]，さらに法の原理の発展は，より広い社会の変化の観点から考察されなければならないと論じていたとされてい

る [Lobban 2007a, p.192]。これまでの研究においては,「コモン・ローの地図」を描くことに専心したオースティンの法理学を超えようとするメインの意図が強調されてきたとも言いうるが,メインのそのような側面の手かがりとして,法の発展理論について検討してみたい。もちろん,特によく知られているのは,『古代法』における「身分から契約へ (from status to contract)」という定式である。

メインによれば,「発展した社会の運動は,ある点において一様であった」[Maine 1920, p.172]。すなわち,「その方向のすべてにおいて,家族的従属の漸進的な解消と,その代わりの,個人的な義務の増大によって特徴づけられてきた」[ibid.] のであった。契約の観念の浸透により,「民事法が考慮する単位として,個人が着実に家族に取って代わっていく」[ibid.] のであり,発展した社会である西欧において顕著な現象として,「人々のすべての関係が家族の関係に集約されていた社会の状況から,すべてのこれらの関係が諸個人の自由な合意から生じる社会秩序の局面の方向に,私たちは着実に進んできたようだ」[ibid.] と観察されている。具体的には,西欧においては,奴隷の地位は消滅し,雇主と使用人の契約関係に変わっていき,夫の保護という点を除けば,成人女性の,後見の下にあるという地位も消滅し,家父長権の支配に服する子の地位といったものも,文字通りのものは,近代ヨーロッパ社会の法には見られないことが指摘されている。周知の通り,メインによれば,「発展した社会の運動は,これまでのところ身分から契約へというものであった」[ibid., p.174]。なお,以上の考察は,例えば,メインによる財産に関する歴史的考察においても反映されている。メインは,私的財産は,「共同体の混合された権利から,諸個人の個々の権利を徐々に解きほぐすことによって,おもに形成されてきた」[ibid., p.280] と述べている。自らの人の法 (law of persons) の考察に基づき,「身分から契約」へという形で同族集団が家族に解体し,家族が個人に取って代わられた「変化における各々の段階は,所有の性質における類似の変化に対応する」[ibid., p.281] と論じているのである。

『古代法』においては,法の形式の発展についても論じられている。「法を変化させる手段である擬制 (fiction),エクイティ,立法は,原始の諸制度を圧迫するよう,順番に持ち込まれ,発展のすべての局面において,より多数の個人の権利

---

(28) メインに関する最近の研究として,O'brien [2005] を参照。そこでは,メインに対するドイツの歴史学者のバルトールト・ニーブールの影響が論じられている。

とより大きな額の財産が，家庭の裁きから，公的な裁判所の管轄権に移された」[ibid., p.171] と述べられているところからも推察できるように，擬制，エクイティ，立法などの法の形式の発展についての考察も，メインの法の発展理論の重要なテーマであった。以下においてメイン議論を追っていくが，それは，オースティンの法概念論との比較という観点からも興味深いものである。

メインによれば，発展した社会に関しては，「社会が必要とすることと社会の意見は，つねに，多かれ少なかれ法よりも進んでいる。私たちはそれらの間のギャップを閉じることに，漠然とは近づけるかもしれないが，それは，再び開く傾向を恒久的に有している。法は安定したものである。私たちが話している社会は発展的なものである。民族の幸福の大小は，その隔たりが狭められる迅速さの程度に左右される」[ibid., p.29] と指摘しているが，そのギャップ，隔たりを狭め，法と社会との調和をもたらすものとして挙げられているのが，擬制，エクイティ，立法であった。そして，その歴史上の順序も，擬制，エクイティ，立法の順であることが確認されている。

そのうちの擬制について，まず，メインは，法的擬制（legal fiction）ということで意味されることを，法のルールは変更されたけれども，それを隠す，あるいはそれを隠すようにするもので，法文はそのままであるけれども，その運用において変更がある現象と捉えた上で，「何故，すべての形式における擬制が，特に，社会の揺籃期の性分と合っているかを理解することは難しくない」[ibid., p.31] と述べている。「それらは，必ずしも欠乏していなかった改善への願望を満たすと同時に，つねに存在している変化への迷信的な嫌悪を害さない」[ibid.] ため，社会の発展の特定の段階においては，法の厳格さを克服する非常に貴重な手段であったと論じられているのである。続いて，「それによって社会の欲求への法の適合が維持される次の手段」[ibid., p.32] としてエクイティが取り上げられているが，エクイティとは，「明確な原理に基づき，それらの原理に備わっている優越した神聖さにより，民事法に付随しながらも，それに取って代わることを要求している」[ibid.] ものであった。その権威は，裁判官など一定の地位を持つ人間によって発せられることに由来するのではなく，「すべての法が一致すべきだと主張されているその原理の特別な性質に基づく」[ibid., p.33] が，メインは，それが，法的擬制よりも進んだ思考の段階のものであると述べている。さらに続けて，メインは，「それが，独裁的な君主の形式，あるいは議会の形式を取るにせ

よ，社会全体の機関と考えられた立法府が制定する立法が，改善する手段の最後のものである」[*ibid*.] と法の形式の発展についてまとめている。

『古代法』では，上記の法の形式の発展によって，社会の要求に法が対応してきた様子が具体的に検討されている。その例としては，古代ローマにおける手中物（*res mancipi*）と非手中物（*res nec mancipi*）に関するメインの考察を挙げることができるだろう。メインによれば，古代ローマにおいては，財産が，握取行為（*mancipatio*）が必要なものとそうでないものに区分され，前者の手中物には土地だけではなく，奴隷，馬，雄牛なども含まれていたが，それらの流通に関しては，厳格な形式の故に，様々な障害があった。逆に，「一つの種類，性質の財産は，他のものよりも，価値に関してより低く位置づけられたが，同時に，古代の風習がそれら（他のもの）に課していた足枷からは解放されていた」[*ibid*., p.283.（　）内は引用者]。その後,「財産の，より下級の種類のものの移転と相続を律するルールの，より優れた便益が一般的に認められるようになり」[*ibid*.]，その結果，「手中物のリストは終局的に閉じられ，非手中物のリストが無限に拡大することが許容された」[*ibid*., p.288] が，その際，「法的改善の手段の二つである擬制とエクイティが，ローマの法律家たちによって根気よく用いられた」[*ibid*.] のであった。

ところで，A・ダイアモンドは，メインにおける擬制の概念が，一般的なイギリス法の理解よりも幅広く捉えられていることに注目している。すなわち，すでに触れたように，メインにとって，擬制とは，「法のルールが変更されたという事実を隠す，あるいは隠すようにするあらゆる態度を意味し，法文はそのままであるけれども，その運用が変更される」[*ibid*., p.30] ことを意味していたが，本書の問題関心から興味深いのは，ダイアモンドも指摘しているように，メインがコモン・ローの法的推論，判例法の発展を擬制の観点から捉えていることである [Diamond 1991b, pp.244-46]。メインは，「イングランドの裁判所に，司法的判断

---

(29) 古代の法において，財産が移転する際に要求された形式の一般的な特質として，その儀式性をメインは挙げている。古代においては，どれだけ風変わりなものであっても，一つのジェスチャーを省くことも許容されず，その意味が忘れられていても，一つの語句が取引の際に述べられなかっただけで財産の移転自体が無効になることがあり，それが物の自由な流通を妨げるものとして徐々に認識されるようになったとメインは指摘している [Maine 1920, pp.282-83]。

(30) メイン自身も，一般的なイギリスの法律家の擬制の概念よりも，自身の概念が，かなり幅広いものであることを認識している [Maine 1920, p.30]。

を求めて一群の事実がやってきたとき，裁判官と弁護士の間の議論の過程全体は，古い原理以外の原理，あるいは，ずっと前から認められてきたようなもの以外の区別の適用を要求するようないかなる論点も提起されない，あるいは提起されえないと想定している。どこかに，今争われている紛争の事実に適用される周知の法のルールがあり，もしそのようなルールが発見されないならば，それを見つけるのに必要な忍耐，知識，あるいは洞察力が提供されていないだけであるということが，完全に当然であると見なされている。しかし，判決が言い渡され，報告された瞬間に，私たちは無意識に，明言されない形で，新しい言語と新しい思考の流れに移動する」[Maine 1920, p.35] とコモン・ローの発展を捉えている。メインによれば，このような擬制の作者であるコモン・ロー法律家たちは，「おそらく（法を）刷新することは，意図しなかっただろうし，刷新したと疑われることは，たしかに望んでいなかった。さらに，その過程において，いかなる擬制があることも認めない人がずっとおり，また今もいて，慣例的な語法は，彼らの拒否を支持している」[ibid., pp.34-35.（　）内は引用者] ため，コモン・ローの法的推論ほど，「法的擬制の幅広い普及と，法体系を変えながらも，その変化を隠すという二重の機能をそれらが遂行する際の効率性」[ibid., p.35] をより良く説明する例はないのであった。

　『古代法』のここでの議論を見る限り，「裁判官による法形成はいかにして正統化されるのか」という本書の論争軸の一つに照らしてみるならば，ヘイルにおいては法の解釈の手法であり，オースティンが，コモン・ローを発展させる主要な手段であるとした類推による法発展も，メインは，その擬制の概念のうちに含めているようである。そしてメインが，ベンサムがしたように，擬制を「たんに欺瞞的であるとして罵ることは，法の歴史的発展におけるそれら特有の機能についての無知をさらけ出すことである」[ibid., p.31] と指摘しているところからは，メインの法概念は，「紛争とその権威的判定機関との関連で法概念をとらえるところに特徴がある」[石井 1990, 17頁] として，そこに，「イギリス・コモン・ロー法律家の考え方と共通している」[前掲論文] ものを見い出すことも可能であろう。しかしながらメインは，「擬制がその効用を持っていたということを認識

---

(31) ただし，石井幸三は，「メインは，近代社会では立法の優位，法典化の好ましさを説くので，彼の法概念は，法を司法機関を中心にとらえるのでなく，法と立法との関係にも適用できるような余地を残している点にも特徴がある」とも指摘している [石井 1990, 17頁]。

し，私たちの体系に固定されるべきだと論じる理論家たちに同意することは，等しく馬鹿げたことであろう」[Maine 1920, p.31] とも述べている。次に，メインの法改革の議論からメイン自身の法概念を明らかにしていくが，それは，オースティンとメインの相違，あるいはメインの法の発展理論がオースティンの法概念を超える何かを提示していたか否かを探る上でも，欠かせない作業であると思われる。

　1850年代のイギリスにおいては，法教育の改革が盛んに議論されていたが，特に法律の初学者に対して，法の一般的な原理を示すことの必要性が提唱されていた。その際，P・スタインが指摘しているように，18世紀にその役割を果たした自然法は，19世紀には，科学的な探求には馴染まないものとされており，また，コモン・ロー自体から一般的原理を抽出することも困難であったため，ローマ法に注目が集まることとなる。法曹学院の法学教育評議会によって設置された法理学とローマ法の講座を担当していたメインも，法学教育改革の議論にコミットしていく[Stein 1991, pp.198-200]。1856年に出版された「ローマ法と法学教育(Roman Law and Legal Education)」もそのような文脈で執筆されたものであるが，メイン自身の法概念を探る上でも有用な論考である。[32]

　その「ローマ法と法学教育」においてまず注目されるのは，メインの不文法(unwritten law)の定義である。後に，『古代法』において詳述されているが，メインによれば，法史の初期においては，法的なものは，支配階級の胸中に収められていたのであり，当初はまさに不文法であったのだが，法の知識の独占が解かれ，それが文書の形で公のものになった時点で，成文法(written law)，法典と呼ばれるものが登場してきたのであり，十二表法，ドラコン法，ヒンズー法典などの登場は，それ以前の不文法の時代とは区別されるのであった[Maine 1876, pp.362-63]。そしてメインは，そのような意味で，イギリスの法，コモン・ローも「成文法であって，法典化された法である」[*ibid.*, p.364] と述べている。一方で，ユスティニアヌスの法典が連想される，もう一つの意味で用いられる法典化という言葉があったが，メインによれば，「その言葉は，成文法を十分な成文法(well written law)に転換することを意味する」[*ibid.*] のであった。そして，この意味

---

(32) メインのこの論考の初出は，1856年の *Cambridge Essays* であるが，後に，『東洋と西洋における村落共同体』の第3版（1876年）に収められており，本書でもそちらを参考にした。

では、イギリスの法体系は確かに法典化されておらず、そこでローマ法大全に相当するものは、法学の図書館しかないと論じられている。続けてメインは、「もし法がそもそも書かれるならば、明確に、簡潔にそして正確に書かれることが望ましい」[*ibid.*, p.365]ことを確認した上で、その際のローマ法研究の重要性を説いている。ベンサムの法典化論における法的用語の実験が成功しなかった今、ローマ法学の法的用語を参考にすべきと論じられているのである。関連して、法典化によってもベンサムが裁判官創造法（judge-made law）と呼んだものは排除できないが、「この司法的立法（judicial legislation）が最小にまで縮小されうる方法はある」[*ibid.*, p.367]と、オースティンの用語も引用しつつ述べているところは、メイン自身の法概念を示すものとして興味深い。

　ローマ法が法学教育に資する点として、メインは、立法技術における効用に注目していたと言えるだろう。メインによれば、その膨大な量と、重要性が増していることにより、制定法は、「私たちの法学教育の改革を、最も差し迫った即座の緊急性の問題にしている」[*ibid.*, p.369]のであった。メインは、その制定法の量の膨大さの原因の一つとして「技術的な立法表現の共通の蓄えの欠如」[*ibid.*, p.375]を挙げている。そのようなものが確立されていれば必要がないような事柄についてまで、イギリスでは、制定法が扱っていることが問題視されているのであった。その際、ローマ法は、「法のそして立法の表現の新しい蓄え」[*ibid.*, p.376]になり、「法体系全体の基本的な概念を覆う曖昧さを取り除く」[*ibid.*]ことができるものとして捉えられている。本項の問題関心から特に注目したいのは、メインが、ローマ法研究の効用として、さらに、「すべての法的ルールの一体が追求することを運命づけられている発展の過程のようなものを学ぶこと」[*ibid.*]を挙げていることである。この「ローマ法と法学教育」においてメインは、「私たち自身の法体系とローマ法がかつては同じようなものであったから、それらが同時に学ばれなければならないのではない。それらが同じようになるからである。その初期においてはどれだけ異なるものであったとしても、その成熟期においては、すべての法が互いに類似している傾向にあるからである」[*ibid.*, p.332]とも述べているが、イギリス法とローマ法を素材にして、成熟した法体系に共通する諸原理、諸概念、諸区分を説明することを試みたオースティンの一般的法理学の企図［八木 1977, 40-43頁］と、ほとんど変わらないメインの法概念がそこには示されているように思われる。

以上，オースティンの法概念を超えるものがあるかという観点からメイン自身の法思想を検討してきたが，本項で見た法の形式の考察に関しては，そのようなものを見い出すことはできなかった。一方で，メインの歴史法学の基礎には，法についての表面的な考察以外のものも包摂しうる「法観念」があるとも指摘されている［石井 1990, 20頁］。おそらくこれは，メインが，法は静態的なものとしてではなく，社会の様々な要素の中で捉えるべきであると考えていたことを示しているのであろうが，本書の関心からは，社会の発展と法の関係をメインがどのように捉えていたのかという観点，あるいは，メインにおける「コモン・ローの発展を導く原理の探求」の成否という観点から検討できる問題である。「身分から契約へ」という定式に集約されるメインの法思想が，オースティンの法理学と並ぶ，あるいは超えるようなヴィジョンを，イギリスの同時代，あるいは後の法学者たちに示しえたかという問題であるが，その成否は，以下に検討するように，メイン以降のイギリス法理学の進路に少なからぬ影響を与えたように思われる。次項ではメインの影響を考察していくが，法の形式に関するものにとどまらないメインの法の発展理論については，その際に詳しく検討したい。

（3）　メインの遺産

　以下，メインのオースティン批判，その法の発展理論に分けて影響を考察する。ここでもコモン・ローのコンテクストに即して考察を進めていくが，最初に，主権者と慣習法の関係をめぐる，メインのオースティン批判の影響，遺産を検討したい。その手がかりとしては，メインの所説に依拠しながら，オースティン批判が展開されている，1872年の「法と命令（Law and Command）」というフレデリック・ポロック（Frederick Pollock, 1845-1937）の論稿［Pollock 1872］を検討することが有益であろう。

　その「法と命令」という小論の目的は，オースティンの主権者による命令を基礎とした法理論が，「せいぜい法の特徴の一つであるものを，その本質にまで高めることによって，（中略）法の適切な領域を狭め，その作用についての不十分な見解に至り」［*ibid.*, p.191.（　　）内は引用者］，また，「立法の恣意的な側面を目立たせ，必然的な側面を隠すことで，法と共同体の有機的な関係（organic relation）をひどく曖昧にしてしまう」［*ibid.*］ことを示すことにあった。そしてポロックは，オースティンの法理論のいくつかの「難点のうち，最初のそして最も重大

なものは，慣習の扱い方にある」[*ibid.*, p.192] として，以下のような議論を展開している。

前節で検討した，主権者の命令として慣習法，あるいはコモン・ローを捉えるオースティンの理解は，ポロックによれば，「いくぶん驚くべき性格の二つの結論」[*ibid.*, p.193] が伴うものであった。ポロックは，オースティンにおいては，「第一に，命令と制裁の原理一般にとって，すべての法の適用を，不服従に対する科罰と見なすことが重要であるため，既存の慣習を裁判によって強制する権能は，遡及的な刑罰を科していると咎められる」[*ibid.*] ことをまず指摘している。オースティンは，「法宣言説」の立場に対して，裁判官による強制によって初めて慣習が法に転化することを強調していたし，先例の機械的適用以外の，例えば既存の法からの類推による判決も司法的立法，司法法の枠組みで捉えていた。よって，オースティンにおいては，先例が機械的に適用される場合を除いて，コモン・ローがつねに事後法 (*ex post facto* law) として捉えられることを，ポロックは論難しているのである。ポロックによれば，続く「第二の結論は，慣習が，何らかの本来の性質によってではなく，外的な状況によって，真なる法の性格を獲得したり，獲得に失敗したりするということである」[*ibid.*]。オースティンに倣って，裁判官によって強制されて，初めて慣習が法としての性質を持つとすることにより，「非常に普遍的で疑義が差し挟まれることがなかった慣習や，何か特別な確認を必要とするとは思われなかった慣習が，実定道徳のままである」[*ibid.*, p.194] ことや「非常に確かで一般的であり，それが適用されることが非常に明白で，そのことについて疑問が生じないほどのルールが，まさにその理由によって，法としての地位を占める資格がないと考えられなければならない」[*ibid.*] ことをポロックは問題視しているのである。そして，本節第1項で検討したメインのパンジャーブ地方の例をパラフレーズするかのように，主権者の命令ではなく，行動の統一性 (uniformity) に基づく慣習が，それ自体によって十分に法的効力を持つことを論じている。ポロックによれば，「社会が総体として，それ自体の中に，この最後の種類の特別な統一性（特定の社会における統一性）を自発的に認めるとき，私たちは実定法を持っている」[*ibid.*, p.205. （　）内は引用者] のであった。

ポロックは，オースティンの枠組みを歴史的，地域的に限定しようとしたメインの議論を用いて，19世紀後半のイギリスのコモン・ローの一つのあり方を提唱しているのであるが，それは，そもそもメインの意図に反するものであったし，

そのような形でのメインの影響力は非常に限定されたものであった。まず, ポロックのオースティンに対する上記の第一の異議については, 例えば, 次節で検討するサーモンドなどは, コモン・ロー裁判官による法創造を正面から認めている。この点に関しては, 従来の裁判官の法創造を否定するコモン・ロー理解を擬制として捉え, その時代的役割を限定したメインの議論の影響力もあったと考えられる。また, 第二の異議で提示された, 行動の統一性に基づく慣習自体が法的効力を持つというポロックの考察は, ホランドの慣習法理解に受け継がれている面はあるものの, 当時のイギリスにおいては, そのような慣習法は, 商事法のごく一部などに限定されており, それを中心に説得力のあるコモン・ロー理論を構築することは不可能であった。

ロバーンが指摘しているように, オースティンのメイン批判, 特に, その主権者と慣習法の関係をめぐる議論に対するメインの批判の影響力は, 従位の立法者として, オースティンの理論においては立法府に従属させられていた裁判官の自立性を回復し, コモン・ローが法律家の手の中にあることを, 法の歴史的発展の考察を通じて示したことに起因していると思われる。ロバーンが挙げている例は, 『初期の法と慣習に関する諸論』における考察である。そこでメインは,「近代の分析法学者たち, ベンサムとオースティンの大きな困難は, 法に拘束力を与える力を, それが隠れている場所から探し出すことであった。彼らはそれが消えたわけでなく, 消えることができなかったことを示さなくてはならなかったし, それが法を遵守する習慣に転換されたので, 潜在的になっているに過ぎないということも示さなければならなかった」[Maine 1890, pp.388-89] が, そのようなパラドックスは, 彼らの分析が歴史によって補われたときになくなるだろう [ibid., p.389] として, ベンサム, オースティンの法理論を支える制裁が実際の法制度の現象においては前面には出てこないこと, その裏返しである法への服従という習慣が, 裁判所によって形成されてきたことを示そうとしている。

メインはまず,「法的ルールについての初期の粗野な分類と, 近代の洗練された分類の主要な区別は, 訴訟, 訴答と手続に関するルールが, 下位の場所に分類され, ベンサムが呼んでいるように, 手続法になった」[ibid.] ことにあるが,「裁判所の揺籃期においては, 訴訟の法の優勢は非常に大きなものだったので, 実体法は, 最初は, 手続の隙間に徐々に隠されていくような外観を持っていた」[ibid.] と指摘し, 当初は, 裁判所による制裁, 救済が前面に出ていたことを論じている。

さらに，実体法に関しても，例えば，契約や不法行為などの権利義務関係についても，抽象的な理論ではなく，債務を支払わせる権利とそれを支払う義務という形で，当事者間の関係性，あるいは「法的な鎖 (legal chain)」[*ibid.*, p.391] によって捉えられており，さらに，「この鎖を結合させたのは，裁判所であった」[*ibid.*] ことが指摘されている。このように，メインは，法は当初は裁判所によって強行されることで形成され，それに対する服従の習慣が形成されたことで初めて，ベンサムやオースティンの枠組みが可能になったと論じているのである。もちろん，ここでのメインの議論も，本節ですでに見たように，ベンサムやオースティンの議論を補うものであって，それに取って代わるものではない。しかしながら，ロバーンも指摘しているように，「メインのオースティンについての但し書き (qualification) は，より前の時代の人物（オースティン）の法理学を，より最近の時代の人物（メイン）の但し書きとともに読んだ法律家の間で大変な影響力を持った。法律家たちは，コモン・ローは依然として，法律家のコントロールの下にある慣習的なシステムとして見なされうるという慰めをメインから得た」[Lobban 2010, p.111.（　　）内は引用者] のであった。本書の「コモン・ローとその発展を説明する枠組みはいかなるものか」という論点，論争軸に関しては，メインは，イギリス法思想史に展開をもたらしたと言えるだろう。次節で検討するように，ホランドの法思想や，そして特にサーモンドが，立法府に従属する裁判官の立法としてではなく，裁判官によって適用される準則の体系としてコモン・ローを捉えたことに，メインは大きな影響を与えている。

次に，メインの法思想，歴史法学それ自体の影響力について検討したい。メインは，オースティンなどは，「誤った理論，論理，主張で隠されているけれども，彼らが暴くすべての妄想の背後のどこかに，乾いた光を通して見る訓練された目によって発見できる，恒久的な法的概念の枠組みがあると思っていたかのように，時々著述する」[Maine 1890, p.360] が，それらの法的概念が，「にもかかわらず朽ちやすいという事実は，法理学それ自体でさえ，偉大な発展の法則からは逃れえないということを，非常に強く示唆している」[*ibid.*, p.361] と論じている。ここからは，オースティンを中心として，「コモン・ローとその発展を説明する枠組みはいかなるものか」という論争軸をめぐり展開していた当時のイギリスの法思想に，「コモン・ローの発展を導く原理の探求」という新たな視点を導入することで，オースティンの法理学に代わりうるものを提示しようとするメインの意

思を見てとることもできるが，同時代への影響力を検討する前に，そもそもメインが，「偉大な発展の法則（great law of evolution）」を提示しえていたか否かということが問題になってくる。なお，この問題は，筆者の能力を超えるものであるため，メインの死後100周年を記念した『サー・ヘンリー・メインのヴィクトリア時代の功績——100年目の再検討（*The Victorian Achievement of Sir Henry Maine : A Centennial Reappraisal*）』（1991年）に収められた関連文献の簡単な紹介にとどめたい。

　メインは，1865年にカルカッタ大学での講演で，「自然は一貫しているという，物理的世界に関する私たちのすべての知識の基礎となる偉大な原理は，人間の性質と，人間の性質から成る人間の社会についても同じように真実であるはずだ。実のところ，外的な世界以外については真実がないということではなく，どのような性格のものであれ，すべての真実は，同じ条件に一致しなければならないということになっている。よって，もし歴史が実際に真実であるならば，それは，すべての他の科学が教えるように，絶え間のない連続性，確固たる秩序，そして永久の法を教えなければならない」[Maine 1876, p.266] と述べている。R・コックスによれば，1861年に出版された『古代法』においては，近代の科学の結果は不確かであるけれども，将来を楽観する根拠は十分にあり，歴史的発展の局面を明らかにすることで，将来に対する道筋を科学が示すことができるとメインは考えていたとされている。しかし，後年の1885年の『大衆統治制』などでは，メインはより慎重で，発展の失敗の可能性が強調されるようになり，科学よりも権力を持つ人間の政治の技術に重点が置かれるようになったとコックスは指摘している [Cocks 1991, p.74]。これに対して，K・クマールは，メインが『大衆統治制』を執筆した時代は，進歩に対する悲観論が大勢を占めた時代であり，また，『大衆統治制』は，学術的な『古代法』とは違い，政治的な議論の色彩が強く，『古代法』などとは区別されるべきだと論じている [Kumar 1991, p.80]。

　その『大衆統治制』においては，契約の自由，私有財産の安定の重要性が説かれているが，その一方で，より普遍的な選挙権がそれらを害するものであるとして批判されている [Cocks 1988, p.138]。前項で検討したように，『古代法』において，立法が近代における特徴的な法の形式として捉えられていたこととは矛盾する議論が，『大衆統治制』においては展開されているということになる。この点に関して，C・ウッダードは，「法のライフサイクル」という枠組みでメインの議論を捉えることを試みている。すなわち，法典，フィクション，エクイティ

という手段によって、法システムは、それ自身に内在する手段によって、社会の変化に対応してきたのであるが、普通選挙制の導入により、法はより政治的な要素によって左右されるようになり、契約の自由などが侵害されることをメインは恐れるようになったと説明されているのである。「メインは、古代の法のない混乱において始まり、無分別な立法の洪水、過多の法の混乱において終焉する法のライフサイクルを心に描いていたようだ」[Woodard 1991, p.234] というのがウッダードの分析である。同様に、ダイアモンドも、『大衆統治制』においてメインは、民主制に基づく立法と、身分から契約へという発展図式との矛盾を強く意識するようになり、そこでは発展の理論ではなく、道徳的な腐敗と死についての明白な予言が示されていると論じている [Diamond 1991c, p.23]。その一方で、J・バローは、「身分から契約へ」というメインの定式化は、歴史的な観察、真実を表すものではなくて、いかなる将来の社会も放棄することのできない道徳的な指針であったとも指摘している [Burrow 1991, p.56]。

　以上のように、現代のメイン研究者の間でも、メインの法の発展理論の性質には様々な解釈がなされているが、同時代の法学者、思想家たちに対するメッセージも曖昧なものであった。典型的には、インドでの法典化にも関わったジェームズ・スティーブンの、メインは、「哲学的な理論は全く提示していないが、彼（読者）が向き合っている諸理論の真実性が、それらの起源について彼（メイン）が与えた説明によって、どの程度の影響を受けるかという問題を他者（読者たち）に委ねている」[Stephen cited in Cocks 1991, p.71.（　）内は引用者] という言明に表れているだろう。『古代法』の記述は、本節第1項で見たように、ベンサム、あるいはオースティンの法理論のアプリオリな面を批判した歴史的、経験的観察であった。その際、『東洋と西洋における村落共同体』において、法や法的観念は、「言語よりも、はるかに大きく外的な環境によって影響を受ける。それらは、ずっと大きく個人の意思に左右され、そして結果として、外部から意図的にもたらされる変化に、ずっと大きく左右される」[Maine 1876, p.8] と述べているように、コックスの指摘と重なるが、メイン自身も法の発展理論の一般化には慎重であった。さらには、メインには前項で検討した法の形式の発展理論はあるけれども、実体法、法の実質についての独立した分析はなされておらず、イギリス法やローマ法などの各々の法体系において、歴史的段階によって変化する法のあり方についての、一般的な比較しかなされていないという指摘もある [Cocks

1988, pp.57-58]。

　すでに指摘しているように，オースティンの法理学の枠組みは，社会の発展に伴う法の変化を包摂しうるものであった。しかしながら，それは，法の変化も含めて法体系全体を理解する視座を与えるのみで，裁判において必要になる，裁判官の指針となるような法の発展についての理論であったわけではない。コモン・ローは社会から導かれると論じながらも，どのように社会の価値に即してコモン・ローを発展させるべきかといった議論は，オースティンには見られないのである。一方，メインの法の発展理論は，それ以前のイギリスには見られなかった「コモン・ローの発展を導く原理の探求」を促して，オースティンの法理学に比肩するものを生み出す可能性も秘めていたと言えるだろう。しかしながら，メイン自身のメッセージの曖昧さ，あるいは，メインの関心が，裁判官がどのように法を発展させるべきかという「内的な視点」の議論よりも，法と社会がどのように発展してきたかという「外的な視点」による記述に重きを置いていたというその歴史法学に内在する要因によって [Lobban 2007a, p.201]，19世紀後半のイギリスの法理学にはそのような展開は見られない。また，これと関連して，N・ダクスベリーによって指摘されているように，歴史法学自体のアイデンティティが曖昧で，いわゆる法制史学 (legal history) との区別が明確には認識されておらず，1861年の『古代法』の出版以降も，オースティンの分析法理学の枠組みを中心に，イギリスの法理学は発展していくことになる [Duxbury 2005, pp.26-27]。ダクスベリーによれば，「イギリスの法理学の歴史の思慮の浅い読者は，19世紀の間は，歴史法学とオースティンの法理学が法の科学のマント (the mantle of legal science) を目指して競い合っていたという印象をもって去るかもしれないが，実際は，一方的なコンテスト (one-sided contest) であった」[*ibid*., p.29]。メインの歴史法学に意義があったとしても，オースティンの分析法理学に取って代わるものとしてではなく，たんなる方法論的な補足としての意義に過ぎなかったのである [Postema 2011, p.29]。

　しかしながら，法は社会の発展に即して変化するものであるというメインの問題提起は，法は，「その下で社会の発展が続く条件，あるいは条件の集合であり，それ（法）を方向づけるのは，その社会の集団的意識の役割である」[Pollock 1872, p.205.（　）内は引用者] と論じたポロックに受け継がれ，サーモンドの法実証主義的な法思想にも一定の影響を与えているとも考えられる。次節においては，

そのような社会の発展と法の関係という観点も絡めて，オースティン以降の分析的法実証主義の潮流を検討していきたい。

第3節　サーモンドの法思想

(1) ホランドの法理学

　1832年に『法理学領域論』が出版されてから一世紀後の法理学の著作においても，オースティンの観念が，あたかも最も新しいものであるかのように扱われていたというダクスベリーの指摘のように [Duxbury 2005, p.20]，19世紀半ばから20世紀前半のイギリスの法理学は，法を理解するための形式的，分析的枠組みを提供するというオースティンの分析法理学の影響の下にあった。そして，19世紀の後半にオックスフォードやケンブリッジにおいて法理学に関係するポストやコースが新設されるに至ったが，バリスタ養成のような職業訓練と距離を置く必要性，裁判官団，バリスタ団との共生という外部的要因によって，ベンサム流の立法の科学，批判的法理学ではなく，オースティン流の法理学が，ホランド，ジェームズ・ブライス，ウィリアム・アンソン，ウィリアム・マークビーなどによって採用されるようになったと一般的には説明されている [Schofield 1991, pp.69-70]。もちろんこのような時代的要因は無視できないが，しかしながら，本書が対象としているより広いスパンから見てみると，イギリスの法学において，コモン・ローを理解する一定の枠組みを提供するという伝統は，ヘイル，ブラックストーン以来のもので，オースティン，そして，本項で検討するホランドやサーモンドもその系譜の延長線上において捉えるべきで，むしろベンサムは例外的な存在として考えることもできる。以下においては，ホランドとサーモンドの法理学をオースティンのものとの相違に焦点を当てながら検討していきたい。とりあえず本書の論争軸によって，本節で扱う法理学の展開を整理してみるならば，「ルールか原理か」，「ルールか救済か」という点については，オースティンと同様に，コモン・ローはルールの体系として捉えられることになる。一方，「コモン・ローとその発展を説明する枠組み」に関しては，ホランド，サーモンド双方とも，オースティンとは大きく異なったものを提示しており，さらに，「裁判官による法形成はいかにして正統化されるのか」という論点に関しても，サーモンドによって新たな理解が提示されることになる。

トーマス・ホランド（Sir Thomas Erskine Holland, 1835-1926）は，リンカーンズ・インを経て，1874年にオックスフォードの教授になったが，法理学に関する著作は，1880年に出版された『法理学の要素（*The Elements of Jurisprudence*）』のみである。しかしながら，その著作は，法理学について書かれたものとしては最も成功したものであるという指摘もあったように，ホランドの死の2年前の1924年まで，13版にわたって出版されており，オースティンの『法理学，あるいは実定法の哲学の講義』以降の，代表的な法理学の著作と言ってもいいだろう [Cosgrove 1996, pp.148-49]。

さて，その『法理学の要素』において，ホランドは，その著書が，「無限に多様な法的ルールの基礎となる，比較的少数で単純な観念を提示して説明する試み」[Holland 1924, p.1] であることを明らかにしている。ホランドの出発点は，「つねに更新される人間の諸関係の複雑さは，法的詳細の，ますます高まる複雑さを要求し，法についてのたんなる経験的知識が不可能になる」[*ibid.*] という問題意識であったが，その際，法学を学ぶものに，「制定法と判例の錯綜した発展の中を，彼自身で道を切り開き，そうすることで，彼自身の目的のために法典化することを可能にさせる」[*ibid.*] 科学的な知識（scientific equipment）を提供することを，自らの法理学の目的として挙げている。なお，当時，法理学が科学であると主張することは，すべての時代と場所にとって不変である事柄を扱うことの主張でもあったが [Schofield 1991, p.80]，それは，以下のホランドによる法理学の性質の説明，あるいは法理学の対象の限定にもよく表れている。

ホランドは，ベンサムの法理学の観念，あるいはメインの歴史法学を批判的に検討することで，自らの法理学の性質を明らかにしている。まず，ベンサムについては，ベンサムの批判的法理学（censorial jurisprudence）と説明的法理学（expository jurisprudence）の区別を念頭に置きながら，自らの法理学が法の実質，内容を批判的に検討するものではなくて，形式的，分析的なものであること，すなわち，様々な「関係を規制するルールそれ自体よりも，むしろ，法的ルールによって規制される様々な関係を扱う」[Holland 1924, p.6] ことを明らかにしている。さらに，ベンサムの説明的法理学が，地域的な法理学（local jurisprudence）と普遍的法理学（universal jurisprudence）に区別されていたことに対して，そのうちの「普遍的法理学のみが，科学という名を持つ資格がある」[*ibid.*, p.5] と述べている。ホランドによれば，法理学の諸原理が「そもそも科学的な真理である限り，

それらはつねに一般的であり、普遍的に適用される性質を持つ」[*ibid.*, p.11] のであり、ベンサムの言う地域的な法理学が科学の名に値しないため、法理学という名称のみによって自らの企図を説明しうるのであった。

次にその「法理学」の方法論について、ホランドは、アプリオリなものではなく、アポステリオリなものである、すなわち、現実の法体系、実定法からの抽象化によるものであることを確認している。ホランドは同時に、法理学が進化する科学であり、「そのより一般的な特徴は、深く根差した人間の特徴に一致していて、疑いもなく恒久的であるが、時代が進むにつれて、新しい特徴がつねに発展させられるに違いない」[*ibid.*, p.9] とも述べているが、ここには、オースティンの法概念のアプリオリな側面を批判したメインの影響を見てとることもできるだろう。しかしながら、ホランドにおいては、歴史の役割は事実の類型の提供に限定されており、「それらの事実が、歴史的なもの以外の秩序に分類され始め、人類の多様性とは関係がない諸集合に配列されるとき」[*ibid.*, p.12]、法理学の役割は開始されるとされており、近代西洋の法体系にその対象を限定し、そこに共通に見られる諸原理を抽出、記述したオースティンの方法論が維持されている。[33]

このように、ホランドの法理学は、「法の地図」を提供するというその目的、性質、対象、そしてその方法論も含めて、オースティンの法理学を継承したものであると言えるだろう。さらに、法の形式の改革、すなわち法典化の構想においてもほぼ同一の議論が展開されている。

まず、オースティンにおいては、法典化は、法の形式の改善を主眼とするものであり、それにより、法は短く、簡潔かつ体系的なものになり、その周知性が高まると考えられていた [Mill 1863, p.238]。そして、立法者ではなく法律家によって法は創られるべきであるという観点から、その法典化の構想は、既存の判例法のダイジェストを基礎とするものであり、本章の第1節でも強調した、法、権利

---

(33) 八木鉄男が指摘しているように、オースティンも、「具体的な現実の法体系を眼中におき、そこから例をかりてこなければならない」[八木 1977, 43頁] と考えていた。オースティン自身は、自らの方法を比較法学的であり、帰納的・経験的なものとして捉えていた [同上書]。

(34) J・S・ミルも指摘していたように、オースティンは、法典化は非常に困難な作業であり、それが成功するか否かは、その作業が可能な人材がいるか否かに左右されると考えていた [Mill 1863, p.237]。第1節第3項で検討した「法典化と法改革」では、すでに見たように、法典化が「法の地図」を習得した法律家によってなされるべきことが論じられていた。

を救済との関連で考察するその法理学の特徴も反映して、裁判所を通じて社会から獲得されたルールであるレイシオ・デシデンダイの体系化がその構想の中心にあった [Lobban 1991, p.233]。さらに、法典の柔軟性について、「どんな法典も完璧にはなりえない。したがって、その適用に従事し、その欠陥を観察するのに最適な立場にいる裁判官からの提案に基づく、修正のための永続的な規定がなければならない」[Austin 1879, p.697] と述べているところからも、オースティンが、社会の変化に従って法典も変化すると考えていたことは、明らかであろう。

一方、ホランドの法典化の構想は、『法の形式に関するエッセイ（*Essays upon the Form of the Law*）』（1870年）に見ることができるが、その企図自体が、オースティンによって開始された科学的な立法の促進を目指すことにあると説明されており、「法の形式の修正が、実に、人類に対して与えられうる最も有益な貢献の一つである」[Holland 1870, pp.31-32] ことが確認されている。ホランドの法の形式の改革は、コモン・ローのダイジェストを基礎にしていたが [Lobban 2011, p.575]、ホランドも「法典の目的が、終局性ではなく明確さである」[Holland 1870, p.57] ことを強調している。ホランドによれば、「法典は、まだ生じていない将来起こりうることに特に備えるよう意図されているわけではない。また、それは、新しい立法や新しい判例法の成長を妨げるわけでもない」[*ibid.*, p.24]。さらにホランドは、オースティンも指摘していたような対立する類推の競合が、法典化の後も生じうることも強調している [*ibid.*, p.57]。

以上の簡潔な比較からも、オースティンとホランドが、裁判を通じて社会から法を導くという、法の発展についてのスタンスを共有していたことは明らかであるし、ホランドの法理学も、オースティンのそれと同様に、そのような複雑な現象を理解する枠組みを提供するものであった。しかしながら、その枠組みについては、メインの議論の影響を受けて、両者のものの間にはいくつかの重要な差異を見い出すことができる。「コモン・ローとその発展を説明する枠組みはいかなるものか」という論点に関する展開を、ホランドの法思想に見い出すことができるのである。

まず、ホランドは、法について、「一定の部類の行為をなすこと、あるいは差し控えることを命じる命題であり、それへの不服従には、ある種の刑罰、あるいは不便が伴うか、伴う可能性がある」[Holland 1924, p.23] と述べ、オースティンの法命令説に基づいているようであるが、八木鉄男によっても指摘されているよ

うに，それは，一般的に漠然と考えられる法についての共通的特徴の表現に過ぎなかった［八木 1977, 173頁］。その用語の適切な意味における法，すなわち，ホランドの実定法の定義は，法とは，「人間の行為についての一般的ルールであって，外的行為のみ考量するもので，人間の権威，そして人間の権威の中でも，ある政治社会において最高のものである確定的なものによって強制されるものである」［Holland 1924, pp.41-42］というもので，オースティンの「命令（command）」ではなく，法の「強制（enforce）」がその中心的な位置を占めている。

　このホランドによるオースティンの法の定義の「修正」は，法源としての慣習についての両者の見解の違いに由来するものでもあろう。ホランドは，オースティンの慣習の捉え方について，「彼の見解における真実の要素は，（中略）慣行は，ルールを創るかもしれないが，それらのために国家の承認を得ていなければ，法を創ることはできないということである」［ibid., p.60.（　）内は引用者］と述べ，前節で触れたポロックとは違い，慣習が法に転化する際の国家の役割を認めている。しかしながら，ホランドは同時に，「彼の見解における誤っている要素は，国家の承認を，その慣行が問題とされ，裁判所において正しいと認められたときからに，定めていることである」［ibid., pp.60-61］とも述べている。ホランドは，裁判官が慣習について判断する際は「そのときに，自発的に初めて，慣習を法にするのではなく」［ibid., p.62］，例えば制定法のような他の既存の法を解釈するときと同じように，「それは，法的慣習があるかを，たんに事実として決定する」［ibid.］のであった。ホランドは，慣習は，例えば「合理的で古来の慣習」といった国家によって定められた基準を満たすことで法的慣習になるのであり，さらに，そのような慣習は，過去に遡って法的効力が与えられると論じており，慣習は主権者の命令によって初めて法的性格が与えられると論じていたオースティンの議論とは相容れないものである。適用できる成文法の規定がないときは，裁判官は，エクイティや過去の判決と同様，慣習にも依拠すべきであると論じていたように［ibid., p.61］，ホランドにおいては，法的慣習も法の定義に含まれるべきものであったが，その際，法的慣習は，立法の制定と同じようには主権者による命令（command）としては捉えることはできず，既存の法の実現，強行といった含意を持つ強制（enforce）という言葉をホランドが選んだとは考えられないだろうか。いずれにせよ，近代国家すべての法は主権者の命令であるというオースティンの議論が，メインの議論の影響で，限定，中和された例の一つではあるだろう。

オースティンにおいては，コモン・ロー裁判所は立法府に従属するものとして捉えられていたが,前節でも強調したように，メインの議論は，そのコモン・ロー裁判所の自立した法形成の伝統に再度焦点を当てる契機を有していた。ホランドにおいても，制定法以外の不文法に関して，「主権的権威は，その全体に対して法的な力を与えるが，その内容についてはそうではなく，人々の傾向や専門家の議論，司法の創意などから引き出される」[*ibid.*, p.77]と論じられており，法の形式的な法源と，その内容，実質についての法源の明確な分離が試みられている。さらに，オースティンの主権者の命令，立法という一元的な枠組みとは対照的に，成文法，立法と，それ以外の判例法も含む不文法は，ホランドにおいては異なった枠組みの下で説明されていることにも注目すべきである。すなわち，「立法においては，『成文法』を創る主権の行為によって，そのルールの内容が考案され，それに法的な力が与えられる」[*ibid.*]が，不文法において「発展させられるルールは，国家がそのようなルールに要求する基準を満たすことによって法の力を得る」[*ibid.*]と説明されているのである。

ただ，ホランドの不文法の枠組みは，法的慣習の生成は説明できるとしても，コモン・ローにおける法発展の大部分を占めていた判例法における法形成を説明するには不十分なものであると考えられる。「すべての国における裁判所は，前もって（ルールが）規定されていなかった事例についてルールを創る一定の権能，そして何が衡平であるかについての現行の観念を実現し，それら（のルール）を社会の変化するニーズに適応させるために，時々は，既存の法を変更する一定の権能までも必然的に委ねられてきた」[*ibid.*, p.66.（　　）内は引用者]とホランドは述べているが，それ以上の掘り下げた考察はなされていない。オースティン，あるいはメインの擬制についての議論の後，ホランドにおいても，裁判所は，「古い法を証明し，確認するが，そうすることに隠れて多くの新しい原理を導入する」[*ibid.*, p.78]と立法府と同様に法形成の機関として捉えられており，既存のコモン・ローに適用できるルールがあるならば，それを明確に規定し，もしそのようなルールがなければ，既存の法を適用しているという擬制を用いるのではなく，公然と新しいルールを創るべきであると論じられていた[Lobban 2011, p.574]。

───────────

(35) 一方で八木は，ホランドの実定法概念において，「オースティンでは『命令』が占めていた地位に『行為の準則』とくに『外面的行為の準則』がおかれるに至った」ことに注目している［八木 1977, 173頁］。

しかしながら，法を裁判官によって強制されるものとして捉えているように，司法的立法，従位の権限保持者である裁判官による立法というオースティンの枠組みに代わるものをホランドは提示しきれていないのではないだろうか。その課題は，次に検討するサーモンドに引き継がれ，「コモン・ローとその発展を説明する枠組み」，さらに「裁判官による法形成はいかにして正統化されるのか」という論点に関して，現代のイギリス法理学につながるような展開が成し遂げられることになる。

(2) サーモンドの法実証主義と裁判官の観点

ジョン・サーモンド (Sir John William Salmond, 1862-1924) は，オーストラリア，ニュージーランドの大学の教授などを経て，後にニュージーランドの最高裁の判事まで務めたが，以下において見るように，その主著である『法理学 (Jurisprudence)』(1902年) は，「コモン・ロー世界における相当な古典」[Duxbury 2005, p.7] とも言いうるものであり，彼は，イギリス「分析法学のいわば正統派に属する」[八木 1977, 194頁] 人物であったとも評されている。ただ，サーモンドの法理学の特徴として，オースティン，あるいはホランドとは違い，それが，「すべて，あるいはほとんどの法体系が共通に有している諸概念や諸原理についての科学」[Salmond 1913, p.6] を必ずしも意味するものではなかったことを挙げることができると思われる。むしろ，サーモンドの法理学は，特定の法体系の一般的，根本的な要素についての研究であった [Postema 2011, p.28]。その際，「イギリスのものを除けば，世界におけるいかなる体系も，先例の立法的効力について認めていなくても，判例法の理論は，にもかかわらず，当の科学の適合的で適切な主題であろう」[Salmond 1913, p.6] と述べられているように，特にホランドと比較すると，裁判官による法創造も含めた判例法理論により焦点が当てられたものになっている。

さて，サーモンドは，『法理学』において，その課題は，実践的な法学 (practical jurisprudence) とは区別される理論的な法理学 (theoretical jurisprudence) の検討であり，法学研究の抽象的，理論的な側面を扱う導入的，一般的な部門として位置づけている。そして，「その抽象的な研究の狙いは，法の科学は要求するが，法の技術は無関心な，理論的基礎を提供する」[ibid., pp.4-5] ことにあったが，サーモンドは，それには以下のようなトピックが含まれると述べている。すなわ

ち，①法の概念の分析，②国家，主権，裁判など，法についての複雑な観念を構成する諸観念について，③立法，先例，慣習法についての理論や法源論，④法の発展についての一般的な理論，⑤法の分類，⑥法的権利，刑事・民事責任やその他の主要な法的概念の分析などのトピックであるが［*ibid.*, p.5］，本書の問題関心に沿って，以下，サーモンドによる法の定義，法源論，法の発展についての理論などを中心に，特にオースティンの法理論と比較，対照しながら検討していきたい。

まず，サーモンドの法理学の特徴の一つとして，オースティンの法実証主義における実定法一元論を骨格とした慣習，判例法の理論を展開していることを挙げることができる。そのうち，慣習については，前節で触れたポロックの立場に近いゲオルク・プフタやフリードリッヒ・サヴィニーの議論が批判的に検討されている。サーモンドによれば，プフタやサヴィニーの影響下においては，慣習は法にその内容を提供する実質的な法源（material source）としてのみでなく，それ自身で法的効力を持つ形式的な法源（formal source）としても捉えられていた。彼らにおいては，「国家の意思は，法的妥当性についての排他的な源泉であるとは認められていない」［*ibid.*, p.155］のであった。しかしながら，サーモンドは，「この理論を支持している偉大な名の評判にもかかわらず，それは，イギリスの法学者たちによっては，正しく，そしてほとんど満場一致で拒否されている」［*ibid.*］とサヴィニーとプフタを批判している。そして，オースティンの議論と非常に近い，「法が法であるのは，ただ，それが国家によって適用され，強制されるからであり，国家がないところでは法は存在しえない」［*ibid.*］という議論が，その批判の際の論拠となっていた。一方で，前項で触れたホランドと同様に，慣習は判決の根拠として考えられるのであり，「法はすでに創られており，判決はたんにそれを適用する」［*ibid.*, p.157］ともサーモンドは述べているが，しかしながら，例えば流通証券に関する法などが商慣習に基づくものであったことを認めつつ，同時代においては，その商事法においても商慣習が新たな法として認められるのは稀であるとも指摘している［*ibid.*, p.153］。サーモンドの関心は，むしろ，以下に見るような法実証主義的な判例法理論の確立にあった。

『法理学』において，サーモンドは，法を，小さな始まりから漸進的に成長したものとして捉えている。すなわち，「法システムの発展は，個人の判断を，厳格で前もって確立された原則に漸進的に取って代えることにおいて存在する」

[*ibid.*, p.14] のであるが，言い換えると，法は，「裁判官が，彼ら自身の自由意思と裁量を廃して司法の運営において適用する前もって確立され，権威的なルールから成る」[*ibid.*, p.13] のであった。サーモンドが，「原則 (principle)」(36)，あるいは「ルール」が，前もって確立された (pre-established) ものとして述べている背景には，もちろん，彼が，イギリスにおいて厳格な先例拘束性の原理が確立した後の法学者であったということも関係している。しかしながら，サーモンドの，「法的原則の妥当性は，その真実性からは完全に独立している。それが妥当な法の原則なのは，それが正しいからではなくて，国家の裁判所によって受容され，それに基づいて行動されているからである」[*ibid.*, p.18] という言明は，オースティン流のある法とあるべき法の分離に沿ったものである。また，判例などの法的原則は，「本質的に確定的な (peremptory) ルールで，それらが及ぶ限り，裁判官の裁量を排除する」[*ibid.*, p.27] と述べた際にも，サーモンドは，裁判官によるレイシオ・デシデンダイを従属する立法者による一般的命令と捉えたオースティンに近いとは言えないだろうか。より明確な影響は，法的慣習についての議論とも関連しているが，判例法における法的法源 (legal source) と歴史的法源 (historical source) の区別の議論に見ることができる。サーモンドは，ロベール・ポティエなどによる法の著作がイギリス法の内容に影響を与えることがあっても，それはあくまでも実質的，歴史的な法源であり，法的法源である先例とは区別されるべきであると論じているが [*ibid.*, p.118]，判決以外の，クックの著書など様々なものは，法の要因 (cause) にはなりうるが決して源泉 (source) ではないと論じたオースティンの区別を踏襲したものであろう [八木 1977, 152頁]。さらに付け加えると，「裁判所においてそれが適用されることになる実際の事例を考慮して形成されたルールは，立法によってアプリオリに規定されるものと比べ，より良い出来栄えのものに多分なるだろうし，それによって奉仕されるべき目的により注意深く適合させられている」[Salmond 1913, p.135] というサーモンドの判例法の評価も，前項で触れたように，裁判官によるレイシオ・デシデンダイを基礎とした法典化論を提唱したオースティンによっても共有されていたものであった。

このように，サーモンドとオースティンの判例法の分析は，共通点が多いもの

---

(36) "principle" は，一般的には「原理」と訳されるが，サーモンドには，第3項で検討し，ハートの「承認のルール」に近いものである "ultimate legal principle" という用法もあるため，ここでは，「原則」という訳を当てている。

であるが，視点を変えると，コモン・ローの実践がオースティンの分析により近づいてきたと言うこともできるだろう。しかしながら，コモン・ローも含めた法全体を捉える枠組みについては，サーモンドは，オースティンとは全く異なったものを展開している。

サーモンドの法の定義は，「法とは，司法の運営において国家によって認められ，適用される原則の一体である。より端的には，法は裁判所において認められ，それに基づいて裁判所が行動するルールから成る」[ibid., p.9] というものであった。その際，サーモンドは，法を「効力のある法律の総計（total number of laws in force）」[ibid.] としてではなく，ius や Recht と同様の「法（law or the law）」であって [Lobban 2011, p.585]，裁判所において承認され，適用されるものとして捉えていたのであるが，[37] 判例法を含めて立法によって一元的に捉えられていたオースティンとは対照的である。「コモン・ローとその発展を説明する枠組みはいかなるものか」という論点に即するならば，主権者の命令ではなく，裁判官の実践において法は基礎づけられており [ibid., p.587]，強制ではなく，裁判所による適用によって法が特徴づけられているところは，オースティンやホランドより，むしろハートに近いとも言える [Postema 2011, p.23]。その要因として，すでに指摘したメインの議論の影響と，現代のハートと関連づけられている「権能付与的ルール」の重要性が，19世紀後半のイギリスにおいて幅広く認識されていたという二つの点を挙げてみたい。

メインの歴史法学は，オースティンの主権者命令説に基づく法理論を歴史的，地理的に限定することを目的としていた。ポロックの，慣習それ自体に法的効力を認めるべきとした議論は，メインのオースティン批判を当時の時代状況に合うようにパラフレーズしたものであったが，ホランド，サーモンドの批判に見られたように，そのような再構成は受け入れられていない。ただ，裁判所を中心として法を捉えるサーモンドの枠組みに関しては，メインの歴史的考察から大きな示唆を受けたものであったと思われる。

前節で検討したように，メインは，『初期の法と慣習に関する諸論』において，オースティンの法理論を支える主権者への服従の習慣が，歴史的には，立法府で

───────
(37) ポステマによれば，サーモンドにおいては，個々の先例が，裁判所によって適用されていることではなく，その先例に関係するルールや原則が，裁判所の実践全般によって承認されているか否かが，法的妥当性のテストになっていたのであった [Postema 2011, p.22]。

はなくむしろ違法行為を規定し、罰してきた裁判所によって形成されてきたことを論じていた。サーモンドは、メインの議論を応用するような形で、オースティンにおけるような立法府に従属する立法者としてではなく、国家によって司法の権限を直接与えられるものとして裁判所を捉えている。サーモンドは、『法理学』の1節「国家の性質と重要な機能（The Nature and Essential Functions of the State）」において、まず、国家に属する最も重要な機能として戦争と司法の運営（administration of justice）を挙げているが、双方とも、「社会とその成員の正しい権利の維持」[Salmond 1913, p.94] を目的としていた。そして、「司法の運営において、国家は、権利を強制し、違法行為を抑圧し罰するために物理的力を用いるが」[ibid., pp.94-95]、その際、「司法の運営において、力の要素が普通は潜在的か、休止状態にある」[ibid., p.97] ことが強調されている。「権利と違法行為が裁判所の正式な判決によって権威的に宣言され、確認されるまでは、司法的権力は、権利の維持と違法行為の抑圧には動かない。（中略）間接的にのみ、そのような判決によって、それは権利を強制し、違法行為を罰する」[ibid., p.95.（　　）内は引用者] とされており、司法的権力が顕在化するのは判決の際のみであるが、その間接的効果として、権利の維持と違法行為の抑圧が社会全体において維持されると論じられているのである。オースティンの法の定義は、主権者、立法者の制裁を軸とするものであったが、メインは、近代社会において、そのような制裁の要素が前面に出てこないことは、少なくとも歴史的には、主権者、立法府の命令の効果によってではなく、裁判所によって違法行為が規定され、罰せられてきたことによると論じていた。裁判所の設立によって、「実際に行使されていた力が潜在的で威嚇する力に」[ibid., p.98] 取って代わったとするここでのサーモンドの議論は、19世紀後半のイギリスに普及していた、裁判所の役割についてのメインの歴史的な考察を、当時の国家の機能も説明できるものと捉えなおした上で、立法府中心ではなく、裁判所を中心とする法観念を提示するものであったと見ることも可能であろう。

　サーモンドが、オースティンの主権者、立法府の命令に基づいた法の枠組みを採用しなかったより明確な理由は、それによっては、いわゆる「権能付与的ルール」が説明できないというものであった。この権能付与的なルールの重要性は、わが国においては、『法の概念（The Concept of Law）』（1961年）でのハートによるオースティン批判と結びつけられることが多いと思われるが、サーモンドが『法

理学』を執筆する前の19世紀後半のイギリスにおいても，すでに十分に認識されていたものであった。特に，法曹学院の法学教育評議会によって教授に任命され，1877年から教鞭を取ったフレデリック・ハリソンが，*Fortnightly Review* 誌上で公刊したその講義録において，その点は詳細に検討されている。[38]

ハリソンは，講義録のうちの一つである「オースティンの法の分析（Austin's Analysis of Law)」において，まず，オースティンにおいては，すべての法が，命令，義務，制裁を含み，主権者の権威に依存していることを指摘した上で，「それは故意に，法の他の非常に重要な側面を視野の外に落としている。そして，それが非常に過度に一面的であり，非常に多くの限定と説明を必要とするので，それ自体で理解されるならば，人を進んで誤らせるだろう多くの事例があるのは明白であろう」[Harrison 1919, p.38] と述べている。ハリソンは，命令と制裁の観念が，間接的な方法によってのみ関連づけられる場合があることを指摘しているのであり，オースティンの法命令説では，「権能付与的な制定法（enabling statute），特権を付与する法（laws conferring franchises），地位に作用する法，法律文書の解釈，あるいは裁判所に対する指針のために，一般的ルールを規定しているだけのものなど」[*ibid.*, p.40] の説明が困難になることを指摘しているのである。

ハリソンは，上記の諸例について具体的に検討することで，オースティンの法命令説が持つ様々な難点を明らかにしている。権能付与的な法については，新たな教区を作るための条件を規定した制定法を取り上げて，「これは疑いもなく法である」[*ibid.*, p.42] が「命令はどこにあるのか，義務はどこにあるのか，制裁はどこにあるのか」[*ibid.*] と述べ，この制定法においては，「誰も何かをするようには義務づけられておらず，何かをすること，あるいは，しないことのいずれに対しても制裁が科されない」[*ibid.*] ことを指摘している。もし司教が制定法に基づいて行為し，教区が設立されるのなら，教区民にはそれに従い，公衆にはそれに干渉することを控える義務が生じるが，ハリソンによれば，「このすべては過度に遠回りである」[*ibid.*]。また，例えば，女性に参政権を与える法案が法

---

[38] ハリソンは，彼の五つの講義をまとめたものを1878年と1879年に，*Fortnightly Review* 誌において公表している。それは，ハリソンによれば，オックスフォードの様々なカレッジにおいて，学生によって利用されていたものであった。ホランドや，アルバート・ダイシーによって一つの著書として刊行することを勧められ，実際，1919年に『法理学と法の抵触について（*On Jurisprudence and the Conflict of Laws*）』というタイトルで刊行されたが，本書での検討も，それに基づいたものである。

となったと仮定すると，その選挙に関する法律は，選挙権を持つ「人（person）」に女性を含めるものとして捉えられるが，それも非常に重要な種類の法律であるにもかかわらず，そこにも命令の要素は見られないとハリソンは指摘している。このような法律は，資格のある男性を投票権を持つものに含めるすべての場合において，資格のある女性も含めなくてはならないと選挙担当の公職者に命じている法と考えられるが，ハリソンによれば，義務を課す法について話す場合には，「私たちは，普通は，関係している人に義務が課されると考えるのであり，法を執行する公職者に課されるものとしては考えない」[ibid., p.43]。他にも，例えば，殺人に対して死刑を科す法は命令として捉えられるが，「この法律を，執行官や裁判官に，殺人者を逮捕し判決を下す義務を課すもので，その義務への制裁が公務上の義務違反に対するペナルティである命令と見なすことは，奇妙な用語の転倒だろう」[ibid.]とハリソンは論じている。

解釈に関する法律の例としては，第1章第1節で触れたシェリィ事件のルールが挙げられている。そこでは，裁判官が一定の方法で遺言を解釈するよう要求されていることは事実であり，それに従わなかった際に，無効になると言ってもよいが，ハリソンによれば，「シェリィ事件のルールは，そのような性質のいかなることについても述べておらず，それを侵害するか，知らずに行為することによって，どのようなペナルティが招かれるのかを発見するための，最も遠い手がかりでさえも与えていない」[ibid., p.44]。さらにハリソンは，遺言や書面の解釈についてのルールは数多く存在するのであり，シェリィ事件に関するものと同じような指摘ができるものとして，財産の譲渡，信託に関するルールなど，様々なものを挙げている。その際，ハリソンによれば，オースティンは，「たんに権利を付与する法がないと主張している」[ibid., p.45]のであり，権能付与的な法においては，義務や制裁が間接的に課せられると論じていたが，オースティンのように，それらのルールが従われなかった場合に，裁判所によって匡正されることやそれに一致するよう強制されることに焦点を合わすことは，「過度に不自然のものであり，回りくどいものである」[ibid.]と指摘している。

結局，ハリソンによれば，「それらを適用するために，長くそして慎重な説明が必要なあらゆる定義，あるいは一般的な観念の記述に対しては，非常に重大な異議が構成される」[ibid.]。オースティンは，刑法の観念を中心として法を定義したが，「命令や制裁が決して明白ではない法のルールの広大な割合を私たちは

見い出す」[*ibid.*, pp.45-46] のであり，それは適切なものではないということになる。本書の問題関心に引きつけると，ハリソンの議論は，判例法も含めて法全体を主権者の命令，立法で説明しようとしたオースティンの法理学の枠組みに対する批判として有効なものであろう。

　以上のハリソンによる議論は，ホランドの『法理学の要素』においても言及されているが [Holland 1924, pp.88-89]，(39) サーモンドにおいては，法を定義する際に，より積極的に取り入れられているようである。サーモンドは，まず，「国家によって承認される正と不正についての命令的なルールは，法の部分，そして実際に法の最も重要な部分を構成するが，そのすべてを構成するわけではない」[Salmond 1913, p.52] として，ハリソンと同様に，命令に基づく定義の外にある数多くの法があることを指摘している。サーモンドは，例として，伝聞証拠排除のルール，一事不再理のルールなどの訴訟に関するルールの他に，土地の譲渡は書面の証拠を必要とするなどの契約上のルールを挙げているが，それらが「臣民による遵守のために国家によって定められ，法的制裁によって強制される行為のルールではなく，その真実の性質においては，裁判官が彼らの個人的な判断を排して，司法を運営するルール」[*ibid.*, p.53] であることを強調している。さらに，殺人を禁止する法を裁判官に向けられたものとする，ハリソンと全く同じ例について触れ，そのような考え方を批判した後に，証拠のルールなどについて，「すべてのこのようなルールの法的性格は，(中略) 裁判所がそれらを遵守するように法的制裁によって義務づけられているという事実の結果ではなく，司法の運営において，それらが実際に遵守されているという事実の結果であるということは，十分に明白である」[*ibid.*, p.54.（　）内は引用者] とサーモンドは論じている。「それに従って裁判官が権利の請願を決定し，離婚を認め，遺産管理状（letters of administration）を発給する原則は，負債の訴訟や特定履行の訴訟を管理するものと同じように，真正な法的原則である」[*ibid.*, p.92] が，前者をオースティンのように，主権者の命令，立法の枠組みで捉えることは妥当でないという以上のような議論から，それらも包摂するような「裁判所において認められ，それに基づいて裁判所が行動するルー

---

(39) ただ，ホランドは，前項で検討したように，法を国家によって強制されるものとして捉えていたこともあり，その規定に反するならば少なくとも当該行為を無効にするという意思が含意されていれば，権能付与的な制定法など，ハリソンが挙げている例も，オースティンの法命令説によって説明できると論じている [Holland 1924, p.89]。

ル」という法の定義が提示されたのであった。
　ところで，サーモンドの法理学には，ハートとの比較の観点からは，権能付与的なルールの考察のみでなく，「承認のルール」の原型と言いうるものも見い出すことができる。そして，それは，裁判官の法形成を捉える枠組みに関連して，イギリスの法思想における一つの展開を示すものでもあった。

（3）「承認のルール」と法における正義

　本書でこれまで検討してきたように，ヘイル，ブラックストーンにおいては，コモン・ローの基本的なルールの起源はそれぞれ立法，古来の慣習に求められ，そこから裁判官の類推によって発展してきたと捉えられてきた。一方，ベンサムによって，裁判官による解釈とされていたものが「法創造」であると指摘された後のオースティンにおいては，本章の第1節で示したように，主権者を形式的法源とし，裁判官の類推などによる法発展を，主権者に従属する立法者による立法と捉えることで，コモン・ローの法発展が説明されるとともに，法全体に形式的統一性が与えられている。メインによって，コモン・ローにおいて解釈とされていたものが立法であるとそのフィクショナルな面が再び強調された後，前項で検討したように裁判官の観点を強調したサーモンドは，オースティンとは全く異なった枠組みでコモン・ローの発展を説明することを試みている。それは，ハートの「承認のルール」の原型とも考えられるものに基づいているが(40)，以下で見るように，「裁判官による法形成はいかにして正統化されるのか」という論点に関しても，サーモンドの法思想は，一つの展開をもたらしたと言えるだろう。
　サーモンドは，『法理学』における「究極の法的原則（ultimate legal principles）」と題された節で，「法は，その作用が究極的で，その権威が派生したものでない，一つあるいはそれ以上の第一因（first causes）を前提とすることが必要である」[ibid., p.125]と論じている。「言い換えると，すべての法体系において，そこか

---

(40) もちろん，以下において明らかになるように，サーモンドの究極の法的原則は，歴史的なものに起源を求めるもので，公職者のコンヴェンションに基礎を置くハートのものとは異なっている。しかしながら，ハート自身が認めているように，法体系の基礎は，「その体系で妥当するルールを確認するための権威ある基準を与える究極の承認のルールにある」というハートの主題は，「サーモンドが入念に作りあげてはいるが十分なものになっていない『究極の法的諸原則』という概念に一層よく似ている」ものであった [Hart 1994, p.292；邦訳，278頁]。

ら他のすべてが派生し，それら自体は自立自存であるような一定の究極の原則が見つけられなければならない」[*ibid.*]のであった。サーモンドによれば，例えば，「歩道で自転車に乗ってはならない」というルールは，地方議会の条例に源泉を持ち，条例が法的効力を持つというルールは，その源泉を国会の制定法に持つと言えるかもしれないが，制定法が法的効力を持つというルールは，法的に究極的なものであり，「その源泉は歴史的なものであって，法的なものではなく，憲法史家はその起源を知っているが，法律家は，それを自立自存のものとして受け入れなければならない」[*ibid.*]。すなわち，それが与えられる予定の権能を前提とし，その権能に基づくことになるので，どのような制定法も，国会に法的効力を持つルールを創る権能を与えることができないが，それと同様に，それ自体では，「どのような判例も，（他の）判例に対して権威を付与することはできない」[*ibid.*（　）内は引用者]。すなわち，そもそも「権威を付与することができるためには，まずそれを有していなければならない」[*ibid.*]のであって，判例における権威も，「法的に究極的であり，派生したものではない」[*ibid.*]，「裁判所の判決が法的効力を持つというルール」[*ibid.*]から導かれていると考えるべきなのであった。

　さて，コモン・ローの発展，裁判官の法形成についてであるが，サーモンドは，まず，裁判官の役割を「この王国の法が何であるかについて，解釈し，宣言し，そして公布する」[Hale 1971, p.45]ことと捉えていたヘイルを批判している。サーモンドによれば，「もし私たちが，裁判所の判決の真の作用についての理にかなった分析と説明に到達するならば，法宣言説は完全に拒絶されなければならない。私たちは，判例が法を宣言するのと同様に，法を創ることも率直に認めなければならない」[Salmond 1913, p.162]。同時に，ヘイルやブラックストーンにおいて法発展の原動力であった類推による解釈についても，以下において検討する「正義」の概念に基づいて，次のように述べている。すなわち，類推を用いた推論においては，「新しいルールは，非常に頻繁に，古いもののたんなる類推的な拡大であ」[*ibid.*, p.175]り，その際，法の「全体は，単一で自己矛盾のない法原則の一体となり，それ自身のうちに，統一性と調和の取れた発展の要素を含んでいる」[*ibid.*]。しかしながら，同時に，「自然的正義のルールへの指針としてのみ，類推は合法的に従われるということが思い出されなければならない。それは，承認のための独立した要求を持っていない。正義がそのように要求するならば，新し

い法を創る際に，旧来の法理（*ratio juris antiqui*）に盲目的に従うよりも，そこから離れるのが裁判所の義務である」[*ibid*.]。もちろん，サーモンドにおいても，類推は，新奇の事例を解決する際の方法の一つではあったが，それは，あくまでも指針に過ぎず，正義の要求が優先すると考えられていたのである [Lobban 2011, p.589]。

　このように，裁判官の法創造を正面から認めた後，サーモンドは，「私たちは，彼ら（裁判官）に，明確な法創造の権能が与えられ，公然かつ合法的に行使されていることを認めなければならない」[*ibid*., p.162.（　）内は引用者] と論じている。そして，その上で，国会の制定法が法的効力を持つというルールが，究極の法的原則であったのと同様，「裁判官の判決に関係した法的原則が法的効力を持つということは，それ自体イギリス法の原則である」[*ibid*., pp.119-20] とも論じられている。サーモンドによれば，「すべての法体系は，新しい法の確立を決定する一定のルールを含んでいる」[*ibid*., p.119] が，それは，「しかじかの要求に一致するすべての新しい原則は，新しい法的原則として認められるべきである」[*ibid*.] ことを定めているのであって，裁判官の法創造の権能も，国会の立法権と同様，究極の法的原則から導かれたものとして捉えられているようである。法社会学者のR・コテレルは，イギリスの分析的法理学において，裁判官の法創造の正統性に関して明白に説明しているものは，主権者，立法者の代理人として裁判官を位置づけたオースティンのもののみであると指摘しているが [Cotterrell 2003, p.146]，ここでのサーモンドは，オースティンの枠組み以外にも，裁判官の法創造の説明が可能であることを示しているのではないだろうか。

　このように，サーモンドにおいては，究極の法的原則によって裁判官の法創造の権能が説明されているが，その究極の法的原則とは，すでに見たようにイギリス法の歴史から導かれるものであるが故に，裁判官の法創造の権能も，当時のイギリス法の実践に沿った形で説明されている。すなわち，サーモンドによれば，「法がすでに確立されているところでは，裁判官はそれに従い，執行する権威しか有していない。彼らが判決によって新しい法を創る権能は，彼らが適用できる他の法がまだないような空白の区域に限定されている」[Salmond 1913, pp.123-24] のであった。言い換えると，イギリス法においては，「それがすでに法の問題である場合には，裁判官の義務は，単純に，彼にそのように示された道を辿ることである。（中略）もし権威がない，すなわちその問題が純粋な事実のものである

ならば，(中略) それを原則に基づいて決定すること，すなわち，ある一般的なルールを形成し，それに基づいて行動し，それによって将来のための法を創るのが裁判官の義務である」[*ibid.*, p.174. (　) 内は引用者] ことが要請されているのであった。

　ところで，サーモンドの法理学のもう一つの特徴として，法と正義の結びつきが強調されていることを挙げることもできる。サーモンドによれば，オースティンなどの法の「命令理論は，真実の要素を含んでいるが，それは真実の全体ではない。それは一面的であり，不適切である。(中略) それは，完全な概念の重要な構成要素である倫理的な要素を軽視している。法と正義のいかなる特別な関係についてもこの理論は沈黙し，無知である」[*ibid.*, p.51. (　) 内は引用者] のであった。その上でサーモンドは，「法と正義の観念は調和するものである。法が創られたのは，正義の表明と実現のためである」[*ibid.*] とも述べているが，そこからは，オースティンの法実証主義からの逸脱が指摘されるかもしれない。しかしながら，八木鉄男によって論じられているように，サーモンドにおける「『法による司法』の効用は，たとえその法が不完全なものであっても，それが司法に対して統一性と安定性をあたえ，個人的な判断や混乱から司法を守るというところに求められる」[八木 1977, 200頁] のであり，すでに見たところからも明らかなように，「正義」が援用されるのは，適用すべき法がなく，裁判官が立法，すなわち「原初的な先例 (original precedent)」を創る場面であった。[41] 先例，制定法，慣習などによって，確立されたルールが蓄積されていくにつれて，「正義は，ますます法に従った正義になる」[Salmond 1913, p.14] と論じられている。

　サーモンドのこの正義の概念については，同じく八木によって，「司法過程に現われる個々の場合にそくしての現実的・具体的な基準」[八木 1977, 200頁] として捉えられている。一方で，19世紀後半以降のイギリスの法思想の展開においては，メインの歴史法学によって示され，ポロックによって継承された，法を社会の発展に即したものにするための道具立てとして，サーモンドの正義の概念を捉えることも可能であろう。ポロックとは違い，慣習は，そのままでは法的慣習

---

[41] サーモンドは，適用すべき先例がある場合は，それを「宣言的な先例 (declaratory precedent)」と呼んでいる [Salmond 1913, p.160]。これに対して，本文でも述べたように，原初的な先例は，法を発展させる裁判所の特権の意図的な行使の結果として捉えられていた [Lobban 2011, p.588]。

にはならず，司法による強制が必要であるとしていたものの，法の要因としての慣習に対しては，ポロックと同様な評価をサーモンドは下している。サーモンドによれば，「真実，正義，公益の原理としての国家の良心」[Salmond 1913, p.144]であり，「社会全体の世論」[ibid., p.145]によって承認されているが故に，国家は，その慣習を法的慣習に転化するのであった。さらにサーモンドは，「これらの慣習は，環境の変化と社会が啓発され成長するとともに発展し，変わっていくため，国家は賢明にも，そのような発展と変更が，それが運営する法に反映するのを喜んで許容する」[ibid.]とも述べている。サーモンドには，法について，「すべての発展した社会においては，法は成長と変化の継続的な過程を経験する」[ibid., p.119]という観念を持っていたのであるが，適用すべき先例がない判例法の推論においても，「司法の運営は，その時代の環境と意見に，無意識にそれ自身を適応させるだろう」[ibid., p.24]と指摘されている。そして，その際に裁判官が依拠すべき正義の具体的な内容として，自然的正義，実践的な便益，常識(common sense) が挙げられている [ibid., p.175]。

このように，サーモンドの法理学は，法全体を理解する枠組みを提供するというオースティンの法理学の影響とともに，社会の発展との関連で法を捉えようとする，いわばメインの「法観念」からの視点の共存が試みられており，非常に興味深いものであると言えるだろう。しかしながら，その理由の一つとしては，すでに触れたオースティンの法理学の圧倒的な影響力を挙げることもできるだろうが，法発展を導く正義についての包括的，概括的な研究はサーモンドにおいても試みられておらず，むしろそれは，実定法学における不法行為などの個別の法領域の研究に収斂していく [Lobban 2010, p.130]。オースティンの法理学に代わるものの探求は，むしろアメリカ法学の主要な課題になっていくのであった。

第4節　小　括

以上，本章では，19世紀イギリスを代表する法思想として，オースティン，メイン，ホランド，サーモンドの法思想を検討してきた。第3節でも触れたハリソンも述べているように，第一次選挙法改正 (The First Reform Act) の前後の1830年代においては，「権威ある判例集における事例は，全く際限のない権威を持つように見えていて，明白な言葉において記録されていないものや，法として正式

に公布されていないものを法として扱う観念は，ほぼ完全に後景に退いていた」[Harrison 1919, p.20]のであって，ここで検討してきた各々の法思想も，コモン・ローをルールの体系として捉えていたことにおいては共通している。しかしながら，コモン・ロー全体を捉える枠組み，「コモン・ローとその発展を説明する枠組みはいかなるものか」という論点については，オースティンのそれと，メインによるオースティン批判を受けたホランド，サーモンドのものは対照的なものになっている。

　オースティンについては，わが国の先行研究においても，その法理学は，近代的な中央集権国家を前提に，コモン・ローではなく，立法を法の中心として見なす法の見方を提供したものとして一般的には考えられていると言ってもよいだろう。これは，『法理学領域論』における主権者命令説に基づく法の定義から導かれるオースティンのイメージであろうが，『法理学領域論』は，あくまでも『法理学，あるいは実定法の哲学の講義』の序論とも言うべきものであり，後者を検討することで，全く違ったオースティン像を示すことも可能である。まず，オースティンの法典化の構想が，レイシオ・デシデンダイの体系化に基づいていたように，オースティンにおいては，法は，訴訟を通して裁判所において創られるべきであると考えられていたのであり [Lobban 1991, p.233]，オースティン自身も「主権的立法者は，たんに権威を与え，チェックするだけで，それ自身に立法することを割り当てることはない (The sovereign legislature merely authorizing and checking, and not affecting to legislate itself)」[Austin 1879, p.634] と論じていた。オースティンにおける法，権利は，裁判所における救済を通じて獲得されるものであったのだが，第1節で検討したように，オースティンの主権者命令説に基づく法の定義は，裁判所による救済から生じる権利や相関的な義務にサンクションを与える法体系全体の前提，あるいは形式的法源として捉えられるべきなのである。同じく第1節で指摘したように，オースティンがレイシオ・デシデンダイを司法的立法としたのも，それ以前のヘイルやブラックストーンが「類推」の枠組みで捉えていたコモン・ローの発展を，主権者によって権限を与えられた裁判官による立法という枠組みで捉えることで，法体系全体に形式統一性を与えることができると考えたからであった。

　このようにオースティンの法理学は，主権者の命令，それに従属する裁判官の立法という枠組みによって，コモン・ローに形式的統一性を与え，法典化のため

第3章 コモン・ロー思想の再生　193

に必要な「法の地図（a map of the law）」を提供することを目的としていたのであるが，そのオースティンの枠組みは，続くメインによって批判的に検討されている。第2節において確認したように，その際のオースティンの法，主権概念に対するメインの議論の目的は，その歴史的，地理的射程を限定することにあったが，オースティンの法理学の基礎にある服従の習慣は，裁判所によって違法行為が規定され，罰せられてきた歴史に起因するといった『初期の法と慣習に関する諸論』における指摘などは，オースティンの立法による枠組みを中和，限定するものとして，それ以降の法思想にも大きな影響を与えている。サーモンドの『法理学』においては，メインのその議論をほぼ踏襲し，同時代にも適用可能なように再構成することで，当時のイギリスにおいても，裁判所が「権利の維持と違法行為の抑圧」に中心的な役割を果たすことが論じられている。メインの影響の下，サーモンドは，「裁判所において適用されるルール」として，裁判官の観点から法を定義しているのであるが，さらに，そのような定義によって，ハリソンによって指摘されていた「権能付与的なルール」も，オースティンの主権者命令説とは違って，独立した法として捉えることが可能になるとも論じていた。

　本章では，コモン・ローを捉える枠組みの展開とともに，社会の発展に伴う法の変化を，それぞれの法思想がどのように捉えようとしていたかを主要なテーマとして設定したが，メインの歴史法学は，そこにおいて，イギリス法思想の新たな潮流となる可能性を秘めたものであった。ヘイル，あるいはクックにおいては，慣習の変化によってコモン・ローが新たな救済を提供することが強調されていたが，オースティンの法理学は，度々指摘しているように，そのようなコモン・ローの発展をも包摂しうる枠組みを提供している。また，第3節で検討したホランドの法典化論も，法の発展を前提としたもので，イギリスの法実証主義と「静態的な法観念」を結びつけるのは一面的である。その一方で，メインの歴史法学は，社会の様々な要素の中で法を捉える「法観念」に基づくものであり，オースティンの法理学のアプリオリな側面を批判していたように，その焦点は法の変化の考察にあり，オースティンなどには見られなかった，裁判官による法発展を導くもの，あるいは「コモン・ローの発展を導く原理」を示す法思想に進化する契機を有していた。しかしながら，メイン自身がそのような法発展の原理を示しておらず，また，メイン以上にオースティンに批判的であったポロックにおいても明確な法理学は示されておらず，(42)メイン以降も，イギリスの法理学は，ある法の分析，

体系化，コモン・ローを理解するための枠組みの提示といったオースティンの問題意識を受け継ぐことになる。オースティンの法理学を超えるもの，「コモン・ローの発展を導く原理の探求」は，イギリスではなく，ポロックと同時代のアメリカのホームズに俟たなければならなかったのである。[43]

　以上が本章の概観であるが，本書のスタンスをより明確にするために，若干のものではあるが，この時代の法思想を扱った英米の代表的な先行研究を批判的に検討してみたい。

　まず，オースティンの法理学の性質は，その判例法理論についてのこれまでの一般的な解釈を批判的に吟味することによっても明らかにできると思われるが，例えば，R・ドゥオーキンは，オースティンに代表される法実証主義的法思想における裁判官は，パートタイムの立法者であったと理解しているという指摘もある［Gardner 2007, pp.51-52］。これは，すでに指摘したような，『法理学領域論』に基づく理解であるが，『法理学，あるいは実定法の哲学の講義』を丹念に読み込んでいる，オースティン研究の第一人者であるランブルも，コモン・ローのコンテクストを無視しているという点で，本章で依拠したロバーンとは対照的なオースティン解釈を展開している。

　ランブルの議論は，上記のドゥオーキンのものも含めた一般的なオースティン解釈に近いものであるが，オースティンを，司法裁量の必要性を説いたという点で，ハートの先駆者として捉え，さらに，ハード・ケースにおける裁判官が，非常に大きな司法裁量を持っていると記述し，持つべきであるとオースティンは論じていたというものである［Rumble 1985, p.143］。オースティンは，司法法・司法的立法を新しいルールの導入に限定し，ハード・ケースに該当するようなものであっても，既存のルールが適用されている限りは司法的立法には当たらないと見なした上で，実際には，裁判官は公共政策に訴えて判決を下し，また，エクイ

---

(42)　ダクスベリーによれば，メインの後を継いで1883年から1903年までオックスフォード大学の法理学の教授を務めたポロックは，「基本的な法理学の問題を同定し，それらの問題に取り組むための一種の枠組みを提示するというよりもむしろ，二次的な法理学上の様々な難問について，しばしば興味深いが一様に控えめな考察の，錯綜したクモの巣（tangled web）を残した」だけであった［Duxbury 2004, p.91］。

(43)　もちろんイギリスにおいても，例えば，19世紀後半のマークビーなどによって，裁判官が共同体の価値を反映すべきことが論じられていたが［Lobban 2011, pp.581-84］，そこでも，ホームズやパウンドのような洗練された法解釈のための理論は提示されていない。

ティ，あるいは先例の適用という名目で，立法をしていると断じていたというのがランブルの解釈である [ibid., p.118-19]。しかしながら，オースティン自身が，「私が判決によって創られたルールについて話すとき，私はもちろん，以前から存在する法のたんなる適用でない判決を意味している」[Austin 1879, p.648] と述べているところからは，オースティンは，先例の機械的適用以外はすべて司法的立法の枠組みで説明していたと考える方が自然である。さらに，ランブルは，オースティンの判例法の分析の大部分が類推に基づく判例法の発展についてであることを見落としている。第1節で確認したように，オースティンは，司法法の大部分は，先例からの類推によって創られると論じ，そのモデルをヘイルの，以前の法に基づく推論 (illations) に求めており，また，ロバーンも指摘しているように，公共政策やエクイティに基づく判例法の発展についてはあまり分析されていない [Lobban 2010, p.87]。オースティンの司法法の概念は，ランブルによってハートと関連づけられている，裁判官が強い裁量を持つことを示すことでも，裁判官は解釈の名の下に，実際は法を創っているというベンサムのような脱神秘化を目的としているわけではなく，本章で度々指摘しているように，コモン・ローに形式的統一性を与えるための道具立てに過ぎなかった。ランブルは，ドゥオーキンの法解釈理論を前ベンサム的 (pre-Benthamite) と位置づけた N・マコーミックの研究を参照しながら，オースティンとドゥオーキンを対比的に捉えているが [Rumble 1985, p.141]，このように，オースティンの司法法，司法的立法が，既存のコモン・ローとの一体性に基づく類推による法発展を記述するための枠組みであって，類推から立法への名辞の入れ替えがそこで行なわれていたとするならば，「コモン・ローとその発展を説明する枠組みはいかなるものか」という論点において，ヘイルやブラックストーンとの連続性をオースティンに見い出すことができるだろう。

　以上と関連して問題になってくるのが，19世紀後半のイギリスの法思想の位置づけである。オースティンがユニバーシティ・カレッジの法理学教授の職を辞した1832年から，ハートがオックスフォードの法理学の教授に任命された1952年までのイギリスの法理学の状況を包括的に検討しているダクスベリーは，「オースティンとハートを隔てている時期の間のイギリスの法理学は，本質的に活気がなく，想像力に欠け，オースティンの無益な影の下にあった」[Duxbury 2005, p.88] として，この時期のイギリスの法理学を，法理学上の革新に欠くことがなかった同

時期のアメリカの状況と対比させている。これは，オースティンの主権者命令説に基づく法理学が，ハートによって批判的に捉えられたことが，現代のイギリス法理学の基礎になっているという一般的な評価を反映したものであろう。しかしながら，第3節第2項で検討したように，19世紀後半においてすでに，ハリソンによって権能付与のルールの重要性が指摘され，それは，サーモンドによる「裁判官の観点」による法の定義にも反映されている。すなわち，主権者の命令ではなく，裁判官による法の適用，裁判官の法実践の中に法が求められていたのだが，さらに，サーモンドには，ハートの承認のルールに対応する，法体系内の法に妥当性を付与する「究極の法的原則」の構想もあり，「コモン・ローとその発展を説明する枠組みはいかなるものか」という論点において，現代につながるような展開をもたらしたと言えるだろう。また，「裁判官による法形成はいかにして正統化されるのか」という論点に関しても，裁判官の法創造の権能も究極の法的原則から導かれるとサーモンドが論じていることは，ラズの「究極の裁量についての法 (ultimate laws of discretion)」[Raz 1979, p.96] を想起させる。さらに，本章で示したオースティンの判例法理論についての解釈が正しいならば，第3節で見たように，類推に「独立した要求」はないとし，裁判官の立法による法発展に正面から焦点を当てたサーモンドの判例法理論も，イギリスの法思想における一つの展開として見なすべきではないかと考えられる。例えば，ハートも，ドゥオーキンの構成的解釈を批判する際，ハード・ケースにおける類推の使用が，司法的立法を排除するものではないと指摘し，裁判官の立法任務を強調しているように［深田 2004，181頁］，法適用と法創造の峻別は，現代のイギリス法実証主義の特徴の一つである。

　以上のように，19世紀後半におけるイギリスの法理学が，ダクスベリーが指摘しているようには，「オースティンの無益な影の下にあった」のではなく，ハート以降の現代法理学の基礎がそこにおいて形作られていたという見方もできるのではないだろうか。特にサーモンドの法理学は，現代の観点から見ても，オースティンの法理学と20世紀半ば以降のイギリス法理学との「架け橋 (bridge)」[Postema 2011, p.13] として捉えることも可能である。一方で，「ルールか救済か」

---

(44) ラズは，法を同定するための究極の法には，その法体系の法であるかを確認する，法の妥当性の基準である承認のルールと，適用できる法がなく，裁判官が新しい法を創る際に，裁判官を導く裁量のルールがあると論じている [Raz 1979, p.97]。

という論点に関しては、ヘイル以降、コモン・ローはルールの体系として捉えられてきたし、「コモン・ローと共同体の関係」についても、確かに、サーモンドの法思想には、「正義」への言及はあったが、それについての原理的な考察はなく、また、法を社会から導かれるものとして捉えていたオースティンも、法の発展を法曹に委ねており、概して形式的な理解にとどまっていたと言えるだろう。サーモンドやオースティン、ベンサム、あるいはそれ以前の古典的コモン・ロー思想などとの関係も含めて、現代の問題については終章で検討することとし、次章においては、ホームズ、パウンド、ルウェリンを中心に、19世紀後半以降のアメリカの近代法思想を検討したい。そこにおいてはまず、オースティン以降の分析法理学に飽き足らず、「単純に、偉大な文化人類学の文書として法を見なし、研究することは完全に適切なことである。その最終的な表現の形式に至るまでに十分なほど強かった社会の理想は何であったのか、あるいは諸世紀にわたって、主要な理想における変化は何であったのかを発見するためにそれにたよることは適切である。形態学と人間の観念の変遷についての教練としてそれを研究することは適切である」[Holmes 1995, p.407]とメインの問題関心を共有したホームズによって、法の歴史的考察が法解釈理論に昇華させられることになる。アメリカ法学では、ルールの体系として「コモン・ローの地図」を描くことではなく、「コモン・ローと共同体の関係」の考察に基づいて、「コモン・ローの発展を導く原理の探求」が試みられるのであった。

---

(45) ポステマは、その近著で、オースティンの主権者命令説に対する批判、「承認のルール」の問題、そして、オースティンの主権理論に対する批判など、ハートの法理学の主要なテーマの多くが、すでにサーモンドによって扱われており、サーモンドのハートへの影響は明白であると指摘している [Postema 2011, p.24]。しかしながら、ハートは、サーモンドの業績にほとんど言及しておらず、それによって、上述のダクスベリーのような理解が一般的になったとも考えられる。もちろん、ハートがサーモンドの法理学を相当程度に精緻化し、体系化したことは疑いえないが、B・シンプソンが、同じく近著で指摘しているように、サーモンドのオリジナリティは、正当に評価すべきであろう [Simpson 2011, p.115]。それによって、本書の終章で検討しているような、ハートの法理学のイギリス的文脈も、より明白になると考えている。

第4章

アメリカのコモン・ロー思想と共同体
――イギリス法実証主義に対するアンチテーゼ――

第1節　ホームズの法思想

(1)　オースティン，メインとホームズ

　本書ではこれまで，17世紀以降のイギリスの法思想に焦点を当ててきたが，最後に，19世紀後半から20世紀前半にアメリカ合衆国で活躍したホームズ，パウンド，ルウェリンの法思想を検討したい。ヘイル，ブラックストーン，オースティン，ホランド，サーモンドの法思想は，その変化も捕捉しうるような枠組みを提供することで，イギリス法，コモン・ローの地図を提供することを主題としていたが，対照的に，アメリカ合衆国においては，裁判官の法的推論，法解釈のあり方に特化した法思想が展開されることになる。本書の論争軸に即して言うならば，「コモン・ローとその発展を説明する枠組みはいかなるものか」という問いをめぐり，漸進的に発展してきたイギリス法思想とは対象的に，「コモン・ローの発展を導く原理の探求」がアメリカ法学の主題になっていくのである。以下においてはまず，ホームズ，パウンド，ルウェリンの法思想の背景にあった，アメリカ法の歴史的，制度的条件を，M・ホーウィッツの研究に依拠しながら素描するとともに，W・トワイニングの分析を利用することで補足的に説明してみたい。

　ここまで指摘してきたように，18世紀のイギリス法学を支配したのは，コモン・ローを技術的理性，裁判官の推論において基礎づけたクックの法思想ではなく，先例，ルールの体系として記述したヘイルやブラックストーンの法思想であった。一方，ホーウィッツによれば，イギリスからの独立後も含めて，先例の拘束力という現象面では，同様の傾向はアメリカにおいても見られるものであった。18世紀のアメリカの法律家のほとんどは，イギリスのコモン・ローをすべての問題を解決するものとして捉え，コモン・ローの諸原理は，裁判官によって発見されうる既存の規準であるというコモン・ロー観から，厳格な先例拘束性の原理が実行

されたのである［Horwitz 1977, p.8］。しかしながら、19世紀になって、法の革新を進めたマンスフィールドの諸判決などが知られるようになってからは、裁判官の役割を既存の法の宣言としてのみ捉えることの限界が認識されるようになる［ibid., p.18］。その際、自然法ではなく、人民の「同意」によってコモン・ローは正統化されるようになったが、ホーウィッツによれば、裁判官が法を発展させる権限もまた、人民の同意を得ていると構成されたのであり、それにより、19世紀以降のアメリカにおけるコモン・ローの道具主義的な性格がより強まっていったのであった［ibid., pp.22-23］。

　ホーウィッツの分析の中で、特に、19世紀アメリカ法における「先例」と「類推」についての分析は、すでに検討した19世紀のイギリス法における両概念のあり方と対照させると興味深い。基本的に、ヘイルの法発展の枠組みを継承したオースティンの法理学は、一旦先例が確定したならば、裁判官はそれを墨守し、先例がない際は、既存のルールからの類推によって判決を下すという18世紀以降のイギリスの法実践に即したものであった。ホーウィッツによれば、これに対してアメリカにおいては、先例よりも、社会政策の道具としての原理（principle）や理由（reason）が優先されたのであり、先例拘束性の原理も、それによって人々が合理的に行動するための一要因に過ぎないと捉えられていた［ibid., pp.25-26］。また、類推に関しても、19世紀以降のアメリカにおいては、法を自律したものとして捉え、そこからの発展によって解決するという形式的な法の捉え方よりも、実質が重視される傾向があったとホーウィッツは論じている［ibid., pp.29-30］。

　もちろん、本章で検討の対象とする19世紀後半のアメリカにおいても、クリストファー・ラングデルに代表されるような形式主義的な法学に対する需要はあったのだが、トワイニングによると、その現象は、アメリカの法体系が置かれていた制度的条件によって説明できる。すなわち、アメリカの私法は、それぞれの州の裁判所が発展させてきたが、特に19世紀半ば以降において各々の州の私法の差異が顕著になり、アメリカ法全体の統一性を保持する必要性が認識されるようになってくる。しかしながら、連邦議会、連邦裁判所、あるいは連邦の行政機関のいずれも、アメリカ法全体を俯瞰するには適切ではなく、法学者にその任務が委ねられたのであった［Twining 1973, p.6］。

　一方で、本章で検討するホームズ、パウンド、ルウェリンらの法思想はすべて、周知の通り、そのような形式主義的、静態的な（static）法学に対峙し、裁判官

による法発展に焦点を当て、いわば動態的に (dynamic) 法を捉えていたが、そのような法思想の素地を形成したものとして、まず、トワイニングは、「アメリカ合衆国によるコモン・ローの受容は、小さくて、同一的であり、比較的安定した貴族社会で発展させられた原則と技術を、巨大で雑多であり、分裂し拡大していく民主社会に導入することを必然的に含むものであった」[ibid., p.4] と、法を社会に適応させることが、アメリカの法実践には歴史的に要請されてきたことを挙げている。また、関連する制度的条件として、憲法によって連邦と州の管轄が峻別され、各々におけるチェック・アンド・バランスが徹底されているアメリカにおいては、特に20世紀以前にそのような傾向は顕著であったと思われるが、立法府は法を発展させる機関としては比較的非効率的であり、私法の分野を中心に、法を社会に適応させることは、裁判官によって実現されるようになる[1]。その際、他の国と同様、アメリカにおいても、裁判所の本来の役割は事件を解決することと見なされていたために、理念と現実とのギャップから、アメリカ法学は裁判過程により焦点を当てるようになり、さらに、判例集の出版など、他の政策決定の過程と比較してより精査の対象になりやすかったことが、アメリカ法学のそのような傾向を促進したとトワイニングは論じている [ibid., pp.4-5]。

　トワイニングは、以上のような制度的条件が、法学教育におけるケース・メゾットの重視、法史学における裁判官による法発展の分析の重視、司法過程の性質への関心といった裁判過程に焦点を合わせるアメリカ法学の特徴を生み出したと指摘しているが [ibid., p.5]、さらに、イギリスとアメリカの法思想の対照的な性格は、トワイニング自身も触れている先例の扱いの違いによっても生み出されたものである。厳格な先例拘束性の原理の下、19世紀のオースティンは、レイシオ・デシデンダイを司法的立法として捉え、そこからの類推によって発展させられる新たなルールも含めて、主権者の命令、ルールによって統合される一つの法体系としてコモン・ローを捉えることが可能であった。一方、アメリカにおいては、ある州の裁判所は、自身の管轄における判決と同様、他の管轄の先例にも敬意を払っており、その結果、19世紀半ば以降から今日に至るまで、アメリカの裁判官

---

(1) 現在においても、R・ポズナーによって、アメリカでは、二院制、行政府の拒否権、立法府と行政府の選挙が別々に行なわれること、連邦主義などの要因で、立法や行政が適宜、政治的問題を解決することが困難であるため、他の国々では司法の役割とは考えられていない問題も、裁判所が扱う傾向があると指摘されている [Posner 1996, p.33]。

にはあまりにも膨大で多様な判例を扱う必要が生じたため,そこでは,イギリスのような厳格な先例拘束性の原理が成立する余地は小さなものであった[*ibid.*, p.7]。結果として,法の発展の契機も含めたコモン・ローの見取り図を描くという伝統的なイギリス流の法学はそこでは根づかず,法はつねに変化する流動的なものとして捉えられ,その変化をどのように説明するかが,アメリカの法思想の主要な課題となったのである。

本章では,以上のような制度的条件も念頭に置きながら,まず,ホームズの法思想を検討する。ホームズの法思想を整理する際,同時代の有力な社会思想であったプラグマティズムの中に位置づけるという方法があり,比較的最近のわが国の研究でもそのようなアプローチが取られているが[金井 2006],ここでは,19世紀イギリスの法思想とホームズの法思想との関係に焦点を当てることから始めたい。ホームズが,オースティンやメインにどのように対峙し,独自の法思想を発展させていったのかを検討し,また,ホームズ,パウンド,ルウェリンの各々の法思想の相互関係を跡づけることで,現代のアメリカ法思想,法哲学に至るようなアメリカ法学の基礎の形成過程を描くことを試みたい。その際,「コモン・ローと共同体の関係」,「裁判官による法形成はいかにして正統化されるのか」,「ルールか原理か」,「ルールか救済か」,「コモン・ローとその発展を説明する枠組みはいかなるものか」,「コモン・ローの発展を導く原理の探求」など,本書においてイギリス法思想を分析した論争軸,視座をアメリカ法思想にも適用することで,両者の連続性,非連続性を明らかにすることができるはずである。

後にアメリカ合衆国の最高裁判所の判事にまで登りつめたオリヴァー・ウェン

---

(2) 本章の第3節で扱うルウェリンは,コモン・ローのルールには,その拘束を免れうる自在幅(leeway)があると指摘していたが,そのルウェリンも,単一の最高裁判所があるイギリスと比較すると,アメリカでは,かなり大きな選択の範囲があり,弁護士や裁判官が入り込む余地もより大きくなっていると指摘している[Llewellyn 2011, p.133]。

(3) プラグマティズム研究においては,経験主義的・実験主義的なパースの系譜と能動主義的・理想主義的なウィリアム・ジェームズ,ジョン・デューイの系譜が分別され,前者とホームズ,後者とパウンドの結びつきが強調された[高瀬 1980, 184頁]。一方,高瀬暢彦は,「ホームズのプラグマティズムは,法においてまことに独自に構想されたものであって,決してパースやジェームズによって既成となったプラグマティズムを法において適応・展開したのではなかった」ことを論じている[同上論文, 283頁]が,その研究もあくまでもプラグマティズム研究の枠内のものであり,本節のアプローチとは大きく異なっている。

デル・ホームズ (Oliver Wendell Holmes Jr., 1841-1935) は，つねに，法実務に対するものと同様の熱意を研究に対しても持ち続けていた。まず，弁護士業をスタートさせた1867年から，その年に公刊された*American Law Review*誌にいくつかの書評や論文を書き始めており，同時期には，ジェームズ・ケントの『アメリカ法注釈 (*Commentaries on American Law*)』の第12版の編集にも携わっていた。その主著『コモン・ロー (*The Common Law*)』はボストン大学での一連のレクチャーをまとめ，1881年に出版されたものであったが，その翌年にはハーバード・ロー・スクールからの招聘に応え，ホームズは研究者としてのキャリアを本格的に開始している。しかしながら，『コモン・ロー』の成功によって研究熱が一時的に冷めてしまったこともあり，ハーバードにはわずか3ヶ月間在籍したのみで，マサチューセッツ州の最高裁の判事になり，1902年から引退する1932年までは，アメリカ合衆国最高裁の判事を勤めあげることになる。ただ，判事の仕事を続けながらも，特に1890年代には，本節でも検討する「特権，悪意，意図 (Privilege, Malice, and Intent)」(1894年)，「法の小路 (The Path of the Law)」(1897年)，「科学における法と法における科学 (Law in Science and Science in Law)」(1899年) など，その立場の変遷ということも含めて，興味深い論稿をいくつも世に問うている [Lobban 2007a, p.208]。

　本章ではまず，1870年から1880年の10年間にわたって，上述の*American Law Review*誌に掲載されたホームズの初期の諸論稿を検討していくが，それによって『コモン・ロー』に結実するホームズの法思想の形成過程を明らかにするだけではなく，その形成過程が，19世紀後半のイギリスの法思想，特にジョン・オースティン (John Austin, 1790-1859) の法思想とどのように向き合い，克服するかというホームズの問題意識によって支配されていたことを明らかにすることができると思われる。ホームズの法思想は，わが国の比較的最近の研究で示されているような [金井 2006]，ホームズが，チャールズ・パースなどのプラグマティズムを法思想にどのように適用したのかといった視座以外でも捉えられるものであろう。すでに前章で明らかにしたように，19世紀後半のイギリスにおいては，複雑なコモン・ローの総体を理解する枠組みを提供するというオースティン流の法理学に代わるものは，結局は登場することはなかったが，ホームズは，ヘンリー・メイン (Sir Henry Sumner Maine, 1822-1888) によるオースティン批判の視座を徹底することによって，オースティンの枠組みに代わりうるものを提示すること

を試みたとも言える。より広い英米法思想、コモン・ロー思想のスパンからは、今日においても、例えば、裁判官の視点を重視するR・ドゥオーキンによる解釈的な法理論によって、静態的なH・L・A・ハートの法理学が批判されているが、ホームズがオースティンを批判、克服していった過程は、そのようなイギリス、アメリカの法思想の間の視点の違いの原点、分岐点としても捉えることができる。「法とは何か、コモン・ローとは何か」という問いに対して、「コモン・ローとその発展を説明する枠組み」を提示することに専心していたオースティンとは対照的に、ホームズ以降のアメリカ法学においては、「コモン・ローの発展を導く原理の探求」によって、上述の問いに答えることが主題になっていくのである。以下、*American Law Review* 誌において公刊され、F・ケロッグによって編集された『ホームズ判事の形成期のエッセイ――アメリカ法哲学の創生（*The Formative Essays of Justice Holmes : The Making of an American Legal Philosophy*）』（1984年）に収められたホームズの初期の論稿を検討していきたい。

　ホームズがオースティンの著作に最初に出会ったのは、彼がまだ20歳そこそこで、ハーバート・カレッジの最終学年であった1861年のことであった。ケロッグによれば、ホームズは、1863年から1871年にかけて、少なくとも二度、オースティンの『法理学、あるいは実定法の哲学の講義（*Lectures on Jurisprudence or the Philosophy of Positive Law*）』（1863年）を読んでいる［Holmes/Kellogg 1984, p.6］。ケントの『アメリカ法注釈』の新版の編集に関わっていたホームズが、オースティンによって試みられた法の配列、分類に関心を持つことは自然なことであったと思われるが、1870年の「法典と法の配列（Codes, and the Arrangement of the Law）」において、ホームズは、まず、法の配列について、「もしそれが得られるならば、その重要性は、過大評価されえないものである」［*ibid*., p.79］とした上で、その効用として、「与えられた事例と他のすべてのものとのすべての結びつき」［*ibid*.］を初学者に提供することを挙げている。オースティンが、「法典化と法改革（Codification and Law Reform）」で掲げた法理学の目的、すなわち法のルールを体系の中に位置づける「法の地図」の提供という目的が、ここではホームズによってそのまま承認されているとも言えるだろうが、配列の方法に関しては、ホームズはオースティンの方法に疑義を呈している。前章第1節でも検討したように、オースティンは、物の法を中心として法全体を捉え、それは、違法行為から生じる二次的権利とそれ以外の一次的権利に分類され、さらに、後者が対物的権利と対人

的権利に分類されるなど,権利概念を中心とした法の配列,分類を試みていた。一方で,ホームズは,「義務は論理的にも年代的にも権利に先行する」[*ibid.*]と述べ,義務概念を中心にした法の配列を提唱している。ホームズによれば,権利を直接創造する法でさえ,他者に対しては暗黙に義務を課していることや,対応する権利が存在しない法的義務はいくつかあるが,その逆の場合はないことに留意する必要があるのであった[*ibid.*, pp.79-80]。さらに,ホームズの批判は,オースティンが,権利をそれ自体で権利とされる一次的権利と,それらが侵害された場合に裁判所において救済を受ける権利に分類し,「救済を提供し,刑罰を決定する法が絶対的に必要な唯一のものである」[Austin 1879, p.794]と論じていたことに対しても及んでおり,「義務の分類において,それ(救済的権利に対応する義務)が独立した地位を見い出すことは疑わざるをえない」[Holmes/Kellogg 1984, p.89.( )内は引用者]と論じている。

　American Law Review 誌に次に掲載されたホームズの論稿は,1872年の「新刊案内(Book Notice)」の欄に掲載されたものであった。この論稿から,オースティンの法理論に対する批判がより明白になってくるのであるが,本書のここまでの検討との関連で興味深いのは,それがフレデリック・ポロックの「法と命令(Law and Command)」(1872年)の書評として,それに触発される形で書かれたことである。第3章で見たように,ポロックは上記の論稿でオースティンを批判して,主権者の命令から独立した慣習が法的効力を持つことを強調していたが,ホームズは,アメリカの法実践により即した議論を展開しており,まず,主権者の命令よりも裁判官の判決によって法の内容が確定されることを強調している。すなわち,ホームズによれば,「イングランドにおける制定法,この国の憲法についての司法の解釈のいくつもの例からも明らかなように,文明国においては,法律家の法(lawyers' law)を創るのは,その源泉であるときも,主権者の意思ではなく,法を強制するその従者の集団(body of subjects)である裁判官が,彼の意思と言うところのものによってであることが思い起こされなくてはならない」[*ibid.*, p.92]のであった。オースティン自身も,主権者は,あくまでも司法法の源泉(source)として捉えられ,司法法それ自体は裁判官によって発展させられると考えていたため,上記のホームズの言明は,オースティンも是認しうるものであったかもしれない。しかしながら,ホームズは「法律家にとっての唯一の問題は,裁判官がどのように行為するかである」[*ibid.*]とも論じており,「法の小路」に

おける「法予言説」を予感させる記述もこの論稿で見い出すこともできる。その一方で，法の配列に関する興味も継続しており，ホームズは，「民事訴訟の責任は，それ自体で義務を形成する刑罰や制裁ではない」[ibid., p.93] とも述べ，法的権利とそれに相関的な義務，そしてその両者を結びつける主権者の命令，制裁といったオースティンの法理学の枠組みに対する疑問を提示している。ホームズによれば，禁止される行為をなす契約が無効になる場合など，違反することで法の保護を失う場合を除いて，例えば，一定の利益を享受するために公正な対価を支払う責任などに刑罰が付加されているとは考えにくいのであった。さらに，オースティンの枠組みからは，例えば厳格責任，無過失責任に基づく民事責任に対しても，刑罰，制裁が科せられると捉えられることになるが，オースティンにおいて含意されている有責性（culpability）ではなく，公共政策（public policy）によって民事責任の範囲を決定すべきであるともホームズは指摘し，義務，主権者の命令の下に民事責任も捉えたオースティンへの批判が展開されている [ibid.]。

ホームズは，次の二つの論稿の「法の配列，当事者関係（The Arrangement of the Law, Privity）」（1872年），「不法行為の理論（The Theory of Torts）」（1873年）では，「法典と法の配列」で自ら提案した義務の概念を中心とした法の配列に伴った，具体的な法分野において生じる諸問題について検討している。そのうち，特に，後者の「不法行為の理論」は，過失責任に関して，法の発展についての理論によって説明する傾向が明確なものになっており，オースティンの法理学に代わりうるものの端緒を見い出すこともできる重要な論稿である。

「法の配列，当事者関係」においては，ホームズは，「新刊案内」の問題意識を発展させ，オースティンの法理学の枠組みにおいて前提とされている法的権利と義務の相関関係について，雇主と使用人の関係における代位責任（vicarious liability）の例を挙げながら検討している。そこでホームズは，使用人の不法行為に対して雇主が責任を持つことを理解するためには，歴史的な考察が必要であると論じている。ホームズによれば，「ローマ法の初期においては，市民の妻，子供そして使用人は，彼（その市民）の奴隷であった。彼ら（妻，子供，使用人）は，彼らが，家長のペルソナを保持しているものとして以外には，法の前に地位を持つことがなかったため，市民に対して法的関係を持つことができるとは言えなかった」[ibid., p.110.（　）内は引用者] が，その際，その雇主と使用人の擬制に基づく同定を代位責任の原理の起源として考えることができるのであった。すなわ

ち，ホームズは，「彼の使用人によって獲得された利益に対する雇主の権利が一般的であるのと同様に」[*ibid.*, p.111]，「責任が課されたときはいつでも，雇主が使用人の不法行為に対して責任を持つ」[*ibid.*]ということも一般的なものとして考えられたという歴史的経緯によって代位責任は説明できるのであり，権利と義務の相関性から，代位責任においても，雇主には遠因的な不注意 (remote inadvertence) があるとしたオースティンの理解を批判している。

一方，「不法行為の理論」は，ケロッグが指摘しているように，行為の規準が徐々に規定されることによって，不法行為の領域が恒常的に変化，成長していることが論じられているホームズの法理学の一つの画期となった論稿である[*ibid.*, pp.31-32]。すでに触れたように，オースティンの法理学においては，法的権利と相関的な義務を結びつけるものとして主権者の制裁が位置づけられていたが，民事的責任についても，主権者による制裁という枠組みを維持するために，当事者には，過失，不注意 (heedlessness)，軽率さ (rashness) といった有責性が帰されていた[*ibid.*, p.9]。ホームズは，「新刊案内」では無過失責任，厳格責任が，そして，「法の配列，当事者関係」においては，代位責任が，当事者に有責性を帰すことによっては説明できないことを指摘していたが，「不法行為の理論」においては，一般的な過失責任に関しても，「責任は有責性を含意するという彼の一般的な概念に従ったオースティンは，過失を当事者の心理状態として分析しているが，これは十分でないように私たちに思われる」[*ibid.*, p.118]とオースティンの枠組みが妥当でないことを論じている。さらに，ホームズは，過失責任が，そもそもオースティンによって試みられているようには，一定の枠組みによっては捕捉しうるような性質のものではないとも論じている。すなわち，過失責任に関する訴訟が陪審によって決定される際，「彼ら（陪審）は被告の意識の状態について聞かれているわけでなく」[*ibid.*, p.120.（　）内は引用者]，過失の基準を各々の判例において打ち立てているのであったが，その際，「その決定は明瞭な理性というよりもむしろ，一方，あるいは他方の側に，わずかな感情の優勢によってなされるのであり，反対の判決の接触により，（過失責任に関する）厳密な一線がようやく生じるが，それは大変恣意的なものであるので，一方，あるいは他方の側にもう少しだけ進んで描かれることも同じようにあっただろう」[*ibid.*, p.119.（　）内は引用者]ことをホームズは強調しているのである。結局，ホームズによれば，不法行為の責任は，有責性が要素であるものとそうでないものに分類

されるが、後者もさらに、「責任を負わせる事実が明確に確定されている場合と、その境界線が確認の過程にあるか、政策の動機から、それが意図的に不確定にされている場合」[*ibid.*, p.124] に再分類されるのであった。このように、ホームズは、義務の概念による法の分類を試みた結果、過失責任については、オースティンの「有責性」の枠組みが妥当しないことを論証し、さらに、過失責任の基準自体が恒常的な変化の過程にあるため、一定の枠組みによってコモン・ローを把握するというオースティンの法理学の企図自体がそもそも限界を伴うものであるとの認識にまで至っている。ケロッグが、ホームズにおける、「義務の概念に基づく分類から生じた問題が、元来の企図に取って代わり、それ自身の哲学的生命を得ることになる新しい原理を生み出した」[*ibid.*, p.35] と、「不法行為の理論」に至るまでのホームズの思考の過程を要約しているように、ホームズの焦点は、「コモン・ローとその発展を説明する枠組みはいかなるものか」というものから、「コモン・ローの発展を導く原理の探求」へと移っていく。この時点でホームズは、オースティンの法理学の「恒久的な法的概念の枠組み」を批判したメインの問題意識を共有していたとも言えるだろうし、実際、ホームズの次の論稿も、法についての歴史的考察に焦点を当てたものであった。

　そのホームズの次の論稿とは、1876年、1877年の二回に分けて公刊された「近代法における原始的な概念 (Primitive Notions in Modern Law)」である。ホームズ自身は、二次文献に依拠した面もあったメインの方法論の厳密性の欠如を批判し、むしろ、フレデリック・メイトランドを模範としたのであるが、以下のホームズの議論は、前章第2節で触れた、法の歴史的考察を通じてオースティンの法理学を再検討するというメインの視点を発展させたものと言えるだろうし、メインによって主導された、法の歴史的研究への関心という19世紀後半のイギリスにおける一つの潮流に影響を受けたものであった [*ibid.*, pp.11-12]。メインの論点は、「もし私たちが何らかの方法で、法律の概念の初期の形体を確定できるのならば、それらは私たちにとって評価できないほど貴重なものになるだろう。これらの原始的な観念は、初期の地殻が地質学者に対して持つのと同じような意味を法律家に対して持っている。それらは、潜在的には、法が後に示したすべての形体を含んでいる。最も表面的な検討以外には、それらを一般的に拒絶した性急さや偏見は、私たちが法理学という科学を見い出すところの不十分な状況の責めを負わなければならない」[Maine 1920, pp.2-3] という『古代法 (*Ancient Law*)』(1861年)

冒頭の言明にも示されているが，ケロッグも指摘しているように，ホームズも，このメインの見解には賛同したはずである [Holmes/Kellogg 1984, p.12]。

さて，「近代法における原始的な概念」であるが，そこでホームズは，責任概念についての歴史的考察を進めている。その際，オースティンが，成熟期のローマ法から，有責性に基づく概念としての責任概念を抽出したことを念頭に置きながら，ホームズは，「この論文では，その原始的な概念をより詳細に説明し，近代法の一体への影響を示し，そして，それら現行の形体においては，相互に，あるいは何らかの共通の源泉といったものから最も遠く見えるけれども，そこから（原始的な責任の概念から）の数多くの原理の発展を辿ることを試みよう」[ibid., p.130.（　）内は引用者] と自らの主題を設定している。ホームズによれば，「もし私たちが成功するならば，それらの原理を確立したと頻繁に考えられている様々な政策の考慮は，実際は，すでにそこにあったものを説明するために，後の時代において発明されたものであったことが発見されるだろう」[ibid.]。「近代法における原始的な概念」においては，特に，厳格責任，代位責任の歴史的起源について焦点が当てられている。もちろん，代位責任の起源については，すでに見たように，「法の配列，当事者関係」においても考察されていたが，ここでは，復讐の原始的な願望が厳格責任，代位責任といった法原則の形成に与えた影響が考察され，法と論理の乖離がより強調されていると言えるだろう。ホームズは，ギリシア，ローマ，ゲルマン，アングロ・サクソンなどの多様な資料から責任概念の源泉を探っているのだが，そこにおいて共通に散見される要素は，復讐であったのであり，原始的な種族においては，侵害された当事者は，例えば，彼を侵害した奴隷，あるいは，動物や物などの引き渡しを要求したのであった [ibid., p.137]。そして，ホームズによれば，所有者の厳格責任，代位責任も，引き渡しに代わるものとしての支払い，すなわち復讐に効果を与えるために生じたのであった。なお，「近代法における原始的な概念」は二部に分かれていたが，その第2部においては，地役権に関する法について考察されている。ホームズが問題としたのが，不動産占有侵奪者（disseisor）が通行権を侵害された場合，たとえ正当な所有者でなくても通行権を侵害した相手に対して訴権を持つとされたことであったが，その要因は，地役権が土地に属するものとして捉えられていたことであった。ホームズは，この法原則に関して，「事実，あるいは，権原のいずれにおいても占有を有していないものが，なぜここまで優遇されているのか」[ibid., p.160] との問

いを立てた後に,「その答えは,理性の中にあるのではなく,理性の失敗においてある」[*ibid.*]と述べている。

二部から成る「近代法における原始的な概念」の特徴は,それ以前に試みられていた,義務の観念を中心とした法の配列についての新たな考察が試みられなかったということである。ケロッグは,そのような変化から,この時点のホームズにおいて,近代の責任の基準についての原始的な起源から得られる教訓が,それが純粋な分類に基づく分析に投げかける疑問を上回ると考えられるようになったと指摘しているが[*ibid.*, p.38],本書の問題関心からは,これ以降は,ホームズは,メインの歴史法学を超える視点を提供するようになっていったとも論じることもできよう。第3章第2節で指摘したように,メインは,『初期の法と慣習に関する諸論(*On Early Law and Custom*)』(1883年)において,ベンサム,あるいはオースティンの法的概念でさえ「偉大な発展の法則」の影響を免れえない[Maine 1890, p.361]と論じていたにもかかわらず,その歴史法学は,オースティンの法理学の射程を歴史的,地理的に限定することを超えることはなかった。一方で,ホームズは,メインが「偉大な発展の法則(great law of evolution)」と呼んだものの探求を試みているが,「不法行為の理論」における過失責任の分析にも垣間見られたように,それは,責任概念の客観化,すなわち共同体の価値の追求,「コモン・ローと共同体の関係」についての考察へと進んでいくものであった。

(2) 共同体の価値の探求

前項では,*American Law Review* 誌に掲載されたホームズの1870年代の論稿を検討してきたが,ホームズは,まず,義務の観念を中心としていたという違いはあったものの,オースティンと同様に,法を包括的に説明することのできる法の配列の考察を試みていた。しかしながら,厳格責任,代位責任が,オースティンの枠組みを支える有責性によっては,他の不法行為と同様には説明できないことなどを明らかにする過程で,そのような試みは有益ではないと考えるようになり,法の歴史的考察に重点を移すようになる。「近代法における原始的な概念」などにおける考察を通じて,ホームズにとっての法の論理は,歴史的変化の残余として説明されるものと捉えられるようになったのである[Holmes/Kellogg 1984, p.7]。『コモン・ロー』においても述べられているように,「非常に一般的な現象,そして歴史を学ぶ者によって非常によく知られたことはこれである。原始的時代の慣

習,信念あるいは必要がルール,あるいは原則を打ち立てる。何世紀もの間に,その慣習,信念,あるいは必要は消え去るが,ルールは残る。そのルールを生み出した理由は忘れ去られ,発明の才のある知性が,それがどのように説明されるべきか探求し始める。それを説明し,現在の物事の状況と一致させるような一定の政策の根拠が考えられ,その後,ルールそれ自体が,それのために見つけられた新しい理由にそれ自体を適応させ,新しいキャリアに入ることになる。古い形式が新しい内容を受容し,次第に,形式も,それが受容した意味に適合するように,それ自体を変化させる」[Holmes 2009, p.35]のであった。具体的な例としては,「近代法における原始的な概念」,あるいは『コモン・ロー』において取り上げられている厳格責任,代位責任の歴史的変化を挙げることができるだろう。古代における,侵害行為を犯した奴隷に対する復讐の代替物として,所有者の金銭賠償を定めたルールの理由は,文明社会においては消え去ってしまったが,船主や宿屋の主人などに関する特殊な信用から,その使用人がなした権利侵害に対しては無条件に責任を負わされるべきという政策を説明するルールとして用いられ,責めを負うべきではない,他人による行為に対する責任を規定する代位責任のルールが生じたのであった[金井 2006, 152頁]。いずれにせよ,法の科学者が,法体系を精査することによって見い出すことができるのは,オースティンが示したような法の枠組み,論理ではなくて,法体系全体は,漸進的ではあるが,恒常的な変化の中にあるというのが,ホームズの法思想の基本的なアプローチであったと言える[Holmes/Kellogg 1984, p.10]。

　前項で検討した1870年代のホームズの論稿のいくつかは,『コモン・ロー』にも反映されているが,『コモン・ロー』の序章「責任の初期の形態(Early Forms of Liability)」においては,オースティンの法理学と向き合ったホームズの1870年代の思索の成果が簡潔にまとめられている。すなわち,まず,「法体系全体をアプリオリな前提から演繹しようとする試みであれ,優雅な法体系,あるいは部分間の論理的な一貫性に法の科学は存在すると想定するより謙虚な誤りであれ」[Holmes 2009, p.60],「その形式的な側面からのみ法を考察するすべての理論」[*ibid.*]は失敗するとホームズは論じている。「真実は,法は一貫性につねに近づいているし,決して到達しないということである。それは,一方においては,生活から新しい原理を永久に採用し続けているが,他方では,まだ使い尽くされることも捨て去られることもない古いものを歴史から保持し続けている。それは,

それが成長するのを止めるときにのみ，完全に一貫したものになる」[ibid.] のであった。「私たちがどれだけ法を，一見明白な命題の連続に法典化するとしても，それらの命題は，継続的な成長の一つの局面に過ぎない」[ibid.] のである。

さらに，ホームズは，その「責任の初期の形態」において，責任に関する法の発展法則と言えるものについても明確に規定している。ホームズによれば，「現代の法までに知られている様々な形態の責任は，復讐という共通の根拠から生じてい」[ibid., p.61] て，「道徳的な基礎，すなわち，誰かが咎められなければならないという考えから開始された」[ibid.]。しかしながら，「道徳の用語はまだ残っていて，法は，一定の意味において，いまだにそしてつねに道徳的基準によって法的責任を評価する一方で，それにもかかわらず，その性質のまさに必然性により，それは，それらの道徳的基準を外的あるいは客観的なものにつねに変えていて，そこから，当事者の実際の罪は完全に排除されている」[ibid.] のであった。

ところで，前項で触れたように，1872年の「新刊案内」において，すでにホームズは，無過失責任，厳格責任の領域においては，公共政策によって決定すべきことを論じており，その翌年の「不法行為の理論」においては，不法行為の責任を，有責性が要素であるものとそうでないものに分類していたが，『コモン・ロー』が執筆されるまでには，「平均的な知性を持つ分別のある人として行為することに失敗」[Holmes/Kellogg 1984, p.250] したか否かが不法行為全体の基準となってくる。「不法行為の理論」においては，詐欺などは，当事者の意識が要素であると捉えられていたが，それらも，外的，客観的基準によって判断されるようになったのであった。また，『コモン・ロー』において，例えば，ある人が「もし重い梁を通りに投げ入れるならば，彼は通常の分別ある人が，死あるいは重度の身体的危害を引き起こすだろうと予見する行為をなし，実際に彼がそうするか否かにかかわらず，彼はあたかもそれを予見したかのように扱われる」[Holmes 2009, p.77] と述べられているように，刑法における責任も同様に扱われることになり，契約法の分析においても，法は当事者の実際の意図とは関係なく，彼らの行為の外的な証拠によって人々を判断すると述べていた [Lobban 2007a, p.214]。

ここで留意すべきことは，上記の刑法に関する例にも示されているように，道徳的責任から，外的，客観的基準へというホームズの責任原理に関する発展法則が，そのまま法解釈理論に転化していることである。その際，ホームズは，『コモン・ロー』において，外的，客観的基準を「共同体の感情を代表している（中

略）と仮定されていて」[Holmes 2009, p.125.（　）内は引用者], 多くの場合において, 平均的に分別ある人の理想像と見なされている陪審に求めている。すなわち, ホームズによれば, 「その事柄に適用できる公共政策についてのいかなる明白な見解も抱くことがない裁判所は, 不法行為法の大部分がそのように導出されたと認められてきたように, 日常の経験から適用されるべきルールを導出する。しかし, 裁判所はさらに言えば, それ自体がルールを聡明に規定するための十分な実践的な経験を持っていないと感じる。それは, 共同体の実践的な部分から選ばれた12人がその判決を助けることができると考える。したがって, それは, 陪審の意見を採用することによって, その分別を促進する」[ibid., p.135] のであった。さらに, 『コモン・ロー』ではより一般的な裁判官の役割についてのホームズの見解の一端も示されている。「実務において, 頻繁には事実は正確には繰り返すことはないが, 相互に比較的小さな変化しか伴わない事例は繰り返す」[ibid., pp.135-36]。その際, 「長い間, 第一審裁判所（nisi prius）で審理している裁判官は, 徐々に, 通常の場合における共同体の共通感覚を代表することを彼に可能にさせる経験の蓄積を, 平均的な陪審よりもずっとよく獲得するはずだ。彼は, 総体として, 彼らの意見を採用するのが望ましいと考える場合でも, 彼らを導き, 詳細まで説示することができるはずである。さらに, 彼が, 彼らの意見を全く採用することなしに, 判決をすることができる領域は継続的に成長するはずである」[ibid., p.136] とホームズは論じている。

　最近の英米, あるいはわが国の研究においては, 以上のような外的, 客観的な基準, あるいは陪審の評決に現われるとされる共同体の価値に基づくホームズの判例解釈の理論に対するジョン・デューイ, あるいはパースのプラグマティズムの影響が指摘されている。例えば, T・グレイによると, プラグマティズムにおいては, 第一に, 思考は, コンテクストに基づいた, 位置づけられたものとして, 知覚, あるいは思念の慣習, 類型といった実践に組み込まれたものとして捉えられた一方で, 第二に, ダーウィニズムの影響から, 思考は, 生存に向けられた問題解決の能力として, 道具主義的に捉えられていた [Grey 1989, p.798]。ホームズの法思想は, このようなプラグマティズムを法実践に適用したものであるとグレイは論じているのであるが, その結果, ホームズにおいては, 第一に, 法は, コンテクストに基づき, 位置づけられていて, 慣習と共有された期待に根拠を持つ実践から構成されるとされ, 第二に, 法は, 社会的に望ましい結果を達成する

手段として，道具主義的に捉えられたのであった［*ibid.*, p.805］。より簡潔には，プラグマティズムの影響から，ホームズにおける法は，過去から引き継がれた暗黙の思考類型，偏見（prejudice）に依拠すると同時に，公共政策，社会の必要に対応するものであったのであり［*ibid.*, p.806］，裁判官が，そのような社会の偏見や必要を測る手段として陪審を用いることが提唱されたことになる。一方，わが国の金井光生の最近の研究においては，パースとの関連が指摘されており，ホームズにおける法律が，「単に〈自己選好〉や〈便宜性〉だけで定立されるのではなくて，あくまで〈過去〉との対話を重視して」［金井 2006, 160頁］いて，その法思想において，「過去の信念が現在の必要性によって懐疑され，批判吟味を重ねることで，〈自己修正的に〉新たな信念（法律）が探求される」［前掲書］点が，「パースの言う〈習慣の形成〉と〈習慣の自己修正〉」［前掲書］に結びつけて捉えられている。ホームズが，共同体の現行の信念，あるいは現在の必要を代表するものとして陪審を位置づけていたことなどからも，ホームズの法思想とリアリズム法学を区別し，さらに，パースのプラグマティズムとの親和性が指摘されているのである［前掲書，177-78頁］。

　もちろん，『コモン・ロー』に結実する1870年代のホームズの思考の特徴の一つが，ケントの『アメリカ法注釈』を編集することによって得られたコモン・ローの詳細な知識と，パースによって主宰されていた形而上学クラブ（Metaphysical Club）のプラグマティズム哲学を結びつけるものであったことは否定できないが［Holmes/Kellogg 1984, p.3］，オースティンの法理学の否定，メインとの問題意識の共有といった前項で検討したような19世紀後半のイギリスの法思想のコンテクストにおいて，ホームズの目的は十全に理解することができるというのが本書のスタンスであった。ホームズの『コモン・ロー』は，たんにデューイやパースのプラグマティズムをコモン・ローの実践に適用したというものではなく，ケロッグが指摘しているように，法的概念は，その発生と成長において捉えられなくてはならないというメインと同様の問題意識から，そのような法の発展という観点を補捉しえないオースティン流の法理学を克服しようとするホームズの試みであった［Kellogg 2007, p.58］。

　ところで，ケロッグによる，ホームズは，「アメリカのプラグマティズムのものと同様な共同体の探求の概念でもって，コモン・ローの理論を最新のものにした」［*ibid.*, p.xi］との指摘も，本書のテーマとの関連で興味深い。ケロッグは，

その近著である『オリヴァー・ウェンデル・ホームズ——法理論と抑制的な司法 (*Oliver Wendell Holmes, Jr.: Legal Theory and Judicial Restraint*)』(2007年) において、ホームズの法思想と、伝統的なコモン・ロー思想との関連を強調している。すなわち、ケロッグは、イギリスの法思想においては、社会的実践というより広いコンテクストの中で法を捉え、紛争を解決する過程で法は生じてくるとした、クック、ヘイル、ブラックストーンらの古典的コモン・ロー思想と、法を自律的で、確定的で一貫したものであり、テキストに基づくものとしたホッブズ、オースティンなどの法実証主義的な法思想が対立してきたと整理した上で、ホームズの法思想を、前者を再定式化したものとして捉えているのである [*ibid.*, pp.16, 18]。例えば、クックが、裁判官たちの判決意見の間に一致が見られないときの、法の最良の解釈者は慣習であると論じ、ヘイルが、「ホッブズ氏の『法の対話』に関する王座裁判所首席裁判官ヘイルによる考察 (Reflections by the Lrd. Cheife Justice Hale on Mr. Hobbes His Dialogue of the Lawe)」においてホッブズを批判した際に、哲学者の思索による法よりも、コモン・ローの方が長い経験に基づいているため優れていると論じていたことから [*ibid.*, pp.50-54]、ケロッグは、古典的コモン・ロー思想を、ホッブズやオースティンにおけるような中央集権的でトップダウンの法思想ではなく、ボトムアップの法思想として特徴づけている [*ibid.*, p.19]。そして、ケロッグは、「事例に特化した探求としてのコモン・ローの方法、法的思考と、コモン・ローのルール形成の暫定的で実験的な性質、抽象化についての懐疑、裁判所の法形成過程における共同体の実践と参加の重要性と尊重」[*ibid.*] といったホームズの法思想の特徴も、古典的コモン・ロー思想、英米の伝統的な法思想を継承したものであると捉えているのであった。ホームズの法解釈理論の詳細については、彼の「公共政策 (public policy)」の観念、有名な「法予言説」などと関連させて次項において明らかにすることとし、以下においては、ケロッグの整理を批判的に検討することで、本書が考察の対象としている近代以降の英米法思想というより大きなスパンにおいて、ホームズの法思想が持つ意義について考えてみたい。

　まず、ヘイルに関して確認すると、法実証主義的な主権者命令説の観点から、コモン・ローのルールの多くは、立法に起源を持つと論じられていた。もちろん、慣習に起源を持つコモン・ローは、人々の受容、同意によって法としての地位を得るともされており、また、「人々の状況、必要や便宜に適合させられるもの」[Hale

1971, p.39] としてヘイルはコモン・ローの発展を捉えている。しかしながら、一方で、ケロッグの指摘とは異なるが、オースティンの法思想も、同様に法をボトムアップに構築していくことに基礎づけられていたと考えることも可能である。第3章第1節でも見たように、オースティンにおいても、法は、社会の変化に即して裁判所によって与えられる救済を通じて得られるもので、主権者命令説は、そのように変化するコモン・ローを捉える枠組みであったと理解すべきである。古典的コモン・ロー思想をボトムアップに基づくものとして、トップダウンの性格を持つ法実証主義的な法思想と対比させるケロッグの整理は過度の単純化に基づいたものであり、むしろ、ヘイル、ブラックストーン、オースティンといったイギリスの法思想とホームズの法思想を対比的に捉える方が、ホームズの法思想の特徴はより明確になると思われる。すなわち、コモン・ローの地図を提供することを第一義的な目的とし、裁判官の法解釈のあり方については深い考察がなされていない前者と、裁判官の、いわば「内的な視点」からの法思想が考察されている後者との対比である。本書の論争軸からは、「コモン・ローとその発展を説明する枠組みはいかなるものか」を主題としたイギリスの法思想と「コモン・ローの発展を導く原理の探求」を主題とするアメリカ法思想の対比と整理できるだろう。

　ヘイルやブラックストーンにおいては、権威的なルールからの類推によってコモン・ローは発展すると考えられていたが、判例法解釈の問題について主題的に論じられることはなく、法発展の過程が十分に説明されているとは言えない。典型的には、裁判官にとってのハード・ケースとして、法律問題ではなく、事実問題を挙げていたブラックストーンの言明 [Blackstone 1979, vol.3, p.329] にそのような特徴は表れており、その『イングランド法釈義 (*Commentaries on the Laws of England*)』(1765-69年)の第4巻に収められた「イングランド法の発生、発達と漸進的な改善 (Of the Rise, Progress, and Gradual Improvements, of the Laws of England)」においても、制定法によってもたらされたイングランド法の変化が考察されている [*ibid.*, vol.4, ch.33]。それと同様に、司法法として捉えたレイシオ・デシデンダイの曖昧さや流動性、あるいは「対立する類推の競合 (competition of opposite analogies)」など、コモン・ローの発展の複雑さを認識していたにもかかわらず、オースティンにおいても、法曹全体の見解、「専門職の一般的な意見の影響」にコモン・ローの発展は委ねられていた。一方で、本章の冒頭で触れた

ようなアメリカ法学の置かれた制度的条件を一因として、ホームズの法思想は、ヘイルやブラックストーンが考察の対象とはせず、オースティンが法専門職に委ねたコモン・ローの発展の原理に焦点を当てたものであった。前項での引用を繰り返すが、ホームズは、過失の基準について、「その決定は明瞭な理性というよりもむしろ、一方、あるいは他方の側に、わずかな感情の優勢によってなされるのであり、反対の判決の接触により、(過失責任に関する)厳密な一線がようやく生じるが、それは大変恣意的なものであるので、一方、あるいは他方の側にもう少しだけ進んで描かれることも同じようにあっただろう」[Holmes/Kellogg 1984, p.119.(　)内は引用者]と述べ、次に見るように、その際の裁判官の役割について詳細に検討されているが、ホームズのこの言明は、オースティンが「対立する類推の競合」と名づけ、法理学の考察対象の外に置いた現象であった。そして、コモン・ローの地図を描こうとしたオースティン、あるいはヘイルやブラックストーンの視点とホームズの視点の対比が、ハートの『法の概念（*The Concept of Law*)』(1961年)とドゥオーキンの『法の帝国（*Law's Empire*)』(1986年)の間の視点の違いに受け継がれていると考えることができるならば、ホームズの法思想は、ヘイルやブラックストーンの延長線上にあるものではなく、裁判官の視点に焦点を当てるアメリカ法学の独自の発展の端緒として捉えるべきであろう。終章でさらなる検討を加えるが、近代英米法思想の展開という観点から、ホームズの法思想を古典的コモン・ロー思想も含めたイギリスの法思想と対比させるという本節の整理は、以上の観点からのものである。

　ただ、このように裁判官のいわば「内的視点」に焦点を当てたホームズも、後に、法の発展の基準を共同体の価値に求める自らの議論の限界を認識するようになる。次項においては、ホームズ研究における論争軸である「法予言説」、「政策考量」といった概念に焦点を当てながら、ホームズの法解釈理論の変遷を分析したい。

(3)　法予言説と政策考量

　ホームズは、本節でも検討した「法典と法の配列」で、コモン・ローにおけるルール形成を以下のように描写している。すなわち、ホームズによれば、コモン・ローでは、「同じ主題についての一連の決定の後にのみ、『諸事例を調停する』と呼ばれていること、真実の帰納法によって、それまで何となく感じられていた原理を規定することが必要になる。そして、この規定は、抽象的な一般的ルールが

その最終的な形を取る前に，一度ならず，新しい判決によって度々修正される」[*ibid.*, p.77]。また，ハード・ケイスについても，「ハード・ケイスのような偉大な事例は悪法を創る。偉大な事例が偉大とされるのは，将来の法を形作る際のそれらの真実の重要性という理由によってではなく，感情に訴え，判決を歪める目下の圧倒的な関心という何らかの偶然による。これらの目下の関心は，一種の水圧のような働きをし，以前は明白であったものを疑わしく見えるようにし，その前では，十分に確立された法の原理も屈服する」[Holmes 1992, p.130] と述べられているように，ホームズの裁判官は，同一の争点に関して判決が一定程度集積した後に初めて，一般的なルールを形成するのであるが，そのようなルールはつねに，修正あるいは精緻化の対象になると捉えられていた。

　ホームズの法解釈の議論は，「法の生命は論理ではなかった。それは経験であった」[Holmes 2009, p.31] というその法思想から導かれたものであり，すでに検討したように，オースティンの法思想についての批判的な検討から生じたものであった。さらに言うと，法の論理の捉え方の違いによっても，ホームズの法解釈の議論は，クックやヘイルなどの古典的コモン・ロー思想におけるものと性質を異にしたものになっている。クックにおいては，コモン・ローの一貫性，調和にそれが理性的なものである根拠が求められ，法の解釈は，既存のコモン・ローの発展として捉えられており，ヘイルにおいても，裁判所が同じ法の糸を引き継いでいくこと [Hale 1966, p.506] の重要性から，類推によって法が発展させられると考えられていた。一方で，ホームズにおいては，法と社会的実践との関係の捉え方が，クックやヘイルとは対照的であったと言えるだろう。すなわち，ホームズにおいては，法の発展は，社会的価値の変遷によって支配されているのであって，法における内在的な一貫性は認められず，法に一定の体系性を見い出すことができるとしても，それは，あくまでも結果としての体系性なのであった[Kellogg 2007, p.21]。ホームズの法思想は，裁判過程に焦点を合わせたという点で，それまでのイギリスの法思想と区別されるだけではなく，社会と法過程，法解釈の関係についても独特な理解が示されていたのである。本書で英米法思想の展開を整理するための論争軸の一つとして設定した「コモン・ローと共同体の関係」という論点に即しても，共同体の価値の変化に応じてコモン・ローを発展させようとしたホームズの法思想と，法の論理が優先され，法曹に法の発展が委ねられていたイギリスの法思想とは対照的である。関連して，「裁判官による法形成はいか

にして正統化されるのか」という論点からも，権威的なルールからの類推，「解釈」によって法の発展が説明されていたヘイルやオースティンの法思想と，共同体の価値を反映させることが重視されていたホームズの法思想は対照的であった。

　法の発展を左右する社会的価値が陪審によって判断されると考えられていたことは前項で確認した通りだが，責任の基準となるものとして，ホームズは「公共政策 (public policy)」にも度々言及している。繰り返しになるが，「新刊案内」においては，厳格責任，無過失責任の基準について，「公共政策が，どこに線が引かれるべきか決定しなければならない」[Holmes/Kellogg 1984, p.93] と論じられていたし，同じく *American Law Review* 誌に1879年に掲載された「運輸業者とコモン・ロー (Common Carriers and the Common Law)」においても，「訴訟において発展させられたすべての重要な原理は，実際は，公共政策についての，多かれ少なかれはっきりとした理解の結果である」[*ibid.*, p.223] とされている。さらに『コモン・ロー』の冒頭においても「時代において感じられる必要性，普及している道徳と政治理論，公然あるいは無意識の公共政策の直観，そして裁判官たちが仲間たちと共有する偏見さえもが，人々が統治されるべきルールを決定する際に，三段論法よりもはるかに関係あった」[Holmes 2009, p.31] とホームズは述べている。その際，ホームズの法思想の解釈において重要だと思われることは，ホームズの公共政策とは，現代において捉えられるであろう政策形成ということではなく，まさに陪審にその認定が委ねられていたような社会におけるコンセンサスを意味していたのであって，紛争や論争が繰り返されてきた結果生じてくるものを意味していたと捉えることも可能なことである。例えば，「運輸業者とコモン・ロー」における「私たちの実践と伝統において，直観的な選好や規定されていない確信の無意識の結果は，それにもかかわらず，最終的な分析においては公共政策に起因することがわかる」[Holmes/Kellogg 1984, p.223] というホームズの言明における公共政策の概念は，現代の，例えば「法と経済学」において含意されている公共政策とは，全く異なった意味で用いられている。

　以上を敷衍すると，ホームズにおけるルール形成は，「十分な闘争の後，ある実践が結果として生じ，そして，それに対応する期待が形成される。その後，これが裁判所によって法的に留意され，法のルールとして規定される」[*ibid.*, p.122] という漸進的なものであり，そのようなルール形成を主導する公共政策は，「共同体の平均的な成員の実践」[*ibid.*, p.123]，すなわち陪審によって判断されるの

であった。ケロッグも指摘しているように、ホームズは、徐々に、陪審の役割を経験のある裁判官に委ねるようになり [Kellogg 2007, p.125]、また、その研究の初期において従来の「法宣言説」を批判したオースティンやメイン、ベンサムの著作に習熟していたことも一因であろうが [*ibid.*, p.14][4]、ハード・ケースにおいても、裁判官が既存の法を適用するといったコモン・ロー理解に対して、「コモン・ローは、空中における気がめいるような遍在(a brooding omnipresence in the sky)ではなく、同定することが可能な何らかの主権者あるいは準主権者の明瞭な声である」[Holmes 1992, p.230] と述べ、いわゆる「法創造説」に与しているかのようである。しかしながら、ホームズの法思想を、強い意味において裁判官の立法を許容する現代の法実証主義者と区別し [Kellogg 2007, p.135]、また、ホームズを、「論理的に『立法府至上主義者』であり『司法消極主義者』なのである」[金井 2006, 158頁] と記述することも十分に妥当である。少なくとも、本節の残りで検討する1890年代の諸論稿までは、ケロッグが指摘しているように、ホームズにおける「司法によるルール形成は、現代的な意味での政策形成としてではなく、継続的な近接を通じての特定化としてのものであり、そしてその観念をホームズが発展させ正当化するのを可能にしたのは、共同体の実践に埋め込まれた陪審の規範感覚という概念であった。(中略) 各々の事例において、新規の政策の評価が裁判官に許容されていたわけではなく、それは、その共同体的な、そしてコンセンサスに基づくという性質を着実にする訴訟の過程によって仲介される、漸進的な発見において生じなければならなかった」[Kellogg 2007, p.125.（ ）内は引用者] と言えるだろう。

ところで、以上のような『コモン・ロー』におもに依拠したホームズの法思想の解釈は、「法の小路」において展開されている周知の「法予言説」に依拠していると思われる行動主義に基づいたホームズ解釈とは相容れないものである。1897年に公表された「法の小路」の冒頭において、ホームズは、「それ（法律の

---

(4) すでに述べたように、ホームズは、1871年までにオースティンの『法理学、あるいは実定法の哲学の講義』を二度読んでいるが、メインの『古代法』も、1868年までに二度読んでいる。さらにケロッグによれば、ホームズの読書ノートには、ベンサムの「高利の擁護(Defence of Usury)」、『立法の理論 (*Theory of Legislation*)』、「完璧の法典の概観 (A General View of A Complete Code of Laws)」、『統治論断片 (*A Fragment on Government*)』が登場している。なお、ホームズとメインの関係について補足すると、ホームズは、1860年代にロンドンで、ポロックとともにメインに会っていた [Utz 1984, p.839]。

研究) が職業であって, 人々が彼らのために弁論し, 彼らに助言するように法律家に金銭を支払う理由は, 私たちのもののような社会においては, 一定の場合において, 公権力の命令は裁判官に委ねられており, その判決や命令を実行するためにもし必要ならば, すべての国家権力が発揮されるからである。人々は, 彼ら自身よりもはるかに強力なものに直面するリスクをどのような状況で, どこまで背負うのかを知りたがるため, この危険がいつ心配されるべきかを見つけることが仕事になる。ならば, 私たちの研究の目的は, 予言, すなわち裁判所という道具を通じた公権力の発生の予言である」[Holmes 2009, p.1. (　) 内は引用者] と述べている。このホームズの法予言説に対して, H・ハートは, 「法の小路」は, 「多くの人々が, 行動主義という命に関わる泥沼までまっすぐに辿った道標である」[Hart 1951, p.932] と述べ, ホームズを, 法はルールではなく, 法過程にかかわっている人々の行動にまで還元されなくてはならないと論じていたと解釈されるリアリズム法学と結びつけているが, 最近のわが国のホームズ研究において, 例えば金井光生は, 「『コモン・ロー』やこの論文 (法の小路) が長々と法の歴史を精査しているとおり, ここ (法予言説) には歴史の連続性という伝統による制約が前提とされていることが看過されてはならない」[金井 2006, 187頁。(　) 内は引用者] と論じている。すなわち, 金井によれば, ホームズの法思想は, 「法を一般的安全という目的のための社会統制の手段として, 単なる利益調整の手段として, 〈社会工学〉的法学を謳うロスコー・パウンドほどテクノロジカルなものでもなければ, (中略) 裁判官個人の主観やその日の気分に全面的に服してしまう態度を天真爛漫に物語るような唯名論的現実主義法学などとは原理的に結びつくはずもない」[前掲書, 187-88頁。(　) 内は引用者] のであった。そして, 金井はホームズの法思想の一貫した体系の一つとして, 「〈法的責任基準の外化・客観化〉や〈法予言説〉は, 法概念の意味明晰化と意味確定のための理論であり, 個人の私的利益や心理的欲求に尽きるものではない一般的普遍的習慣という実際的結果によって判断するものであること」[前掲書, 239頁] を挙げている。

　ホームズの法予言説は, 本節第1項でも触れたように, 1872年の「新刊案内」といったその初期の法思想にも見られるものであった。そして, その責任概念が, オースティンのもののように有責性に尽きるのではなく, 無過失責任, 代位責任など, 共同体によって規定される流動的なものであったということから, そのような具体的な領域性を欠くコモン・ローを捉える枠組みとしてもホームズの法予

言説を捉えることも可能であろう(5)。しかしながら、以下において見るように、1890年代の「特権、悪意、意図」や「科学における法と法における科学」では、一般的普遍的習慣に依拠することの限界の認識も垣間見ることができ、また、ホームズが、法道具主義的な概念に傾倒しているように解釈できる部分もある。次節で検討するパウンドや現代のドゥオーキンの法思想など、「コモン・ローと共同体の関係」、あるいは、裁判の場で依拠すべき、「法律家が発見でき、利用できる共同体の客観的価値」[Lobban 2007a, p.231]の探究は、アメリカのコモン・ロー思想史の展開における主要なテーマの一つになっていくのだが、ホームズの法思想は、そのような試みの限界を如実に示すものとしても捉えることができる。

　ホームズの法思想の転機は、特権(privilege)を論じた1890年代に訪れた。ホームズは、1894年に、*Harvard Law Review*誌に掲載された「特権、悪意、意図」において、例えば、ある店主が、競争相手を妨害するために新たな店を競争相手の店のそばに出店して損害を生み出しても、危害ではなく、特権とされていたことに焦点を当てている。ホームズは、「特権が許容されるべきか否か、そしてどこまで許容されるべきかは、政策の問題である」[Holmes 1995, p.373]と述べていたが、その際、ホームズは、すでに触れた『コモン・ロー』などにおける意味とは違い、現代において言われているような意味において政策という言葉を用いているのである。

　ホームズは、権威ある医者が、他のある医者を雇うべきではないとアドバイスした際、どのように法的構成をなすべきかという別の一般例をより深く検討しているが、『コモン・ロー』で示された基準、「被告が彼の行為のありうべき結果に気づいていたか否かを見るために適用される外的な基準は、特権の問題とは、ほとんど、あるいは全く関係ない」[*ibid.*, p.375]と論じている。ホームズによれば、このような事例においては、被告(権威ある医者)は、害悪を予見するだけではなく、むしろ意図しているのであった。そして、「おそらくこのような場合において、もしアドバイスが良いものであると信じられており、聴衆の利益のために述べられたならば、被告には責任はなかっただろう。しかし、もしそれが彼らの利益のためであったとは信じられず、その医者を傷つけるために与えられたのな

---

(5) G・ポステマが指摘しているように、ホームズにおける判決は、先例、制定法などの他に、共同体における支配的な善についての裁判官の認識など、「様々な規範的なプレッシャーの結果(the resultants of multiple normative pressures)」[Postema 2011, p.70]であった。

ら、その医者が勝っただろう」[*ibid.*] として、現在一般的に用いられている意味での公共政策による解決を提案している。すなわち、ホームズによれば、「もし特権が制限されるならば、被告の自由一般に有利な政策は、善のために彼に許されていることを、害をなすために用いるのを禁止するという範囲においてのみ、制限されることが見い出される」[*ibid.*] のであった。

　ホームズは、特権に関するイギリスの判例についても言及している。ホームズが挙げている判例は、*Mogul Steamship Company Ltd v. McGregor* (1892年) と *Temperton v. Russell* (1893年) であったが、前者は、競争相手を排除するために、彼と取引するのをやめた顧客にリベートを渡した商人たちの行為を合法としたもので、後者は、非組合員と取引した会社の商品を扱わないように組合員に指示した労働組合の行為を不法としたものであった。ホームズによれば、これらの事例における判決の根拠も、「結局は、被告たちによって意図された彼ら自身の特定の利益のメリットに関する、かなり繊細な政策の命題と同じことになり、異なった経済的な共感を持った裁判官たちが、この問題に直面する際に、このような事例を異なった方法で決定するかもしれないという疑いを示している」[*ibid.*, p.376] のであった。ここでも、『コモン・ロー』、あるいはそれ以前の、陪審によって責任の客観的な基準が確定されるという方法論との相違は明白であるが、ホームズはさらに踏み込んで、「ただ法が共通の意思の無意識な具体化であった時代はすでに過ぎている。それは、自覚的に自らの運命を決定しようとする組織された社会に対する意図的な応答になった」[*ibid.*, p.377] とも論じている。

　以上の、共同体の客観的価値に代わるもの、あるいはホームズが「公共政策」に与えた新たな意味は、1899年に同じく *Harvard Law Review* 誌に掲載された「科学における法と法における科学」において示されているが、それは、量化 (quantification) に基づくものであった。例えば、雇用契約において、労働者がどの程度の危険を彼の雇用に付随すると引受けていたかという問題についてホームズは、「このような形式に整理された問題は、直ちにそして明白に科学的な決定のための問題である。すなわち、私たちが用いるどのような方法であれ、それによる量的比較の問題である」[*ibid.*, p.415] と論じている。ただ、ここでは、本書の論点とも絡めるために、ホームズが同時に、「法において、私たちが絶対的に最終的で量的な決定に到達することができるのは、ほんの時折のみである。なぜなら、原告、あるいは被告それぞれのための判決を要求する、競合する社会的目的の価

値は，数に縮約され，正確に固定されることは不可能だからである」[*ibid.*] と述べていることに注目したい。

　ホームズの法思想が，1890年代に変化したというここでのホームズ解釈は，ホームズが，アメリカ法学に利益考量論を明確に導入したというホーウィッツの解釈によっても裏書きされるものであるが [Horwitz 1992, p.131]，例えば，本節でも度々言及しているケロッグは，「特権，悪意，意図」においてホームズが，「政策の問題に直面するとき，それは一般性によっては答えることはできず，その事例の特殊な性格によって決定されなければならない」[Holmes 1995, p.373] と述べていることなどから，ホームズの法的推論は，あくまでも個々の事例に基づく漸進的なものであって，共同体のコンセンサスが形成されるまではルールの一般化はなされえないという意味で，『コモン・ロー』との連続性を指摘している [Kellogg 2007, p.125]。あるいは，金井光生は，「科学における法と法における科学」におけるホームズの量化は，社会的欲求が，「質的にではなく，量的に，——主観的にではなく客観的に——判断され比較考量される」[金井 2006, 206頁] ための道具立てであったと捉えているようである。しかしながら，裁判官の恣意ではなく，客観的な判決が導かれうるとホームズが考えていたとしても，法の合理的な研究にとっての「将来の人は，統計の人であり，経済学の達人である」[Holmes 2009, p.17] と述べられている「法の小路」では，その客観性の基準は，陪審，あるいは裁判官によって発見される共同体の価値ではなく，法学者以外の社会科学者に求められているという変化を指摘することができる。さらに「科学における法と法における科学」において，ホームズが，相反する社会的欲求があり，先例からは論理的に解決することができないハード・ケースの場合，「単純な論理の道具が十分ではないという疑いがある場合は，それが隠されていても，意識的ではなくても，裁判官たちは，選択という主権者の特権 (sovereign prerogative of choice) を行使するよう要求される」[Holmes 1995, pp.418-19] と述べているところなどからは，ホームズが客観的な理論の探求の限界を認識し，裁判官による政策の選択としてコモン・ローの発展を捉えるようになったとの解釈の方がより自然なものではないかと思われる [Postema 2011, p.76]。

　以上，本節ではホームズの法思想を検討してきたが，「法予言説」，あるいは，共同体の客観的価値，裁判官を導く客観的な法理論の探求（の挫折）など，それは，現代のアメリカ法学にも様々な含意を持つものである。そのようなホームズ

の法思想の現代に対する含意については,終章で検討することとし,次節においてはパウンドの法思想を検討したい。ホームズの枠組みの多くを継承し,ホームズと同じく,「コモン・ローの発展を導く原理の探求」に焦点を当てたパウンドであったが,その法思想においては,ホームズが副次的,結果的なものと見なした法の論理への回帰も見てとることができよう。

第 2 節 パウンドの法思想

(1) 社会学的法学

ロスコー・パウンド (Roscoe Pound, 1870-1964) は,ネブラスカに生まれ,ネブラスカ大学,そして1889年にハーバードのロー・スクールで法律を学んだ後に,ネブラスカで法律実務に携わっている。その後,ネブラスカ大学,ノースウェスタン大学,シカゴ大学,ハーバード大学のロー・スクールの教授を歴任し,1916年から1936年まではハーバードのロー・スクールの学部長を務めるなど,20世紀前半のアメリカ法学をリードし,1920年には,ベンジャミン・カードーゾによって,「今日のかなり明白な思想は,大部分はあなた(パウンド)の努力の結果により,アメリカの法律家や裁判官にとっての観念の共通のストックの一部になっている」[Cardozo cited in Wigdor 1974, p.233.(　)内は引用者]とも評されている。そして,周知の通り,パウンドは非常に多作であり,主要な著書だけでも,『コモン・ローの精神 (*The Spirit of the Common Law*)』(1921年),『法哲学入門 (*Introduction to the Philosophy of Law*)』(1922年),『法による社会的コントロール (*Social Control through Law*)』(1942年),『法理学 (*Jurisprudence*)』(全5巻,1959年)などを挙げることができる。[6]

以下においては,本書の問題関心に沿って,「コモン・ローと共同体の関係」,「裁判官による法形成はいかにして正統化されるのか」,あるいは「コモン・ロー

---

(6) パウンドについての比較的最近の研究としては, 'The Problem of the Creative Judge: Pound and Dworkin' [Cotterrell 2003, ch.6] を挙げることができるが,本節の問題設定も,そこから大きな示唆を受けている。さらに,パウンドに関する伝記的な考察として,Wigdor [1974], Hull [1997] を参照。なお,後者は,その表題からも明らかなように,ルウェリンについても扱っており,書簡などを整理,分析してパウンドとルウェリンの関係なども考察している。なお,邦訳として,恒藤訳 [1957] を参照。

の発展を導く原理の探求」といった観点からパウンドの法思想を整理していくが，パウンドは，様々なロー・レビュー誌上にも精力的に論文も発表しており，第1項では，そのうちの1908年の「機械的法学（Mechanical Jurisprudence）」，1943年の「社会的利益についてのサーヴェイ（A Survey of Social Interests）」を検討することで，その法思想の性質や目的，また，そこにおいて中心的な役割を果たしていた法が反映すべき「社会的利益」の内実について素描することを試みたい。続く第2項では，『法の歴史についての解釈（*Interpretations of Legal History*）』（1923年）などにもある，法の発展に関するパウンドの見解を明らかにしていくが，そこで示されているのは，道具主義的な性質を持つ「社会的利益」とは相反する，法についての有機的な（organic）理解であった。D・ウィグダーは，パウンドの法思想における「道具主義的なものと有機的なものという二つの別々の要素は，分離して展開され，彼の法理学において，解決されることのない二重性を生み出し，そのことは，彼が非常に根気よく追求した包括的体系を発展させるのを不可能にした」[Wigdor 1974, p.x] と断じているが，法についての有機的な見方は，クックやヘイルなどの古典的コモン・ロー思想のみでなく，現代のドゥオーキンなどによっても採用されていると考えることもでき，パウンドの法思想に限界があるとすれば，それは，ドゥオーキンの法思想を検討する際の一つの視座を与えるものであるとも考えられるだろう。

　さて，パウンドの法思想の目的，性質であるが，それは，法形式主義に対するホームズの批判と，機械的法学に対するパウンドの批判を比較することで明らかにすることができると思われる。

　まず，ホームズの法形式主義に対する批判であるが，アメリカ法学のコンテクストに即すならば，前節で検討したようなオースティンの法理学に対する批判ではなく，周知のように，ラングデルの法形式主義を標的としたものであった。もちろん，オースティンに対するのと同様，ラングデルに対する批判においても，法における「形式と内容のパラドックス」，すなわち，各々の判決は，既存の先例から論理的に導かれるのではなく，何が共同体にとって有益なのかという観点から導かれる点が強調されている。そして，例えば，ラングデルのケース・ブックに対する書評でも，『コモン・ロー』と同様に，「法の生命は論理ではなく，経験であった。その領域におけるすべての成長の種子は，感じられた必要性であった。継続性という形式は，すべての事柄を論理的な連続に還元することを目的と

する推論によって維持されてきたが、その形式とは、新参者が、慣例的な要求に従って自らを見苦しくなく見せるために着る夜会服に過ぎない。重要な現象は、コートではなく、それに隠れている人である。すなわち、以前に持たれていた見解との一貫性ではなく、判決の正義と合理性である」[Holmes 1995, p.103] とホームズは論じている。具体的には、契約の成立に関する郵便の到達主義と発信主義に関して、コモン・ローの原理から解答が論理的に導かれるとしたラングデルに対して、ホームズは、どちらの説であっても、それがより便宜的であると感じられるならば、それだけでそれが採用される十分な理由となると論じていた[Lobban 2007a, p.217]。約因（consideration）の原則、あるいは約束はそれが伝えられるまで完成されることはないという原理から、到達主義が論理的に導かれるとしたラングデルに対して、ホームズは、法の詳細は、一般的な原理からの演繹によって解決されるのではなく、政策的な理由に依拠すると論じていたのであった [Grey 1989, pp.819-20]。その際、前節の議論を敷衍することになるが、ホームズの法形式主義批判は、それに代わる枠組みの提示に主眼が置かれており、上記の便宜性の判断を陪審によって判断される共同体の価値に委ねていたように、実質的な考慮に関しては禁欲的であったと特徴づけることができるだろう。

　これに対して、パウンドの法形式主義、機械的法学批判は、「機械的法学」において、法は、「その内的な構造の精密さによってではなく、それが達成する結果によって判断されなければならない。それは、その論理的なプロセスの美しさや、それがその基礎と見なすドグマからそのルールが生じる厳密さによってではなく、それがその目的を達成する程度によって評価されなければならない」[Pound 1908, p.605] と述べられているように、より規範的な観点からのものであり、その法の目的を社会的利益として提示するなど、法の内容についての考察もかなり踏み込んだものであった。

　その「機械的法学」においては、法形式主義、機械的法学の歴史性、相対性が強調されていることが注目される。パウンドによれば、法律家の間には、法における技術性を目的と見なして法の目的それ自体を忘却し、それらが導く結果ではなく、法の科学と見なされているものとの一致によってルールや原理を判断する傾向があるのだが、「成長と拡大の期間においては、この傾向は抑えられている。成熟や安定の期間で、創造的な仕事の機会が大きく除去されているときは、それは非常に目立ってくる」[*ibid.*, p.608] のであった。そして、パウンドの当時のア

メリカ法学への診断も,「法システムには,科学が堕落し,システムが技術性へと腐敗し,科学的な法学が機械的な法学になる期間がある」[*ibid.*, p.607] というものであった。

また,「機械的法学」には,機械的な法学,すなわち,「既決の諸概念(predetermined conceptions)からの演繹という方法」[*ibid.*, p.610] に基づいていた法学に関する具体的な記述もなされている。パウンドが挙げている例は,19世紀の最後の四半世紀まで優勢であったとされる歴史法学と哲学的法学であるが,それらは,「根本的な諸概念(fundamental conceptions)」[*ibid.*] に到達する方法において相違があるものであった。すなわち,「前者(歴史法学)は,法学者の思索の歴史とローマの法源の歴史的発展からそれら(根本的な諸概念)を導いている。後者(哲学的法学)は,形而上学的な探求を通じて,人間性についての一定の命題に到達し,それらからシステムを演繹している」[*ibid.* (　　)内は引用者] のであって,そのうちの後者は,18世紀ドイツの法典化を基礎づけたと分析されている。一方,アメリカにおける法形式主義,機械的法学の弊害の原因は自然法思想,分析的法理学,歴史法学に求められている。ウィグダーの整理に依拠するならば,自然法思想に関しては,静態的な社会にとってのみ適するような静態的な法思想として捉えられており,一時アメリカにおいても支持を受けていた分析的法理学についても,自然法思想を,閉じられた法という観念を推し進めることで補完したとパウンドは考えていたとされている。さらに,裁判官は法を創ることができず,できるのはルールを発見することのみであるとしたアメリカの歴史法学の大家であったジェームズ・カーターについても,その哲学的な立場は自然法思想と同じであるとパウンドは断じていた [Wigdor 1974, pp.166-71]。

パウンドによればすでに明らかなように,法形式主義,機械的法学において主張されていた科学性も歴史的,相対的なものであった。すなわち,機械的法学は,その唱道者たちによって科学的であると称されているが,「真実を言うと,それは全く科学的ではない。私たちはもはや,たんにそれがアプリオリな諸概念からの厳密な演繹の体系を示しているからといって,何かを科学的と考えるわけではない。(中略) 演繹の体系としての科学という観念は時代遅れであり,この点に関して他の科学で生じた革命は,法学においても生じなければならず,実際に生じている」[Pound 1908, p.608. (　　)内は引用者]。例えば植物学において,第一命題から分類を試みるリンネの方法が有機体論に取って代わられ,政治学におい

て，人間性に関する第一原理からの演繹ではなく，人間の必要性，効用の観点から政治制度を分析することが主流になっているのと同様に，「私たちは，この種のリーガリティを排除して，プラグマティックで社会学的な法の科学を獲得しなければならない」[ibid., p.609] とパウンドは論じている。要するに，「法学における社会学的な運動とは，法の哲学としてのプラグマティズムを求めての運動である。前提された第一原理に対してというよりも，それらが統治することになる人間の状況（human conditions）に原理や原則を適合させること，人間の要素（human factor）を中心に置き，論理を手段という真の地位に格下げすることを求めている」[ibid., pp.609-610] のであった。そして，その際，法が反映しなければならない人間の状況，人間の要素とは，パウンドによって社会的利益として定式化されたものである。

　社会的利益についてのパウンドの考察は，『コモン・ローの精神』，『法による社会的コントロール』などにおいても披瀝されているが，以下においては，1943年の *Harvard Law Review* 誌上で公開された「社会的利益についてのサーヴェイ」を検討していく。その「社会的利益についてのサーヴェイ」におけるパウンドの議論の要点の一つは，法が反映すべき「請求や要求を，他の請求や要求との関係で重みをつけ，価値づけるときは，私たちはそれを同じ次元で比較するよう注意しなければならない」[Pound 1943, p.2] というものであった。「機械的法学」におけるパウンドの法形式主義，機械的法学に対する批判は，上記のように，人間の状況，人間の要素を反映していないことに向けられていたが，「社会的利益についてのサーヴェイ」においては，それらが第一原理として据えた「既決の諸概念」，「根本的な諸概念」が自然権的自由であったことを示し，さらにその自然権的自由を社会的利益の一つに相対化することが，まず試みられている。

　パウンドによれば，「17世紀から19世紀の終わりまで，法理論は，すべての利益を個人の自然権の観点から示そうとしてきた」[ibid., p.5] のであり，一定の固定化された法的概念からの機械的論理的な演繹という方法で，それらの自然権を特権化してきたのであった。そして，自然権以外の社会的利益，あるいは公共政策は後景に追いやられ，コモン・ローの裁判においても，「非常に手に負えない馬であり，一度それにまたがると，どこに連れて行かれるか，わからないようなもの」[ibid.] として否定的に捉えられるようになる。しかしながら，パウンドの観点からは，そのような自然権の特権化は，「個人的自由という観点から一般

的な安全における社会的利益が最高であることを記述する一つの方法」[*ibid.*, p.9]に過ぎなかった。アメリカ開拓期においては,「何か他の利益を保護することで得られる,対応するいかなる利点もなしに制限を課すことは,勤労と契約についての個人の自由に干渉することであっただろう」[*ibid.*]。しかしながら,「19世紀終わりのアメリカ産業社会においては,一定の企業における雇主と労働者の間の制限のない契約の自由という社会制度は,価値の保存ではなく破壊に導いた」[*ibid.*]のであり,「個々の労働者の生活という社会的利益の犠牲に導いた」[*ibid.*]という時代的背景からは,一般的な安全における社会的利益を特別なもの,法律関係における必然的なものとして捉えることはできないのであった。

「社会的利益についてのサーヴェイ」において,次にパウンドは,「立法者や裁判官,そして法律家が承認するよう圧力をかけている社会的利益の一覧」[*ibid.*, p.17] を提示している。その際,パウンドは,社会的利益を一般的安全における社会的利益 (social interest in general security),社会的制度の安全における社会的利益 (social interest in the security of social institutions),一般的道徳における社会的利益 (social interest in the general morals),社会的資源の保存における社会的利益 (social interest in conservation of social resources),一般的発展における社会的利益 (social interest in general progress),個人の生活における社会的利益 (social interest in the individual life) の六つに分類している。

そのうち,まず一般的安全における社会的利益とは,パウンドによれば,文明社会における社会的生活の権原から主張されるもののことであり,経済的に発展した社会においては,取得の安全における社会的利益 (social interest in the security of acquisitions) と取引の安全における社会的利益 (social interest in the security of transactions) の二つの形を取ると述べられている。この二つは,18世紀には個人主義的なものとして捉えられており,例えばマンスフィールドは,自然法思想の影響の下に出訴期限に様々な制限を付与して,債務の返還という個人的利益を優先させていたが,近代の裁判所は,出訴期限法の基礎には,権原の不明確さを排除する取得の安全や,過去の取引を完結させないことによって害を受ける取引の安全といった社会的利益があることを考慮した判決を下しているとパウンドは指摘している [*ibid.*, pp.17-20]。次の社会的制度の安全,一般的道徳における社会的利益については,パウンドは,前者の例として家族制度という社会的制度の安全における利益が,パウンドの時代においても離婚請求という個人の請求

よりも重視されていること，後者に伴う問題の例として，社会一般において支持されている道徳と，社会経済状況の変化に起因する一般的な発展における社会的利益の間でバランスが取られるべきことを取り上げている [*ibid.*, pp.20-26]。さらに，社会的資源の保存における社会的利益の最も単純な例として，自然資源の使用と保存における利益をパウンドは挙げるとともに，すでに触れた一般的な発展における社会的利益として，経済的発展，政治的発展，文化的発展の利益が挙げられている [*ibid.*, pp.26-30]。

　ただ，パウンドによれば，「私たちが今考えるようになっているように，いくつかの点ですべての中で最も重要なものとして，個人の生活における社会的利益がある」[*ibid.*, p.33]。それは言い換えると「個々人が社会の基準に従って人間の生活を生きることができるという，文明社会における社会生活が関係する請求，欲求あるいは要求」[*ibid.*] であり，個人の自己主張 (individual self-assertion)，個人の機会(individual opportunity)，個人の生活の条件(individual conditions of life)の三つに分類されている。そのうちの個人の自己主張における社会的利益としてパウンドは，個人の意思の自由における社会的利益，すなわち，個人の意思が他者の意思に恣意的には服さないことに見い出される利益を挙げ，哲学的な財産権論が社会学的な観点からの財産の理論に取って代わられつつあること，「法が所有者と宣言する人を除いて，人間の存在の自然な生活条件であり人間の活動の手段であるものから完全に排除することは，双方の側の利益の合理的な考量，それらを調和させる，あるいは所有者の側と同様に排除される側の犠牲も最小限にするような合理的な試みによって評価され，正当化されなければならないという感情が増している数多くの兆候がある」[*ibid.*, p.35] ことを指摘している。そして，個人の機会における社会的利益として，義務教育の制度や，他の例を挙げた後，個人の生活の条件における社会的利益について，パウンドは，「取得と取引の安全における社会的利益の観点から個人の利益に重みをつける際には，個々の個人の生活における社会的利益も考慮しなければならず，法的強制の要求を，それを受ける人の側の人間的存在と一貫するように抑制しなければならない」[*ibid.*, p.37] と論じている。そして，コモン・ローの伝統において，家賃の差押えの際には家畜や土地の半分は除外されていたように，当初のアメリカの家産差押免除法においても一定の免除が課されていたが，19世紀においては，社会的利益の観点からは，取引の安全における利益のみが考慮され，あるいは，そのような事例

が，たんに債権債務関係にある当事者間の個人的利益の問題として捉えられていたことをパウンドは問題視している [*ibid.*, pp.37-38]。

以上がパウンドの社会的利益の概要であるが，最後の個人の生活の条件における社会的利益について，人々が，19世紀に排他的に主張されていた一般的な安全における社会的利益と考量するようになったと指摘しているように，一定の政策を法によって実現する道具主義 (instrumentalism) の要素をそこに見い出すことも可能である。しかしながら，パウンドには，アメリカ合衆国における司法職に関して，「社会科学において発展させられた観念を法に吹き込むことは，裁判所や法から離れる傾向，そして法なき正義への逆戻りに導いた」[Pound cited in Wigdor 1974, p. 232] という主張もあり，非道具主義的な傾向を見てとることもできる。次項においては，パウンドの法の発展についての理論を検討していくが，その前に，まずパウンドにおける「社会的利益」の性質をより明確にすることから始めたい。

(2) 道具主義 対 有機体論 (organicism)

前項で検討した「社会的利益についてのサーヴェイ」の最後で，パウンドは，社会的利益に関する，「機能という点から見ると，法とは，それらを直接そして直ちに保障すること，一定の個人の利益を保障することで，あるいは，個人の利益の制限，折衷によってこれらの重複し，度々対立する請求や要求を満足させ，和解させ，調和させそして調整する試みである」[Pound 1943, p.39] と述べているが，さらにその目的を「最大の利益の総計，あるいは私たちの文明において最も重みを持つ利益に，全体の利益の概要においては最小の犠牲になるように，効果を与えることである」[*ibid.*] と論じている。ここでは，法によって優勢な社会的利益を実現するという道具主義的な法観念ではなく，むしろ共同体のコンセンサスについて述べられていると理解することも可能であると思われるが，例えば，追って検討する『コモン・ローの精神』などにおいては，法が実現すべき理念，目的が時代によって変わること，19世紀においては個人の自己主張が法が目指すべき理念，目的であったが，パウンドの時代においてはそれが社会的利益であることを論じている。このようなパウンドの議論に基づき，R・コテレルは，古典的コモン・ロー思想において法が反映すると考えられていた一般的慣習と同様なものとしてパウンドの社会的利益を捉えている [Cotterrell 2003, pp.154-55]。[7]

前節で，ホームズの法思想の焦点が，「コモン・ローとその発展を説明する枠組み」の探求から「コモン・ローの発展を導く原理」の探求へと移っていく過程を素描したが，同じく法形式主義を批判していたことからも推測できるように，パウンドの法思想の焦点も後者にあった。その際，コモン・ローの発展のための基準として共同体の価値という形式的な基準を提示したホームズに対して，同じく，「コモン・ローと共同体の関係」についての考察に基づいてはいたが，パウンドは，社会的利益というより実質的な基準を提示したと整理することも可能であろう。パウンドの社会学的法学においては，法は特定の諸目的や，それらを獲得するための手段を規定するものではなく，むしろ社会的目的，共同体のコンセンサスに従って形作られるものとして捉えられていたのであった [Wigdor 1974, p.230]。

　この社会的目的，すなわち社会的利益に法を一致させる手段，機関については，コテルは，パウンドの90年強の生涯において大きな変化があると指摘している。すなわち，初期のパウンドにおいては，前項でも検討した機械的法学による停滞を打破するための補助的な役割が立法や行政にも期待されていたのであるが，その後期においては，行政によるルール形成を，政治的絶対主義というより一般的な脅威の一部として捉えるようになったという指摘である[Cotterrell 2003, p.160]。一方，コテルとの違いは着眼点の相違であるが，ウィグダーは，パウンドにおける法改革の主役はつねに，裁判所であり，コモン・ローであり続けてきたことを強調している。パウンドは，裁判官と法律家のみが「法改革者のための原料の不可欠の源泉である具体的事例の法的な扱いについての，継続的で永続的な経験の一体を自由に扱うことができる」[Pound 1921, p.15] と述べていたが，ウィグダーによれば，他の専門職集団が各々の専門職の分野に縛られていたのに対して，アメリカ社会の発展が法に委ねられていたこともあり，パウンドにおける法律家集団は共同体の中で特権的な地位を占めており，法律家の扱う領域は大きなものになっていると考えられていたのであった [Wigdor 1974, pp.225-27]。

---

(7) コテルによれば，「パウンドにとっては，その道具（社会的利益）は，後に，プラグマティズムによって影響された法律家たちが明白に論じたように，政府と法を通じた計画と社会改革のためのものではなく，変化する共同体の生活のパターンの継続的な表現としてのコモン・ローの運命を実現するために使われるものであった」[Cotterrell 2003, p.159.（　）内は引用者]。

さて，パウンドの法の発展についての議論であるが，一つは，伝統的なコモン・ローの救済に基づくものであった。パウンドは，ケース・バイ・ケースによる法発展により，内的な一貫性を保ちながら，生活の事実に法原則を適合させていくことができると考えていたのであった [ibid., pp.231-32]。ただ，パウンドは，その成否は別として，コモン・ローの発展についてのより包括的な理論を提示しており，本項でもそちらに注目したい。

　すでに述べたように，パウンドにおける社会的利益は，法の形成を促す目的として捉えられていたのであるが，『コモン・ローの精神』においても，「伝統の素材に対して，法科学の初期の鞘付きナイフやつるはしで取り組むにせよ，現代の法的な武器であるより複雑な道具で取り組むにせよ，司法の活動は，意識的にせよ無意識的にせよ，何らかの目的によって導かれなくてはならない」[Pound 1999, p.194]との前提の上，法の初期においては，その目的とは平和的秩序であり，ローマ時代と中世の法の目的は，社会的なステータス・クオーの維持であったとされている。そして，17世紀から19世紀までは，個人の自己主張の最大化が，20世紀以降は，社会的利益が法の目的であると，『コモン・ローの精神』で論じられているのであるが，パウンドは同じ個所で，「裁判官は，新奇の問題（questions of first impression）を扱うよう要求されたときに，彼の類推についての選択においてそれ（法の目的）を使い，そして，それ（法の目的）により，様々な状態の事実に決定を下す際の既存の原理やルールを評価して，これらの原理やルールを異なった方向に拡張し，限定する」[ibid.（　　）内は引用者]と，法の目的の役割について具体的に述べている。さらに，パウンドが，「司法による法形成の過程は，コモン・ローの伝統の材料と提供された新しい前提を発展させることにあり，それは，おもに，法律家と立法者によるその伝統に基づいており，クック判事が彼の憤慨した君主（ジェームズ1世）に語った『法についての技術的な理性と判断（artificial reason and judgment of the law）』というよく知られた技術によるものである」[ibid.（　　）内は引用者]と，社会的利益など，法の目的にコモン・ローを合致させる手段として，クックの技術的理性に触れていることは，英米のコモン・ロー思想の展開を辿っている本書の観点からも興味深い。

　その技術的理性，すなわちコモン・ローを法の目的に合致させるコモン・ローの発展理論については，1933年の「法の理念についての比較（A Comparison of Ideals of Law）」においても考察されているが，そこでは，コモン・ローの発展

についての有機的な (organic) 見方が示されている。法の目的が法の理念と言い換えられているものの，この論稿においても，その法の理念によって法的推論の出発点が選ばれ，何が理性的 (reasonable) であるかが決定され，ある規範の適用範囲を狭めると同時に，他の規範を類推によって発展させる判断がなされることが確認されているが，パウンドは同時に，「その理念的な要素を，法の上にある独立した妥当性を持つものとして区別すること，すなわち，司法，行政の行為の指針のための，他の権威的な材料の上にあるものとして区別すること」[Pound 1933, p.4] は，誤りであるとも論じている。パウンドは，そのような推論の典型例として自然法の体系を挙げているが，パウンドの社会学的な法学が道具主義的なものではなかったことのさらなる証左としても，このパウンドの言明を捉えることは可能であろう。一方，パウンドは，前世紀（19世紀）の分析法学者たちがしたように，それを無視することも誤りであると指摘しているが，その上で，「そのような理念は，大部分，法それ自体の中に含まれているということを考えてきたし，何度も繰り返し論じてきた」[*ibid.*, p.3] とも述べて，コモン・ローが，それ自体の中に発展の契機を有しているという見解を明確に打ち出している。

ところで，コモン・ローについての有機的な見方は，「裁判官による法形成はいかにして正統化されるのか」という問いに関するイギリスの非法実証主義的法思想の一つの回答であった。まず，クックの技術的理性は，コモン・ローの一貫性，それを実現するための推論，その結果の正しさの三つの意味を含意しており [Cromartie 1995, p.101]，裁判官は，既存のコモン・ローとの一貫性，調和に配慮しながら法を発展させることで，裁判官が裁量を行使することなく，新奇の事例に対する判決も理性的なものになると考えられていた。また，コモン・ローが，「自らを純化する (works itself pure)」と述べたマンスフィールドは，裁判官ではなく，まさに，「法が，自分自身を創る」というコモン・ロー観を持っていたと考えられる。より一般的に，コテレルは，「裁判官が法を発展させる基礎を説明する試みは，二つの方向のうちの一つ——司法の役割について，道具主義的な側面か有機的な側面のいずれかを強調すること——に進むだろう」[Cotterrell 2003, p.150] と論じているが，その上で，有機的な見解の特徴として以下のような四つの点を挙げている。

コテレルによれば，そこでは第一に，発展する法に内容と形を与えることができる価値と原理の形式において，法はそれ自身のうちに発展のための源泉を有し

ているとされる。また第二に，法は静態的なものではなく，本来的に動態的なもので，変化のための自然な契機を持ち，発展のための傾向が備わっていると考えられている。さらに第三に，法の発展は，法に記録される人間の要求の変化する類型に，法体系の内部で秩序をもって適応することとして捉えられていることも，法に関する有機的な見解の特徴の一つであり，そして第四に，法律家の役割は，そのような秩序だった法の発展が行なわれることを維持し続けることと捉えられることになる [*ibid.*, p.151]。以上のコテレルの枠組みは，パウンド，そしてドゥオーキンの法理論を念頭に置いたものであるため，クックやマンスフィールドの法思想にも当てはまるかは検討の余地があるが，少なくともパウンドの法思想の分析としては，以下において見るように，特に一番目と四番目のものに関しては妥当なものであると思われる。

　まず，第四の点に関しては，前項で検討したパウンドの機械的法学に対する批判が，当時のアメリカにおけるコモン・ローの実践に対する批判であったことを確認すれば十分であろう。パウンドのコモン・ローの実践に対する批判は，1906年のアメリカ法律家協会（American Bar Association）における「司法の運営についての一般的な不満の諸原因（The Causes of Popular Dissatisfaction with the Administration of Justice）」との講演で展開されている。そして，そこでは，司法に対する不満の原因の一つとして，「法と世論の間の発展の程度における不可避の違い」[Pound 1906, p.397] が挙げられており，例として「コモン・ローの個人主義的な精神が，集産主義的な時代には適合しないこと」[*ibid.*, p.403] が検討され，「裁判所がそれ自体では救済を与えることができないように見えるときに，人々が立法によって救済を得ようとすることを妨害すること」[*ibid.*, p.404] が批判されている。一方，「機械的法学」においては，20世紀初頭のコモン・ローの推論に関して社会学的法学が抗議すべきこととして，「概念が固定され，前提がもはや検討されることはなく，すべてがそれらからのたんなる演繹に還元され，原理が重要性を失い，法がルールの体系となる」[Pound 1908, p.612] ことが挙げられ，それとは対照的な，独立当初のコモン・ローの推論，すなわち，「適用されうる限りにおいてコモン・ローは受容されるという原則が，イギリスの判例をアメリカの状況に適合させる際に，裁判所に概念やその論理的な帰結だけでなく，適用の状況を考慮させた」[*ibid.*, pp.611-12] ことが評価されていた。

　本書のテーマとより関連するのは，法についての有機的見解に関してコテレル

が挙げた上記の第一の点であるが、それは、パウンドにおける法源の捉え方にも基づいている。前節で検討した「新刊案内」において、ホームズは、法が、「裁判所の手続によって強制されるということ以外の何らかの共通の属性を有しているか」[Holmes/Kellogg 1984, p.91] 否かは疑問であり、「憲法、制定法、慣習あるいは判例といった裁判官の行為のいかなる動機であれ、大抵の場合、優勢であるだろうとして依拠されうるものは、法理学の論文において法源の一つとして考慮される価値がある」[ibid., p.92] と論じたのは、ホームズの法概念の中心には責任概念があって、それが共同体によって規定される流動的なものとされていたからである [Kellogg 2007, pp.69-71]。一方、パウンドにおいては、法は、「政治的に組織化された社会において認められ、確立された司法的、行政的行為を根拠づけ、導くための権威的な材料の体系である」[Pound 1959, p.106] と定義されているが、より詳細に検討すると、それは、法はどのように発展すべきなのかという規範的な観点からの法理解に基づいていたことが理解できる [Cotterrell 2003, pp.155-56]。すなわち、パウンドは、法の規範（precepts of law）に、特定の事実に特定の結果を付与するルールだけでなく、法的推論の権威的な出発点である原理（principles）、信託、売買といった法的概念（legal conceptions）、注意義務など特定の事例に適用される基準（standards）なども含めており [Pound 1997, pp.45-48]、さらに、そのような規範を発展させ適用する技術と、法の規範が何であるべきか、どのように適用されるべきかに関係する、法秩序の目的として受容された理念の一体も幅広い意味での法に含まれていると考えていたのであった [ibid., p.41]。そして、その際、コテレルの指摘の通り、規範を発展させ適用させる理念が法それ自身の中に求められていたのであるが、パウンドの説明は不十分であったとともに、自己充足的（bootstrap）であることから来る欠陥を伴うものであった。

　パウンドの法の発展理論を検討する際の鍵は、上記のあるべき法規範を同定し、それがどのように適用されるのかについて指針を与える法秩序の目的、理念にあったと思われる。法の理念は、より具体的なものとして、法の根本原理（jural postulate）としても捉えられていたが、それぞれ、特定の時代における特定の法

---

(8) なお、コテレルは、パウンドには、コモン・ローにおいて実際にどのような規範的な指針が採用されているかを説明している側面もあり、その法思想の性質にはあいまいな部分があるとも指摘している [Cotterrell 2003, p.156]。

体系に内在する価値で，個々の判決において反映されるものであった。そして，例えば20世紀初頭のアメリカ法の根本原理としては，意図的な侵害の不法性，幅広いコンテクストにおける信義誠実の重要性，私有財産の神聖性，他者の権利を侵害しないための注意義務の重要性，危険物を管理する義務などを挙げており [Cotterrell 2003, pp.157-58]，さらに，1959年の『法理学』の第1巻では，生活に付随する負担は，社会によって分担されること，最低限の生活保障などが付け加えられている [Trevino 1997, p.xxxiv]。ただ，法の発展については，「このような法の根本原理が与えられれば，（中略）裁判官は，それらに照らして法典や従来の法源を解釈，すなわち類推によって発展させ，適用できる」[Pound 1967, p.148.（　）内は引用者] ということ以上の説明はなされていなかった。コテルは，この点に関して，「法の観念それ自体の性質の観点から（すなわち，道具主義者が論じるように，外的な力によって課されるのではなく，法に内在する何かによって）法の発展の過程を説明する試みは，それ自体誤ったものである」[Cotterrell 2003, p.158] と指摘しているが，本項の記述からも明らかなように，現代のドゥオーキンの法理論のプロトタイプとしてパウンドの法思想を捉えることも可能である。英米法思想の展開における「裁判官による法形成はいかにして正統化されるのか」という論点に対する回答，「コモン・ローと共同体の関係」についての考察に基づく「コモン・ローの発展を導く原理の探求」といった課題は，ドゥオーキンに引き継がれるのであるが，その点については終章で考察することとし，次に，パウンドにおいては明確ではなかった「法の規範を発展させ適用する技術」に，全く異なった観点から取り組んだルウェリンの法思想について検討したい。

第3節　ルウェリンの法思想

（1）　リアリズム法学

　カール・ルウェリン（Karl Llewellyn, 1893-1962）は，1918年にイェール大学のロー・スクールを卒業した後，ニューヨークで法実務に関わっている。その後，イェール大学のロー・スクールを皮切りに，コロンビア大学のロー・スクール，シカゴ大学のロー・スクールで教鞭を取っているが，その間も法実務との関わりは保ち続けており，周知の通り，1951年に成立した統一商事法典（Uniform Commercial Code）の編纂作業においても主導的な役割を果たしていた。主著として

は，アダムソン・ホーベルとの共著で法社会学の著書である『シャイアン・ウェイ（The Cheyenne Way）』(1941年）の他に，ロー・スクールにおける導入教育の側面が強い『ブランブルブッシュ（The Bramble Bush）』(1930年），『コモン・ローの伝統——上訴の決定（The Common Law Tradition : Deciding Appeals）』(1960年）などがあるが，自らの法思想を体系的に提示するための作業として，これまでのリアリズム法学に関する自らの論稿をまとめた『法理学——理論と実践におけるリアリズム（Jurisprudence : Realism in Theory and Practice）』(1962年）の序文も書きつつも，その出版を見ることなく1962年に亡くなっている。ルウェリンは，そのうちの『ブランブルブッシュ』において，「紛争について何かをすること，そしてそれを合理的になすことが法の仕事である。そうすることの責任を持つ人々が，裁判官であれ，シェリフ，事務官，看守，あるいは法律家であれ，法の公職者たちである。紛争についてこれらの公職者たちがなすことが，私にとっては法それ自体である」[Llewellyn 2008a, p.5]，「ルールは，裁判官が何をするかあなたが理解するのを予言することを助ける限りにおいて，あるいはあなたが裁判官に何かをさせるのを助ける限りにおいて重要である。これがそれらの重要性で，上品な玩具ということを除いては（except as pretty playthings），これがそれらのすべての重要性である」[ibid., p.7] と述べているが，ここから，ルウェリンについてはルール懐疑主義者（rule skeptic）と捉えるのが一般的であろう。しかしながら，以下，本節では，『法理学——理論と実践におけるリアリズム』に収められた諸論考，『コモン・ローの伝統——上訴の決定』などを検討することで，ルウェリンの法思想に

---

(9) ルウェリンについての包括的な研究としては，おもにその主著について検討としている，トワイニングの以下の著書がある [Twining 1973]。そこでは，Karl Llewellyn Papers についても検討している。さらに，かつてトワイニングはルウェリンの学生でもあったため，ルウェリンの講義の様子などの描写もあり興味深い。おもにパウンドとの関係に焦点を当てた伝記的記述としては，すでに挙げたN・ハルの以下の著書がある [Hull 1997]。邦語文献としては，守屋 [1979a ; 1979b ; 1980] を参照。なお，2011年には，ルウェリンの『ルールの理論（The Theory of Rules）』が出版されている [Llewellyn 2011]。これは，ルウェリンによって1938年から2年間にわたって執筆されたが，1962年に亡くなった際も未完成のままであった草稿が編集され，出版されたものである [Schauer 2011, p.2]。編者のF・シャウアーが指摘しているように，『ブランブルブッシュ』と比べ，本節でも主題とする，ルール以外の法的安定性の要因についてより詳細に検討されており，初期のルウェリンと，晩年の『コモン・ローの伝統——上訴の決定』などにおける後期ルウェリンをつなげる重要な論稿と言えるだろう [ibid., p.13]。

おけるより積極的な面を提示したい。コテレルは，ルウェリンの法思想を，原理についての建設的なリアリズム（constructive doctrinal realism）と称しているが [Cotterrell 2003, p.186]，ルウェリンのそのような積極的，建設的な特徴を示すために，本節ではまず，リアリズム法学に属するとされる他の法思想とルウェリンのそれとを対比することから始めたい。

　リアリズム法学の一つの特徴として，法を道具主義的に捉え，コモン・ローにおける推論を裁判官による立法として捉えることを挙げることができるだろう。第1節で見たように，ホームズは，当初は，裁判官の推論は共同体の価値に支配されるとして司法の抑制（restraint）を説いていたが，1890年代以降は，コモン・ローを裁判官による政策の選択の結果として捉えるようになる。一方で，例えば，その先駆者，ジョン・グレイが，「法は裁判官が規定した判決のためのルールから成る。このようなすべてのルールが法であり，裁判所が適用しない行為のルールは法ではない。裁判所がそれらのルールを適用することがそれらを法にするのであり，神秘的な実体，これらのルール以外の『法』は存在しない。裁判官は，法の発見者というよりもむしろ，法の創造者である」[Gray 1948, p.121] と述べているように，現実主義＝リアリズムの観点からは，裁判所が創造的な解釈によって法を発展させる権限が正面から認められることになる。同様に，現実主義＝リアリズムは，法を社会的，経済的，あるいは政治的なコンテクストにおいて捉えることも要請し，例えば，フェリクス・コーエンは，労働組合は，その成員の行為による不法行為に対して責任を持つかという問いに対しては，特定の法的規制によってどのような社会的，経済的な目標が達せられるのかを検討すべきであって，組合が法人格を持つか否かといった伝統的な法学における探求は，針の先にどれだけ多くの天使が立つことができるのかについての神学論争に近いものであると断じていた [Cotterrell 2003, p.179]。

　リアリズム法学のもう一つの潮流として，法を「裁判所という道具を通じた公権力の発生の予言」[Holmes 2009, p.1] としたホームズの法の把握を，行動主義の方向により徹底して把握し直す懐疑主義的なものもあった。ホームズの法予言説は，オースティンの法の定義では把握しきれない，共同体の価値，道徳によっ

⑽　ポステマは，そのようなアプローチが最も典型的に示されたものとして，交通法が人々の駐車の際の行動にどのような影響を与えたかを検討しているアンダーヒル・ムーアの研究を挙げている [Postema 2011, p.128（n.27）]。

て変化する法的責任を捉えるための道具立てでもあったが，上記のグレイの法の定義は，法の性質を責任の範囲ではなくて，裁判官の行動に結びつけたものであった［Holmes/Kellogg 1984, p.70］。その際，そのような裁判官の行動をより精密に分析することで現実主義＝リアリズムの追求が可能になると考えたのが，ジェローム・フランクである。周知の通り，フランクは，『法と現代精神（*Law and the Modern Mind*）』（1930年）において，ルールという概念自体が，法の定義には含まれないと論じている。すなわち，フランクによれば，判決への外部的要因の影響や，裁判官が依拠できるルールが数多く存在することから，裁判官によって適用されるルールという概念自体が理念の産物であると考えるべきなのであった。フランクは，とりわけフロイトの影響から裁判官に対する心理的な要因の影響を強調し，実際の判決は，勘によって決定された結論がルールによって論理的に決定されたと後に装飾されたものであるとまで論じていた［*ibid.*, p.71］。

　以上のようなリアリズム法学の潮流は，トワイニングが指摘しているように，パウンドの社会学的法学を，様々な領域における実践で適用することで，より具体化しようとする試みであったとも考えられる［Twining 1973, p.24］。実際，ルウェリンも，書かれた法（law in books）と訴訟における法（law in action）の区別など，リアリズム法学は，数多くの発想をパウンドに負っているけれども，パウンドの「『利益考量』は，利益を見たとき，どのようにその利益を見分けるかについて何の指示もしていないし，それらがどのように考量され，またそうされるべきかについての研究もない。『社会学的法学』は，社会学において重要なもののほとんどを欠いている。『訴訟における法』は着想として示されているだけで，『法』についてのさらなる議論は，『規範』に集中している」［Llewellyn 2008b, p.7 (n.3)］と論じていた。その際，法の社会的，経済的効果を探求するコーエンやアンダーヒル・ムーアのリアリズムは，パウンドの利益考量を，フランクのリアリズムは，書かれた法と訴訟における法の区別を具体化したものとも捉えることも可能であるが，ルウェリンのリアリズムは，これらとは明白に区別すべきである。[11]

　ルウェリンは，パウンドの「リアリズム法学への要求（The Call for a Realist Jurisprudence）」（1931年）に応答した「リアリズム法学についてのいくつかの現実（Some Realism about Realism）」（1931年）において，リアリズム法学の共通の出発点として以下のものを挙げている。すなわち，①流動的で変化する法という

法概念と裁判官による法創造に基づく法概念，②社会の目的の手段としての法という概念，③社会の変化に法を対応させるための，法のつねなる再検討の必要性についての認識，④研究のための，あるとあるべきの一時的な分離，⑤裁判所，あるいは人々が実際に何をしているかを説明することを試みる限りにおける伝統的な法的ルールや概念への不信，よって，「裁判官が何をするだろうかについての一般化された予言」としてのルールの側面の重視，⑥⑤と関連して，ルールが判決に対する重要な要因になるという伝統的なルール概念への不信，⑦従前よりもより狭いカテゴリーでのグループ化，⑧その効果の観点から法を評価するという主張，⑨以上の諸点に基づく継続的かつ計画的な取り組みの九つの点である［*ibid.*, pp.55-57］。しかしながら，ルウェリン自身のリアリズム法学は，トワイニングも指摘しているように，その晩年（1960年）の著書である『コモン・ローの伝統──上訴の決定』からも探ることができると思われる。

　ルウェリンは，その『コモン・ローの伝統──上訴の決定』のリアリズムの方法論を論じた補遺において，「リアリズムは決して哲学ではなく，何らかのリアリズムのグループのようなものが，完成された見解あるいは完全なアプローチを提示しようとしたことはない」［Llewellyn 1960, pp.509-10］とした上で，「リアリズムとは方法論（method）であ」［*ibid.*, p.510］り，「生のままに見る，それが働くままに見る」［*ibid.*］ことであって，「あらゆる目的に対する，確固たる研究の基礎となるべきものであった」［*ibid.*］と論じている。さらに同じ個所で，ルウェリンは続けて，「リアリズムは哲学ではなく，技術（technology）である」［*ibid.*］とも述べているが，その際，トワイニングは，ルウェリンのリアリズムは，「生のままに見る」，「それが働くままに見る」こと，すなわち法過程の記述に基づいており，「技術」，すなわち，法律家の技巧の記述に重点を置くものであったと分析している［Twining 1973, pp.520-21］。いずれにせよ，「もし法理学が，必然的に

---

(11) ポステマは，リアリズム法学を，法過程における社会的決定要因を重視する立場と，その中でも，フランクのように各個人の特異性に着目する立場に分けている。そして，ルウェリンのリアリズム法学は，裁判官や市民の行動ではなく，法律家の技巧に焦点が当てられているもので，経験的な研究とは一線を画していること，ルウェリンにおいては，伝統的な法理学が法についての経験科学によって取って代わられることはないと強調されていたことを指摘している［Postema 2011, p.126, 131］。なお，ポステマは，本項の以下で検討するルウェリンの法律家の技巧についての考察が体系的なものではなかったことも指摘している［*ibid.*, p.131］。

法の理念の研究を含むならば，リアリズムは法理学ではない。もし，私が考えるように，法理学に，いくつもの下位の部門があるならば，リアリズムは，そのうちの二つの部門，すなわち，法律家の技巧（craft techniques）と記述的社会学（descriptive sociology）を扱う」[Llewellyn cited in *ibid.*, p.188] というトワイニングによって引用されているルウェリンの未刊行論稿によって，ルウェリンのリアリズム法学の性質は示されているだろう。

そのうちの法律家の技巧の記述について，ルウェリンは，「新しい法理学の読解と使用（On Reading and Using the Newer Jurisprudence）」（1940年）においては，「最良の法律家が知っていることの様々な断片，最良の法律家でさえ普通はまとめたりも比較したりもしない様々な断片をまとめ，その結果，他の法律家たち，特に若い法律家たちに，法律家の様々な技巧が，どのように最もよく続行されるのか，より明確でより有用な全体像を与える」[Llewellyn 2008b, pp.149-50] とも述べているが，次項で詳しく検討するように，フォーマル・スタイル，グランド・スタイルといったルウェリンの法律家の技巧についての考察は，目的を達成するための最良の手段は何かについての考察でもあった。その意味で，ルウェリンのリアリズムも道具主義に基づくものであったが，ただ，すでに引用した部分からも明らかであるが，ルウェリンは，記述的な社会学と法律家の技巧についての考察の「各々，そして双方は，法の適切かつ直接の目的についての，あるいは社会における人間の目的についてのいかなる哲学とも両立しうる」[Llewellyn cited in Twining 1973, p.188] と考えていた。法の社会的，経済的効果を探求するコーエンやムーアのリアリズムとは違い，ルウェリンのリアリズム法学は，法の目的を実現する「橋渡しの技術（art of bridge-building）」[*ibid.*] に焦点を当てたものだったのである。ルウェリンのリアリズム法学は，以下でも検討するように，むしろより伝統的な法学の枠内にあるものだったと言えよう。

一方で，行動主義の観点を徹底したフランクのリアリズム法学とルウェリンのリアリズム法学を比較する際には，ルウェリンの『法と現代精神』の書評を検討することが有用であろう。フランクの『法と現代精神』公刊の1年後の1931年の書評論文「フランクの法と現代精神（Frank's Law and the Modern Mind）」において，ルウェリンが特に問題視していたのは，フランクが，ルール，法的安定性についての幻想を心理学的要因に求めたことである。フランクは，ルール，あるいは法的安定性への幻想は，一貫した秩序ある世界への依存という人間の心理状

態から導かれていると論じていたのであるが，そのようなフランクの議論は，「ことによると，あるいは多分頻繁に真実であろうことを，つねに，あるいはほとんどつねに真実であるとする想定」[Llewellyn 2008b, p.105] に基づいているのであり，「すべての人々には典型的でない，何人かの人々のみの経験の凝縮という危うい土台」[ibid., p.106] に支えられたものであるとルウェリンは論じている。そして，その小論においてルウェリンは，「決定という意味での法は，彼（フランク）の扱いが示すものよりも，実際はずっと予測可能であって，よってより安定的である。幻想を打ち砕くための彼の非常に適切な熱意において，彼はその幻想を，実際のものよりも幾分か，より幻想的に描いている」[ibid., p.107. （ ）内は引用者] とも指摘している。ルウェリンによれば，「私たちは，先例拘束性の原理，ルールの効果を，非常に曖昧なものとして知っている。しかし，曖昧な部分は周辺のものであり，大部分においてはかなり確定的である。ルールは，判決をコントロールはしないけれども，それを導いてはいる」[ibid., p.110] のであった。トワイニングも指摘しているように，ルウェリンのリアリズム法学は，より日常の感覚，あるいは法律家の感覚に近いものでもあったとも言えるだろう [Twining 1973, p.188]。

　以上，他のリアリズム法学の潮流と比較することで，ルウェリンのリアリズム法学の二つの特徴を示すことを試みてきたが，そのうちの法道具主義に関する特徴については，おもに次項で検討することとし，本項の残りでは，ルウェリンのルール，法律家の技巧についての記述を掘り下げていきたい。その際は，すでに触れた「新しい法理学の読解と使用」を詳細にわたって検討することが有用であろう。ルウェリンのルールについての考察は，イギリスのものも含めたコモン・ロー思想史において重要な論点の一つであった「ルールか救済か」という論点について貴重な視座を与えているものと思われるし，「ルール懐疑主義」として一般的に理解されているところとも，少しずれがあるように思われる。

　その「新しい法理学の読解と使用」において，ルウェリンは，新しい法理学，すなわちリアリズム法学が，「法の効果の重要性，裁判所の中，あるいは外で実際に起きていることを見る重要性，裁判官，あるいは他の公職者の，実際の行動の重要性」[Llewellyn 2008b, p.156] を強調しており，「法の全体像，そして法の仕事が，ルール，あるいは理念（ideal）だけよりも広い」[ibid.] ことを示していると整理している。もちろん，この新しい法理学には，ルウェリンのものと同様，

フランクのリアリズム法学も含まれていたが、すでに触れたように、フランクに対して批判的であったルウェリンは、フランクがなしたことは、「一部だけ真実である特定の公式化（法形式主義）が、完全な真実としては普及すべきではないということを示したのみ」[ibid., p.148. （　）内は引用者] であったと論じている。ルウェリンによれば、フランクのリアリズム法学には、ルールが、予測できる確実性を持って事例を決する100パーセントの仕事をするということを法学者が論じることを不可能にした功績はあるけれども、「それが示すのは、100パーセントの安定性の欠如であって、それがすべて」[ibid.] なのであった。

　一方で、周知の通り、ルウェリンは法形式主義に対しても、それは現実を記述しきれていないと指摘していた。すなわち、「『悪法はハード・ケースを創る (Bad law makes hard cases)』は、ルールが安定性以外の機能を持っていることを意味しており、(中略)『法は形式ではなく、実質を見る (The law looks not to the form, but to the substance)』は、法のルールに依拠したであろうすべての構築物と依存にもかかわらず、裁判所が、目前の事例において効果的な正義と考えるものに対して鋭い目を持っており、持たなくてはならないということを意味している」[ibid., p.132. （　）内は引用者] のであるが、これらの表現は、「私たちが有しているようなシステムにおいては、裁判官であれ、他の公職者であれ、法の明白なルールにおいて明らかには規定されていない方法で、一定の（特定されないが）程度、動いているのであり、(同様に特定されないが)、動くべきであることを意味している」[ibid.] のであった。

　ただ、ここで留意すべきなのは、すでに述べたように、ルウェリンのリアリズムは建設的なものであり、その主眼も、「ルール懐疑主義」というラベリングが含意するようなルールの非決定性の強調ではなく、ルールのみに依拠することに起因する不完全さを補うものの記述、探求にあったことである。

　その点について、ルウェリンは、まず、リアリズム法学が反映するよう試みているのは、「私たちの法のルールだけではなく、法、裁判所、法律家とその仕事という全体の企図であり、法のルールそれ自体だけではなく、仕事の方法、法のルールが向かう目標も含んでいる」[ibid., p.130] とした上で、そのようなリアリズム法学の記述の中心にあるのが、「裁判官と、偶然、裁判官にはならなかった行政官は、彼らが選ぶことをしたり、彼らが選ぶように決定する自由はないという事実であり、残りの人々に関係する事柄においては、彼らの行動は、制限、限

定されており，裁判官や公職者の個人的な選好や気まぐれから独立した何かによって導かれるという事実」[*ibid.*]であり，そのような事実は，「観察できる事実（observable fact）で，重要な事実（vital fact）である」[*ibid.*]と論じている。ルウェリンによれば，旧来の法理学は，「独力で耐えていて，耐えることができる以上の重みを法原則に課していた」[*ibid.*, pp.135-36]のであり，法原則だけでは法として機能を果たせていない際に，何が法原則，ルールを助けていたかを明らかにするのが新しい法理学，ルウェリンのリアリズム法学の中心的な課題であったのだが，ルウェリンが，ルールを補助して「裁判官の仕事を安定化させ，それに指針を与えている」[*ibid.*, p.135]ものと捉えていたのが，「裁判官職の技術と技巧（art and craft of the judge's office）」[*ibid.*, p.136]にほかならなかった。

「新しい法理学の読解と使用」において，ルウェリンは，裁判官の行動をコントロールし導く，ルール以外の要素の役割として，以下の三つを挙げていた。すなわち，「①それら（の要素）は，法のルールが，それ自体ではコントロールしたり，指針を与えたりできない方法や場所で，裁判官や他の公職者をコントロールしたり，導くことを助ける。②それらは私たちの法システムにおいてすでに与えられていて，現存するものであるため，知られうるし，感じられうるし，法律家によっては見られさえもするので，それらは，裁判所への議論を予言し，明らかにすること双方において，法律家を導くことができる要素である。③しかしながら，それらは，特定の事例における結果と，ある事例において規定されたルールを，変化する時代や必要，そして事例の状況に適応させるという，非常に実質的な程度の一定の柔軟性を提供する要素である」[*ibid.*, p.133.（　）内は引用者]という三つである。その上で，これらの要素を構成するものとして，ルウェリンは，パウンドを参照しながら，ルールより広く，そこに包摂されるルールを作り直すことが可能である原理（principles）や，ある事例が，例えば「契約」の一つか否かを規定するルールがなくても，状況を分類し，参照のための枠組みを提供することでそのような事例を決定することを助ける「契約」，「不法行為」，「財産」などの法的な概念（concepts）などを挙げていた[*ibid.*, pp.133-34]。その際，そのような「私たちの法のルールや原理，そして概念に関する，日々の詳細な業務における正しく合理的でより曖昧さのない使用や発展のための規則や原則」[*ibid.*, p.164]が法律家の技巧なのであり，法律家の技巧を「最善の法実践から発展させて，伝達可能で，役に立つような形にするという努力」[*ibid.*]がルウェリンの

リアリズム法学の主題なのであった。

　ルウェリンの意図は，パウンドの法理学を補足する必要を論じている，「新しい法理学の読解と使用」の次の部分からも明らかにできると思われる。まず，パウンドは，「法のルールが事例を決定する」という原則は，記述として良いものではないと論じていたが，ルウェリンによれば，「法のルールが事例を決定する」といった原則は良くない記述というよりも，補足（supplement）が必要なものなのであった。すなわち，そのような原則が，「特定の事例において明確な指針を与えることにしばしば失敗しており，もし補足がなければ，いつ先例が区別され，いつそれがきっちりと従われ，さらにその原理が拡大されもするのかという事柄の決定を勘の過程（hunching process）に委ねてしまう」［*ibid*., p.151］ことこそ問題にされるべきなのであった。一方，パウンドは，前節で見たように，幅広い法の概念の中に規範を発展させ適用する技術を含め，伝統の教授（taught tradition）を重視していたが，その点についても，パウンドの議論は，「この制定法，あるいはこの事例における先例について使うのに，どの技術が正しい技術なのかという，法律家の重要な疑問に答えていない」［*ibid*.］とルウェリンは指摘している。パウンドは，確かに研究の方向性を示してはいるけれども，必要なのは，エドワード・リーヴィによってなされているような，ルールの適用，拡大の際に基準を与える類似性（similarity）がどのように導かれているのかといった，より法実務に即した探求なのであった。さらに関連して，そのような伝統の教授，特に裁判の伝統が，均等には獲得されておらず，どの程度吸収されているか，あるいはそもそもそれが何なのかといったことに関する精査がなされていないとした上で，ルウェリンは，法律家の技巧の「内容と使用をより合理的な記述，コントロールできるものに還元することは，判決することにおける安定性と知恵を増加させることに不可欠である」［*ibid*., p.152］とも論じている。その際，ルウェリンは，特定の裁判所における特定の一連の判決を繰り返し検討することで，その記述がどれだけ良いもので正確なものかを検討し，また，その他に記述が必要なものはないかを明らかにすることが重要であると指摘している。「そうした上で初めて，裁判官がどのように仕事をなすべきなのかに関する，より明確で曖昧でない原則の基礎が築かれうる」［*ibid*., p.144］のであった。

　以上のような法律家の技巧がルウェリンの法概念の中で占める位置を確認することは，ルウェリンのリアリズム法学の性格を理解する上でも重要である。まず，

ルウェリンは，裁判官の技巧を明らかにすることで，何が起こるかをより正確に予言することが可能になり，裁判官も，何をすべきか，そして何故そうすべきなのかを理解できるようになるのであって，法律家の技巧は，「その状況における『真のルール（the true rule）』である」［ibid., p.158］と論じている。また，ルウェリンは少し角度を変えて，数多くの事例においては，「十分な自在幅（leeway）と弾力があり，それは，私たちの法の枠組みにおいて，その枠組みから離れることなしに，正義として感じられたものがその事例において獲得されることを許容する」［ibid., p.137］とした上で，ルールの変更，個々の事例に関する正義の追求が望まれている際にも，実際には，「法」に従った判決がなされていると論じており，そこからも，その枠組み＝法律家の技巧が，ルウェリンが考える「法」の中で非常に重要な位置を占めているのは明白であろう。しかしながら，そこから，例えば，「ルールについて語ることは法が単に裁判所の判決とそれの予言から成っているという真実をおおい隠す神話にすぎないという主張」［Hart 1994, p.136；邦訳, 148頁］という「ルール懐疑主義」についてのハートの定式化をルウェリンにも当てはめるのは早計であると思われる。⑿ ルウェリンによれば，従来の「法の哲学としての法理学は，その完全な発展に達するためにはあまりにも狭く考えられていた。現代の論者たちは，法（ルールや原理から成る）についての哲学としてだけでなく，法の働き，法の作用そして法の制度，すなわち，法と法の仕事についての哲学として考えている」［Llewellyn 2008b, p.156.（　　）内は引用者］。そして，ルウェリンにおいては，法律家の技巧にまで法理学の対象は広がっているのであるが，「そのような範囲の拡大が関係しているのは，法のルールと原理の

⑿ 本節の冒頭でも触れたように，ルウェリンは，『ブランブルブッシュ』（1930年）で，ルールを上品な玩具（pretty playthings）に過ぎないものとして記していたが，1951年の第2版では，その言葉が，自らの法理学への誤解を生みだしたと悔いている。シャウアーによれば，ハートは，1958年の論文，「実証主義と法と道徳の分離（Positivism and the Separation of Law and Morals）」では，その点について留意していたが，『法の概念』の第7章では，それを無視している［Schauer 2011, pp.1-2 (n.4)］。一方，わが国における最近の教科書的な説明においても，「ルウェリンによれば，判決作成過程において決定的な役割を果たしているのは，法的規準ではない。むしろ裁判官は勘によって判決を見い出し，事後的に法的規準でそれを合理化しているだけなのである。そこで判決を予測するためには，法的規準は手がかりとして役に立たず，むしろ裁判官についての心理学的・社会学的研究が必要になる」と整理されているが，ハートのルウェリン理解に影響を受けたものとも考えられる［毛利 2010, 108頁］。

除去（elimination）ではなく、解明でありそれを照らすこと（illumination）にある」[*ibid.*, p.157] のであった。ルウェリンのリアリズム法学は、ルールそれ自体に対する懐疑ではなく、あくまでも、ルールだけでは説明できない部分、ルールにおける自在幅の現実を明らかにすることに主眼を置いたものであったと考えられる。「コモン・ローとその発展を説明する枠組みはいかなるものか」という問いに対して、あるいは、「コモン・ローとは何か」という問いに対して、コモン・ローをルールの体系として捉えていたイギリスの法思想とは対照的であり、ホームズやパウンドとも視点を異にする法思想がルウェリンによって示されているとも言えるだろう。

　結局、ルウェリンのリアリズム＝現実主義によるコモン・ローの記述の要点は、「実際に何が生じているか新鮮な（fresh）観点で見てみるならば、私たちの法の原則とともに、これらの原則にその意味の多くを与える法の技巧と、それらの技巧の理念と伝統がある」[*ibid.*, p.136] というものであった。そして、「技巧の理念と伝統を研究されないままとし、ほぼ完全に暗黙のものにしておくことは、私たちの法的企図において実際に起きていることにおいて存する、指針、コントロールと合理性の半分を語られず、議論されていないままにしておくことである」[*ibid.*, pp.136-37] と述べた際に、ルウェリンは、法に内在する理念に導かれてコモン・ローは有機的に発展するとして、コモン・ローそれ自体の中にその発展の説明を求めたパウンドの議論が不十分であったことを批判し、それに代わる、より正確なコモン・ローの発展についての記述を提示しようとしたとも言えるだろう。一方で、「起きていることについての現実主義的で新鮮な観察、そしてそのすべてを説明する持続的な努力という基本的なアプローチを追求することで、より新しい法理学が、これらの技巧を伝達可能な研究にできるならば、それは真の助けを提供するだろう」[*ibid.*, p.137] とも述べているように、ルウェリンの記述的考察は、目的を達成するための手段の考察とも関連したものであった。次項においては、ルウェリンのリアリズム法学のもう一つの柱である法道具主義に関わる考察について検討したい。

（2）　フォーマル・スタイルとグランド・スタイル

　前項で詳しく検討した「新しい法理学の読解と使用」において、法律家の技巧の一例として、ルウェリンは、先例のルールの使用に関するものを挙げている。

先例拘束性の原理など，先例に関する一般的なルールより深いものを明らかにしなくてはならないと論じていたルウェリンは，フランクと法形式主義者の論争の結果，先例の性質は以下の三つに分類されていると指摘している。すなわち，①非常に堅固で予測可能な法（ルールや法実践）がある場面，②（例えば，どこまでその先例が拡大するかについて）競合する理論があり，何が法であるかが，より不安定な場合で，法のルール，原理，概念と同様に，どのような事例が実際に生じてくるのか，弁護士の力量，裁判官の性格によっても左右される場面，③法が完全に不安定な場面であるが [ibid., p.149]，例えば，顧客に利息契約 (usury cases) を助言する弁護士にとって，二番目の場面（どこまでの利息が制限されることなく許容されるのか）ではなく，第一の場面（どこまでが適切な取引であり，ほぼ確実に利息制限を免れうるのか）では，「利息契約の事例からどれだけ明白で確かなルールが築けるかを発見することは驚きである」[ibid.] と述べている。ルウェリンによれば，最良の法律家は，このような先例の分類に基づいて，憶測ではなく，確実な助言をなすことができるのであるが，前項でも論じたように，「新しい法理学は，この種の職務上の知恵をより明白にすることで，より伝達可能なもの，教授可能なものにし，より一般的なものにすることを一つの主要な役割とする」[ibid.] のであった。[13]

ところでルウェリンは，「法がそれ自体のためでも，真空において存在するのでもなく，人々の役に立つために存在する限り，そして，弁護士によって法の結果が人々に伝えられ，彼ら弁護士を通じて，人々に対し法を再規定する裁判所の使用のために，事実が変形され，形作られる限り，より無駄なく間違いも少ないよう媒介の仕事をいかにより効果的に実現するかを学ぶために，現在においてどのようにその偉大な仕事が実現されているかをより詳細にわたって正確に検討することは，私にとっては，法理学の一つの相当な部分であり続けるだろう」[ibid., p.141] と論じている。弁護士や裁判官の技巧を正確に記述することは，法がその機能を果たす上で重要であると考えられていたのである。

前項で触れたように，ルウェリンは，目的のための手段として法を捉える道具主義的な法観念を，リアリズム法学の共通の出発点の一つとして考えていたが，

---

(13) ルウェリンによる制定法の解釈のルールについては，最新の研究においても言及されている [亀本 2011, 350-53頁]。

ルウェリンにおいて，そのような法観念が具体的に示されているのが，法の職務についての議論であった。人間が集団として生存するために，また，人間の集団が，それが存在する目的を実現するためには，一定の必要を満たさなければならないとした上で，ルウェリンは，「規範的なるもの，法的なるもの，そして法の職務（The Normative, the Legal, and the Law-Jobs）」（1940年）などにおいて，その際，必要とされる主要なものとして，①トラブルの解決，②行動と期待の予防的な操作，③変化に合致させるための行動と期待の再操作，④権威的な決定のための，権威と手続きの割当て，⑤集団の中における指図と動機の提供などを挙げている［Llewellyn 1940, pp.1375-95］。ルウェリンにおいては，そのような機能を効果的に果たすために，法律家の技巧の正確な記述が，リアリズム法学の主要な課題になったのであった［Postema 2011, p.132］。ルウェリンによれば，「私たちの法システムには，安定，計算可能性，そしてコントロールのための極めて重要で必要とされている手段がある。私たちの法システムには，また，柔軟性と調整，変化と発展のための極めて重要で必要とされている手段がある」［Llewellyn 2008b, p.139］が，「それについては，現状のままであるような法のルールの研究のみでは，何ら適切な指図を与えない」［*ibid.*］のであった。

　一方，ルウェリンには，同様の観点から，法の形式についての考察，法的推論のスタイルについての考察もある。本節では，ルウェリンのリアリズム法学を記述と法道具主義に基づく議論に分けて検討しているが，以下においては，ルウェリンの後者の側面に焦点を当てていきたい。それらは，ルールや法律家の技巧の記述（what, science）とは違い，いかにして法の機能を果たすのか（how, prudence）に明確に基づいたものであった。

　ここではまず，法の形式についてのルウェリンの考察を，「法における善，真実，美（On the Good, the True, the Beautiful in Law）」（1942年）から検討するが，ラングデルとホームズが比較されている部分が特に興味深い。まず，ルウェリンは，ドイツの民法典（BGB）を，構造的な美を，美的な目標とするものの典型として捉えているが，それは，清潔で厳密な知的構造物で，事前に決定されたプランによってすべての場面で実行されるものであった。ルウェリンによれば，この

---

(14) ルウェリンの法機能論の理論的性格については，Twining［1973, pp.175-84］を参照。
(15) ルウェリンの法理学におけるアプローチの以上のような分類については，Twining［1973, pp.172-74］を参照。

ような法の形式，あるいは美は，当時のアメリカにおいてはほとんど追求されていないものであったが，その典型としてラングデル学派の約因理論を挙げることができるのであった。ラングデルの契約理論においては，「約束を支えるために必要とされる約因が取引されなければならず，（中略）取引される何かは正確でなければならず，承諾と約因の提供は等しい三角形のように一致する」[*ibid.*, p.172.（　）内は引用者]と考えられていた。ルウェリンは，ラングデルのこのような議論を，「これ以上簡単に規定され，より厳密に思考され，よりしっかりと統合され，教えるのがより魅惑的に不条理で，より簡単に適用できるものはない」[*ibid.*]とも評しながらも，「論理と外形についていかに心地よくとも，本質は構造ではない。ラングデルの構造は，概念における荘厳さと作品における欠点のなさという道徳を指し示しているが，それは機能しないだろう。人々は，そして裁判所は，そのパターンに従っては動かず，そのことは，法において美を妨げる」[*ibid.*, p.173]と断じている。ルウェリンによれば，「法の美の主要なテストは機能のテストであり続ける。構造的な調和や荘厳さを持つことは良いことであり，それらは付加し，豊かにするが，補助的なものに過ぎない」[*ibid.*]のであった。そしてその上で，「ホームズの判決意見は，たんなる宝石箱や整えられた散文ではない。それらは（特に最高裁におけるものは），論点に導き，政策に導く。それらは，技術的な正確さ，目前の事例における正義，将来のための正しい指針に導く」[*ibid.*]としてホームズをラングデルと対比的に評価している。

　一方，法的推論のスタイルについての考察は，おもに，『コモン・ローの伝統──上訴の決定』でなされているが，「法における善，真実，美」においても，以下のように，その要点は披瀝されている。そこでまず，法的推論のスタイルの歴史的変遷が，前節で検討したパウンドの法の目的の歴史的記述と対比的に描かれており，興味深い。パウンドは，アメリカ法の画期を19世紀の前半の形成期（formative era），1880年から1900年の法の成熟期（period of maturity of law），そしてその後の社会学的な期間（sociological period）に見い出していたが，「機械的法学から社会学的法学へ」というパウンドの主要な議論からも明らかなように，法理学の学派の変遷をそれらの画期のメルクマールとしていた。一方，ルウェリンは，時代のスタイル（period style）の変遷による区分を試みていた [*ibid.*, pp.178-79]。

　ここでのスタイルとは，ルウェリンの言葉では，「法の技巧における思考と働きの方法（ways of thinking and working in the legal crafts）」[*ibid.*, p.176] と定

義されているが，より一般的に，法的推論のあり方として捉えることも可能であると思われる。いずれにせよ，ルウェリンは，「材料（法）自体と同様に，あるいはそれ以上に，彼らの材料（法）を用いる技術者（法律家）の方法は，その結果に対して意味を持っている」[*ibid.*, pp.176-77.（　）内は引用者]という前提の下，それぞれの時代において優勢なスタイルを以下のように整理している。

第一の画期としては，1830年から1840年代に焦点が当てられているが，そこで優勢であったスタイルを，初期のスタイル（early style）とルウェリンは呼んでいた。そして，そのスタイルの特徴を，「理性が，経験が法的結果に収斂される際の主要な指針であり，手段であった」[*ibid.*, p.180]と規定している。もちろん，法の論理も一定の役割を果たしていたが，「論理における前提を決定することも，つねに理性に依拠することによってなされており，それによってそのスタイルに流動性，力，率直さ，そして方向性が与えられた」[*ibid.*]のであった。なお，以上の19世紀のアメリカ法学に関するルウェリンの素描は，本章冒頭で触れたホーウィッツのものと近いものであったが，当時のイギリスのスタイルとの比較(16)がなされている部分が興味深い。ルウェリンによれば，イギリスのコモン・ローをアメリカが受容した際に，そのルール，実質については受容したが，「その当時のイングランド法のスタイルは，全く借りられることがなかったのであり，『受容』という話によって，事実を曖昧にすることは許されるべきではない」[*ibid.*, p.182]のであった。本書でも検討してきたように，イギリスにおいては，ヘイル，ブラックストーンの法思想を経て，18世紀にはすでに法実証主義的な色彩が強まっており，19世紀のオースティンは，ルールの体系としてコモン・ローを記述することが可能だったのであるが，ルウェリンは，その当時の「アメリカの仕事ぶりは，ディケンズによって風刺されているような（形式主義的な）ものではなかった」[*ibid.*（　）内は引用者]ことを強調している。

次に，ルウェリンは，パウンドによって，「法の成熟期」[*ibid.*, p.183]，「受容された材料の統合と発展の時期」[*ibid.*]と述べられていた19世紀の最後の数十年に盛期を迎えたフォーマル・スタイル（formal style）について論じている。す

---

(16) もちろん，批判法学の立場に立つホーウィッツは，ここでルウェリンが理性と呼んでいるものが資本家階級の利益によって導かれているとして，イデオロギー性を強調しているという違いはある [Horwitz 1977]。

でに触れたラングデルの方法論も含まれるが,ルウェリンは,「権威が権威であり,論理が論理であり,安定性が安定性であった。心 (heart) は,法の仕事において占める位置はなく,美意識は,冷酷な明晰さに向かった」[ibid.] とその特徴を捉えている。そして,その一つの背景として,宗教的な基礎が,「周知の並みはずれた攻撃にさらされ,法廷の古来の法律家たちは,ほぼ最高に堅固な基礎に慰めを見い出した。すなわち,彼らは拡大よりも権威を好み,成長する枝を刈り取るという対価を払ってではあるが,明晰さと均一のシステムをもたらす法についての方法をより好んだ」[ibid., p.184] という点を挙げている。しかしながら,すでに触れたラングデルに対する批判とも重なるが,ルウェリンは,「非常に明白であるが,私たちの19世紀後半の非常に重要な潮流において,フォーマル・スタイルは,美的な逸脱であった」[ibid., p.193] と述べている。ルウェリンによれば,「生活と調和しない法,法的社会との歯車をすり減らす法についての方法は,正しい美を持つことができない。ルールではなく,生命のある制度,たんなる法律家にとっての安定性ではなく,安定性と民衆の法が奉仕すべき正義が必要性を定義する」[ibid., pp.193-94] のであった。

　この最後の点は,フォーマル・スタイルに代わるものの登場を促す要因として,以下のように具体的に検討されている。20世紀前半には新しいスタイルが登場しているのであるが,その要因としてルウェリンは,「現代の生活の手に負えない複雑さ」[ibid., p.188],「30年,あるいはそれ以上にわたって続いている変化,あるいは改革にとって,フォーマル・ピリオドに組み入れられている法の技巧が不十分であるという認識」[ibid.],「飛躍が必要な大きなギャップ,発展が必要で大きな規模の仕事がなされなければならない非常に遅れた領域の存在」[ibid.] を挙げている。このような要因に答えるために,ルウェリンが提示しているのが,グランド・スタイル (grand style) であった。

　ルウェリンは,『コモン・ローの伝統――上訴の決定』において,その典型的な例として,英米のマンスフィールドやジョン・マーシャルなどの著名な裁判官を挙げて,グランド・スタイルの方法論を説明している。ルウェリンは,まず,そこでは,先例における説得的な権威は認められていたが,それは,承認される前に以下の三つの理由によってテストされていたと指摘している。①「その判決意見を書いた裁判官の評判は,重く考慮される」[Llewellyn 1960, p.36],②「先例をチェックするために『原理』が考慮されるが,このピリオドと方法において

は，ルールの間に大きな規模の秩序をもたらすためのたんなる言葉の道具ではなく，それが『原理』になるためには，秩序だけでなく，独特の意味を与えるべき広い一般化を意味していた」[ibid.]，③「考慮中のルールのありうる結果という観点からの『政策』」[ibid.] の三つである。そして，ルウェリンによれば，以下のように，このようなグランド・スタイルによってこそ，より予測しうる裁判が可能になり，法の機能もより十全に果たされるのである。

「法における善，真実，美」で，フォーマル・スタイルは，「状況が十分に安定している場合」[Llewellyn 2008b, p.193] にのみ機能し，「遅かれ早かれ，悪いスタイルになることが運命づけられている。そして，法律家たちは，フィクション，偽の解釈 (spurious interpretation)，混乱と裁量という彼らの所産に苦しまなければならないだろう」[ibid.] と指摘しているように，先例の巧妙な操作，細かな区別，確立されたルールの隠れた再解釈によって時代の変化に対応しようとするフォーマル・スタイルは，判決の背後にある動機を曖昧なままにし，法の発展の道筋を予測するのを困難にするとルウェリンは考えていた。その一方で，グランド・スタイルにおいては，原理と政策に依拠していることが裁判官によってオープンにされるため，新たなルールが何のためのものであるかがより明確になり，法の予測も容易になると考えられている [Cotterrell 2003, p.193]。すなわち，ルウェリンによれば，「グランド・スタイルに本来備わっている，指針のために将来に向けてより良い規定をつねに求めることは，そのままの状態で理解でき，平凡な人間によっても理解され，かなり良く適用されうるルールのつねなる製造と改善を意味しており，このようなルールは，非常に異なった裁判官から，同じような決定を得るかなりのチャンスを持ち」[Llewellyn 1960, p.38]，「予見されてはいないけれども予感はされている」[ibid.] ため，グランド・スタイルによって，「『人によってではなく，法によって (laws and not men)』という古来の目標」[ibid.] により近づくことができるのであった。ここで本書の論点，論争軸の観点から整理してみると，本章第1節，第2節で検討してきたホームズやパウンドとは違い，

---

(17) ルウェリンは，このようなグランド・スタイルを可能にするため，アメリカ統一商事法典を起草した際には，その法典は，商実務に基づき柔軟な判決を可能にする，原理に基づいた規定によって構成されるべきであると論じていた [Cotterrell 2003, p.194]。グランド・スタイルを可能とするルールを増やすことも，ルウェリンの研究の主要な課題の一つであった [Twining 1973, p.495]。

「コモン・ローの発展を導く原理の探求」はなされてなかったが，ルウェリンにおいても，「裁判官による法形成はいかにして正統化されるのか」という論点に関して，「コモン・ローと共同体の関係」が強調されていたとも言えるだろう。

なお，このグランド・スタイルを支えるものとして，簡単ではあるが，ルウェリンの状況感覚（situation sense）について検討してみたい。状況感覚とは，特定の事例間の法的な関連性，非関連性についての熟達した法律家たちによる認識であり，例えば，先例から離れるべきか，類推に基づく判断をすべきかといった際に必要となる，当該諸事例の法的事実に関する判断のことである[Postema 2011, p.136]。ルウェリンは，以上のものを「知的な技術の仕事であり，洗練された手続の仕事である」[Llewellyn 2011, p.109]として，前項でも若干触れたように，法律家の技巧に含めていたが，法律家によって関連する法的事実が類型化されたもの（type-situation）に沿って，法規範が形成されることになる。もちろん，ルウェリンも，法的事実の類型化の「核の明晰さが，いかに光り輝くものであっても，類似の事例において，一般的に合意されるように境界線を引くには十分ではない」[*ibid.*]ことを認識していたが，一定の法的事実の類型に対して政策や原理に基づく判決が下されるならば，例えば，新たな事実類型への対応もより容易かつ自覚的に行なわれうると考えていたようである。一方，フォーマル・スタイルにおいては，正義や衡平は，厳密なルールの例外として考慮されるだけで，原理や政策の問題も，偶然的な考慮に過ぎなくなることが問題とされている[守屋1980, 59頁]。

第4節　小　括

以上，本章では，近代アメリカの法思想を代表するものとして，ホームズ，パウンド，ルウェリンの法思想を検討してきた。まず，ホームズの法思想については，主権者の命令，司法法という枠組みでコモン・ローの地図を提供しようとしたオースティンの法理論のアプリオリな側面を批判し，社会の変化に伴う法的諸

---

(18) これは，例えば，売買，消費貸借，賃貸借，請負，雇傭，委任といった契約類型などの，「法的な図式」として日本の民法学で捉えられているものに近いかもしれない[山本 1993, 233頁]。

概念の変化,発展に焦点を当てたメインの法思想の影響を指摘することができる。そして,メインの法思想が,オースティンの法理学の歴史的,地理的な適用範囲を限定することを目的として,それに代わるものを提示できていなかったのに対して,ホームズは,それまでのイギリスの法思想には見られなかった,裁判官によるコモン・ローの発展の手法に焦点を当てた理論を提示している。「コモン・ローとその発展を説明する枠組みはいかなるものか」についての考察から,「コモン・ローの発展を導く原理の探求」にホームズの焦点も移っていったのである。その際,責任概念の客観化というコモン・ローの発展法則に沿って,例えば,厳格責任に関する裁判なども,陪審を通じた共同体の基準に基づくものとして捉えられていた。さらに,「裁判官による法形成はいかにして正統化されるのか」という論点に即して整理すると,イギリスのヘイルやオースティンが,コモン・ローに内在する論理からの類推を重視していたのに対して,ホームズは,共同体の価値,論理にコモン・ローを適合させることを試みていたとの対照も可能であるが [Lobban 2007a, p.223],第1節で確認したように,1890年代以降のホームズの法思想においては,そのような共同体の価値,論理の限界から,コモン・ローは,裁判官による政策選択の結果として捉えられるようになる。

　パウンドは,ホームズもそうであったように,ラングデルの法形式主義に対して批判的であり,周知の,書かれた法と訴訟における法の峻別にも,ホームズの法思想の影響を見てとることができる。しかしながら,パウンドは,より実質的な法の理念によってコモン・ローの発展は規制されるべきであると論じていた。第2節で検討したパウンドの社会的利益は,利益考量を要請するものではなく,20世紀初頭の共同体の価値として捉えられていたのである。さらに,コモン・ローに,そのような価値,根本原理が内在しており,新奇の事例,競合する解釈が存在する場合などにおいては,その根本原理に照らして既存の法源を発展させると論じていたパウンドの法思想は,「裁判官による法形成はいかにして正統化されるのか」という論点について,ホームズとは異なった議論を提示しており,コモン・ローの論理に依拠した,法はそれ自身のうちに発展の契機を有しているという法についての有機的な見方に基づいていたと言えるだろう。なお,パウンドについては,その法思想に批判的なわが国の最近の先行研究において,「パウンドが,時代の要求に応答する融通無碍な法を主張する一方で,コモン・ローの優位を説くという態度が,原理的にいかにして論理整合的に結びついているのか,主

要な著作を読んでみても判然としない」[金井 2006, 250頁注(21)]と指摘されているが，第2節でも検討したように，パウンドの社会学的法学が，コモン・ローに内在する共同体の価値を探求する試みとして解釈できるならば，パウンドの法思想の論理的整合性を示すことも可能である。

　コテレルは，裁判官が法を発展させる際の根拠を説明する試みは，司法の役割を道具主義的に捉えるか，法の有機的な性格の強調のいずれかに進むことになると整理していたが，そのようなコテレルの整理に従うならば，パウンドは，後者の典型であり，ドゥオーキンの法理論の原型としても捉えることができるであろう。また，ホームズの法思想については，1890年代以降，道具主義的な性格が顕著となり，「法の小路」で判決が反映する客観的価値を経済学に求めた場面では，現代の法と経済学との[宇佐美 2009, 8頁]、特権をめぐる裁判に関して裁判官による政策選択の不可避性を論じた場面では，現代のプラグマティズム法学との近さを指摘することができるだろう。その一方で，ルウェリンのリアリズム法学は，ホームズのラングデル批判の視座，書かれた法と訴訟における法の峻別といったパウンドの枠組みなどは継承しつつも，その出発点は，裁判官による法発展の原理の探求というよりも，そのような法過程の分析，記述にあった。その際，「法に携わるあらゆる現実的な人は，ルールが存在することのみならず，非常に有益で，実に重要であることを見なければならない」[Llewellyn cited in Twining 1973, p.491]とまで述べていたルウェリンのリアリズム法学を，裁判官の「勘」といった行動主義的な側面を強調するルール懐疑主義の一類型として捉えることは，必ずしも正確な理解ではないだろう。第3節で検討したように，ルウェリンの主眼は，判決はルールによってのみ決定されるのではなく，法律家の技巧も重要な役割を果たしているというコモン・ローの現実性＝リアリズムを記述することで，法の予測をより円滑にすることに置かれていたのであった。

　ところで，ルウェリンは，コモン・ローのルールの「現実と本質は，どこか，そこにある（out there somewhere）もの」[Llewellyn 1960, p.181]と述べた上で，コモン・ローのルールは，「ほとんどオートマティックと言えるときのものでさ

---

(19) 本章第1節で引用したように，ホームズは，法の合理的な研究は，将来，統計学，経済学に基づくようになると，社会科学の知見による判決にも言及しているが，現在の法と経済学も，「富の最大化」という基準によって，「法的判断の客観性を検証し，予見可能な法的結論を生み出すための一つの方法を提示する」[椎名 2010, 49頁]ものである。

え，非常に創造的に適用される」[ibid.]と指摘している。ルウェリンのこの指摘は，本書でコモン・ロー思想史を分析するために設定した「ルールか救済か」という論点と関連しているが，イギリスにおいても共有されていたものであり，例えば，オースティンも，第3章第1節で見たように，レイシオ・デシデンダイの現実を確定的な指針ではなく，原理が推測されるものとして捉えている [Austin 1879, p.651]。しかしながら，ルウェリンのリアリズム法学が，そのようなコモン・ローの救済を規制し，導く法律家の技巧の記述に向かったのとは対照的に，オースティンにおいては，成否は別として，そのような流動的なレイシオ・デシデンダイを，主権者の命令によって統合されたルールの体系に還元することに焦点が当てられていた。その際，両者の焦点の違いは，本章の冒頭で触れたような，法をとりまく社会的状況の違いから生じたものでもあろう[20]。しかしながら，本書のもう一つの論点，分析視座であった「コモン・ローと共同体の関係」について，オースティンとルウェリンのアプローチが全く異なるものであったという点にも，その主要な要因を求めることもできるであろうし，同様の視点から，オースティンとホームズ，パウンドを比較したり，あるいは，ハート，ドゥオーキンといった現代の英米のコモン・ロー理論も分析することができると考えている[21]。

　以上，本書では，「コモン・ローと共同体の関係」，「裁判官による法形成はいかにして正統化されるのか」，「理性か権威か」，「ルールか原理か」，「技術的理性（法律家の理性）か自然的理性か」，「ルールか救済か」，「コモン・ローとその発展を説明する枠組みはいかなるものか」，「コモン・ローの発展を導く原理の探求」といった論点，分析の視座に基づき，17世紀のクックから20世紀前半のルウェリンらに至るまでの，近代英米のコモン・ロー思想の展開を追ってきたが，終章では，そこから得られた知見から，現代の英米の法理論，コモン・ロー理論を検討したい。そこでは，ハートやJ・ラズ，そしてドゥオーキンなどの法理論を，英米それぞれのコモン・ロー思想史のコンテクストにおいて捉え直すとともに，特

---

(20) 同じように，英米の法制度の違いから，ハート，ドゥオーキンなど英米の法理論の性格の差異を説明する試みとして，Atiyah and Summers [1987] を参照。

(21) シャウアーは，ドゥオーキンが，*Riggs v. Palmer*（1889年）判決を，遺言法のルールだけでなく，原理，そして他の規範から成る「真実のルール（real rule）」に基づくものとして捉えていたと整理した上で，その約半世紀前に，ルウェリンの法理学も同様に，法的推論における「真実のルール」を探求する試みであったと指摘している。シャウアーによれば，そのような思考は，アメリカ法固有の伝統なのであった [Schauer 2011, p.27]。

にハートとドゥオーキンの法理論をある程度相対化することも試みたい。なお、その前に「補論」を設け、「法の支配」について、法思想史の観点からアプローチすることで、本論で検討できなかった公法、憲法の領域における、英米の法思想の対比も描いてみたい。

補　論
近代英米の法の支配に関する法思想史的考察

　英米法の文脈において，「法の支配（rule of law）」ほど，その重要性にもかかわらず，論争的な概念はないと思われる。現代における対立軸は，法の支配に関する形式的な考え方と実質的な考え方の間の論争にあり，法の支配を形式的な法律性と理解する前者とは対照的に，後者は，「法の支配における『法』が内容的に正しいもの，善きものでなければならないとする考え方」［深田 2006, 11頁］を提示している。この論争の興味深い点は，例えば，「イングランドは数世紀にわたって，不文の憲法を持ってきた。（中略）この憲法は，立法者たちに限界を課す法という意味において，成文のアメリカ合衆国憲法と同様の役割を果たした。（中略）法的諸原理を反映している私法の一体であるコモン・ローは，基本的な法的枠組みを確立した」［Tamanaha 2004, p.57.（　　）内は引用者］と論じたB・タマナハに対して，J・ゴールズワージーが，「イングランドは，アメリカ合衆国憲法と同様の役割を果たすような憲法は持ったことはなかった。（中略）クックのボナム医師事件における付随的意見は，ひょっとしたら彼が違った風に考えたことを示すものだけれども，それでさえ疑わしい。もし彼がそのように考えたとしても，彼は極めて少数派であり，後に考えを変えている」［Goldsworthy 2007, p.208.（　　）内は引用者］と指摘しているように，双方とも，イギリスにおける法の支配の歴史的なあり方に，自らの立論を基礎づける傾向があることである。同様な傾向は，わが国の憲法学においても散見され，例えば，佐藤幸治は，イギリスにおける法の支配の歴史の結晶とも言えるアルバート・ダイシーの「憲法の一般原則は，具体的な争訟における裁判所の判決の結果である」という定式に，コモン・ローの実体的な内容を読みこむことで，法治主義と区別される，「法原理部門としての裁判所」を軸とした法の支配の概念を構築している［愛敬 2005, 17頁；佐藤 2002, 33頁］。[1]

　現代の法理論，憲法における論争とのレレヴァンスを直截に追求するものでは

ないが，この補論の課題も，イギリス，そしてアメリカの近代における法の支配をめぐる思想，哲学に関する歴史的考察にある。そして，その際のアプローチは，クック，ヘイル，ブラックストーン，そしてマーシャル，ベンサム，オースティン，ダイシーの法思想を中心に，17世紀前後から19世紀後半にかけての近代英米の法の支配の枠組み，それを支える法思想を「通史的に」分析するものである。第1節では，まず，イギリスにおける国王大権（prerogative）と法の支配との関係を通史的に考察していくが，それにより，「コモン・ロー立憲主義（Common Law Constitutionalism）」の多様性を示すことができると思われる。冒頭で引用したタマナハ，あるいは，クックとジョン・セルデンのコモン・ローについての歴史理論に関するG・バージェスの研究［Burgess 1992, p.58］などは，イギリスにおける法の支配の枠組みを単純化する傾向を示すものである。従来見られたこのような傾向に抗して，最近の英米の研究には，特に，国王大権を法の支配に服せしめるクックとヘイルの企ての違いを明らかにするものなども出てきているが，第1節では，そのような英米の先行研究を参考にして，コモン・ロー立憲主義の多様性を示すことを試みたい。

　国王大権との関係とは違い，整合的な説明が困難である国会主権と法の支配の関係については，むしろ，国会主権の至高性をイギリス法思想に一貫した特徴として捉える研究が有力である。第1節では，このような潮流と同様に，イギリスの法思想における国会主権の原則の基底性も強調するつもりではあるが，その際は，クックの *Bonham's Case*（ボナム医師事件）の解釈が問題になってくる。もちろん，クックの法思想は多様な解釈を許すものであるが，ヘイルやブラックストーンと同様に，クックの法思想においても国会主権の原則が，その字義通りのものであったことの合理的な説明は可能である。

　第1節の最後では，ブラックストーンにまで受け継がれたイギリスの国会主権の原則が，アメリカ独立革命期において克服されていった過程を素描することで，第2節で検討する19世紀以降の英米の法の支配の概念の差異の原点が，アメリカ独立革命期に見い出せることを示したい。その第2節では，違憲審査制の確立に

---

(1)　わが国における法の支配をめぐる論争に関しては，渡辺［2007］を参照。
(2)　Parliamentを「国会」と訳すのか，「議会」と訳すのかは困難な問題ではあるが，イギリスの国王，貴族院，庶民院の三者により構成されるものに，「国会」という訳語を当てている。

具体的に表れたマーシャルの法の支配の考え方を自然法思想や共和主義思想と結びつけて素描するが，それとは対照的なものとして，イギリスのオースティンやダイシーにおける法の支配の考え方も跡づけるつもりである。

　この補論で明らかにする法の支配に関する英米の考え方の対照，対立は，冒頭でも少し触れた，法の支配に関する実質的な見方と形式的な法律性という現代の論争にも反映されていると思われるが，そのような対立は，本編で検討した，英米それぞれのコモン・ローについての考え方の違いに由来していると言えるだろう。イギリスの法実証主義的コモン・ロー思想の特徴は，「法の支配」の概念を軸として，アメリカの法思想と比較しても明確になると思われる。「実定的な」イギリスの法の支配概念と，共同体の価値，政治哲学に基づくアメリカの法の支配という対比も可能であろう。

第1節　イギリスにおける法の支配と国王大権，国会主権

（1）　コモン・ローと国王大権

　エドワード・クック（Sir Edward Coke, 1552-1634）の死後の1656年に出版された『判例集（The Reports）』の第12巻には，第1章第1節でも引用したが，「陛下が，神によって卓越した知識と偉大な天性の才能を与えられているのは事実であるが，陛下は，イングランドという彼の王国の法や，臣民の生活，相続不動産，あるいは動産，富に関する根拠を習得されているわけではない。それらは，自然的理性ではなく，技術的理性と法の判断によって解決されなければならない」[Coke 2003, vol.1, p.481]との記述がある。ジェームズ1世は，自然法と神による国王大権の制約は認めていたが，国家法による制約は認めていなかったので，クックのこの言葉に激怒し，反逆罪を示唆したが，それに対するクックの応答として，「国王はいかなる人の下にもあるべきではないが，神と法の下にはあるべきである」[ibid.]という周知のブラックトンの言葉が明示的に引用されているように，クックの法の支配の思想は国王大権の規制原理としてまず捉えるべきである。

　クックが，1628年に出版された『イングランド法提要（Institutes of the Lawes of England）』の第1巻において，トマス・リトルトンによって国王大権がほとんど論じられていないことを嘆き，リトルトンの時代（15世紀）以降も国王大権に関する法が発展しなかったことが指摘されていたように[Yale 1976, p.xlv]，17世

紀前半のイギリスにおいては，国王大権に関する法には曖昧さが残っており，憲法論争で引き裂かれることになる。その際，派生する権威はオリジナルなものよりも劣っているという観点から，ライバル関係にあったイデオロギーの主張者たちは，君主制，コモン・ローも含めてどの制度が最も古いのかという論争に巻き込まれることになるが [Goldsworthy 2007, p.222]，イギリスの土地は，ローマ人，サクソン人などによって支配されてきたにもかかわらず，「これらのいくつかの国家，そして彼らの国王のすべての時代において，この王国は，現在それが統治されているものと全く同じ慣習によって，絶えず統治されてきた」[Coke 2003, vol. 1, p.150] というクックの「古来の国制（Ancient Constitution）」論も，そのようなコンテクストにおいて提示されたものである。

　もちろん，クックにおいて，すべての古来の実践が法的な拘束力を持つと考えられたわけではなく，理性によって支えられていることが必要であった。そして，その理性は，前述の引用とも重なるが，クックによって，「すべての人の自然的理性ではなく，長年の研究，観察，経験によって得られる」[Coke 2003, vol. 2, p.701] 技術的理性として捉えられている。コモン・ローのエッセンスは，コモン・ローの論理を定式化，明文化した格率（maxim）を用いた法的推論にあり，その法源は裁判官の思考のあり方の中に見い出されると考えたクックにとって，法の理性は，深遠な技巧（esoteric craft）に基づくものであったと言えよう [Cromartie 1995, p.101]。このような法専門職，すなわち，「数え切れないほどの，威厳があり学識のある人々によって，何世代もの積重ねにわたって，洗練かつ精錬されてきた」[Coke 2003, vol. 2, p.701] が故に，コモン・ローは，最高の理性であり，至上の権威を持つとクックは論じ，たとえ国王のものであっても，自然的理性は受けつけない技巧，技術（art）であるというコモン・ロー観に依拠しながら，国王大権に挑戦したのであった。

　クックと同時代のトマス・ヘドリィは，コモン・ローの根本的な格率として，臣民は，自らの同意なくして，財産を奪われることもなく，新しい法によって拘束されることもないといった格率を挙げていたが，1621年には，クックによって自由貿易がコモン・ローの格率と宣言され，また，1628年までには理由なしの拘禁がコモン・ローの格率によって禁じられていると広く論じられるようになる [Sommerville 1999, p.90]。クック，ヘドリィなどのプロパティ論については，わが国の先行研究において詳細な検討がなされているので [土井 2006, 344頁以下]，

ここではむしろ、クックの議論の「ぶれ」に注目してみたい。

バージェスによると、クックは、例えば、一定の輸入品に対して、議会の同意なく付加的に関税を課すことを国王大権の正しい行使であると認めた *Bate's Case* (1606年) の判決にも、1610年までは賛意を示していたとされている [Burgess 1996, p.202]。また、議会の同意のない国王への強制的な貸付 (forced loan) の支払いを拒否したとして拘禁された5人のスクワイアをめぐる、1627年の *Five Knights' Case* に関して、起訴内容を特定することなく拘禁するように命じたその際の国王の命令を違法であると論じたクックであったが、エリザベス期には、そのような拘禁は一般的であったし [Brooks 2008, p.169]、クック自身も、枢密顧問官 (Privy Councillor) であった時には、法的な理由なしに拘禁する国王の残余の権利を認めていた [Reid 2004, p.85]。この点に関して、バージェスは、権利請願が成立した1628年においては、クックのコモン・ローの前提が激化した (intensified) のであって、国王大権は法の一部であり、その範囲は法によって限定されているというクックの基本的な見解には変化がなかったと指摘している [Burgess 1996, p.204]。しかしながら、一般的な政府の権限は国王の大権であり、その国王大権は、臣民の私的利益に対置される国家全体の利益を反映するもので、課税措置なども正当化されるという国王派の議論に対しては、技術的理性に基づくクックの立論が危ういものであったことも、クック自身の「ぶれ」は示しているのではないかとも考えられる。国王大権の擁護論は、周知の、「理性ではなく権威が法を創る」という観点から、権威＝国王の自然的理性に法を基礎づけたトマス・ホッブズに拠るものだけでなく、例えば、上述の *Bate's Case* を裁いたトマス・フレミングは、国王大権の根拠は、法書から引き出されるのではなく、政策の理性 (reason of policy) にあると論じていたが [Cromartie 1995, p.31]、同じく専門職の理性に訴えるクックの立場からは、このような議論に反論することは難しい。さらに付け加えると、クックのコモン・ローの古来性の議論に対しては、戦争、恩赦の付与、外国との貿易に対する課税といった国王大権は、王権の歴史と同じだけの歴史を持つとしたジョン・デイヴィスの議論などが対置されていた [Lobban 2007a, p.48]。このように脆弱であったクックの技術的理性、コモン・ローの古来性による枠組みに代わり、国王と臣民の間の契約という基礎によって国王大権を制限するコモン・ロー立憲主義を提唱したのが、ヘイルである。

クックと同様にコモン・ロー法律家であったマシュー・ヘイル (Sir Matthew

Hale, 1609-1676) による法の支配に関する議論の特徴は，正確には辿ることのできない政体の歴史的起源ではなく，長年にわたって確立されてきた憲法的規準に焦点を合わせたことであった。ヘイルの国王大権についての議論は，ホッブズの『イングランドのコモン・ローをめぐる哲学者と法学徒との対話（*A Dialogue between a Philosopher and a Student, of the Common Laws of England*)』の草稿を批判的に検討したものにおいて要約されているが，そこでヘイルは，「統治者と被治者の間の同意によって最初に決定された時の原初の政体」が，「統治者と被統治者の間の譲歩や相互の合意」による「協定や譲歩の文言や趣旨に従って様々に変更された」[Hale 1966, p.507] 結果において，イギリスにおける憲法を見い出すことができると述べている。制定法やマグナ・カルタ，あるいは，君主と人民双方の黙示の服従と同意を示す長期にわたる慣習や慣例，コモン・ローによって，例えば，王権の一部を人民と分かち合うといった協定が明らかにされるのであり，イギリスの憲法典の規定も見い出されるとヘイルは考えていたのであった。具体的には，ヘイルは，講和と宣戦布告，恩赦を与えること，通貨の管理などを国王の専権とし，立法権についても，「立法権は，国王にあり，したがって，彼のみが，この王国の臣民を義務づける法を創ることができる」と述べているが，その上で，「その権力には，一定の正規の手続と限定がある。すなわち，議会の両院の助言と承認によらなければならず，それがなければいかなる法も創られえない」[*ibid.*, p.508] とした憲法的規準があるとして，国王の専権のみに基づく布令（proclamation）は，一般的に適用される法たりえないと論じている。

　ヘイルの法の支配の議論は，いわば法実証主義的なものであり，熟達した法律家たちの技術的理性に見い出される「理念」としてコモン・ローを捉えていたクックのものとは対照的であったが，その相違は，A・クロマティの研究に依拠して，法律の適用免除（dispensation）に関する両者の見解を比較することで明確になると思われる。まず，クックに関して言うと，コモン・ローの法源として，格率の他にも便宜（convenience）に関する推論も含まれていたように，公共の利益（*pro bono publico*）の観点から論じられている。クックの技術的理性は政策的考慮も含みうる柔軟なものであり，トランプ札の輸入を禁止した法律の適用免除を国王が試みた際にも，当該法律はイギリス国内の貧しいトランプ業者の生活を維持するために制定されたのであって，適用免除を認めれば，彼らの仕事を破壊するだろうとして，公共の利益に関する裁判官の信念に依拠した判決を下している。

ただ,すべての法律は,公共の利益を目指すものとして捉えられうるため,クックの議論は,明確な基準を提供するとは言い難いものであった。一方で,ヘイルも,1674年の *Thomas v. Sorrell* において,許可(licence)なしにワインを売ることを禁止,処罰した法律の適用免除が国王大権に含まれるか否かという同様な論点を扱っている。その際,ヘイルは,公共の利益の概念にたよったクック流の推論を排して,独占(monopoly)に関する11の先例に依拠している。すなわち,それらの先例によれば,法律の適用免除とは,定義上,特定の状況に限定されているものであるが,ここでの国王の行為は,特にそのような限定をつけずに刑法の適用を緩和しているため,むしろ許可に等しいのであった。そして,その許可は国会のみが与えることができるとして,イギリスの「知られた法(known laws)」に基づいた議論を展開している [Cromartie 1995, pp.126-31]。

国王大権についてのヘイルの議論の特徴は,さらに,国王が憲法的規定に違反した場合の法規制のあり方についても明確に規定したことである。その詳細は,1661年以降に執筆された『国王大権(*The Prerogatives of the King*)』において披瀝されているが,まず,ヘイルは,イギリスにおける法の効果を,強制的権能(*potestas coercens or coactiva*),指令的権能(*potestas directiva*),無効的権能(*potestas irritans actus contrarios*)の三つに分類している。そのうち,法の指令的権能に関しては,国王は,彼の職務(office),そして「法にしたがって統治する」という戴冠の際の誓いによって拘束されており,「彼は,彼の失政,そして信託と誓いの違背について,良心において,そして彼が唯一責任を持つ神の前において義務づけられている」。ただ,「国王は,彼の人格の神聖さと崇高さのために,法の指令的権能に反するような行為の場合においても,法の強制的権能に服することはな」(Hale 1976, p.15)いともヘイルは述べているが,いわば道徳的制裁のみに頼るならば,ヘイルにおける法の支配は不十分なものにも思われる。その点を補完するのが,法の無効的権能であった。すなわち,「国王は悪をなしえず(the king can do no wrong)」というコモン・ローの格率から,国王がかかわっていた行為であっても,それが,「不正であり,法に反しているならば,それは,国王の行為ではなく,それを実行に移した大臣か機関(instrument)の行為である」ため,「そのよ

---

(3) C・ブルックスは,すでにエリザベス期において,実定法の制約を受けていない政府を専制主義者(absolutist)と捉える言説があったことを強調している [Brooks 2008, p.140]。

うな不法な事柄の直接の行為者である機関や大臣は，法の強制的権能に服する」[*ibid.*] と考えられたのである。

このように，法的制裁も含めた明確な憲法的規準に訴えて国王大権を法の支配に服させしめようとしたのが，ヘイルのコモン・ロー立憲主義であり，イギリス人のコモン・ロー上の権利が確認された1628年の権利請願の後では特に有効なものに思われるが，1637年の *The Ship Money Case* はそのようなアプローチの限界を露わにするものであった。そこでは，制海権を維持するために沿岸部の人々のみに課税されていた船舶税を，国王が国家の緊急事態と判断した際は，内陸部の人々も含めたイギリス全体を対象としたことが問題になっていたが，その後，そもそも緊急事態とは何か，緊急事態の有無を判断するのは誰なのかという点が主要な争点になっていく [Brooks 2008, p.201, 204]。コモン・ローは，その問題に関して具体的な憲法的規準を提供できなかったのであるが [Lobban 2007a, p.51]，この緊急事態の判断の問題は，1641年には，アイルランドの暴動に対して，国王の同意なしに，議会が単独で軍を召集する軍事的命令（militia ordinance）を制定できるのかといった問題へと激化していく。その際，セルデンなどは，国王の同意が必要な制定法ではなく，議会のみの命令によって軍隊を召集することは，国王大権と同様，人々の財産を侵害することにつながると反対していたが [Brooks 2008, pp.236-37]，一方で，ヘンリー・パーカー（Henry Parker, 1604-1652）は，1640年の「船舶税事件についての小論（The Case of Ship-Money Briefly Discoursed）」において，国王大権に関する「論争においては，国王自身の胸中に訴えるよりも，書かれた法に訴える方がより公正である」としつつも，「すべての人間の法の中で最高のものは人民の福祉（*salus populi*）であり，この法に対して，すべての法はほぼ屈服する」[Parker 1640, p.5, 7] と述べており，ヘイル的なものからの離反は，明白である。さらに，1642年には，「目的が手段よりも優先されるべきであるように，人々の安全は，彼（国王）のいかなる権利よりも尊重されるべきである」[Parker 1642, p.8.（　　）内は引用者] とする政治哲学的な議論によって，庶民院の立場を擁護した。

王政復古の後の1660年代に国王大権は復活し，周知の通り，名誉革命時の1689年の権利章典で大幅に修正，制限されることになったが，18世紀のウィリアム・ブラックストーン（Sir William Blackstone, 1723-1780）は，パーカーの議論，あるいはジョン・ロックの自然権論ではなく，コモン・ロー立憲主義の枠組みに基

づいて名誉革命を説明している。すなわち，名誉革命がロックの議論に基づいていたならば，「それは，社会をほぼ自然状態に還元し，特権，身分，官職そして財産におけるすべての差異を平準化し，主権権力を無効にし，結果的にすべての実定法を廃止していただろう」が，実際は，名誉革命は，「政府の放棄 (abdication) とその結果としての王位の空白に過ぎないもの」と捉えられ，「ジェームズ国王はもはや国王ではなかったけれども，君主制の機能は残り，行政官はいなくなったけれども政府は残存することを許された」[Blackstone 1979, vol.1, p.206] のであった。結局，ブラックストーンによれば，17世紀の内乱後は，「国王大権と自由の境界線がよりよく定められ」，「臣民の権利が，法的規定によってより明白に守られた」[ibid.] のであって，ヘイルにおける法の無効的権能の議論と同様に，「国王は，邪悪な助言者の助言と不正な大臣の助力なくしては，彼の権力を誤用できないため，それらの人々 (大臣や助言者) が審問され，罰せられる」[ibid., p.237.（　）内は引用者] ことで，法の支配は維持されると論じられている。

　M・ロバーンによれば，18世紀のイギリスの法実務においても，国王が議会を無視したり，法律の不法な適用免除を試みようとした際には，ヘイルやブラックストーンに見られるような法的な言語に基づいた憲法的な議論がなされていたが，一方，国会主権の原則に対しては，法的な言語でそれに対抗することは非常に困難なものとして捉えられていた [Lobban 2005, p.39]。国王大権の規制原理には，技術的な理性に基づいたクック，実定的な憲法的規準に依拠したヘイル，ブラックストーン，さらには政治哲学からのパーカーの議論など多様な展開があったが，一方で，国会の立法主権の無制約性は，クック，ヘイル，ブラックストーンなどのコモン・ロー法律家において一貫した理解であったことを，次に確認したい。

(2) クックの「ボナム医師事件」とヘイル，ブラックストーンの法の支配

　イギリスにおける国会主権の原則と法の支配の関係を考える上で避けて通ることができないのが，クックによって裁かれた1610年の *Bonham's Case* である。そこでクックは，医師資格に関して王立医科大学 (The Royal College of Physicians) による審判，科料収納を認めた王立医科大学設置法に関して，「国会の法律が，共通の正しさと理性に反するか，矛盾を含んでいるか，あるいは執行することが不可能な場合，コモン・ローは，それをコントロールし，そのような法律が無効であると判決する」[Coke 2003, vol.1, p.275] と述べている。*Bonham's Case* には複

数の解釈の余地があるが,バージェスの整理によると,ここでのクックの議論は自然法論の用語で捉えられなくてはならないとするもの,クックの判決をアメリカの違憲審査と同様なものとして捉えるもの,そして,制定法の厳格な解釈の議論と見なすものの三つに収斂する [Burgess 1996, pp.182-83]。以下においては,近年における英米の研究を参考にして,クックの「共通の正しさと理性 (Common right and reason)」と「そのような法律が無効であると判決する (adjudge such Act to be void)」という言明に焦点を当てて検討したい。

まず,「共通の正しさと理性」を自然法と結びつける解釈として,クックに代表されるコモン・ロー法律家の間では,制定法はその拘束力においてコモン・ローの基本的規範,自然法,神法に劣っており,前者によって後三者を変更できるとは考えられていなかったとする解釈がある [Sommerville 1999, p.94]。これに対しては,以下にも触れるように,*Bonham's Case* 直後の判例報告 (*The Case of the City of London*) で,クックが,「共通の正しさ (common right)」を「コモン・ローのルール (the rule of the common law)」と同義のものとして用いていること,また,バージェスによって指摘されているように,16, 17世紀のイギリスの法律家の間では,「共通の理性 (common reason)」がコモン・ローの同義語として用いられていたことを反証として挙げることができる [Burgess 1996, p.183]。さらに,前項で検討したクックの自然的理性に対するスタンス,あるいはそれと関連するが,大法官エルズミアとの周知の論争において,コモン・ロー裁判所の最終的な判決が出た事件に関する大法官裁判所の上訴管轄権を否定したクックの企図からも,クックの「共通の正しさと理性」を自然法の用語として捉えることは難しい。その論争において,エルズミアの支持者たちは,自然法と理性はいかなる国家法も凌駕するものであり,またいかなる国家法も永遠に正しく,国家に有益であることはないので,正義の源泉である国王による救済が必要だとまで論じていたが [Brooks 2008, p.149],クックによれば,コモン・ロー自体が理性的なものであるため,さらなる上訴,エクイティによる救済は必要ないのであった。専門職によって導かれることのない自然的理性は,クックのつねなる敵であった [Cromartie 1995, p.21]。

一方,ここでのクックの法律の無効は,司法審査と結びつけるよりも制定法の解釈として,すなわち,制定法を完全に無効にすることではなく,当該事件の当該争点に関しては適用できないということを意味していたと考える方が適切であ

る。この点については，*Bonham's Case* の直後の *The Case of the City of London*（1610年）において，クックが，「ロンドンには，共通の正しさ，コモン・ローのルールに反する慣習がいくつかあるが，（中略）それらは慣習の力を持つだけでなく，国会の権威によって支持され，強化されている」[Coke 1610, p.664.（　）内は引用者]と国会の優位を確認していることが参考になる。しかしながら，バージェスは同時に，クックの法律の無効は，広い意味での解釈だけでなく，制定法にその本来の意味以上のものを持たせる広範な司法の権限を含意していた論じ，司法審査に近いものとして *Bonham's Case* を捉えている [Burgess 1996, p.193]。その際，『イングランド法提要』において，クックが，法律案（bill）による手続で立法する「国会の権力と管轄権については，その要因についてであれ，人についてであれ，何らかの境界の中に制限されえないほど，超越しており絶対的なものである」[Coke 2003, vol.2, p.1133]と言明していることとの矛盾が問題になるが，バージェスは，クックにおける制定法は，各々の事例に対する判決のように捉えられていたとも論じている。そして，そのような「判決」は，通常の裁判所で適用される際にコモン・ロー裁判官のコントロールを受けるため，コモン・ローの基本的な部分は侵害されないと，クックは考えていたと論じられている [Burgess 1996, p.193]。

　ただ，クックの時代までに，すでに何世紀にもわたって，コモン・ローに反するような制定法が創られていることをコモン・ロー法律家も認めており，クック自身も，自らの判決の中で，制定法の役割を，コモン・ローを修正し，要約し，説明することであると述べていたことにも留意する必要があると思われる [Tubbs 2000, p.157]。そのようなイギリス法のコンテクストとより整合的な *Bonham's Case* の解釈を示しているのが，次に見るI・ウィリアムズのクック解釈である。

　ウィリアムズはまず，16世紀の法曹学院の模擬法廷において，土地の譲与を定める法律で，土地の譲受人がその土地から利益を得ることを禁止するものが，無効となる国会制定法の例として挙げられていたことに注目している。そして，コモン・ロー，イギリス法の土地保有態様では，土地は必ず誰かに帰属する必要があり，土地の譲与は，その土地の利益に対する権利を与えていたため，当該の制定法は無意味であり，無効である（void）と論じられていたことを指摘している [Williams 2006, p.118]。また，ウィリアムズによれば，*Bonham's Case* で問題になっ

た裁判権の譲与にも，中世以来のコモン・ローの解釈のルールがあり，特権的な裁判権の譲与は，自らの訴訟の裁判権までは譲与していないと解釈されていて，そのような訴訟の裁判権の譲与は，*licet fuerit pars* という条項が伴い，さらに，第三者による裁判であって初めて有効となると解釈されていたのであった [*ibid.*, p.119]。ウィリアムズは，以上の解釈のルールが適用された *The Chancellor of Oxford's Case* が，*Bonham's Case* においても引用されていることを強調しているが，クックが，その判例報告において法律を無効とする権限を正当化するために引用しているその他の判例も，令状や，公印についての制定法の矛盾に関するものであり，上述のバージェスによって指摘されていたような，コモン・ローを基本法とする観点は見い出しにくい。*Bonham's Case* でも扱われた裁判権は，財産権の一種と捉えられていて，その判例報告で引用された事例も財産法に関するものであったが，上述の土地の譲与など，財産にかかわる一般的な文書がコモン・ローの解釈ルールから無効にされたのと同様に，ここでの法律の無効とは，当該制定法をコモン・ローのルールでは解釈することが不可能であり，それを適用できないことを意味していたに過ぎないというのがウィリアムズの論旨である [*ibid.*, p.124]。以上のように，*Bonham's Case* の論点が制定法の解釈であったとするならば，すでに触れた『イングランド法提要』における国会の立法権の無制約性の記述も矛盾なく説明できるが，コモン・ローの用語で理解されうるのなら，国会はコモン・ローを変更することもできたのであり，クックの目的も，国会が干渉できないイギリス法の聖域を示すことではなかったことになる [*ibid.*, p.118, 124]。

クックは，制定法を判決と見なしていたというバージェスの議論については，もちろん，わが国の先行研究においても示されているように，特に，国王大権を規制するという側面において，クックが議会を裁判所として捉えていたことは否定できない [土井 2006, 270-71頁]。また，1640年代前半に，コモン・ロー法律家たちは，議会を最高裁判所と捉えることで，国王は法律に対しては拒否権を行使することはできるが，判決に対しては拒否権を行使できないと論じることができた。しかしながら，クロマティが指摘しているように，次の世代のヘイルにおいては，法の審議体 (legal council) である裁判所と庶民の審議体 (common coun-

---

(4) 例えば，*Tregor's Case* も，制定法が，"Common Law and right" に反することが，高次法の適用ではなく，「それらを創った人でさえ，執行することはないだろう」[Coke 2003, vol.1, p.276] という制定法の矛盾を示している例として取り上げられている。

cil) である議会の役割は明確に区別されるようになり，議会の裁判権も，その構成員に対するものに限定されるようになるか，貴族院の専権となっていく[Cromartie 1995, pp.54-55]。また，前項でも検討したように，クックの技術的理性は政策的考慮も含みうる柔軟なものであって，客観的に見れば，法と政治，裁判と立法の境界線は曖昧なものであったが，一方でヘイルは，立法機能と裁判機能の区別を明確にしている。『貴族院，あるいは国会の裁判権——古来の記録による考察（*The Jurisdiction of the Lords House, or Parliament : Considered According to Antient Records*）』においても，適用すべき法がないならば，裁判所としての「貴族院は，そのような事例において，裁判権も救済する権能もない。なぜなら，そうすることは，すべての立法の権能を貴族院に渡すことになるからである」とした上で，「そのような場合には，当の事例を包摂することができる新しい一般的な法を創るために，（中略）国会全体が頼られることになる」[Hale 1796, p.109.（　　）内は引用者]とヘイルは論じていた。

　ところで，ウィリアムズは，クックと，*Bonham's Case* を批判したエルズミアとの論争は，コモン・ローの伝統を受け継ぎ，制定法と他の法律文書を同様に扱って，法律文書を解釈する既存のルールを制定法にも適用しようとしたクックと，制定法はその他の法律文書とは区別すべきで，そこでは立法者の意思が優先されるとしたエルズミアの間の，解釈についての新旧の概念の違いに由来していたと論じている [Williams 2006, p.126]。興味深いのは，ウィリアムズの整理を裏づけるかのように，18世紀のブラックストーンが，裁判権を譲与する制定法を例として挙げながら，エルズミアに同調する形で制定法の解釈ルールを提示していることである。ブラックストーンの『イングランド法釈義（*Commentaries on the Laws of England*）』の第1巻においては，制定法を解釈する10番目のルールとして，「実行されることが不可能な国会の法律は妥当性を持たない」というものが挙げられているが，それには，「もし国会が不合理なことがなされるべきであると，明確に制定するならば，私はそれをコントロールできるいかなる権力も知らない」[Blackstone 1979, vol.1, p.91] という留保がつけられている。すなわち，より具体的には，「ある人が，他の人々の訴訟と同様に，彼自身の訴訟も審理すべきであると国会が制定することができると私たちが考え，それが立法者の意図であったかどうか疑いの余地がないほど明白ではっきりとした言葉で表現されているとき，その立法府の意図を覆す権力を持った裁判所はない」[*ibid*.] と論じられているの

である。18世紀後半，19世紀のベンサムやオースティンではなく，ブラックストーンの，国会には「すべての政府にどこかに存在していなければならない絶対的で専制的な権力が，憲法によってゆだねられている」[ibid., p.156] という言明に，すでに立法の至高性は確立されていたのであった。

　以上，本項では，クックにおいてすでに顕著であった国会主権の原則，立法の至高性が，ヘイル，ブラックストーンにおいて純化，徹底されたという視座の提示を試みてきた。もちろん，わが国の先行研究においても強調されているように，前期ステュアート期において，国会はコモン・ローによって権力を与えられているとの観点から，立法に対するコモン・ローの優位を説くヘドリィによる言説などがあったことは否定できないが [土井 2006, 259-61頁]。法実践に目を向けてみると，イギリス法史上，制定法が無効と判示されたのは *Bonham's Case* を含めてわずかであり，それらは自らの訴訟に対する裁判権の譲与に関するものであって，制定法の解釈という枠組みで説明できるものである。コモン・ロー，法の支配は立法には及ぶものではなかったとの一般化も十分に可能であると思われるが，本節の最後に，アメリカ独立革命期のアメリカ側の言説の変遷を手がかりとして，アメリカの法の支配概念の特徴を，ブラックストーンに至るまでのイギリスの法の支配と対比的に示したい。

（3）　イギリスの国会主権の原則とアメリカ独立革命

　トマス・ジェファーソンは，アメリカ独立宣言が採択された1776年を，イギリスにおける1688年に喩えているが，イギリスの名誉革命が国王大権に対する勝利であったのに対して，アメリカ独立への道筋は，イギリスの国会主権の原則をいかに克服するかの試行錯誤の過程であったと位置づけることができる。そして，それは，法的言語から政治的言語へと重点が移っていった過程でもあった[Lobban 2007a, pp.123-30]。

　アメリカ植民地における権利の侵害が明白に意識されるようになったのは，イギリスがアメリカの直接税の徴収に踏み切った1765年の印紙税法（Stamp Act）

---

(5)　*Bonham's Case* の他には，*Day v. Savadge*（1615年），*The City of London v. Wood*（1702年）などである [Lobban 2007a, p.46]。なお，後者では，明白な矛盾，適用の不可能性のみが制定法の無効の根拠とされ，*Bonham's Case* の性質を論争的なものにした "common right and reason" という観点は消えている [Allison 2007, p.152]。

の前後である。印紙税法は翌年，宣言法（Declaratory Act）によって撤回されるが，ただ，その宣言法は，イギリス議会によるアメリカ植民地への立法権を宣言したもので，象徴的な意味合いを持つようになった。このような状況において，植民地側は，ジェームズ・オーティスに代表されるように，コモン・ロー上の権利はアメリカ植民地のイギリス人にも保証されているのであり，彼ら自身，あるいは代表者の同意なしに，税金は課されるべきではないと論じていたが，イギリス本国において，「同意」は，観念的代表（virtual representation）によって説明されており，コモン・ロー上の権利によって反論することは，法的には困難であった〔Lobban 2005, pp.53-54〕。

ボストン茶会事件を受けて1774年に制定された耐えがたい諸法（Intolerable Acts）により，ボストンの港が閉鎖され，マサセーチュッツの統治構造が一方的に変更されるなど，イギリス議会による弾圧がエスカレートする。その前後の植民地側の法的な議論の一つとして，植民地とイギリスは同じ国王によって統治される別々の国であり，植民地についての国王の特許状（charter）も，植民地に対する議会の権限を認めていなかったと論じられた。しかしながら，イギリス側からは，植民地の特許状は特権都市の特許状と同じく議会の管轄に属するとの反論が可能であり〔Lobban 2007a, p.128〕，アメリカ側のコモン・ローに基づく議論，法的議論のための資源は尽きていく。その後，法的な言語から政治的な言語に重点が移っていったのであり，ジョン・アダムズによって論じられたように，ロックやジェームズ・ハリントンの原理，すなわち，「私たちの政府のすべてが現在拠って立っている，自然と永遠の理性の原理」〔Adams 1856, p.12〕によって，アメリカは独立に突き進んでいったのであった。

アメリカ独立革命期においても，イギリスの法の支配の対象は，国王大権の恣意的な統治にあって，観念的代表によって人々の同意に基づいているとされた立法の内容には及ぶものではなかった。そして，そのような「法的なもの」を乗り越えるために，アダムズ，あるいは，独立宣言を起草したジェファーソンは政治哲学に訴えたのである。イギリスにおける法の支配における「法」は，ヘイル，ブラックストーンを経て，より形式的なものへと変わっていったのであり，アメリカ独立革命の過程が，国会の制定した法の内容，実質にまでイギリスの法の支配が及ばなかったことに対する抵抗であったことを考慮すると，実質的な法の支配をイギリス，イギリス法史に結びつけるこの補論冒頭のタマナハの理解は妥当

しないことになるし,独立革命によって,イギリスのものとは区別されるアメリカ独自の法の支配概念が誕生したとも整理できるだろう。

第2節 二つの法の支配概念とイギリス,アメリカ

(1) マーシャルによる違憲審査制の確立

　アメリカの法の支配の原則は,ジョン・マーシャル (John Marshall, 1755-1835) による違憲審査制の確立によって,より明確な形を与えられることになる。わが国の先行研究によれば,従来のマーシャル・コートの研究は,そこにおける中央集権主義,連邦派主義,首席裁判官支配,私有財産権重視といった観点に焦点が当てられ,マーシャルの党派性を賞賛,あるいは批判するものが主流であったが,近年の英米では,むしろマーシャル・コートは非党派性を有しており,独立かつ専門的な「法の碩学 (legal savant)」の現れとして捉えるべきとする共和主義研究からの解釈が注目されている [原口 2008, 456-59頁]。ここでは,イギリスの法の支配概念の形式性との対照を明らかにするために,マーシャル・コートにおける政治哲学の役割に焦点を当てたい。

　ロバーンは,マーシャルが,司法審査を連邦政府に確立する際,すでに法実証主義的なコモン・ロー観が定着していたイギリスの法学,コモン・ロー伝統に参考にできるものはなく,政治哲学,自然法に訴えてイギリスの確立された憲法準則を乗り越えた独立革命期の言説を引き継いでいると指摘している [Lobban 2007a, p.145]。その際,法実証主義的な法思想が根づかなかった要因として,独立当初のアメリカ法が置かれた二つの状況を挙げることができるだろう。法源の多様性から,法実証主義的なものよりも,裁判官の裁量を広く認めるマンスフィールドに近い推論がなされていたことと,独立革命前後の議会制定法の性質である。

　本書の第2章でも示したように,18世紀イギリスのマンスフィールドは,コモン・ローの原理とそれを例示する個々の判決を区別し,幅広い裁量を行使してコモン・ローの近代化に努めたが,マーシャルは,マンスフィールドを実質的な正義を実現した歴史上最も偉大な判事であると評している [Hobson 1996, p.37]。独立革命前後に,例えば,マーシャルが上訴裁判所で弁護士を務めていたヴァージニア州では,裁判官たちは,イギリスのコモン・ローや制定法,植民地時代の制定法,独立後の州の制定法や判例といった多様な法源に直面していた。[6] その際,

マーシャルらアメリカの法律家たちが，個々の先例やルールよりも法的原理を重視し，目前の事例に適用できる法が何かについて裁判官の広い裁量を認めていたマンスフィールドを評価したのは自然なことであった [*ibid.*, pp.34-36]。

一方で，例えばジェファーソンがマンスフィールドを批判していたように，独立革命期には，裁判官の適切な役割についての議論が盛んであり，実際，ジェファーソンは，裁判官の裁量を制限するために，ヴァージニア州で，コモン・ローとエクイティの多くを制定法の形式とすることを試みている [*ibid.*, p.37]。ジェファーソンは，法典を導入し，それによって，裁判官の裁量にたよることなく，人々の同意に基づくとともに合理的で正義に適う法を実現することを目指していたのであった。しかしながら，ジェファーソンの法典は，包括的に採用されることはなく，結果的に，新たな裁量が必要となる状況を生み出すことになった。漸進的な方法で新たな法律が導入されたため，従来の法源の多様性に加えて，さらなる複雑さ，混乱，そして矛盾が生み出され，また，不正な制定法が創られることもあり，今まで以上に裁判官の裁量が必要とされるようになったのである [*ibid.*, pp.37-39]。

マーシャルは，1801年に連邦最高裁の首席判事に就任し，イギリスのものとは対照的な，実質的な法の支配を打ち立てていくことになるが，それまでには，以上の背景から，幅広い裁量を行使して，多様な法源から法を見い出す，あるいは先例やルールではなく，原理や理由づけに法を見い出すという，独立革命前後のアメリカの裁判官の推論の特徴を，すでに身につけていたのであった。また，特に制定法の解釈に関して，裁判官の裁量が，共和主義，アメリカ独立革命の理念と合致するものとして捉えられていたことは注目に値する。州議会の制定法には，例えば，政府に法定通貨（legal tender）を発行させ債務の支払いを遅らせる，多数者の利己的な要求によって個人，少数者の権利を侵害するものもあり [*ibid.*, p.21]，そのような制定法の稚拙さから，立法者の意思は，正義とは区別され，裁判官によって後者を実現することが，人民主権という共和主義の理念とも合致すると考えられるようになってくる [*ibid.*, p.39]。そして，1780年代後半の連邦憲法制定過程において，人民主権が事実として確立されると，その人民の意思を

---

(6) ヴァージニア州では，1776年の制定法で，イギリスのコモン・ローが州議会によって変更されない限り，効力を持つとされた [Hobson 1996, p.31]。なお，長男子相続制（primogeniture）などが州議会によって廃止されている。

強制するものとして，司法審査が受け入れられていった [*ibid.*, p.58]。

周知の *Marbury v. Madison* (1803年) で，マーシャルによって示された司法審査の原則も，憲法典において示された人民主権の観念が，その主権の恒久的な表明であるという前提に基づくものであったのだが[*ibid.*]，同様の傾向は，マーシャルの既得権保護の理論にも明確に表れている。*Fletcher v. Peck* (1810年) という事例は，増収賄が絡んだ広大な土地の払い下げを，ジョージア州議会が1796年に無効にした法律に関するものであったが，マーシャルは，合衆国憲法の契約条項により，その法律が違憲であると判決している [原口 2008, 478-80頁]。その際，マーシャルは，議会立法によっては侵害され得ない財産に対する既得権があることを論じていた [Lobban 2007a, p.141]。

既得権の保護は，共和主義思想の重要な一側面であり，例えば，ジェファーソンも，無私の追求という共和主義の理念が，財産権を保障して初めて実現されると論じていた。さらに，すでに触れたような議会立法に対するマーシャルの不信感も，この判決で示された「私益（とくに多数者の私益）によっては左右されない財産権の保護」という，「合衆国最高裁判所の共和主義的な役割」[原口 2008, 480頁] を説明できる。マーシャルの判決の背景として，ロック的な自然権思想との関連も指摘されているが [Lobban 2007a, p.141]，いずれにせよ，衡平に基づく解釈に支えられたマーシャルの法の支配は，ヘイルやブラックストーンの形式的な法の支配とは対照的なものであった。そのような違いは，ベンサムやオースティンなどによってさらに先鋭化されていく。

(2) ベンサム，オースティンと法の支配

この補論の冒頭で，現代の法の支配に関する形式的な考え方と実質的な考え方の対立について触れたが，P・クレイグは，前者の特徴として，①正統な機関，手続によって法が制定されることの要請，②法の規範が，人々の行為を導くのに十分に明瞭であり，③法についての時間の次元から遡及法を禁止することととも

---

(7) ロバーンは，前節の最後で触れたような，独立戦争期の高次の法と自然法を結びつける言説が，マーシャルの法廷にも受け継がれていると論じている。一方で，C・ホブソンは，1776年の独立宣言以降も，自然法を高次法とする言説は見られたものの，憲法制定過程での人民主権の制度化により，そのような言説はあまり見られなくなったと指摘している [Hobson 1996, p.60]。

に，④法の実質，内容が問われないことを挙げている［Craig 1997, p.467］。もちろん，このクレイグの図式は，現代の法の支配に関するものであるが，この補論の第1節で検討したヘイルやブラックストーンの形式的な法の支配の概念とベンサムのものを比較する際にも有用であると筆者は考えている。まず，ヘイルにおいては，上述の①の手続的側面について，一般的な法の制定が国会の専権であることを，制定法や判例といった実定的な規準によって確認することに主眼が置かれていた。その後，ブラックストーンは，国会主権の原則の確立を前提として，上述の④に沿った法理解も示していた。それらと比較した際のベンサムの特徴は，クレイグの図式の②の法規範の明瞭さを重視している点であるが，さらに，④のある法とあるべき法の峻別が，より厳密に説かれるようになる。

さて，法の支配の歴史的展開を論じる文脈で取り上げられることがあまりないジェレミー・ベンサム（Jeremy Bentham, 1748-1832）であるが，本書の第2章第3節でも触れたように，法の役割として，社会的相互作用を促進し，最大多数の最大幸福に導くことを挙げていた。そして，その際は，法の認識可能性（cognoscibility）が必要であると論じていたベンサムは，法典が持つことが望まれる諸性質として周知性，法文の短さ，言語の明確性，形式の簡略性などを挙げている［Bentham 1998, pp.117-19］。一方で，「不確実性，非認識可能性，特定の失望を際限なく，そして，同様の失望と損失に関する不安定性についての一般的な感覚」［*ibid.*, p.20］を生み出すとコモン・ローを批判している。法の形式にも道徳的な善悪はあるとベンサムは考えていたのであり，ベンサムのパノミオンは，等級の一端にあり，コモン・ローの特徴は，もう一方の端，あるいはその近くにあるとベンサムは述べていた。「コモン・ローは『にせの法』，『準法』であって，コモン・ローの採用を求めることは，提唱者の側における邪悪な利益の存在を反映していただけで，功利の原理に従って法典化された法体系の採用を要求することは，提唱者の側に正しく，そして適切な利益がある，すなわち，最大多数の最大幸福を促進する欲求があるということを反映していた」のであった［Schofield 2010b, p.156］。[8]

一方で，法の内容に関しては，周知の通り，ベンサムの法実証主義では，ある法とあるべき法，法の存在とその良さは厳密に区別されていた。すでに見たように，ブラックストーンは制定法の解釈の10番目のルールとして，たとえ裁判の当事者に裁判権を与えるような不合理な法律であっても，「ある人が，他の人々の訴訟と同様に，彼自身の訴訟も審理すべきであると国会が制定することができる

と私たちが考え」[Blackstone 1979, vol.1, p.91] るならば，その法律を覆すことができないと論じていたが，ベンサムは，「国会が制定することができる」と考えること自体そもそも何故なのかと，国会主権の絶対性を擁護している [Bentham 1977, p.159]。

ベンサムは，「悪政に対する安全保障 (Securities Against Misrule)」において，イギリスの権利請願を例に挙げ，「統治者から被治者の安全を守るために確立された，あるいは確立されることが試みられた法的取り決め (legislative arrangements that have been established or been endeavoured to be established for the security of the governed against the governors)」[Bentham 1990, p.23] に含めていた。初期の論稿でも，ベンサムは，主権者の立法権に制限を課す「超越的な部類の法 (transcendent class of laws)」について論じているが，国会主権と矛盾しないために，そのような法が実効性を得るのはおもに道徳的制裁によるものとされていた [深田 1984b, 152-53頁]。一方，『釈義批評 (*A Comment on the Commentaries*)』では，主権者に対する制約に関して，以下のように，イギリス法のコンテクストにおいて検討されている。

ベンサムは，イギリスには憲法があり，それによって，イギリス人は権利や自由を与えられ，国王の権威の境界線も画されているとするコモン・ロー立憲主義の原則が，最大多数の最大幸福に導くものであると経験によって捉えられてきたとまず指摘している。そして，すでに第1節第1項で見たように，ヘイルによっ

---

(8) ベンサムは，法が明瞭であるべき理由として，「人は，彼がなすべきことを最初に知らされない限り，あることをなすようにはさせられない」[Bentham 1977, p.44] と論じていた。もちろん，本書の第2章第1節でも見たように，ブラックストーンも，法は「規定されたルール (a rule prescribed)」でなければならないと論じていたが，ベンサムは，コモン・ローでは「規定されたルール」が提供できないことを批判している。また，ブラックストーンが，法を周知する方法が「非常に顕著に重要でない事柄 (a matter of very great indifference)」であって，自らを代表している議員が立法の過程に居合わせることで，すべての人々がその立法の当事者となると論じていることも批判している [*ibid.*, pp.45-46]。ただ，ベンサムも，法の周知性は「法であるためにではなく，法の良い効果を生み出すための (not to its being a law, but to its producing the good effects of one)」[*ibid.*, p.45] 必要条件であると論じており，法の妥当性とは結びつけられていない。なお，現代のイギリスでは，J・ラズの法の支配の概念が，ベンサムのものに近い。ラズの形式的な法の支配概念においても，法が，正しく，合法的な方法で制定されることとともに，公布された法が，人々の行動の指針となりうるものでなければならないとされている [Craig 1997, p.469]。

てもイギリスの憲法的準則とされていた，国王の布令は一般的に人々を義務づける法たりえないという準則が，ヘンリー8世の時代に破られ，一般的に人々を義務づける布令が，留保なしに，法の力を持つよう制定されたことを，「それへの暴力的な反対から生じる害悪が，（中略）服従の害悪に匹敵する」[Bentham 1977, p.56.（　）内は引用者] ときがない例として挙げられている。ヘンリー8世の死後，その後継が幼少であったこともあり，その憲法的準則は奇跡的に回復されたのであるが，ベンサムは，「立法府が法律で，私が今執筆を進めている国であるイングランドにおいて，君主の布令にすべて制定法の力を与えようとするときには，いかなるときであろうとも，武器を取るだろう」[*ibid.*, p.57] とも述べている。その際は，「立法府は一貫して，合法的に私の頭に値段を設定することにおいて行動する」[*ibid.*] のであって，被治者に残されているのは，武力による抵抗，あるいは，世論による制裁に過ぎないのであった。

　ベンサムは，晩年の『憲法典（*Constitutional Code*）』において主権は人民にあると論じていたが，主権者に対する制約の性質が変わったわけではなかった。『憲法典』においてベンサムは権力を人民による最高選任権力（sovereign constitutive power）と最高作動権力（supreme operative power）に分類している。前者は，すべての人々に属するもので，誰が立法権などの最高作動権力を持つのか決定する権限であり，世論法廷（public opinion tribunal）による解任など，ベンサムは具体的な制度についても検討している。しかしながら，ロバーンが指摘しているように，ベンサムにおいては，立法権はあくまでも最高作動権力の専権であり，憲法が共同体の慣習として，あるいは人民全体の産物として捉えられていたわけではなかった。ベンサムは，憲法典，そして立法全般に関する父権主義的な見方を維持し続けたのであり，(9) 初期の超越的な部類の法と同様に，その実効性は，道徳的な制裁によって与えられていると考えられていたのであった。議会は憲法典に反する法を制定したり，あるいは憲法典を変えることでさえも，合法的に行なえるのであった [Lobban 2007a, p.161]。

　ベンサムに続くジョン・オースティン（John Austin, 1790-1859）の法理論にも，

---

(9) F・ローゼンは，バウリング版の「悪政に対する安全保障」において，ベンサムが，世論が支配者に及ぼす影響を，子どもの親への働きかけとのアナロジーで捉えていたことを指摘している [Rosen 1983, p.25]。なお，この部分については，ある研究会で，ベンサム研究者の小松佳代子氏からご教示いただいた。

形式的な法の支配の概念を見い出すことができる。オースティンについては，2009年に，没後150周年のシンポジウムがロンドン大学ユニバーシティ・カレッジで開催されたが，その際，オックスフォード大学のP・エレフテリアディスが，オースティンとリーガリティについて興味深い報告をしている。以下では，その報告を基としたペーパーを，批判的に検討することで，オースティンの法の支配の概念を素描してみたい。

　エレフテリアディスは，まず，オースティンが，法を定義する際に，法を一般的なルールであると論じていることに注目している。すなわち，オースティンが，法を定義する際に，「ある部類についての行為，あるいはそれを差し控えることを一般的に義務づけている場合は，その命令は法，ルールである」[Austin 1998, p.19]と述べ，「ある特定の事例に，特定の刑罰を科し，ある部類についての行為，あるいはそれを差し控えることに一般的に科さないので，主権者によって言明されたその命令は，法，あるいはルールではない」[ibid., p.20]と述べていることに留意し，法の一般性が，オースティンの法理論の前提になっていることを強調している [Eleftheriadis 2010, pp.12-13]。

　エレフテリアディスはまた，オースティンが，法は周知性（publicity）を持たなくてはならないと論じていたとしている。エレフテリアディスは，オースティンが，ローマの皇帝の継承問題から生じる混乱を，「ローマ世界においては，実定法，あるいは実定道徳が，その住人に対して，一般的で習慣的な服従の排他的で適切な対象として示す確定的な人物がいなかった」[Austin 1998, p.153]ことに求めていることなどから，オースティンが，法は公的な指針を与えるものでなければならないと考えていたと指摘しているのである。[Eleftheriadis 2010, p.15]

　以上のような点から，エレフテリアディスは，法を道徳的なものとして捉えているN・シモンズと同様の傾向がオースティンにも見られると指摘している。すなわち，オースティンの法理論は，記述的，経験的なものではなくて，社会の条件の要素，ルールによる公的な秩序として法の構造を説明するものであり，そこにおいては，「一般的で理解できる法のルールを発し，その主要な構成員が選挙人集団である，精確に定義された主権的集団」[ibid., p.21]が中心にあると指摘しているのである。エレフテリアディスの理解によれば，オースティンにおいては，マジョリティの意思が法に，意味と手続的な制約を与えているのであって，その「法は，力を持った者の無計画な命令ではなかった」[ibid.]のである。

以上のエレフテリアディスの分析は，法の支配についての現代的な観点からオースティンの法理論を分析するもので興味深いものではあるが，いくつかの限定が必要である。まず，オースティンの法理論が，発達した国の法体系を対象としたものであったことに留意する必要がある [Austin 1879, p.1107]。また，エレフテリアディスが，オースティンにおけるリーガリティ観の例として挙げている布令などが一般的な法律たりえないことも，この補論でも度々触れているように，ヘイルによって，イギリスの確立した憲法的準則とされていたものであった。すなわち，「もし国王か，両院のいずれかが，布令あるいは命令によって，制定法と同等の法を確立するならば，その制定法と称されるものは法的に拘束力はなく，それに対する不服従は不法ではない」[Austin 1998, p.265] というオースティンの言明は，オースティンにおける法の道徳性の前提を示しているのではなく，現にある法の記述であり，上述のクレイグの図式では，むしろ，①の法の支配における手続的要請を反映したものと捉えるべきであろう。

　オースティンの主権者の概念も，エレフテリアディスによって指摘されているようなものでなく，ベンサムのものと同様に，父権主義的なものであった。確かに，オースティンは，国王と貴族院，そして庶民院の成員が，至高である三部から成る主権を形作るとした上で，「庶民院の成員は，彼らを選び，任命する集団の受託者に過ぎない」ため，「主権はつねに，国王，貴族院議員，庶民院を選挙する集団にある」[ibid., p.230, 231] と論じている。しかしながら，オースティンは，「選挙人の集団によって彼らを議会において代表する集団に課される信託は，明白なものではなく，黙示のものであり」，「前者から後者に与えられる，口頭のあるいは書面の指示」[ibid., p.231] のようなものではないとも指摘している。すなわち，オースティンによれば，その信託は，「一般的で曖昧なもの」なのであって，「代表者の選挙人集団に対する義務に関する憲法の部分は，実定道徳に過ぎない」[ibid.] のである。ここには，上述のベンサムの最高作動権力と最高選任権力の区分と同様の理解も見ることができるのだが，そのような理解は，晩年の論稿である『憲法の弁明 (*A Plea for the Constitution*)』(1859年) におけるオースティンの普通選挙制批判にも反映されている。オースティンは，財産を所有しない階級は，誤っていてアナキカルな意見に影響を受けやすいため，「その階級の実際の意見を代表するという指針が庶民院によって取られるならば，国家の現在の繁栄を脅かすことになるだろう」[Austin 1859, p.21] と断じていた。

（3） ダイシーにおける法の支配の形式的概念の確立

　イギリスでは，ベンサム，オースティンを経て，アルバート・ダイシー（Albert Dicey, 1835-1922）によって，法の支配に関する形式的な概念が確立する。ダイシーに関しては，近年のわが国にもいくつかの研究があるが[10]，ここでは，J・アリソンやクレイグの研究に基づいて，ダイシーにおける国会主権と法の支配の関係について，素描してみたい。

　周知のように，ダイシーは，その『憲法序説（*Introduction to the Study of the Law of the Constitution*）』（1885年）の第2部「法の支配（The Rule of Law）」において，イギリスにおける法の支配の意味を以下のように整理している。すなわち，①「国の通常の裁判所の前での通常の合法的なやり方で確証された明瞭な法の違反の場合を除いて，何人も処罰をうけず，また身体や財物に適法に不利益を加えられえないということ」[Dicey 1915, p.110；邦訳，179頁]，②「すべての人が，その階層や身分にかかわりなく，国の通常の法に服従し，通常裁判所の裁判権に服するということ」[*ibid*., p.114；前掲書，183-84頁]，③憲法の一般原則が，「裁判所の前に提起された特定の事件で私人の権利を決定した司法的判決の結果である」[*ibid*., p.115；前掲書，185頁] ことの三点である。

　まず，上記の①では，国王大権や行政の幅広い裁量といった恣意的な権力に対する一般的な法の優位が説かれているのであるが，恣意性を判断する実質的な原理については考察されておらず，また，通常法も特定の実質的な内容を持つようには要求されていない [Allison 2007, p.159]。ここでの「恣意的（arbitrary）」という基準は，むしろ，法が国会によって制定されていなかったり，国王大権によってその権限外のことが命じられることを指すと考えられる [Craig 1997, p.471]。同様に，②も，あくまでも管轄の形式的な平等に過ぎなかった。さらにアリソンは，③に関しても，ダイシーが，イギリスの，裁判官による憲法の優位性や，各々の救済の適切さを説明，評価する実質的な原理を展開していなかったことに注目している [Allison 2007, pp.159-60]。ダイシーが強調したことは[11]，非常に多数の司法の決定の集積から成っているコモン・ローの権利保障は，大陸の権利章典などと比較して，一挙に廃止することが非常に困難であるということであった [Craig 1997, p.474]。

---

[10] 石井 [2006]，内野 [2009；2010a；2010b] を参照。

このような法の支配の形式性は、ダイシーにおける国会主権の優位と両立する。アリソンが指摘しているように、ダイシーは、『憲法序説』において、行政権に幅広い裁量を与える緊急立法について肯定的に捉えていた。例えば、ダイシーは、外国人法（Alien Act）、犯罪人引渡法（Extradition Act）といった制定法によって権限が与えられているならば、公職者は、いかなる人でも逮捕し、投獄し、処罰することができると説明している。また、人身保護停止法（Habeas Corpus Suspension Act）は、行政に恣意的な権力を与えるものであったが、ダイシーは、救済の停止が限定的なことを強調するのみで、例外的な立法の優位を認めるとともに、裁判所の黙認も認めていたようである［Allison 2007, pp.162-63］。

結局、ダイシーの法の支配は、ベンサム、オースティン、あるいはブラックストーンなどと同様に、国会主権に及ぶものではなかった。ダイシーの法の支配は、すべての人を通常の法、裁判所の支配に服せしめるものであったが、そこでの法の一般性は、あくまでも、行政の恣意を防ぐことに主眼が置かれていたと言えるだろう。(12)もちろん、ダイシーにおける主権者への制約である憲法習律（constitutional conventions）は、ベンサムのもののように、世論などの道徳的制裁のみによって効力を与えられるものでなく、権限を超えて法的な裏づけを失った行為を、一般的な実定法、コモン・ローによっても規制するものであった。［Postema 2011, p.14］(13)。ただ、その点も含めて、ダイシーの法の支配概念においては、イギリスにおける法の支配の伝統的な考え方が明白に表れていると思われる。国王大権を制約するために、国王の布令の一般的な効力を否認し、国王に助言した臣下を私人と同様に扱ったヘイルやブラックストーンにおける法の支配の概念を、ダイシーは、近代的な行政機構を対象と捉え直すことで、20世紀の初頭に再現したとは言えないだろうか(14)。また、ダイシーにおいて、例外的な国会制定法によって、

---

(11) この補論の冒頭で触れた佐藤幸治と同様に、T・アランも、上記の③に実体的内容を読み込んでいるが、そのようなアプローチには、「特定の正義論（政治道徳哲学）に訴えることなしに、法理論のレベルで『善き法の支配』を正当化することは可能だろうか」［愛敬 2005, 18頁］という、「クレイグの棘」と称される反論も提示されている。法の支配に実体的な内容を読み込むならば、自らの依拠する特定の正義論を批判者にも受容可能な形で示す必要が出てくるということである［同上論文, 16頁］。なお、法の支配や国会主権をめぐる現代イギリス憲法学の論争については、愛敬［2012］を参照。

(12) ダイシーの法の一般性は、クレイグの図式の②の法規範の明瞭さというよりも、行政権の行使についてのアカウンタビリティを保障するものであった［Postema 2011, p.17］。

行政に恣意的な権力が与えられることや，人身保護法が停止されることが許容されていたことも，ベンサムが例として挙げていたように，国会の承認があるならば，国王の布令を制定法とすることさえ可能であったイギリス憲法の伝統の忠実な反映であった。

第3節　イギリスの法実証主義的伝統と法の支配

　以上，クックからダイシーに至るまでのイギリスの法の支配の概念を，アメリカ独立期の法思想やマーシャル・コートと対照させながら，検討してきた。本書の第1章から第4章で示してきたような，イギリスにおける法実証主義と，法を共同体に基礎づけたアメリカの法思想の違いが，それぞれ法の支配の形式的な概念と実質的な概念にも反映されているとも考えられる。クレイグは，法の支配の概念は，それぞれの論者の法概念によって基本的には規定されているとして，例えば，J・ラズの形式的な法の支配概念と，ある法とあるべき法を峻別するその法実証主義との関連や，R・ドゥオーキンにおいては，法的ルールと政治哲学が分離されていないことで，「狭義の法」の支配には独立した位置づけが与えられていないことを指摘している［Craig 1997, pp.477-78, 487］。この補論で検討の対象とした法思想にも，そのような分析は当てはまるであろう。最後に，法と政治，法と政治哲学の関係という観点から，英米の法の支配概念を比較してみたい。

　アメリカにおいては，例えば，前節で検討したマーシャルの法廷は，何らかの党派性を持つものとしてではなく，公共善を追求する「法の碩学」によって特徴づけられていたが，一方で，そこでの法が，共和主義という政治哲学と結びつけ

---

(13)　一方で，ジョン・サーモンドは，主権者に対して明白な法的制限を課している。本書の第3章第3節で検討したように，サーモンドは，裁判所による適用という法実践によって法を基礎づけていたが，主権者の制約の問題も，オースティンのように，アプリオリにそれを否定すべきではなく，裁判所の実践によって判断すべきであると論じている。その際，そのような制約の法的性格は，裁判所が規則的に適用するという法実践により説明できると論じていた［Postema 2011, p.11, 13 (n.9)］。なお，ダイシーの憲法習律について検討しているものとして，［内野 2009；2010a；2010b］を参照。

(14)　第1節で扱ったヘイルやブラックストーンにおける法の無効的権能と関連して，*Entick v. Carrington*（1765年）では，大臣や公職者が，政府による職権濫用者の被害者から提起された民事訴訟に関して，特段の防御方法を持たないことが判示されている［Milsom 1981, p.4；小山 1996, 228頁］。

られていたことは明白である［原口 2008, 459頁］[15]。そのようなアメリカの法の支配の概念と比較した際に，イギリスの法の支配概念における法と政治哲学の峻別という特徴は，より明白になってくる。もちろん，「法的なもの」と「政治的なもの」はそれほど明確には峻別できず，いかなる法も何らかの政治哲学を前提とするのではないかという見方もできる。例えば，クレイグも指摘しているように，ダイシーが通常の裁判所の優位を強調し，公職者の裁判上の特権を否定したことは，一定の実質的な理由に基づいているだろう［Craig 1997, p.472］。ただここで強調したいのは，少なくともこの補論で扱った時代のイギリスの法の支配は，そのような政治哲学を排除する方向に進んでいったということである。ヘイル以降は，国王大権をめぐる問題は，政策についての問題ではなく，何が法かという問題として論じられる傾向が強くなり，ダイシーの上記の例も，確立された憲法原則として見なされていたものであった。一方，クックも含めて，国会主権の原則の下，立法の内容は問われていなかったことも確認できたと思う[16]。

ところで，この補論でも扱ったパーカーは，国王の同意なしの軍隊の召集が憲法に反するという批判に対して，国王が臣民との信託を破ったが故に，「必要性という法（law of necessity）」が要請されると，ロックを想起させる信託（trust）に基づく議論も対置していたが，そのような議論は，ロックの政治哲学と同様，イギリスのコモン・ロー法律家の観点からは受け入れられないものであった。特に，ここで興味深い点は，コモン・ロー法律家が，法的概念としての信託とのアナロジーでパーカーの議論を捉えていたことである。周知の通り，信託はエクイティ上の概念であり，法の文言よりも法の精神，あるいは良心（conscience）から柔軟な解釈を許容するものであったが，法的義務は厳密に守られなければなら

---

[15] マーシャルの既得権保護の法理を維持することが困難になっていった後も，その法理の形成の際に確立された多数者の侵害から少数者を保護する公平なアンパイアとしての役割が，合衆国最高裁の制度的な役割として定着していったという指摘［原口 2008, 496頁］に従うならば，マーシャル以降のアメリカの法の支配も，少数者の権利を同定する「政治哲学」に基づく法の支配の歴史であったとも考えられるだろう。なお，19世紀後半の最高裁と政治哲学との関係について，清水［2011；2012］を参照。

[16] N・マコーミックが指摘しているように，「法は価値自由ではないと言うことには，何ら反法実証主義的なところはない」［MacCormick 1978, p.233；邦訳，254頁］。現代の法実証主義のポイントも，「いかなる法が存在するかを知るために，法の価値を全面的にまたは部分的に，共有したり擁護したりする必要はまったくない」［*ibid.*；同上書］という点にある。

ないというコモン・ローを基礎づける立場からは，国王に対する義務が，エクイティにおける義務と同様，必要性によって緩められ，あるいは限定されることは不安定な社会の原因となり，究極的には法の支配を掘り崩してしまうと論じられていたのである［Brooks 2008, pp.238-40］。ロックの政治哲学や共和主義思想などによって基礎づけられていたアメリカ独立革命期やマーシャル・コートの法の支配［Lobban 2007a, p.145］とは対照的である。

　19世紀に法実証主義を確立したオースティンは，「一時的に，古く歴史的な政府（のあり方）からは逸脱することになったけれども，チャールズ1世と彼の議会の間の論争でさえも，政治理論の問題ではなく，裁判所で論じられる法的問題と同様なものであって，実定的な憲法の正しい解釈に彼らは傾注していた」［Austin 1859, p.38.（　　）内は引用者］と論じている。イギリスにおける憲法的規準と政治哲学との峻別は，国王大権の範囲に関する論争が活発であった時期においても，すでに明白な潮流であった。

終 章
現代英米の法理学とコモン・ロー伝統

　この終章の目的は，第1章から第4章で検討したコモン・ローのコンテクストにH・L・A・ハート，R・ドゥオーキンなどの現代の法理論を位置づけることにある。コモン・ロー理論を論じる際の出発点として，第2章の冒頭でも触れた，B・シンプソンの「コモン・ローと法理論(The Common Law and Legal Theory)」という論文をまず挙げることができるが，そこでは，法を一次的ルールと二次的ルールのセットとして捉えたハートを念頭において，コモン・ローを確定したルールから成るものと捉えることは，その性質を歪めることになると論じられている [Simpson 1987, p.370]。シンプソンはまた，その近著において，「何が法かを見分けるための包括的で確実なテストを，ルールのセットの形で示すことは不可能である」[Simpson 2011, p.150]とも述べていたが，その問題関心が，ドゥオーキンのより理論的，法哲学的な議論にも共有されているように，ハートとドゥオーキンの論争は，法の一般理論をめぐる論争であるだけでなく，コモン・ローについての理論的な枠組みをめぐる論争でもあった。

　周知の通り，ドゥオーキンは，1967年の「ルールのモデル(The Model of Rules)」などで問題提起をし，ハートの理論に代表される法実証主義においては，社会の法は特定の基準，系譜(pedigree)によって同定され，そのような基準で明白には捕捉されえないものは，法の枠外におかれ，裁判官による裁量(discretion)によって説明されていることを批判した [Dworkin 1967]。ハートとドゥオーキンの相違は，ハートが，法は，その範囲が確定された社会的に承認されたルールに限定されているという観点から，裁判官が時折，立法者と同様の強い裁量を行使せざるをえないと論じていたのに対し，ドゥオーキンは，適用できる明確なルールがない場合でも，裁判官は，自らが法的原理 (legal principles) によって拘束されていると考えているのであり，それらの法的原理は，社会的な承認ではなく，その道徳的な力によっても拘束力を持つと考えている点にあるだろう。ドゥオー

キンの法実証主義批判に対しては，例えばJ・ラズは，法的原理が拘束力を持つことも，司法の慣習，裁判所による受容という事実によって説明できると論じている［Raz 1972, p.853］。また，ハートにおいて，法の範囲を確定するものは，「国会が制定するものは法である」，「先例拘束性の原理」といった承認のルール（rule of recognition）が，裁判官たちによって拘束力あるものとして受け入れられているコンヴェンションに求められていたが，例えば権利章典など，道徳的なものを承認のルールに組み込むことによって，裁判官が原理に訴えて裁判をすることも説明できるという包含的法実証主義（Inclusive Legal Positivism）の立場もある［深田 2004, 173-80頁］。ただ，ドゥオーキンの側からは法の根拠，あるいは承認のルール自体が論争的な場合もあり，法の範囲を裁判官の間の合意，コンヴェンションによって限定はできないとの反論も提示されており，論争は続いている［Shapiro 2007, p.41］。

　この終章においては，まず第1節で，上記の論争の枠組みを継承しつつ，新たな論点も提示されているコモン・ローをめぐる最近の議論状況を，おもに，2007年に出版された『コモン・ロー理論（Common Law Theory）』を紹介・検討することによって明らかにしていくが，それにより，ハートとドゥオーキンの論争を，コモン・ローの性格をめぐる論争として位置づけることも，より容易になるだろう。また，その第1節で示すように，現代のコモン・ロー理論の論点は，①ルールか原理か，②法宣言か法創造か，③法と共同体の関係とは，という三つの論点に収斂すると思われるが，特に第三の論点と関連すると思われる，法社会学の観点からのコモン・ロー研究についても，第2節で触れるつもりである。さらに，第3節では，法思想史，コモン・ロー思想史において，現代のコモン・ロー理論の論点がどのようにして論じられてきたのか，英米間のコモン・ロー思想の相違という観点に基づき検討したい。本書の第1章から第4章では，17世紀のクックから19世紀後半のメイン以降に至るイギリスの法思想や，19世紀後半から20世紀前半にかけての，ホームズ，パウンド，ルウェリンといったアメリカの法思想について通史的な検討を試みてきた。その際は，「コモン・ローと共同体の関係」，「裁判官による法形成はいかにして正統化されるのか」，「ルールか救済か」，「コモン・ローとその発展を説明する枠組みはいかなるものか」，「コモン・ローの発展を導く原理の探求」といった論争軸に即して，近代英米法思想の展開を跡づけてきたが，ここで整理する現代の論争も，その延長線上に位置づけることが可能

であると考えている。本書で検討してきた法思想史，コモン・ロー思想史の観点から，現代のコモン・ロー理論における論争，あるいは冒頭で少し触れたようなハートとドゥオーキンの論争に新たな光を当てることができないか，それが，この終章の主要な課題である。

第1節　コモン・ロー理論をめぐる三つの論点

　最近のコモン・ロー理論をめぐる論争は，ハート＝ドゥオーキン論争，特にドゥオーキンの問題関心を発展させる形になっているが，それは，ルールか原理か，法宣言か法創造か，コモン・ローと社会的慣習（法と共同体）との関係という三つの論点に収斂しうるものであるように思われる。コモン・ローをルールに限定されるものではなく，ドゥオーキンのように，それを正当化する法的諸原理の体系として捉え，裁判官もそれらに拘束されているとするならば，ハード・ケースや新奇の事例においても，裁判官の役割は既存の法を宣言することとされ，立法，法創造は否定されることになる。その際，裁判官による法発展の正統性は，民主主義といった制度によって与えられるものではなく，コモン・ローを支える法的諸原理が社会的慣習，社会道徳と一致していることにも求められているため，これらの三つの論点は，相互に関係していると言える。

（１）　ルールか原理か

　『コモン・ロー理論』所収の「理由に基づく判決と法理論（Reasoned Decisions and Legal Theory）」において，カナダの法哲学者で，ホッブズ研究など法思想史の研究業績もあるD・ダイゼンハウスは，コモン・ロー圏の法哲学者によって，コモン・ローは，以下のような類型において捉えられてきたと論じている。まず，コモン・ロー＝ロマン主義（Common Law Romantics）とも称しうるドゥオーキンの立場で，裁判官が法を解釈する方法に注目することで，法は最もよく理解されるだけではなく，法と道徳の関係を見い出すことも可能とするもの。次に，国会主権，法的安定性などの規範的理由から，法はルールでなければならないとし，理由づけの体系であったコモン・ローの廃止を提唱したベンサムの政治的法実証主義（Political Legal Positivism）。そして，ルールとしての法というベンサムの枠組みを継承しつつも，むしろその枠組みによってコモン・ローの記述が可能であ

るとするハートの概念的法実証主義(Conceptual Legal Positivism)である[Dyzenhaus and Taggart 2007, pp.134-35]。本書で示してきた筆者のイギリス法思想史の理解とは異なるが、ダイゼンハウスの議論の興味深いところは、イギリスにおいて、クックやマンスフィールドなどによって原理、理由づけの体系として捉えられていたコモン・ローの法秩序を廃止し、それを明確なルールから成る法典によって取って代えるための改革のプログラムであった18、19世紀のベンサムの法概念が、オースティンを経て、ハートにより、コモン・ローを記述するためのものとして用いられていると指摘していることであろう。第2章の最後でも紹介したが、ダイゼンハウスによると、その結果、ハートの法実証主義は、ルールに還元できないものを法の外に置き、裁判官の裁量、準立法によって説明せざるをえなくなったのであった[ibid., p.163]。

　ダイゼンハウスと同様に、コモン・ローをルールという枠組みで捉えることはできないという議論は、『コモン・ロー理論』に論文を寄せている何人かの論者によって共有されており、例えば、イギリスの憲法学者のT・アランは、コモン・ローにおいて、「ルールが絶対的な力を有するのは、それが理由のバランスを決定しているという意味においてのみである」[Allan 2007, p.194]と述べているし、また、G・ポステマも、コモン・ローにおける諸ルールは、「推論の過程の前提条件ではなく、その結果であり、そしてそれらはつねに、(新しい)事例に対して弁明の義務を有している」[Postema 2007, p.123.（　　）内は引用者]ため、コモン・ロー法律家一般は、「司法によるルールの明確な規定化は、矯正しうるものであり、すでに決定された事例やそれらに対する理由のさらなる評価に基づく修正によって傷つきやすいものである」[ibid.]と考えていると指摘している。

　ただ、それらの理由、あるいは原理が何から導かれるかは別の問題である。ドゥオーキンの法理論においては、裁判官の判決は、適合性(fit)と実質(substance)の二つの次元により導かれると論じられているが、適合性とは、確立された法、過去の判例との適合のことであり、実質とは実質的な政治道徳との一致を意味していた。ドゥオーキンによれば、「どの裁判官も経験することであるが、何らかの制定法を解釈したり一連の判例を解釈する際に二つないしそれ以上解釈の可能性があり、しかもこれらの解釈がすべて前提条件のテスト（適合性のテスト）に合格する結果、解釈の間で優劣をつけることができないようなとき、ハード・ケースが持ち上がる。このとき裁判官は、政治道徳の観点からみてどの解釈が共同体

の制度や決定の構造を——すなわち，共同体の公的規準の総体を——より善い光のもとで示すことになるかを問いながら，これら適格と見なされた解釈の間で選択を行なわなければならない」[Dworkin 1986, pp.255-56；邦訳，395-96頁。（　）内は引用者］。わが国の，例えば内田貴によって，法解釈は，政治理論を背後に想定しており，法的思考を，政治ないし道徳と分離することはできないと裏書きされているが［深田 2004, 146頁］，ドゥオーキンにおいては，ハード・ケースにおける判決の理由づけ，それを基礎づける原理は政治道徳から導かれると論じられている。

さらに付け加えると，ドゥオーキンにおいては，ある解釈が適合性を欠いている，すなわち，いくつかの先例に反しているとしても，政治道徳から導かれた当の解釈に含まれる諸原理，理由づけの魅力によって帳消しにされる可能性が指摘されていた。ドゥオーキンの司法裁定論は，「原理における統合性（integrity）」に基づくもので，裁判官は，「彼の共同体の政治的構造や政治的決定の大きなネットワークのどの部分を解釈する場合でも，自分の解釈がこのネットワークの全体を正当化する整合的な理論の一部分となりうるか否かを問うことによって，当の解釈をテストするよう」［Dworkin 1986, p.245；邦訳，381頁］要求されているのである。一方で，同じく理由づけの体系としてコモン・ローを捉えているポステマは，『コモン・ロー理論』所収の「法における類推的思考（Analogical Thinking in Law）」において，コモン・ローにおける法的思考は，「すべての事例に基づく議論を，一般的な正当化の原理や理論についての解釈や展開に還元できるとは見なさない」［Postema 2007, p.133］と論じている。裁判において必要とされていることは，「法についての包括的で理論的に一貫している完全な説明を提示すること」［*ibid.*, p.132］ではなく，「社会生活や訴訟の具体的コンテクストから生じる問題や緊張を解決すること」［*ibid.*］であるとするポステマは，類推（analogy）を基本的な道具立てとした法解釈理論を展開している。

先のダイゼンハウスと同様，法思想史の理解としては問題があると思われるが，ポステマは，17世紀イギリスのヘイルの議論を現代的に再構成する形で自ら枠組みを展開している［Postema 2002a］。第1章第3節で検討したように，ヘイルは，ホッブズに対して，具体的な事例に基づく技術的理性の，自然的理性に対する優位を主張していたが，同じく，ポステマも，日常の事例を解決することで蓄積された理由の一体からの類推によって，目前の事例を解決することを提唱している。

すなわち、「類推的な推論が作用するコンテクストは、たんなる対象や事例の体系ではなくて、推論的な関係によって結びつけられた事例のネットワークであり、他の諸理由を支持し、精錬し、推敲し、そしてまた、他のものによっても支持され、制約され、あるいは推敲される理由のネットワークである。類推的推論の過程は、目前の事例の適切なコンテクストを同定し、その事例を推論の網（inferential web）に位置づけることを伴う」[Postema 2007, p.120]。そして、すでに触れたように、そのような「理由のネットワーク（network of reasons）」は、「法的原理のより遠隔な理論的一貫性よりも、それが社会的相互関係を導く市民の行動、実践、生活と法的原理の一貫性により関係している」[ibid., p.132]のであって、「類推的な法的思考は、それが資する社会における法の実質的な共鳴のために、理論的な一貫性をある程度は進んで犠牲にするだろう」[ibid.]とドゥオーキンとの差異が強調されている。

　ここで検討したドゥオーキン、そしてポステマもそこに含められると思われる「コモン・ロー＝ロマン主義者」たちは、裁判官による法発展を正統化する枠組みの形成を目指している。ドゥオーキンの場合は、「原理における統合性」に、ポステマの場合は、「理由のネットワーク」の中、あるいはその延長線上に新たな事例を位置づけることで、あたかもジグソー・パズルにピースを埋め込むように、裁判官の立法的な裁量なしに法が発展すると考えられているとも言えよう。ただ、コモン・ローが理由の体系であるとしても、この二人の理論家の間でも、トップダウンのもの（ドゥオーキン）、ボトムアップのもの（ポステマ）とその内実の捉え方は対照的である。これだけでも、そもそもそのようなジグソー・パズルは存在するのかという疑問を生ぜしめるに十分ではあるが、次項においては、裁判官は、ハード・ケースにおいては準立法的権能を行使するという法実証主義側の議論を検討したい。

（2）　法宣言か法創造か

　法をルールの体系として捉えたハートは、「先例または立法のいずれが選ばれるにせよ、それらは、大多数の通常の事例については円滑に作用したとしても、その適用が疑問となるような点では不確定であることがわかるだろう」[Hart 1994, pp.127-28；邦訳、139頁]として、ルールには「開かれた構造（an open texture）」があるとして、そこから司法的立法が不可欠であることを論じている。また、ドゥ

オーキンが焦点を当てているハード・ケースについては，類推によって裁量の範囲を限定しても，「あらゆるハード・ケースにおいて，競合する類推を支持する異なった諸原理が姿を現すこともある」ため，「裁判官は，良心的な立法者と同様に，法によって彼に対して規定されたすでに確立された優先順位ではなくて，何が最善かについての彼の感覚に依拠しながら，しばしば選択を行なっている」[ibid., p.275] と論じている。

　この終章の冒頭でも触れたように，ドゥオーキンはこのようなハートの議論に対し，法は，先例や立法だけではなく，実定法的諸ルールを含む法体系全体の根底にあり，それらを正当化する諸原理も法として捉えており [深田 2004, 45頁]，裁判官はそれらの諸原理に拘束されていると論じていた。そして，その際，ハートのように，裁判官は法を適用するのみでなく法を創ることもあると捉えていた法実証主義の立場とは対照的に，ドゥオーキンは，立法部と司法部の間の権能を厳密に区別し，立法部に法形成の権能を独占させ，司法部の役割を法の解釈，適用に限定している [前掲書, 52頁]。しかしながら，ラズは，裁判官が道徳的考慮に基づいて事例を決し，ルールを規定する際は，そのような場合において存在するのは，様々な道徳的考慮であるため，裁判官はすでに存在する法を適用しているのではなく，裁量を行使していると捉える方が正確な記述であると指摘している [Raz 1972, p.847]。前項の最後で述べた論点とも関連するが，法体系全体を正当化する二つ以上の政治理論の競合の問題である。また単純ではあるが，同様にラズが指摘しているように，ルールは，多かれ少なかれ具体的であり，排他的であるのに対して，原理は抽象的で幅広く，裁判官自身の判断を呼びこむものであるとの図式も可能であろう [ibid., p.841]。ならば，法的原理の存在は，むしろ裁判官が裁量を持つことの明確な証拠としても捉えられうるものとなる。なお，以上の点に関しては，ドゥオーキンが，ハード・ケースにおいて唯一の正解があるとする「正解テーゼ」とともに，ハード・ケースにおいてつねに司法的裁量が用いられていることの否定に力点が置かれているとも考えられる，「正解なしテーゼの拒否」に主張を基礎づけていることが注目される [深田 2004, 122頁]。

　一方で，ハートは，より一般的なコモン・ローの推論も立法の枠組みで捉えているようである。ハートは，「先例から抽出されたルールが，いかに権威ある地位をもっていても，その拘束下にある裁判所」は，「二種類の創造的または立法的活動をなす」[Hart 1994, pp.134-35；邦訳, 146頁] ことができるとして，「区別

(distinction)」とルールの拡大を挙げ、さらには、「判決理由（ratio decidendi）」や「重要事実（material facts）」も、開かれた構造を持つため、「創造的な司法活動を特徴づける」[ibid., p.134；邦訳、146頁]と論じているが、このようなコモン・ローの捉え方には批判がある。例えば、ドゥオーキンは、ハード・ケースに関する説明と一貫した形で、コモン・ローの表面に現われた法（explicit law）の基底には、それらを道徳的に正当化する暗黙の法（implicit law）が存在しており、判決は、それら暗黙の法が宣言されたものであり、裁判官によって創られたものではないと論じている [Dworkin 1977, pp.110-18；邦訳、136-47頁]。これは、イギリスにおいてヘイルやブラックストーンが提唱したと一般的には見なされている「法宣言説（declaratory theory）」の系譜に属するものであるが、現代においても、その法宣言説に依拠した判決が下されているという指摘もあり、コモン・ローの法的実践を説明する有力な枠組みである [Duxbury 2008, p.45]。その際、以下でも触れるように、法はすべて、いずれかの行為者によって実定化されたものであるとする法実証主義にとっては、もし法宣言説が正しければ、英米の主要な法源であるコモン・ローを説明できないという大きな問題が生じてくる。ドゥオーキンなど、「何人かの人々は、いくつかの法は全く創られないと言う。それらは人工物でなく、創作者、創造者、あるいは作者を務める行為者を持っていないと言われている。法が創られるいくつかの興味深い方法を脱神秘化することによって、この見解のいくつかの魅力を取り除く」[Gardner 2007, p.51] ことを試みているのが、J・ガードナーである。

　ガードナーは、『コモン・ロー理論』に収められた「法のいくつかの類型（Some Types of Law）」において、立法（legislated law）を法のパラダイムとして捉え、それが有する三つの性質として、①立法は明白に創られること、②立法は意図的に創られること、③立法は、ある行為者（agent）の行為であることを挙げている。そして、コモン・ロー、判例法がそれら三つの性質を具備しているかを検討することからその議論を進めている。

　まず、ガードナーによれば、判例法は明白には創られない。すなわち、「判例法は、立法とは違って、規定されることによっては創られず、議論において用いられることによって創られる」[ibid., p.67]。裁判官は、個々の事例の事実関係に基づいて各々の判決において法を創っているという考え方もありうるが、ガードナーは、法とは一つの事例以上に適用される規範であって、個々の判決における

ルールは法にはなりえないと指摘している。各々の判決におけるルールは，後の裁判所によって先例として用いられることによって初めて法たりうるのであって，そこから，用いられることによって判例法は創られると論じているのである。ガードナーは，ここでの用いられるルールという概念を，D・ライオンズが含意されたルール (implied rule) と呼んでいたものと同定しているが，それは，判例における「ルールが，それが表現されることによるよりもむしろ，事例において用いられることによって創られるからである。それは，規定されるルールではなく，むしろ用いられるルールである」[*ibid.*, p.68]。

次にガードナーは，「新しい判例法を創る行為は意図的でも偶然であってもよい」[*ibid.*, p.70] と論じている。判例法は，それを創る行為が必ずしも法を創るようには意図されていないという点で立法とは異なっているのであった。ガードナーによれば，裁判官が意図的に法を変更する場合も，彼は法的根拠に基づいてそうする義務があるのであり，健全な法発展のために，既存のルールを覆して，新しいルールを導入するときに裁判官がしていることは，二つの競合するルールの間を調停することであって，必ずしも法の変更を意識しているわけではないと論じられているのである。また，イギリス法において以前の裁判所の判決を回避する手段として度々用いられている区別についても，ガードナーは，それは，必ずしも意図的である必要はないと指摘する。区別するための司法の権能は，法を変更する権能であることは疑いえないが，以前の事例におけるルールが目前の事例には及ばず，それが適用されないことを保証するために狭められる必要がない多くの事例が確かに存在する。その際，裁判官は自らの判断が，先例におけるルールの不適用のためにそのルールを狭めているか，あるいは先例のルールが目前の事例に適用されないのは明白であるとして惰性的に (in inert way) 区別しているかのいずれであるかを知る必要がないため，「裁判官は，以前の事例を区別することによって，判例法のストックを増加させていることに従事しているときも，法を変更する意図を形成する必要は稀である」[*ibid.*, p.71]。ガードナーによれば，判例法のストックのかなり大きな部分が区別によって提供されていることを考えると，判例法の多くは意図的には創られないのであった。

立法，制定法と判例法を比較する際の第三の視座は，特定の行為者によって創られるか否かであるが，この点については，立法者と同様，判例法の作成者は，人間（個々の裁判官）か，制度（諸裁判官から構成される法廷）のいずれかである

と指摘されている。判決においては，裁判官が，個人として判決を下す際も，彼らの判決は権威を持つが，それが法廷の判断となったときは，その権威は増すのであり，その際は，立法府と同様に，法廷を人工的な人格 (artificial personality) として捉える必要があるのであった。いずれにせよ，ガードナーによれば，判例法は，「つねに一つの行為者によって創られるのであり，その行為者は，単独の人間（裁判官）か，単独の制度（裁判官によって構成される法廷）である」[*ibid.*, p.72]。

以上を整理すると，判例法は，何らかの行為者によって創られるけれども，明白には創られず，必ずしも意図的に創られる必要はないということになる。そして，ドゥオーキンが判例法は創られるものではないと論じる際は，判例法が立法とは違って，明白に，かつ意図的には創られないという点に依拠していたと考えることもできる。この点は，ガードナーによれば，ドゥオーキンが，立法府による法形成を，法を創ることのパラダイムとして捉えていることに起因していたが [*ibid.*, p.75]，判例法における法形成と，立法における法形成の違いを相対化するために，ガードナーは，ラズの「権威としての法 (Law as Authority)」の概念に依拠した次のような議論を展開している。

ラズによれば，通常，人々は様々な理由に基づいて行動しているが，法は排他的な理由 (exclusionary reason) であり，人々が持つ第一階の理由に優先して適用され，問題を一定の方向に解決するという特徴を持つ。その際，法が権威を持つのは，人々が，理由のバランスについての自らの評価によって行動するよりも，排他的理由である法に従う方が正しく行動できると判断するからであった。例えば，敵討ち，報復などといった自力救済よりも，刑事裁判システムがより合理的と見なされ，犯罪に対処する最善の方法は何かに関する人々の第一階の理由の衝突を調整する役割を果たすならば，それは権威を持つ。要するに，法の重要な役割は，調整問題 (co-ordination problem) を解決することであった。そして，ラズは，そもそも法体系が存在するためには，権威的な指令として人々によって捉えられうるような方法で，ルールや命令を規定することができなければならないと論じている [深田 2004, 170頁]。

ガードナーが注目しているのは，ラズが，立法と同様に，裁判所による判決も排他的理由として捉えていることである。もちろん，ラズ自身も先例が覆されたり，区別されることは認識しているが，にもかかわらず，先例を考慮せず，裁判官が彼自身の第一階の理由で判断することが禁止されているという意味で，裁判

官の判決も，人々の調整問題を解決する排他的理由を提供しているとラズは分析しているのであった [Raz 1999, p.144]。ガードナーは，ドゥオーキンが暗黙の法と呼び，裁判官がそれを「宣言する」とされていたコモン・ローを正当化する理由づけも，結果的には，「裁判官が，それに依拠することによってルールを生み出す」のであって，したがって，そのような「暗黙の法も表面に現われた法と同様，誰かによって存在を与えられる」[Gardner 2007, p.75] と指摘している。その際，ガードナーは，ラズによって分析されたように，裁判官による判決も立法と同様に排他的理由であり，一定の行為者によって創られたものであると論じているのである。

裁判官による区別などを立法の枠組みで捉えていたハートとは違って，ガードナーは，排他的理由の提供という法の機能に着目することで，コモン・ローも，そのような理由を提供するために作者が必要であると論じている。コモン・ローを「裁判官創造法（judge-made law）」と断じたベンサムのコモン・ロー批判については第2章第3節で検討したが，ガードナーの議論は，そのベンサムの指摘のより洗練された形態であるとも言えるだろう。しかしながら，その「権威としての法」という前提自体が，コモン・ローと共同体との結びつきを重視しているポステマによって批判されることになる。

（3） 法と共同体

コモン・ローを理由づけ，原理の体系として捉え，ハード・ケース，あるいは新奇の事例（novel cases）における裁判官の「裁量」を「法の宣言」として捉える見方に共通する特徴として，法と社会道徳，法と共同体の結びつきを重視する点を挙げることができると思われる。これは，そのような理由づけ，原理が社会道徳，共同体にその基礎を持っていて，法実証主義の陣営によって指摘されているような，裁判官の準立法的な行為としては捉えられないことを示すための，いわば，コモン・ローにおける法発展の正統性を示すための議論であろう。

例えば，ドゥオーキンによれば，アメリカ合衆国は，正義，公正，統合性といった政治理念を重視する共同体であり，その代理人である公務員を通じて，そのような理念，諸原理は尊重され，将来へ発展させられるべきものとされている。すなわち，ドゥオーキンの法理論の基礎には，「首尾一貫した原理群を採択し，それを発展させてゆく共同体，そしてその原理群をすべての成員に対して公平に実

現し，保障してゆく共同体，さらにその共同体の代理人として働く公務員という考え方がある」[深田 2004, 123頁] とわが国の先行研究においても指摘されているが，そこでの代理人とは，共同体に代わって，コモン・ローを宣言する裁判官であって，ハード・ケースや新奇の事例においても，裁判官は，共同体の価値を宣言していると捉えられている。

　一方，すでに触れたように，ポステマは，コモン・ローは，ドゥオーキンのような政治道徳ではなく，具体的な訴訟の積み重ねから生じる「理由のネットワーク」によって支えられるべきであると論じていたが，それは，コモン・ローと共同体の結びつきをより強くするという観点からのものでもあった。2002年の，「コモン・ローの哲学（Philosophy of the Common Law）」という論稿で述べられているように，理由のネットワークとしてコモン・ローを捉えるポステマの枠組みは，「法は，それが統治しようとする共同体の一般的な社会生活に組み込まれなければならない」が，その際，「法がその根を突き刺さなければならない土壌を提供するのは，信条ではなく会話であり，原理ではなく実践であり，理論や原則ではなく日常的な出来事や活動である」[Postema 2002a, p.615] というコモン・ローと共同体の結びつきについてのポステマ自身の考えに基づいたものだったのである。

　ところで，ポステマは，その「コモン・ローの哲学」において，法実証主義の問題点としてハートとラズ各々について以下のような点を挙げている。まず，ハートの法理論の基礎には，「国会が制定するものは法である」，「先例拘束性の原理」などの承認のルールがあり，特定の法規の妥当性は，それらが承認のルールに合致するか否かについての裁判所，公機関の判断によって与えられると考えられていた。この点は，法とそれ以外のものは，承認のルールについての裁判所，公機関のコンヴェンションという事実によって判別でき，複雑な現代法についても明確な「法の概念」を提供できるというハートの法実証主義の要諦であったが，ポステマが問題にしていたのは，その際，ハートが，「複雑な体系においては，公機関だけが法の妥当性に関する体系の基準を容認し，用いるかもしれない。このような状態にある社会は悲惨にも羊のようなものであって，その羊は屠殺場で生涯を閉じることになるであろう。しかし，そのような社会が存在しえないと考えたり，それを法体系と呼ぶのを拒否する理由はほとんどないのである」[Hart 1994, p.117；邦訳，127頁] とも論じていたことでもあろう。一方，調整問題を解決する

ために排他的な理由を提供することが,近代法体系の重要な特徴であると捉えられていたラズの「権威としての法」に対してもポステマは懐疑的である。ラズは,原理,あるいは政治道徳に訴えて事例を決する裁判官のモデルに対して,法の適用段階において,道徳的な考慮に基づいて法の内容を決定することは,権威として社会に奉仕する近代法の重要な性質に反することになると論じていた。ラズのように,「私たちの法の理解の中心に法の権威的な指令を据えることは,社会的相互作用を妨げ,混乱させるかもしれない事柄に終局性を与える法の役割を強調する」[Postema 2002a, p.618] ものであったが,その上で,法の終局性に「排他的に焦点を合わせることは,熟慮の執行を制度化することのみならず,熟慮そのものも制度化することを見えなくする」[*ibid.*] とポステマは指摘している。

　法と共同体の関係の強調は,ポステマの理解によれば,コモン・ローの伝統に特徴的ものであり,ハートやラズにおいては見過ごされてきた法の重要な性質に,ドゥオーキンとは異なった角度から焦点を当てることを可能にするものとして捉えられているようである。まず,ハートの承認のルールに関しては,法は,形式的な妥当性の基準をクリアするのみでなく,その背景にある社会の実践,そしてその実践についての社会の理解と一致していなければならないとポステマは論じている。ポステマによれば,「必要なことはむしろ,形式的,制度的な法の体系が,それが統治しようとする共同体の生活に組み込まれることである」[*ibid.*, p.616]。一方,ポステマのヘイル解釈によれば,ヘイルは「一般的な社会生活の出来事や行動様式」に法を基礎づけており,コモン・ローは,ルーティーン,慣習,慣例,日常生活の実践に基づくもので,裁判官の間のコンヴェンションに基づくハートの法理論とは違った,実質的なコンヴェンショナリズム(Material Conventionalism) による法のモデルとなりうるものなのであった。また,以上のように,一般的な社会の実践,あるいはそれについての理解を法に反映されるために必要なものとして,ポステマは,裁判における公的な議論と熟議の制度化された実践を挙げているが,その際,排他的な理由の提供に法の役割を限定するラズの議論は,「法が提供しようと試みている規範的な指針についての私たちの理解を歪める」[*ibid.*, p.618] ものとして批判されている。本節第1項で見たように,ポステマは,日常的,具体的事例を類推によって発展させる「理由のネットワーク」としてコモン・ローを捉えていたが,コモン・ローの実践においては,「そのプロセスは,たんに裁判官の頭の中で進むのではなく,公的な法廷の働きの中

に制度化されている」[Postema 2007, p.124]。つまり、コモン・ローの制度のあり方として、事例を決定する際に、より広い社会道徳を参照する形で訴訟当事者の弁論が展開されていれば、コモン・ローの推論と日常的な推論の連続性、社会的な実践を反映した法形成が可能になると論じられているのである。

第2節　法社会学の観点とコモン・ロー理論

ところで、第三の論点、すなわち、コモン・ローの原理と社会的慣習(法と共同体)との関係をめぐり、それと密接に関わる議論が、近年、法社会学の研究者からも提示されていることが注目される。

前節のコモン・ローと共同体の関係を強調する議論は、『コモン・ロー理論』に収録された、アメリカの商法学者のM・アイゼンバーグによる「コモン・ローにおける法的推論についての諸原理(The Principles of Legal Reasoning in the Common Law)」においても敷衍されている。アイゼンバーグのコモン・ロー理論については、邦訳があるため[石田訳 2001]、詳しい紹介は省くが、『コモン・ロー理論』収録の論稿においては、「コモン・ローのルールを形成する際に、裁判所が適切に考慮に入れてよいのは、(中略)公平に言って、共同体の実質的な支持を得ていると言いうるものである」[Eisenberg 2007, p.83. (　)内は引用者]と論じられ、例えば、*Bennett v. Bennett*(1889年)で、夫だけではなく妻からも、配偶者の不貞行為に対する損害賠償請求が認められるようになったこと、同様に、*Oppenheim v. Kridel*(1923年)において、妻からも姦通罪の訴えが提起できるようになったことが、それぞれ、従来は、夫の側の権利のみを認めていたルールが、アメリカにおける女性の権利の拡大という社会道徳の変化を取り入れる形で拡張されたものとして説明されている[*ibid.*, pp.98-99]。このアイゼンバーグの例は、コモン・ローと共同体という枠組みによるコモン・ローの推論の説明、記述であるが、この終章の前節で検討したポステマにおいては、コモン・ローに基づく理論が、法のモデルとして、ハートやラズの法実証主義よりも優れている論拠としても、法と社会の関係が強調されていた。第2章の最後で見たように、ガードナーも、「裁判官の慣習」と「一般的慣習」を峻別したベンサムの議論を敷衍する形でポステマを批判していたが、ポステマ、あるいはドゥオーキンなどによって前提とされているコモン・ローと共同体の関係を、より詳細に検討しているのが、

イギリスの法社会学者であるR・コテレルである。

コテレルは，その著書，『法理学の政治（*The Politics of Jurisprudence*）』において，正当化の原理への関心，継続的に発展する法のイメージとともに，コモン・ロー思想においては，その古典的な形態においてより，法と社会，あるいは社会，共同体の価値との関係の不可分性が繰り返し強調されてきたと論じている［Cotterrell 2003, p.176］。クックからブラックストーンに至る古典的コモン・ロー思想の時代から，「裁判官の権威は，政治的決定者としてではなく（確かに国王や議会の代理人ではなく），共同体の代表者としてのものであった。それ故に，共同体に法を強制することではなくて，共同体の法を規定すること」［*ibid.*, p.27］が裁判官の役割として捉えられていたというのがコテレルの理解である。その際，コテレルによれば，過去との継続性の想定の非現実性，あるいは司法による法的原則の自覚的な発明の証拠の下，当初の，「共同体を代表して古来の慣習を宣言する裁判官」という前提が維持できなくなってきたとされている。そして，コモン・ローを古来の慣習とする枠組みが放棄され，「共同体のスポークスマン，すなわち，法の創造者ではなく，古来の真実のたんなる再規定者でもなく，発展する集合的な法意識の代表者としての裁判官という複雑な概念」［*ibid.*, p.29］が登場してきたのであり，ドゥオーキンの法理論もその延長線上に位置づけられると論じられている。

以上のように，法と共同体，社会の結びつきを強調するものとしてコモン・ロー理論を理解した上で，コテレルが特に問題にしているのが，社会の変化，発展，あるいはそれがどのように法に反映されるのかに関する説明が不十分であるということであった。まず，コテレルによれば，古典的コモン・ロー思想においては，法が基づく慣習は自生的に発展すると考えられていたが，それでは慣習の変化の法への反映が，何か神秘的なものに還元されてしまい，法の発展の問題を法理論の領域から完全に排除してしまうという側面があった［*ibid.*, p.157］。また，コテレルは，コモン・ロー理論の典型としてパウンドの法理論を挙げているが，すでに第4章第2節でも触れたように，パウンドが，「有機的な法観念（organic view of law）」を取るようになったことに，特に焦点を当てている。すなわち，パウンドにおいて，法が，それ自身のうちに，自らの発展のための資源を有しているという有機的な法観念が取られていたことが強調されているのである。パウンドは，意図的な侵害の不法性，私有財産の神聖性，さらには最低限度の生活の保障

などの法に内在する基本的な価値，すなわち，法の根本原理（jural postulate）に基づき，裁判官が法を発展させることを論じていたのであったが，ただ，コテルによれば，「どのようにしてそれら自身が変化し，発展するのかについて理論的な説明がなされていないため，法の根本原理は，法の将来における発展の信頼できる指針を提供したり，それを説明することはできない」[ibid., p.158]。結局，有機的な法観念，すなわち，法に内在するものから，法の発展の過程を説明しようとする試みは，コテルによれば，見当違いなのであった [ibid.]。

　本書の問題関心からも興味深い点は，コテルの枠組みからは，パウンドには欠けていた法の発展を促す外的な力としてドゥオーキンにおける政治道徳の役割を捉えることができる点である。コモン・ロー自体は有していない発展のための契機を「共同体の制度や決定の構造をより善い光のもとで示す政治道徳」が提供しているという解釈である。しかしながらコテルは，以下のように，ドゥオーキンにおいても共同体の政治的，道徳的価値が法に反映する過程の説明が不十分であると論じている。

　司法部による法発展を，裁判官を共同体のスポークスマンとして捉えることで正統化するならば，その際に用いられる原理，政治道徳が共同体の価値を反映したものでなければならないだろう。コテルによれば，ドゥオーキンもその点については認識しているようであり，「市民的不服従」をそのための一つの手段として挙げている。すなわち，裁判官による政治道徳の解釈に異議を持つ人々が市民的不服従によって，より共同体の価値に即した解釈を可能にさせるものであり，それは，政治道徳の解釈に関する合法的な論争であり，裁判官はそのような行為を寛容に扱うべきであるとドゥオーキンは論じているのである。ただ，コテルの指摘を俟つまでもなく，裁判官にそのような対応を期待するのは非現実的であるし [ibid., p.171]，また，「一方で非法律家の市民，他方で法律家や裁判官を，法の解釈者という同一の共同体の一員として考えるのは極めて非現実的である」[ibid.]。ドゥオーキンにおける政治道徳の解釈，すなわち法発展は，裁判官の信念（conviction）にのみ基づいているものなのかもしれない。いわば，ドゥオーキンにおける共同体，そして，その政治道徳とされるものは，あくまでも，法律家，裁判官のレンズを通したものであったとコテルは論じているのである。[1]

第3節　法思想史の観点とコモン・ロー理論の三つの論点

　本節では，ここまで整理した現代のコモン・ロー理論における三つの論点につき，英米のコモン・ロー思想史の観点から検討を加える。その際，第1節で触れたダイゼンハウスのイギリス法実証主義の理解，ポステマのヘイル解釈，第2節におけるコテレルによるコモン・ロー裁判官の役割についての説明などを，まず，本書の第1章から第4章で示したコモン・ロー思想史の検討から修正してみたい。現代のコモン・ロー理論における論争，ハート，ドゥオーキン間の論争に本書に特徴的な観点，法思想史の観点から検討を加えるために，ここでは，より正確に英米のコモン・ロー思想の展開を跡づけることを試みたい。

　ダイゼンハウスのコモン・ロー＝ロマン主義と法実証主義の整理，ヘイルのコモン・ローが，実質的なコンヴェンションを反映しているとするポステマのヘイル理解は，イギリス，アメリカのコモン・ロー思想が，法を理性，原理に基づかせ，共同体の慣習を反映する形での裁判官による法の発展をそのモデルとするのに対し，法実証主義は，法の概念の中心に権威を置き，立法をモデルとしているとの対置を前提にしている。このような理解は，ホームズ研究者のF・ケロッグが，第4章第1節でも取り上げたように，クック，ヘイル，ブラックストーンらの古典的コモン・ロー思想をボトムアップの法思想，ホッブズやオースティンのものを中央集権的でトップダウンの法思想として特徴づけた上で，ホームズの法思想の特徴が，前者を継承したものであると捉えている点に典型的に表れている。しかしながら，イギリスにおいては，すでに17世紀のヘイルから，ベンサムを例外として，オースティンやその後のサーモンドに至るまで，コモン・ロー実証主義（Common Law Positivism）とも呼びうる法思想が優勢であったというのが筆者の理解である。以下，本書の第1章から第4章において用いた「論争軸」により，また，そこでも引用した，それぞれの法思想の特徴を示す言説を再び引用しながら，近代英米法思想の展開を整理してみたい。

　コモン・ローを技術的理性（artificial reason）として捉え，熟達した裁判官の

---

(1) 同じく，ドゥオーキンにおける裁判官の視点の特権化を指摘するものとして，中山［2000, 99頁］がある。

推論方法の中に見い出されるとしたクックに対して，ホッブズは，周知の「理性ではなく権威が法を創る」との批判を展開したが，ヘイルは，コモン・ローの権威をより実定的なものに基礎づけた。第1章で検討したように，ヘイルは，コモン・ローの大部分は立法に起源を持つと論じていたのだが，法の実質，合理性 (reasonableness) を重視したクックよりもホッブズに近い。「一般性は，何ものをも結論には導かない (generalities never bring any thing to a conclusion)」[Coke 2003, vol.1, p.151] と先例における形式的なルールよりも，個々の判決の妥当性を優先していたクックとは対照的に，「特定の事例に対する特定の人々の理性の適用における大きな不安定」を避けるために，「一定の確かな法とルール」[Hale 1966, p.503] が必要であると論じたヘイルにおいては，先例は，大きな重みと権威を持つとされていたのであった。「ルールか救済か」，「ルールか原理か」という論争軸で整理するならば，コモン・ローをルールとして捉える立場は，すでにヘイルにおいて確立されていたと言えよう。また，コモン・ローを過去の立法ではなく，「古来の慣習」に基礎づけた点ではヘイルと異なるが，ブラックストーンにおいても同様に，法はルールとして捉えられ，明白に理性に反することがなければ，先例は十分に根拠を持っていると論じられている。

　ヘイルやブラックストーンの古典的コモン・ロー思想を，ルールの概念よりも，原理的な思考に沿ったもので，救済に法を基礎づけているとする見方は，「法宣言説」に対する一定の理解からのものであると思われる。わが国の先行研究でも，ブラックストーンの法思想は，「実際には新しい判例の付加という形で，彼の意識では法の宣言という形で，実定法の世界が開かれており，彼の法叙述の中に新しいものがとり込まれる余地を与えている」[石井 1979, 17頁] と論じられている。しかしながら，例えば，裁判官の役割を法の宣言 (declaring), 解釈 (expounding) と公布 (publishing) と見なしたヘイルにおける「法の宣言」とは，あくまでも古来の，あるいは明白な法を追認することであって，法の発展は，そのような明白な法の解釈，すなわち類推に委ねられていた。また，「法はそれ自身の意味を宣言することをめったに躊躇しない。しかし，裁判官は，他のもの（事実問題）の意味を見つけ出すために頻繁に困惑している」[Blackstone 1979, vol.3, p.329.（　）内は引用者] と言明したブラックストーンに原理的思考を帰すことも難しい。

　オースティンも，司法法の最も一般的な形態として類推を挙げ，「類推に基づく結果によって，既存の法から新しいルールが導かれる」[Austin 1879, p.661]

ことでコモン・ローの発展を説明していたように，権威的なルールからの類推による法の発展というヘイルの説明を継承している。オースティンの司法法 (judiciary law) は，コモン・ローに対する強烈な批判を含意していたベンサムの裁判官創造法を想起させるものでもあるが，すでに第3章で強調したように，オースティンの目的は，類推を司法法，裁判官を従属的な立法者として捉えることで，コモン・ローを，その発展的な側面も含めて主権者の命令に還元し，それに形式的な統一性を与えることであった。「コモン・ローとその発展を説明する枠組みはいかなるものか」というイギリス法学上の論争軸に照らしてみると，オースティンの法理学は，ヘイルやブラックストーンに取って代わるのではなく，より整合的なコモン・ローの地図を提供することを目的としていたのである。その後，コモン・ローの発展の歴史における裁判所の役割を強調したメインの影響や，ハリソンの「権能付与的なルール」の重要性の指摘もあり，オースティンの従属的な立法者という概念が批判され，コモン・ロー裁判所の立法府からの独立が強調されるようになるが，ベンサム，あるいはメインによって，類推を法の解釈とすることが擬制であることが指摘された後は，権威的なルールからの類推によって法の発展を説明するヘイルの枠組みも不十分なものになる。「裁判官による法形成はいかにして正統化されるのか」という論点における転換点を，19世紀の後半に見い出すことができると言えよう。その際，サーモンドは，ハートの「承認のルール」のプロトタイプでもある「究極の法的原則 (ultimate legal principles)」を提示し，主権者命令説ではなく，裁判官による適用という事実，あるいは裁判官の実践によって法の妥当性を説明するとともに，そこから裁判官の立法権も導いていた。

一方で，アメリカにおいても，20世紀初めには，ホームズが，コモン・ローが，裁判官によって宣言される「空中における気がめいるような遍在 (a brooding omnipresence in the sky)」[Holmes 1992, p.230] ではないと述べており，コモン・ローにおける裁判官の法創造についての認識は共有されていた[2]。しかしながら，前節でのコテレルの指摘のように，法の発展についての考察がなされていなかったヘイルやブラックストーンらの古典的コモン・ロー思想とは対照的に，ホームズやパウンドの法思想の主題は，「責任概念の客観化」，「コモン・ローの有機的な発展」といった，裁判官を導くものの探求であった。オースティンの「主権者の命令」から，サーモンドを経て「裁判官の実践」へと，その枠組みは漸進的に

変化したものの，法を静態的に捉え，「コモン・ローの地図」を提供することを主眼としてきたイギリス法学とは対象的に，裁判における動態的な法的推論を分析すること，「コモン・ローの発展を導く原理の探求」がアメリカ法学の主要なテーマになっていくのである。もちろん，例えばオースティンも，レイシオ・デシデンダイの現実を「確固として従われるべき指針であるというよりも，そこから原理が推測されうる，かすかな足跡」[Austin 1879, p.651]であるとして，コモン・ローの実務においては，法がルールに還元できず，その実践が動態的なものであることを認めていたが，ヘイルやブラックストーンと同様，裁判官の法的推論についての詳細な検討はなされていない。第4章の最後でも触れたように，コモン・ローのルールの「現実と本質は，どこか，そこにある（out there somewhere）ものであり，把握されるよりも感じられるもの」[Llewellyn 1960, p.181]であると，オースティンとコモン・ローの実践の記述を共有しつつ，裁判過程の記述，分析に注力していたルウェリンとは対照的であった。

　法思想史の観点からは，ルールか原理か，あるいはルールか救済かという対立は，ダイゼンハウスが提示していたようなコモン・ロー＝ロマン主義と法実証主義ではなく，英米のコモン・ロー思想間の性質の違いに帰着すると整理できるのであるが，「法と共同体の関係」，「コモン・ローと共同体の関係」をどのように捉えるのかという論争軸に関しても，近代の英米の法思想は極めて対照的なスタンスを取っており，それは，ハートやドゥオーキンといった現代の英米それぞれの法理論の性質も規定しているように思われる。

　まず，イギリスに関して言うと，権威的なルールとそこからの類推という枠組みで，コモン・ローの総体を把握することが可能であると考えられたことのコロラリーとして，共同体の慣習は，コモン・ローに権威を与える形式的な根拠の一つに過ぎなかったことに留意する必要がある。第1節で見たように，ポステマは，ヘイルのコモン・ローを，共同体の慣習によって基礎づけられていて，具体的，日常的な事例を解決することで蓄積された理由によって統合されたものとして捉

---

(2) パウンドも，裁判官によって法が創造されることを認めていた[Postema 2011, p.133]。その際，第4章第2節でも検討した法の理念や根本原理によって裁判官の恣意や偏見を抑えることが重要であると論じていた[Pound 1997, p.15]。一方，ルウェリンは，第4章第3節でも検討したように，法のルールには「自在幅（leeway）」があることを指摘していたが，その点が研究されていない要因として，「一つ以上の正解（right answer）がありうるという感覚が，人々にとって心地よくないこと」[Llewellyn 2011, p.128]を挙げている。

えているが，コモン・ローは，「多くの世代の賢明で注意深い人々の知恵，熟慮，経験，観察の産物」[Hale 1791, p.266] であると論じていたヘイルにおいては，むしろ，裁判官の慣習，コンセンサスによってコモン・ローの発展は説明されていたと言えるだろう。第1章第2節でも検討したが，ヘイルのコモン・ローにおける「同意」概念は，極めて形式的なものであった。また，ブラックストーンも，古来の慣習は，コモン・ローの基本的なルールを権威づけてはいたが，コモン・ローが，同時代の共同体の慣習と一致すべきことを説いていたわけではなかった。そして，ベンサムが，コモン・ローを裁判官創造法であると批判し，ヘイルやブラックストーンにおける一般的慣習と裁判官の慣習の間のミッシングリンクを指摘した後も，オースティンは，「その職業（法曹）の利益は，たびたび社会の利益に反するものであるが，その二組の利益は，概して調和する」[Austin 1879, p.667. （　）内は引用者] と法曹の利益と社会の利益の調和を無批判に前提とした上で，より論理的に一貫したコモン・ロー理論を提示することに専心していた。オースティンは，「その専門職の一般的な意見の影響は非常に大きいので，それはしばしば，一種の道徳的必要性によって，法のルールの採用を裁判所に強制する」[ibid.] と述べ，法の発展については法曹のコンセンサスに委ねている。「コモン・ローの発展を導く原理の探求」や共同体の価値と法との関係についての考察がなく [Lobban 2011, p.594]，コモン・ローを捉える枠組みのみを提示するという点でも，ヘイルやブラックストーンを継承しているのであった。「身分から契約へ」と法についての「偉大な発展の法則」を提示しようとしたメインの歴史法学は，裁判官がいかにして法を発展させるべきかという「内的視点」に基づく法理論につながる可能性を持つものでもあったが，オースティンの分析法学を超えることはなかった。そのようなイギリス法理学の対象の限定は，ハートなど，現代のイギリスの法理学にも受け継がれていると言えるだろう[3]。

　一方で，アメリカのコモン・ロー思想における法と共同体の関係を考える際には，ホームズ，パウンド，ルウェリンの共通の攻撃対象であり，その後のアメリ

---

(3) 本書で検討したイギリスの法思想は，リーガリズムの一形態であるリーガル・コンヴェンショナリズムによって特徴づけることも可能である。佐藤憲一によれば，法律家たちが，「法の存在意義を一般の人々に対して説明し正当化するという困難な課題に立ち向かわず，法律家共同体の中で通用する以上のことを求めなくなった時，リーガル・コンヴェンショナリズムが成立する」[佐藤 2004, 13頁]。

カ法学の方向を決定づけたとも言えるラングデルの議論の内在的な限界に着目することが有用であろう。ラングデルは、コモン・ローの合理的で一貫した原理を提示しようとしたが、過去の立法や古来の慣習をその源泉とし、すでに確立されたルールを前提にコモン・ローの地図を描こうとしたヘイル、ブラックストーンやオースティンなどとは違い、アメリカのコモン・ローの原理は、ラングデル自身のような法学者によって、事例からの帰納によって導かれるとされ、裁判官たちは、その原理から導出されるルールに基づいて判決をすると考えられていた。ただ、ラングデルの枠組みでは、既存の判決を説明するとともに社会の変化も反映していたコモン・ローの原理は、法学者によって発見されると考えられており、結果的に、法学者に立法者と同じような役割が委ねられ、その権威については重大な疑義が投げかけられることになる[Lobban 2007a, pp.207-208]。「裁判官による法形成はいかにして正統化されるのか」という論争軸に照らして比較してみると、権威的ルールからの類推などによってコモン・ローの発展を説明しつくせると考えることもできていたイギリス法学とは違い、19世紀後半のアメリカ法学においては、裁判官がどのような権限に基づいてコモン・ローを発展させるのかを説明することは早急に解決されるべき課題であったのである。第1章から第3章まで検討したイギリスの法思想においては、コモン・ローの基本的な部分を、「過去の制定法」、「共同体の慣習」と関連づけて正統化し、そのように正統化されたものからの類推などによって、コモン・ローの発展を説明していたのに対し、アメリカではそのような基礎がなく、コモン・ローが発展する際に、つねに共同体の価値との適合性が志向されていたとも言えるだろう。そして、アメリカ法学の主題を形成した「コモン・ローの発展を導く原理の探求」、すなわち、責任の範囲、そしてその変化を共同体の価値、基準に委ねたホームズのプラグマティズム法学や、コモン・ローが反映するアメリカ社会の価値、理念であった法の根本原理を法源として、裁判官を拘束するものとして捉えていたパウンドの社会的法学も、法を共同体に基礎づけることによって、コモン・ローの発展の正統性を示そうとする試みであったし、現代のドゥオーキンの法理論も、そのような試みの延

---

(4) ラングデルが、諸事例からコモン・ローの原理を導く際は、それらの事例における裁判官の推論を批判的に考察することが伴っていた[Postema 2011, p.50]。また、ラングデルにおいても、法は動態的でつねに変化するものとして捉えられており、新たな原理も、法学者の批判的考察によって「発見」されることになる[*ibid.*, p.58]。

長線上に置くこともできるだろう。また、ルウェリンは、自らの法理学の領域には価値の問題は含まれないとしていたが、コモン・ローは、その歯車を法の社会、すなわち、裁判官などの法律家集団とかみ合わせるべきではなく、「民衆の法が奉仕すべき正義」を実現すべきであると論じていた。第4章第3節で見たように、ルウェリンは、グランド・スタイルによって、コモン・ローの発展がより的確に行なわれると論じていたが、ルウェリンにおいては、法の「改造（remodelling）や方向を変えること（redirection）は、実際は、法の安定性の維持である。なぜなら、法的ルールの技術的な秩序と、関連する一般的な社会秩序の間の緊張が減じるからである」[Llewellyn 2011, p.140] と考えられていた。「もし社会秩序の一定の部分が変化するならば、法的ルールの思想も変化しなくてはならず、そして、もし思想が変化するならば、当然のこととして、その皮膚も変化しなくてはならない」[ibid., p.141] とも述べていたように、社会、共同体の価値の変化に応じて、それに沿った原理、政策（思想）に基づく法（皮膚）が形作られなければならないとルウェリンは論じていたのである。そして、オースティンの法理論においては論点とはならなかったコモン・ローの救済的な側面の検討、法律家の技巧の記述も、ルウェリンにおいては、裁判官による法発展を前提に、その法的推論が裁判官の恣意に流されないよう規制するために、必要不可欠なものとして捉えられていたとも考えられる [ibid., p.122]。

関連して、法とそれ以外のものは主権者の命令か否かで区別されるとしたオースティンに対し、アメリカではイギリスのような明確な主権者は存在しないとした、20世紀の初頭のグレイの指摘が示唆的である [Duxbury 1995, p.52]。オースティン、あるいはサーモンドも、政策考量や一般的な慣習など法外在的なものが法の実質に影響を与える実質的な法源（material source）であることは認めていたが、それは、それ自体で拘束力を持つ形式的な法源（formal source）とは明確に区別されていた。一方で、ホームズは、裁判官の判決のあらゆる動機を法源として挙げ、パウンドは、法秩序の目的、法の理念も広い意味での法に含ませてい

---

(5) 椎名智彦は、アメリカ固有の法文化として法道具主義を挙げ、その背景として、アメリカ社会における価値についての相対主義、懐疑主義といった文化的要因を挙げている [椎名 2010, 59頁]。本書の考察からは、イギリスとは違って、共同体の価値に法を基礎づける必要があったアメリカでは、当然、そのような基礎づけに対する批判や懐疑は先鋭になり、それに代わるものとしての道具主義的立場の普及も、より広汎なものになったと考えることもできよう。

た。「法が法であるのは、ただ、それが国家によって適用され、強制されるからであり、国家がないところでは法は存在しえない」[Salmond 1913, p.155] とサーモンドは論じることができたが、同時代のホームズにとっては、そもそも法が、主権者の命令などの何らかの基準によって限定されるか否かが問題となっていたのである [Holmes/Kellogg 1984, p.27]。第3章第2節で見たように、メインの『古代法 (*Ancient Law*)』(1861年) を拒絶したイギリスとは対照的に、形式的法源と実質的法源、ある法とあるべき法の峻別がなされていなかったアメリカでは、法の発展理論を探求したホームズの『コモン・ロー (*The Common Law*)』(1881年) が、大きなインパクトを与えている。また、パウンドも、社会の秩序の真の描写に法秩序は対応する必要があると論じ [Pound 1997, p.122]、法の根本原理よって、法を時代の変化に一致させようと試みていたが、それは、法についての「偉大な発展の法則 (great law of evolution)」を探求したメインの試みに近い。一方で、法の発展は社会の発展と結びついており、法は社会の変化に適応しなければならないというメインの『古代法』の議論は、イギリスにおいて、法の目的についての考察、法と社会の関係についての考察を促すものであったが、そのような法学が、イギリスに定着することはなかった [Lobban 2010, pp.111-12]。明確な法源、権威的なルールがすでに存在していたイギリスでは、法なるものを幅広く捉え、社会の価値、そしてその変化との結びつきを強調したメインの問題意識は受け入れられることはなかったのである。本書で示してきたように、サーモンドを経てハートに至る法実証主義の漸進的変化という観点で、イギリス法思想の展開を整理できるならば、この終章冒頭で触れた、法源をめぐるハートとドゥオーキンの

---

(6) 英米の法理論の違いが、その制度的な相違によって説明できると論じている研究として、すでに言及した Atiyah and Summers [1987] がある。また、R・ポズナーは、裁判官の役割を大きくしたい際は、法の範囲を広げることが有用であり、ドゥオーキンとハートの法の捉え方の違いも、そのような実践的な側面によって説明できるとしている [Posner 1996, p.10]。もちろん、以上の制度的、実践的な要因も無視できないが、「法とは何か、コモン・ローとは何か」というより根源的な問いへの回答の中に、英米法思想の相違の重大な要因を見い出すことができるのではないかというのが本書のスタンスである。なお、前者の書評として、英米間の法のあり方の違いが「程度の問題」として扱われていること、検討の対象が比較的限定されていることなど、いくつかの難点が指摘されている中村 [1994, 222頁] を参照。

(7) ポステマによれば、オースティンの法理学の中で、ホームズは、その主権者の概念に対して最も批判的であったとされている [Postema 2011, p.88]。

捉え方の違いの原点も，このあたりにありそうである。

第4節　おわりに：ハート，ドゥオーキンの法理論とコモン・ローの伝統

　以上，ここではまず，ルールか原理か，法宣言か法創造か，コモン・ローと社会的慣習（法と共同体）との関係という三つの論点を相互に関係させながら，最近のコモン・ロー理論の動向を検討した。また，そのような現代の論点とも関連させながら，本書で詳細に検討した17世紀イギリスのクックから20世紀前半アメリカのリアリズム法学に至るまでのコモン・ロー思想の展開を整理してみたが，その結果明らかになったのは，コモン・ローが，権威ある源泉からのルールの体系として捉えられうるものであったか否か，コモン・ローと共同体の関係についての捉え方の違いから，コモン・ローをめぐる法思想の英米間の焦点の違いを説明できるということである。最後に，法思想史，コモン・ロー思想史の検討からの知見に基づき，ハートら法実証主義陣営とドゥオーキンの論争を検討するが，その際，法実証主義陣営のみならずドゥオーキンもコミットしているイギリスの法実践に即して検討することが有用であると思われる。

　ドゥオーキンは，『法の帝国（*Law's Empire*）』（1986年）の第7章で，架空の裁判官のハーキュリーズを登場させ，家族が交通事故にあった現場を目撃した原告が，情緒的損害に基づく損害賠償を請求した事例を，政策，立法の観点ではなく，コモン・ローを基礎づけている政治道徳に依拠して判決させているが，この事例は，イギリスの *McLoughlin v. O'Brian*（1983年）をモデルにしたものであった。そして，実際の事件でも，スカーマン卿（Lord Scarman）は，損失を回復する権利がコモン・ロー上，確立されているならば，それと整合的に判決すべきであると，ドゥオーキンの議論に沿った判決意見を述べている。しかしながら，多数意見は，注意義務はコモン・ローにおいて確立された法原理であり，この場合の原告の損害も合理的に予見可能なものであったが，訴訟の濫用を防ぐために，ネグリジェンスの責任はどこかで限定されなくてはならないとの認識も持っていた。法の欠缺が，コモン・ローの原理の整合的な発展によってではなく，むしろ裁判官による立法という枠組みで検討されているのであり，イギリスの法哲学者のJ・ペナーが論じているように，ドゥオーキンの議論は，裁判官の推論の記述であるとしても，その少数派のアプローチの記述に過ぎないのであった［Penner 2008, pp.131-32]。ペナーはさらに，ドゥオーキンが『権利論(*Taking Rights Seriously*)』(1977年)で原理に基づいた判決の例として挙げた *D v. National Society for the Prevention of Cruelty to Children* も，実際は立法的な考慮によって解決されたと論じているが [*ibid.*, p.129]，前節でも触れたように，すでに20世紀の初めに，イギリスの裁判官には法創造の権能が与えられていることが，サーモンドによって論じられていた。ラズも，法体系の基礎である究極の法として，一定の法を適用するよう裁判官に要請する承認のルールの他に，裁判官の法創造を導く「究極の裁量についての法」を付け加えているが [Raz 1979, p.96]，ラズの議論は，ドゥオーキンのものよりも，ハード・ケースに関しては，イギリス法の実践をよりよく記述していると言えるだろう。

　もちろん，イギリスの法実践に即した際，より一般的なコモン・ローの推論の記述として，ラズの枠組みには問題があることを指摘することは可能である。第1節第2項で検討したように，排他的な行為理由を与えるラズの「権威としての法」においては，裁判官によって規定される判決も，確定的な行為理由を与えるものとして考えられていた。しかしながら，英米法の常識でもあるが，N・ダクスベリーも指摘しているように，「裁判官が事例を決定する際に，先例を，権威的な指令と同じように率直に，彼自身の独立した判断に依拠することを排除しているものと考えることはありそうもないことである」[Duxbury 2008, p.107]。まず，そもそもレイシオ・デシデンダイが，言葉によって明確に規定されることはなく，また，裁判官が先例に従いつつ，それを正当化する理由を変更したりすることがあり，先例そのもの，あるいは区別などによって変更された先例を，立法のように排他的な理由を提供するものとして捉えることはできないという指摘である。この限界は，コモン・ローを主権者の命令に還元しようとしたオースティンが，実際の裁判におけるレイシオ・デシデンダイは流動的であり，裁判官のコンセンサスによって方向づけられる「実定道徳」に近いものとして捉えざるをえなかったのと同様である。

　ハートのように法をルールの体系として捉えるならば，そのようなコモン・ローの特質を説明することは困難になると考えられるが，ただ，ラズの「権威としての法」を用いたガードナーのコモン・ロー理論の主眼は，コモン・ローのルールでさえも，裁判官の宣言，支持，援用，強制といった事実によって妥当性を与えられることを示すことにあった [Gardner 2001, p.214]。オースティンと同様に，

コモン・ローの流動性を認識した上で、法実証主義に共通する特徴は、法の妥当性は価値ではなく事実に基づくという源泉テーゼであり、それは、コモン・ローの動態的な性質も説明しうるものだというのがガードナーの主張である。また、ヘイルやオースティンによってコモン・ローの発展の主要な契機として位置づけられていた類推による法の発展も、ハートの承認のルールの概念を拡張することによって説明できることが、N・マコーミックによって示されている。第3章第3節でも見たように、すでにサーモンドによって、ルール以外のものも、裁判官による適用という事実によって同定することが試みられていたとの指摘も可能であるが、「ハートの社会的ルールの理論は、原理や、それ自身が規準たる諸価値、そして、その他のさまざまなタイプの社会的規準を取り込むために自らを拡大することが可能だ」[MacCormick 2008, pp.160-61；邦訳、291頁] と、ハートの承認のルールについての理解を修正することをマコーミックは提唱している。その上で、承認のルールをクリアした先例などとともに、先例を支える法的原理なども妥当な法源なのであり、それに基づいて法の欠缺を埋めることができるとマコーミックは論じている。マコーミックによれば、「より個別化・定式化された法的ルールが存在しないか、不十分で曖昧な指針しか提供しない場合には、その規準（ルールに付随する原理）に依拠することが適法であり、また義務的ですらあると考えられている」[ibid., p.161；前掲書、292頁。（　　）内は引用者] のであった。マコーミックは、コモン・ローの「隙間は、すでに存在するものからの拡張によって埋められ」[MacCormick 1978, p.246；邦訳、268頁] てきたとも説明しているが、類推は、ヘイル以来、イギリス法の発展の際の主要な契機であったことを踏まえるならば、包括的な政治道徳に依拠するドゥオーキンの法理論よりも、イギリスのコモン・ローの発展の説明としては優れていると思われる。なお、オースティンやホームズによって指摘されていた「対立する類推の競合 (competition of opposite analogies)」がある事例、ハード・ケースについては、マコーミックにおいても、最終的には司法的立法が要請されることが強調されており、二つ以上の先例を支える法的原理が競合する際は、より大きな重みをいずれかの法的原理の中に見い出すというよりも、法の外からその法的原理に重みを与えることで解決されると分析されている [ibid., p.254；前掲書、278頁]。

　ところで、イギリス法実証主義の司法裁定論については、N・シモンズによる批判的検討が、アメリカのものとの比較という意味でも興味深い。類推的思考の

一つである区別に関して，シモンズは，まず，「訴訟の事例を決定する際に，どのような違いが異なった扱いを正当化するかという問題は正義の問題である」[Simmonds 1984, p.117] と指摘している。区別の際の重要な事実（material fact）の取捨選択は正義の観点からなされるとの指摘であるが，その際，シモンズは，「法がいまだに何らかの一貫した正義の概念に基づいていると考えられている程度は不確かなことである」[*ibid.*, p.118] とも述べている。シモンズのここでの正義とは，コモン・ローを支える原理，理由づけのことであると思われるが，第2節で見たようなそれらの脆弱さをシモンズは認識しているようである。その上で，ラズなどの法実証主義者の先例理論は，「伝統的な判例法の推論形式を再解釈し，正義の想定された基礎に依拠することからそれらを解放する試み」[*ibid.*] として捉えられている。正義，あるいは原理，理由づけが，共同体の価値を反映するとは言えず，裁判官がそれらを客観的に「宣言」することが不可能になったため，判例法の発展を立法の枠組みで捉えるハートやラズの議論が説得力を持ってきたとの指摘であろう。もちろん，すでに述べたように，ヘイル，ブラックストーン，オースティンなど，イギリスの代表的な法思想に関して言うと，シモンズがここで「正義」と表現しているものの考察はなされておらず，ミスリーディングである。一方で，アメリカでは，シモンズが「訴訟の事例を決定する際に，どのような違いが異なった扱いを正当化するか」と述べた問題は，例えば，第4章第3節でも少し触れたように，ルウェリンによって，法的諸事例の関連性，非関連性を判断する状況感覚（situation sense）の問題として，法律家の技巧としても捉えられていたものであった。ルウェリンは，状況感覚に基づき類型化された概念を状況概念（situational concept）とも呼んでいたが，「（法の）素人は，法律家が手近にいなくても，そして，裁判官は，（相対立する弁論を提示するような）弁護士が近くにいても，適切に形作られ，適切に名づけられた状況概念は，裁判官と（法の）素人をともに導く」[Llewellyn 2011, p.117.（　　）内は引用者] として，法理学の中心的な課題と捉えている。また，本書では詳しく検討しなかったが，20世

---

(8) 例えば，有名なドナヒュー事件での，契約関係の原理と，契約とは無関係なネグリジェンスの責任との対立など，「法的政治的伝統から引き出されうる二つの合理的推量の間から，どちらか一つが選択されなければならない」[MacCormick 1978, p.254；邦訳，278頁] 状況があり，その際は，社会への影響を考慮した帰結主義的な論法が取られるとマコーミックは指摘している。

紀半ばに活躍したリーヴィは，共同体を代表するものとして訴訟当事者を捉え，彼らによって裁判所に提示される事例間の類似性，非類似性の議論を検討することによって，社会の変化にも対応したコモン・ローの発展が可能になると論じていた［Postema 2011., p.138］。そして，リーヴィの議論が，第１節で検討したポステマの議論と非常に近いように，現代のアメリカでも，区別，あるいは上述の「対立する類推の競合」などのハード・ケースの際に裁判官を導く，判例法を支える正義について盛んに論じられている。

　結局，コモン・ロー思想の論点は，ここでシモンズが「正義」と呼んでいるもの，あるいは本章でも触れたドゥオーキンが「暗黙の法」としていたものの性格をどのように捉えるかに帰着するようである。ルウェリンによって，コモン・ローがどの方向に発展するか，法律家によって感じられる（felt）何か［Llewellyn 2008 b, pp.361-62］と捉えられていたものであり，端的に，コモン・ローの発展の原理と言い換えてもいいだろう。前節で見たように，イギリスでは，権威的なルールの体系として法を捉えることができたオースティンは，コモン・ローの発展の多くが，「（法）体系の現に一部分であるルール，あるいは諸ルールから，類推に基づき築かれた結果」［Austin 1879, p.660.（　　）内は引用者］であると述べていたが，現代のハートやマコーミックの法理論なども，確立されたルール，原理を前提とするもので，それらを拡張したり，その隙間を埋めることに焦点が当てられていると言えるだろう。また，コモン・ローの発展を「法曹団のコンセンサス」に委ねていたオースティンと同様に，法を裁判官の実践によって基礎づけたサーモンドにおいても，どのように法を適用し，発展させるのか，裁判官を法的に義

---

(9)　D・ケネディは，「法適用と司法的立法の中間項」に焦点を当てた研究を進めている。ケネディによれば，ハートに代表される法実証主義は，その「中間項」の存在を否定し，法適用でないものを司法的立法とするのに対し，ドゥオーキンなどの整合性理論は，「中間項」の存在を正面から認めている［船越 2011, 27-28頁］。その際，ケネディは，マコーミックの法解釈理論も整合性理論に含めているが，そこで裁判官が拘束される原理は，すでに本文でも触れたように，既存の法からの類推に基づくもので，「法に内在する原理や価値」であり，政治道徳が含まれるドゥオーキンの「中間項」とは性質を異にするだろう。その一方で，ガードナーの理解によれば，「法実証主義は，法的妥当性の条件についての命題に過ぎないので」［Gardner 2001, p.224］，「どこで法創造が終了すべきで，法創造が始まるべきかという主題について何も言うことはない」［ibid., p.222］とされており，法実証主義も多様である。

務づけるものはなかった [Postema 2011, p.21, 24]（10）。一方，ドゥオーキンは，コモン・ローを発展させる際の，政治道徳による拘束を論じており，シモンズが言う「正義」，共同体の価値の考察が，その法理論の中心に据えられているが，それは，法源についての，あるいは，コモン・ローを共同体との関係において基礎づける，法の正統性についてのアメリカ独特の理解に基づいているものである。

---

(10) ポステマは，ハートにも同様な指摘が可能で，そこでは一定の法の解釈や適用を裁判官に義務づけるものを，法的なものと捉えることは不可能であると論じている[Postema 2011, p.24]。一方，現代の法哲学の観点からは，例えば，「ソレンセン事件」などのハード・ケースにおいて，裁判官の視点から考えるドゥオーキンとは違い，ハートは，内的視点に外側から言及する観察者の「外的視点から法の内容を，道徳的に中立的な形で，外的言明として記述している」[濱 2011, 40頁]。よって，「ソレンセン夫人が勝つかは，内的視点を採用して実践に身をおく裁判官次第ということになる」[同上書]。

参考文献

〈英語文献〉

Adams, J. (1856) Novanglus, in *The Works of John Adams*, vol.4 (Boston : Little, Brown and Co.) [Online Library of Liberty].

Allan, T. (2007) Text, Context, and Constitution : The Common Law as Public Reason, in D. Edlin (ed.), *Common Law Theory* (Cambridge : Cambridge University Press).

Allison, J. (2007) *The English Historical Constitution : Continuity, Change and European Effects* (Cambridge : Cambridge University Press).

Atiyah, P. and Summers, R. (1987) *Form and Substance in Anglo-American Law : A Comparative Study of Legal Reasoning, Legal Theory, and Legal Institutions* (Oxford : Clarendon Press).

Austin, J. (1859) *A Plea for the Constitution* (London : John Murray).

―――. (1879) *Lectures on Jurisprudence or the Philosophy of Positive Law*, 4th ed. (London : John Murray).

―――. (1998) *The Province of Jurisprudence Determined and the Uses of the Study of Jurisprudence* (Indianapolis : Hackett Publishing).

Baker, J. (2004 [1969]) The Common Lawyers and the Chancery : 1616, 9 *Irish Jurist* 368 (1969), reprinted in A. Boyer (ed.), *Law, Liberty, and Parliament : Selected Essays on the Writings of Sir Edward Coke* (Indianapolis : Liberty Fund).

Barnes, T. (2008), A. Boyer (ed.), *Shaping the Common Law : From Glanvill to Hale, 1188-1688* (Stanford : Stanford University Press).

Bentham, J. (1962a) Justice and Codification Petitions, in J. Bentham, J. Bowring (ed.), *The Works of Jeremy Bentham*, 11vols. (New York : Russell&Russell) vol.5.

―――. (1962b) A General View of A Complete Code of Laws, in J. Bentham, J. Bowring (ed.), *The Works of Jeremy Bentham*, 11vols. (New York : Russell & Russell) vol.3.

―――. (1970), H. L. A. Hart (ed.), *Of Laws in General* (London : The Athlone Press).

―――. (1977), J. Burns, H. L. A. Hart (eds.), *A Comment on the Commentaries and A Fragment on Government* (London : The Athlone Press).

―――. (1990), P. Schofield (ed.), *Securities Against Misrule and Other Constitutional Writings for Tripoli and Greece* (Oxford : Clarendon Press).

―――. (1996), J. Burns, H. L. A. Hart (eds.), *An Introduction to the Principles of Morals and Legislation* (Oxford : Clarendon Press).

———. (1998), P. Schofield, J. Harris (eds.), *'Legislator of the World': Writings on Codification, Law, and Education* (Oxford : Clarendon Press).

———. (2010), P. Schofield (ed.), *Of the Limits of the Penal Branch of Jurisprudence* (Oxford : Clarendon Press).

Berman, H. (1994) The Origins of Historical Jurisprudence : Coke, Selden, Hale, 103 *Yale Law Journal* 1651.

Blackstone, W. (1979) *Commentaries on the Laws of England*, 4vols. (Chicago : The University of Chicago Press).

Boyer, A. (2003) *Sir Edward Coke and the Elizabethan Age* (Stanford : Stanford University Press).

———. (ed.) (2004) *Law, Liberty, and Parliament : Selected Essays on the Writings of Sir Edward Coke* (Indianapolis : Liberty Fund).

Brooks, C. (2008) *Law, Politics and Society in Early Modern England* (Cambridge : Cambridge University Press).

Burgess, G. (1992) *The Politics of the Ancient Constitution : An Introduction to English Political Thought, 1603-1642* (Basingstoke : Macmillan Press).

———. (1996) *Absolute Monarchy and the Stuart Constitution* (New Haven : Yale University Press).

Burrow, J. (1991) Henry Maine and Mid-Victorian Ideas of Progress, in A. Diamond (ed.), *The Victorian Achievement of Sir Henry Maine : A Centennial Reappraisal* (Cambridge : Cambridge University Press).

Cairns, J. (1984) Blackstone, An English Institutist : Legal Literature and the Rise of the Nation State, 4 *Oxford Journal of Legal Studies* 318.

Cocks, R. (1988) *Sir Henry Maine* (Cambridge : Cambridge University Press).

———. (1991) Maine, Progress and Theory, in A. Diamond (ed.), *The Victorian Achievement of Sir Henry Maine : A Centennial Reappraisal* (Cambridge : Cambridge University Press).

Coke, E. (1610) *The Case of the City of London. English Reports* 77 : 658-671.

———. (2003), S. Sheppard (ed.), *The Selected Writings of Sir Edward Coke*, 3 vols. (Indianapolis : Liberty Fund).

Cosgrove, R. (1996) *Scholars of the Law : English Jurisprudence from Blackstone to Hart* (New York : New York University Press).

Cotterrell, R. (2003) *The Politics of Jurisprudence : A Critical Introduction to Legal Philosophy*, 2nd ed. (London : LexisNexis).

Craig, P. (1997) Formal and Substantive Conceptions of the Rule of Law : An Analytical Framework, *Public Law* 467.

Crimmins, J. (2002) Bentham and Hobbes : An Issue of Influence, 63 *Journal of the History of Ideas* 677.

Cromartie, A. (1995) *Sir Matthew Hale 1609-1676 : Law, Religion and Natural Philosophy* (Cambridge : Cambridge University Press).

―. (1999) The Constitutionalist Revolution : The Transformation of Political Culture in Early Stuart England, 163 *Past and Present* 76.

―. (2005) General Introduction, in T. Hobbes, A. Cromartie, Q. Skinner (eds.), *Writings on Common Law and Hereditary Right* (Oxford : Clarendon Press).

―. (2007) The Idea of Common Law as Custom, in A. Perreau-Saussine, J. Murphy (eds.), *The Nature of Customary Law : Legal, Historical and Philosophical Perspectives* (Cambridge : Cambridge University Press).

―. (2011) The Elements And Hobbesian Moral Thinking, 32 *History of Political Thought* 21.

Cropsey, J. (1971) Introduction, in T. Hobbes, J. Cropsey (ed.), *A Dialogue between a Philosopher and a Student of the Common Laws of England* (Chicago : The University of Chicago Press).

Diamond, A. (ed.) (1991a) *The Victorian Achievement of Sir Henry Maine : A Centennial Reappraisal* (Cambridge : Cambridge University Press).

―. (1991b) Fictions, Equity and Legislation : Maine's Three Agencies of Legal Change, in A. Diamond (ed.), *The Victorian Achievement of Sir Henry Maine : A Centennial Reappraisal* (Cambridge : Cambridge University Press).

―. (1991c), Introduction, in A. Diamond (ed.), *The Victorian Achievement of Sir Henry Maine : A Centennial Reappraisal* (Cambridge : Cambridge University Press).

Dicey, A. V. (1915) *Introduction to the Study of the Law of the Constitution*, 8th ed. Reprint (Indianapolis : Liberty Fund)；伊藤正己・田島裕共訳『憲法序説』(学陽書房、1983年)。

Dinwiddy, J. (1989) Adjudication under Bentham's Pannomion, 1 *Utilitas* 283.

Dodderidge, J. (1629) *The Lawyers Light : Or, A Due Direction for the Study of the Law* (London : Beniamin Fisher).

Doolittle, I. (1983) Sir William Blackstone and His *Commentaries on the Laws of England* (1765-9) : A Biographical Approach, 3 *Oxford Journal of Legal Studies* 99.

Duxbury, N. (1995) *Patterns of American Jurisprudence* (Oxford : Clarendon Press).

―. (2004) *Frederick Pollock and the English Juristic Tradition* (Oxford : Oxford University Press).

―. (2005) English Jurisprudence between Austin and Hart, 91 *Virginia Law Review* 1.

―. (2008) *The Nature and Authority of Precedent* (Cambridge : Cambridge University Press).

Dworkin, R. (1967) The Model of Rules, 35 *University of Chicago Law Review* 14.

―――. (1977) *Taking Rights Seriously* (Cambridge, Mass. : Harvard University Press) ; 木下毅・小林公・野坂泰司訳『権利論』(木鐸社, 1986年)。

―――. (1986) *Law's Empire* (Cambridge, Mass. : Harvard University Press, 1986) ; 小林公訳『法の帝国』(未來社, 1995年)。

―――. (2006) *Justice in Robes* (Cambridge, Mass. : Harvard University Press) ; 宇佐美誠訳『裁判の正義』(木鐸社, 2009年)。

Dyzenhaus, D. (2004) The Genealogy of Legal Positivism, 24 *Oxford Journal of Legal Studies* 39.

―――. (2005 [2001]) Hobbes and the Legitimacy of Law, 20 *Law and Philosophy* 461 (2001), reprinted in C. Finkelstein (ed.), *Hobbes on Law* (Aldershot : Ashgate Publishing Limited).

Dyzenhaus, D. and Taggart, M. (2007) Reasoned Decisions and Legal Theory, in D. Edlin (ed.), *Common Law Theory* (Cambridge : Cambridge University Press).

Dyzenhaus, D. and Poole, T. (eds.) (2012), *Hobbes and the Law* (Cambridge : Cambridge University Press).

Edlin, D. (2007) Introduction, in D. Edlin (ed.), *Common Law Theory* (Cambridge : Cambridge University Press).

Eisenberg, M. (2007) The Principles of Legal Reasoning in the Common Law, in D. Edlin (ed.), *Common Law Theory* (Cambridge : Cambridge University Press).

Eleftheriadis , P. (2010) Austin and the Electors, 50 *Legal Research Paper Series* (Oxford University).

Ferraro, F. (2010) Direct and Indirect Utilitarianism in Bentham's Theory of Adjudication, 12 *Journal of Bentham Studies* 1.

Finkelstein, C. (ed.) (2005a) *Hobbes on Law* (Aldershot : Ashgate Publishing Limited).

―――. (2005b) Introduction, in C. Finkelstein (ed.), *Hobbes on Law* (Aldershot : Ashgate Publishing Limited).

Finnis, J. (1999) The Fairy Tale's Moral, 115 *Law Quarterly Review* 170.

Freeman, M. and Mindus, P. (eds.) (2012), *The Legacy of John Austin's Jurisprudence* (Dordrecht : Springer).

Gardner, J. (2001) Legal Positivism : $5\frac{1}{2}$ Myths, 46 *American Journal of Jurisprudence* 199.

―――. (2007) Some Types of Law, in D. Edlin (ed.), *Common Law Theory* (Cambridge : Cambridge University Press).

Gauthier, D. (2005 [1990]) Thomas Hobbes and the Contractarian Theory of Law, 16 *Canadian Journal of Philosophy*, Supplement, (1990) pp.5-34, reprinted in C. Finkelstein (ed.), *Hobbes on Law* (Aldershot : Ashgate Publishing Limited).

Goldsmith, M. (2005 [1996]) Hobbes on Law, in T. Sorell (ed.), *The Cambridge Companion to*

Hobbes (Cambridge : Cambridge University Press, 1996) pp.274-305, reprinted in C. Finkelstein (ed.), *Hobbes on Law* (Aldershot : Ashgate Publishing Limited).

Goldsworthy, J. (2007) The Myth of the Common Law Constitution, in D. Edlin (ed.), *Common Law Theory* (Cambridge : Cambridge University Press).

Graham, N. (2009) Restoring the 'Real' to Real Property Law : A Return to Blackstone?, in W. Prest (ed.), *Blackstone and his Commentaries : Biography, Law, History* (Portland : Hart Publishing).

Gray, C. (1971) Editor's Introduction, in M. Hale, C. Gray (ed.), *The History of the Common Law of England* (Chicago : The University of Chicago Press).

―――. (1980) Reason, Authority, and Imagination : The Jurisprudence of Sir Edward Coke, in P. Zagorin (ed.), *Culture and Politics from Puritanism to the Enlightenment* (Berkeley : University of California Press).

Gray, J. (1948) *The Nature and Sources of the Law*, 2nd ed. (New York : The Macmillan Company).

Grey, T. (1989) Holmes and Legal Pragmatism, 41 *Stanford Law Review* 787.

Hale, M. (1787) Considerations touching the Amendment or Alteration of Lawes, in F. Hargrave (ed.), *A Collection of Tracts, Relative to the Law of England* (Dublin) [Eighteenth Century Collections Online].

―――. (1791) Sir Matthew Hale's Preface to Rolle's Abridgment, in F. Hargrave (ed.), *Collectanea Juridica, Consisting of Tracts Relative to the Law and Constitution of England*, vol.1 (London) [Eighteenth Century Collections Online].

―――. (1796), F. Hargrave (ed.), *The Jurisdiction of the Lords House, or Parliament : Considered According to Antient Records* (London) [Eighteenth Century Collections Online].

―――. (1966) Reflections by the Lrd. Cheife Justice Hale on Mr. Hobbes His Dialogue of the Lawe, in W. Holdsworth, *A History of English Law*, vol.5 (London : Sweet & Maxwell).

―――. (1971), C. Gray (ed.), *The History of the Common Law of England* (Chicago : The University of Chicago Press).

―――. (1976), D. Yale (ed.), *The Prerogatives of the King* (London : Selden Society).

―――. (undated) Treatise of the Nature of Lawes in Generall and touching the Law of Nature, British Library MS Hargrave 485.

Hargrave, F. (ed.) (1787a) *Collectanea Juridica, Consisting of Tracts Relative to the Law and Constitution of England*, vol.1 (London) [Eighteenth Century Collections Online].

―――. (ed.) (1787b) *A Collection of Tracts, Relative to the Law of England* (London) [Eighteenth Century Collections Online].

Harrison, F. (1919) *On Jurisprudence and the Conflict of Laws* (Oxford : Clarendon Press).

Hart, H. (1951) Holmes' Positivism——An Addendum, 64 *Harvard Law Review* 929.
Hart, H. L. A. (1970) Introduction, in J. Bentham, H. L. A. Hart (ed.), *Of Laws in General* (London : The Athlone Press).
——. (1994) *The Concept of Law*, 2nd ed. (Oxford : Oxford University Press) ; 矢崎光圀監訳『法の概念』(みすず書房, 1976年)。
Helgerson, R. (2004 [1992]) Writing the Law, in R. Helgerson, *Forms of Nationhood : The Elizabethan Writing of England* (Chicago : The University of Chicago Press, 1992), ch.2, reprinted in A. Boyer (ed.), *Law, Liberty, and Parliament : Selected Essays on the Writings of Sir Edward Coke* (Indianapolis : Liberty Fund).
Hobbes, T. (1985) C. Macpherson (ed.), *Leviathan* (London : Penguin Books) ; 永井道雄・宗片邦義訳「リヴァイアサン」永井道雄編『ホッブズ [世界の名著28, 第5版]』(中央公論社, 1993年)。
——. (1999) *The Elements of Law Natural and Politic*, in T. Hobbes, J. Gaskin (ed.), *Human Nature and De Corpore Politico* (Oxford : Oxford University Press).
——. (2005) *A Dialogue between a Philosopher and a Student, of the Common Laws of England*, in T. Hobbes, A. Cromartie and Q. Skinner (eds.), *Writings on Common Law and Hereditary Right* (Oxford : Clarendon Press) ; 田中浩・重森臣広・新井明訳『哲学者と法学徒との対話——イングランドのコモン・ローをめぐる』(岩波文庫, 2002年)。
Hobson, C. (1996) *The Great Chief Justice : John Marshall and the Rule of Law* (Kansas : The University Press of Kansas).
Holland, T. (1870) *Essays upon the Form of the Law* (London : Butterworths).
——. (1924) *The Elements of Jurisprudence*, 13th ed. (Oxford : Clarendon Press).
Holmes, W. (1992), R. Posner (ed.), *The Essential Holmes : Selections from the Letters, Speeches, Judicial Opinions, and Other Writings of Oliver Wendell Holmes, JR.* (Chicago : The University of Chicago Press).
——. (1995), S. Novick (ed.), *The Collected Works of Justice Holmes : Complete Public Writings and Selected Judicial Opinions of Oliver Wendell Holmes, The Holmes Devise Memorial Edition*, vol.3 (Chicago : The University of Chicago Press).
——. (2009) *The Path of the Law and the Common Law* (New York : Kaplan Publishing).
Holmes, W. / Kellogg, F. (1984) *The Formative Essays of Justice Holmes : The Making of an American Legal Philosophy* (Westport : Greenwood Press).
Horwitz, M. (1977) *The Transformation of American Law, 1780-1860* (Cambridge, Mass. : Harvard University Press).
——. (1992) *The Transformation of American Law 1870-1960* (Oxford : Oxford University Press).

Hull, N. (1997) *Roscoe Pound & Karl Llewellyn : Searching for an American Jurisprudence* (Chicago : The University of Chicago Press).

Kellogg, F. (2007) *Oliver Wendell Holmes, Jr. : Legal Theory and Judicial Restraint* (Cambridge : Cambridge University Press).

Kumar, K. (1991) Maine and the Theory of Progress, in A. Diamond (ed.), *The Victorian Achievement of Sir Henry Maine : A Centennial Reappraisal* (Cambridge : Cambridge University Press).

Langbein, J. (2009) Blackstone on Judging, in W. Prest (ed.), *Blackstone and his Commentaries : Biography, Law, History* (Portland : Hart Publishing).

Lewis, J. (2004 [1968]) Sir Edward Coke (1552-1634) : His Theory of "Artificial Reason" as a Context for Modern Basic Legal Theory, 84 *Law Quarterly Review* 330 (1968), reprinted in A. Boyer (ed.), *Law, Liberty, and Parliament : Selected Essays on the Writings of Sir Edward Coke* (Indianapolis : Liberty Fund).

Lieberman, D. (1989) *The Province of Legislation Determined : Legal Theory in Eighteenth-Century Britain* (Cambridge : Cambridge University Press).

Llewellyn, K. (1940) The Normative, the Legal, and the Law-Jobs, 49 *Yale Law Journal* 1355.

―――. (1960) *The Common Law Tradition : Deciding Appeals* (Boston : Little, Brown and Company).

―――. (2008a) *The Bramble Bush* (Oxford : Oxford University Press).

―――. (2008b) *Jurisprudence : Realism in Theory and Practice* (New Brunswick : Transaction Publishers).

―――. (2011), F. Schauer (ed.), *The Theory of Rules* (Chicago : The University of Chicago Press).

Lloyd, S. (2005 [2001]) Hobbes's Self-Effacing Natural Law Theory, 82 *Pacific Philosophical Quarterly* 285 (2001), reprinted in C. Finkelstein (ed.), *Hobbes on Law* (Aldershot : Ashgate Publishing Limited).

Lobban, M. (1991) *The Common Law and English Jurisprudence 1760-1850* (Oxford : Clarendon Press).

―――. (1995) Was there a Nineteenth Century 'English School of Jurisprudence' ?, 16 *Journal of Legal History* 34.

―――. (2004a) The Tools and the Tasks of the Legal Historian, 6 *Current Legal Issues : Law and History* 1.

―――. (2004b) The Ambition of Lord Kames's Equity, 6 *Current Legal Issues : Law and History* 97.

―――. (2005) Custom, Nature, and Authority : The Roots of English Legal Positivism, in

D. Lemmings (ed.), *The British and their Laws in the Eighteenth Century* (Woodbridge : The Boydell Press).

―――. (2007a) *A History of the Philosophy of Law in the Common Law World, 1600-1900* (Dordrecht : Springer).

―――. (2007b) Common Law Reasoning and the Foundations of Modern Private Law, 32 *Australian Journal of Legal Philosophy* 39.

―――. (2010) Theories of Law and Government, in W. Cornish, S. Anderson, R. Cocks, M. Lobban, P. Polden, K. Smith, *The Oxford History of the Laws of England*, vol.11 (Oxford : Oxford University Press).

―――. (2011) Legal Theory and Judge-Made Law in England, 1850-1920, 40 *Quaderni Fiorentini* 553.

MacCormick, N. (1978) *Legal Reasoning and Legal Theory* (Oxford : Oxford University Press) ; 亀本洋・角田猛之・井上匡子・石前禎幸・濱真一郎訳『判決理由の法理論』(成文堂, 2009年)。

―――. (2008) *H. L. A. Hart*, 2nd ed. (Stanford : Stanford University Press) ; 角田猛之編訳『ハート法理学の全体像』(晃洋書房, 1996年)。

Maine, H. (1876) *Village Communities in the East and West*, 3rd ed. (London : John Murray).

―――. (1888) *Lectures on the Early History of Institutions* (New York : Henry Holt and Company).

―――. (1890) *On Early Law and Custom* (London : John Murray).

―――. (1920) *Ancient Law* (London : John Murray).

Malament, B. (2004 [1967]) The "Economic Liberalism" of Sir Edward Coke, 76 *Yale Law Journal* 1321 (1967), reprinted in A. Boyer (ed.), *Law, Liberty, and Parliament : Selected Essays on the Writings of Sir Edward Coke* (Indianapolis : Liberty Fund).

Mansfield, Ld. (1744) 1 Atkyns 21, 26 *English Reports* 15.

―――. (1765) 3 Burrow 1663, 97 *English Reports* 1035.

―――. (1769) 4 Burrow 2303, 98 *English Reports* 201.

―――. (1774) 1 Cowper 37, 98 *English Reports* 954.

Mill, J. S. (1863) Austin on Jurisprudence, 118 *Edinburgh Review* 222.

Milsom, S. (1965) Reason in the Development of the Common Law, 81 *Law Quarterly Review* 496.

―――. (1981) The Nature of Blackstone's Achievement, 1 *Oxford Journal of Legal Studies* 1.

Murphy, J. (2005) *The Philosophy of Positive Law : Foundations of Jurisprudence* (New Haven : Yale University Press).

Murphy, M. (2005 [1995]) Was Hobbes a Legal Positivist?, 105 *Ethics* 846 (1995), reprinted in C. Finkelstein (ed.), *Hobbes on Law* (Aldershot : Ashgate Publishing Limited).

O'brien, N. (2005) 'Something Older than Law Itself' : Sir Henry Maine, Niebuhr, and 'the Path not Chosen,' 26 *Journal of Legal History* 229.

Oldham, J. (1992) *The Mansfield Manuscripts and the Growth of English Law in the Eighteenth Century*, 2 vols. (Chapel Hill : The University of North Carolina Press).

―――. (2004) *English Common Law in the Age of Mansfield* (Chapel Hill : The University of North Carolina Press).

Orth, J. (2009) Blackstone's Rules for the Construction of Statutes, in W. Prest (ed.), *Blackstone and his Commentaries : Biography, Law, History* (Portland : Hart Publishing).

Parker, H. (1640) *The Case of Ship-Money Briefly Discoursed* [Early English Books Online].

―――. (1642) *Observations upon some of his Majesties late Answers and Expresses.*

Pawlisch, H. (1980) Sir John Davies, the Ancient Constitution, and Civil Law, 23 *Historical Journal* 689.

Penner, J. (2008) *Textbook on Jurisprudence*, 4th ed. (Oxford : Oxford University Press).

Pollock, F. (1872) Law and Command, 1 *Law Magazine and Review* 189.

Posner, R. (1990) *The Problems of Jurisprudence* (Cambridge, Mass. : Harvard University Press).

―――. (1996) *Law and Legal Theory in England and America* (Oxford : Clarendon Press).

Postema, G. (1986) *Bentham and the Common Law Tradition* (Oxford : Clarendon Press).

―――. (2002a) Philosophy of the Common Law, in J. Coleman, S. Shapiro (eds.), *The Oxford Handbook of Jurisprudence and Philosophy of Law* (Oxford : Oxford University Press).

―――. (2002b) Classical Common Law Jurisprudence [Part 1], 2 *Oxford University Commonwealth Law Journal* 155.

―――. (2003) Classical Common Law Jurisprudence [Part 2], 3 *Oxford University Commonwealth Law Journal* 1.

―――. (2007) Analogical Thinking in Law, in D. Edlin (ed.), *Common Law Theory* (Cambridge : Cambridge University Press).

―――. (2011) *Legal Philosophy in the Twentieth Century : The Common Law World* (Dordrecht : Springer).

Pound, R. (1906) The Causes of Popular Dissatisfaction with the Administration of Justice, 29 *Annual Report of American Bar Association* 395.

―――. (1908) Mechanical Jurisprudence, 8 *Columbia Law Review* 605.

―――. (1921) The Future of the Criminal Law, 21 *Columbia Law Review* 1.

―――. (1933) A Comparison of Ideals of Law, 47 *Harvard Law Review* 1.

―――. (1943) A Survey of Social Interests, 57 *Harvard Law Review* 1.

———. (1959) *Jurisprudence*, vol.2 (St. Paul, Minn.: West Publishing Co.).

———. (1967) *Interpretations of Legal History* (Gloucester, Mass.: Peter Smith).

———. (1997) *Social Control through Law* (New Brunswick: Transaction Publishers).

———. (1999) *The Spirit of the Common Law* (New Brunswick: Transaction Publishers).

Prest, W. (2008) *William Blackstone: Law and Letters in the Eighteenth Century* (Oxford: Oxford University Press).

———. (ed.) (2009) *Blackstone and his Commentaries: Biography, Law, History* (Portland: Hart Publishing).

Raz, J. (1972) Legal Principles and the Limits of Law, 81 *Yale Law Journal* 823.

———. (1979) *The Authority of Law: Essays on Law and Morality* (Oxford: Clarendon Press).

———. (1999) *Practical Reason and Norms*, 2nd ed. (Oxford: Oxford University Press).

Reid, J. (2004) *Rule of Law: The Jurisprudence of Liberty in the Seventeenth and Eighteenth Centuries* (DeKalb: Northern Illinois University Press).

Rosen, F. (1983) *Jeremy Bentham and Representative Democracy: A Study of the Constitutional Code* (Oxford: Clarendon Press).

Rumble, W. (1985) *The Thought of John Austin* (London: The Athlone Press).

———. (2005a) *Doing Austin Justice; The Reception of John Austin's Philosophy of Law in Nineteenth-Century England* (London: Continuum).

———. (ed.) (2005b) *British Philosophy of Law, 1832-1900*, 3 vols. (Bristol: Thoemmes Continuum).

Salmond, J. (1913) *Jurisprudence*, 4th ed. (London: Stevens and Haynes).

Schauer, F. (2011) Editor's Introduction, in K. Llewellyn, F. Schauer (ed.), *The Theory of Rules* (Chicago: The University of Chicago Press).

Schofield, P. (1991) Jeremy Bentham and Nineteenth-Century English Jurisprudence, 12 *Journal of Legal History* 58.

———. (2003) Jeremy Bentham, the Principle of Utility, and Legal Positivism, 56 *Current Legal Problems* 1.

———. (2006) *Utility and Democracy: The Political Thought of Jeremy Bentham* (Oxford: Oxford University Press).

———. (2010a) Editorial Introduction, in J. Bentham, P. Schofield (ed.), *Of the Limits of the Penal Branch of Jurisprudence* (Oxford: Clarendon Press).

———. (2010b) Jeremy Bentham and HLA Hart's 'Utilitarian Tradition in Jurisprudence,' 1 *Jurisprudence* 147.

Shapiro, S. (2007) The "Hart-Dworkin" Debate, in A. Ripstein (ed.), *Ronald Dworkin* (Cambridge: Cambridge University Press).

Sheppard, S. (2003) Introduction, in E. Coke, S. Sheppard (ed.), *The Selected Writings of Sir Edward Coke*, 3 vols. (Indianapolis : Liberty Fund, 2003) vol.1.
Simmonds, N. (1984) *The Decline of Juridical Reason* (Manchester : Manchester University Press).
―. (1988) Reason, History and Privilege : Blackstone's Debt to Natural Law, 105 *Zeitschrift der Savigny-Stiftung* 200.
Simpson, B. (1987) The Common Law and Legal Theory, in B. Simpson, *Legal Theory and Legal History : Essays on the Common Law* (London : The Hambledon Press).
―. (2011) *Reflections on The Concept of Law* (Oxford : Oxford University Press).
Skinner, Q. (2002a) Conquest and Consent : Hobbes and the Engagement Controversy, in Q. Skinner, *Visions of Politics*, vol.3 (Cambridge : Cambridge University Press).
―. (2002b) Motives, Intentions and Interpretation, in Q. Skinner, *Visions of Politics*, vol.1 (Cambridge : Cambridge University Press).
Sokol, M. (1992) Jeremy Bentham and the Real Property Commission of 1828, 4 *Utilitas* 225.
Sommerville, J. (1999) *Royalists & Patriots : Politics and Ideology in England 1603-1640*, 2nd ed. (London : Longman).
Stein, P. (1991) Maine and Legal Education, in A. Diamond (ed.), *The Victorian Achievement of Sir Henry Maine : A Centennial Reappraisal* (Cambridge : Cambridge University Press).
Stephen, L. (1900) *The English Utilitarians*, 3vols. (New York : G. P. Putnam's Sons) vol.3.
Tamanaha, B. (2004) *On the Rule of Law : History, Politics, Theory* (Cambridge : Cambridge University Press).
Treviño, A. (1997) Transaction Introduction, in R. Pound, *Social Control through Law* (New Brunswick : Transaction Publishers).
Tubbs, J. (2000) *The Common Law Mind : Medieval and Early Modern Conceptions* (Baltimore : Johns Hopkins University Press).
Tuck, R. (1979) *Natural Rights Theories : Their Origin and Development* (Cambridge : Cambridge University Press).
Twining, W. (1973) *Karl Llewellyn and the Realist Movement* (London : Weidenfeld and Nicolson).
Utz, S. (1984) Maine's *Ancient Law* and Legal Theory, 16 *Connecticut Law Review* 821.
Waldron, J. (1998) Custom Redeemed by Statute, 51 *Current Legal Problems* 93.
Watkins, J. (1973) *Hobbes's System of Ideas*, 2nd ed. (London : Hutchinson Publishing) ; 田中浩・高野清弘訳『ホッブズ――その思想体系』(未來社、1988年)。
Wigdor, D. (1974) *Roscoe Pound : Philosopher of Law* (Westport : Greenwood Press).
Williams, I. (2006) *Dr Bonham's Case* and "Void" Statutes, 27 *Journal of Legal History* 111.

Woodard, C. (1991) A Wake (or Awaking?) for Historical Jurisprudence, in A. Diamond (ed.), *The Victorian Achievement of Sir Henry Maine : A Centennial Reappraisal* (Cambridge : Cambridge University Press).

Yale, D. (1972) Hobbes and Hale on Law, Legislation and the Sovereign, 31 *Cambridge Law Journal* 121.

―――. (1976) Introduction, in M. Hale, D. Yale (ed.), *The Prerogatives of the King* (London : Selden Society).

〈邦語文献〉

愛敬浩二（2005）「『法の支配』再考――憲法学の観点から」『社会科学研究』第56巻第5・6号）。

――― (2012)「政治的憲法論の歴史的条件――現代イギリス憲法学における立憲主義と民主主義・再訪」樋口陽一・森英樹・高見勝利・辻村みよ子・長谷部恭男編『国家と自由・再論』（日本評論社）。

安藤高行（1984）「ホッブズとクック――伝統的制度観から絶対主権論へ」田中浩編『トマス・ホッブズ研究』（御茶の水書房）。

石井幸三（1974）「コウクの法思想――イギリス近代法思想史研究(1)」『阪大法学』第92号）。

――― (1975)「ヘイルの法思想――イギリス近代法思想史研究(2)」『阪大法学』第94号）。

――― (1977)「マンスフィールドの法思想――イギリス一八世紀後半の法思想の一段面」『龍谷法学』第9巻第3・4号）。

――― (1978；1979)「ブラックストンの法思想(1)；(2・完)」『龍谷法学』第10巻第3号，第12巻第2号）。

――― (1981)「初期ベンタムの法思想――『釈義註解』の紹介をかねて（2・完)」『龍谷法学』第14巻第3号）。

――― (1987a)「オースティンと近代法体系論」『龍谷法学』第20巻第2号）。

――― (1988)「オースティンは法理論においてベンタムとどこが異なるのか」『龍谷法学』第21巻第2号）。

―――. (1989；1990)「メインにおける歴史と法(1) (2・完)」『龍谷法学』第22巻第3，4号）。

――― (2006)「ダイシーの法思想――『憲法序説』を素材にして（2・完)」『龍谷法学』第38巻第4号）。

石井幸三訳（1987b）「J・オースティン『法理学研究の有用性』」『龍谷法学』第20巻第1号）。

石田裕敏訳（2001）M・アイゼンバーグ『コモン・ローの本質』（木鐸社）。

石前禎幸（2009）「ホッブズの反レトリック――『法学要綱』を中心に」『法律論叢』第81

巻第 6 号)。

宇佐美誠（2009）「法と経済——提題と展望」日本法哲学会編『法と経済——制度と思考法をめぐる対話（法哲学年報2008）』（有斐閣）。

内野広大（2009；2010a；2010b）「憲法と習律——Dicey 伝統理論と『議会主権論』の基底にあるもの(1)〜(3・完)」（『法学論叢』第166巻第 3 号，第167巻第 1，4 号）。

梅田百合香（2005）『ホッブズ　政治と宗教——『リヴァイアサン』再考』（名古屋大学出版会）。

小畑俊太郎（2010）「ブラックストンのイングランド国制論——自然法・古来の国制・議会主権」（『政治思想研究』第10号）。

戒能通弘（2007）『世界の立法者，ベンサム——功利主義法思想の再生』（日本評論社）。

金井光生（2006）『裁判官ホームズとプラグマティズム——〈思想の自由市場〉論における調和の霊感』（風行社）。

亀本洋（2011）『法哲学［法学叢書 8 ］』（成文堂）。

川添美央子（2010）『ホッブズ　人為と自然——自由意志論争から政治思想へ』（創文社）。

小山貞夫（1996）「ブラックストン著『イングランド法釈義』の歴史的意義——ホウルズワースとミルソムの論文の邦訳による紹介を通しての検討」（『法学』第60巻第 1 号）。

小山貞夫編（2011）『英米法律語辞典』（研究社）。

佐藤憲一（2004）「ポスト・リーガリズムに向けて」和田仁孝・樫村志郎・阿部昌樹編『法社会学の可能性』（法律文化社）。

佐藤幸治（2002）『日本国憲法と「法の支配」』（有斐閣）。

椎名智彦（2010）「20世紀アメリカ法理学における法の手段化の軌跡——リアリズムからプラグマティズムへ」（『青森中央学院大学研究紀要』第14号）。

清水潤（2011；2012）「立憲主義・国家からの自由・徳——19世紀レッセフェール立憲主義の人間像(1)(2)」（『中央ロー・ジャーナル』第 8 巻第 3，4 号）。

高瀬暢彦（1980）「ホームズ法理論の成立とその背景——リーガル・プラグマティズムの生成」（『法学紀要』第21巻）。

高野清弘（1990）『トマス・ホッブズの政治思想』（御茶の水書房）。

高橋和則（2007）「コモン・ロー史と国制（上）」（『法學新報』第114巻第 3・4 号）。

田中成明（2011）『現代法理学』（有斐閣）。

田中英夫編（1991）『英米法辞典』（東京大学出版会）。

恒藤武二訳（1957）R・パウンド『法哲学入門』（ミネルヴァ書房）。

土井美徳（2006）『イギリス立憲政治の源流——前期ステュアート時代の統治と「古来の国制」論』（木鐸社）。

中村民雄（1994）「著書紹介」（『アメリカ法』1993-第 2 号）。

中山竜一（2000）『二十世紀の法思想』（岩波書店）。

西尾孝司 (1994)『ベンサム『憲法典』の構想』(木鐸社)。
長谷部恭男 (2000)『比較不能な価値の迷路——リベラル・デモクラシーの憲法理論』(東京大学出版会)。
濱真一郎 (2011)「法哲学・政治哲学における記述と実践」宇佐美誠・濱真一郎編『ドゥオーキン——法哲学と政治哲学』(勁草書房)。
原口佳誠 (2008)「マーシャル・コートと共和主義——法の碩学としての裁判官モデルの提示」(『早稲田法学会誌』第58巻第2号)。
深尾裕造 (1992)「Artificial Reason 考——ホッブズ - クック論争と近代法学の生誕(1)〜(3・完)」(『島大法学』第35巻第4号,第36巻第1,3号)。
深貝保則・高島和哉・川名雄一郎・小畑俊太郎・板井広明 (2007)「ジェレミー・ベンサム:その知的世界への再アプローチ——フィリップ・スコフィールド『功利とデモクラシー』(2006年) をめぐって」(『エコノミア』第58巻第2号)。
深田三徳 (1984a)「ホッブズとベンサム,オースティン——法＝主権者命令説を中心として」田中浩編『トマス・ホッブズ研究』(御茶の水書房)。
——— (1984b)『法実証主義と功利主義——ベンサムとその周辺』(木鐸社)。
——— (2004)『現代法理論論争——R. ドゥオーキン対法実証主義』(ミネルヴァ書房)。
——— (2006)「法の支配をめぐる諸問題の整理と検討」日本法哲学会編『現代日本社会における法の支配——理念・現実・展望 (法哲学年報 2005)』(有斐閣)。
船越資晶 (2011)『批判法学の構図——ダンカン・ケネディのアイロニカル・リベラル・リーガリズム』(勁草書房)。
堀部政男 (1969)「イギリスにおける先例拘束性法理の確立期論——マンスフィールド裁判所の先例理論を中心として」(『社会科学研究』第20巻第3・4号)。
松浦好治 (1988)「コモン・ローと非ルール的な法思考の再生」(『阪大法学』第145・146号)。
松平光央 (1979)「ブラックストン考」,下山瑛二,堀部政男編『現代イギリス法——内田力藏先生古稀記念』(成文堂)。
毛利康俊 (2010)「法的思考 legal thinking——法律家らしく考えるとはどのようなことか?」竹下賢・角田猛之・市原靖久・桜井徹編『はじめて学ぶ法哲学・法思想——古典で読み解く21のトピック』(ミネルヴァ書房)。
望月礼二郎 (1995)「コモン・ロー考」(『神奈川法学』第30巻第1号)。
守屋明 (1979a；1979b；1980)「カール・ルウェリンの法理論——法体系の機能主義的理解を中心として(1)〜(3・完)」(『法学論叢』第105巻第3号,第106巻第2号,第107巻第3号)。
八木鉄男 (1960)「イギリス分析法学派の法解釈理論」谷口知平編『法解釈の理論——恒藤先生古稀祝賀記念』(有斐閣)。
——— (1977)『分析法学の研究 [基礎法学叢書4]』(成文堂)。

山下重一（2007）「ジェレミイ・ベンサムにおける功利主義の形成と政治的急進主義への転化(1)」(『國學院法學』第45巻第2号）。
山本敬三（1993）「民法における法的思考」田中成明編『現代理論法学入門』（法律文化社）。
山本陽一（2010）『立憲主義の法思想——ホッブズへの応答』（成文堂）。
渡辺康行（2007）「『法の支配』の立憲主義的保障は『裁判官の支配』を超えうるか——『法の支配』論争を読む」井上達夫編『立憲主義の哲学的問題地平［岩波講座憲法1］』（岩波書店）。

あとがき

　ここ数年間，幸運にも在外研究をしたり，科研費などの研究費をいただく機会に恵まれ，イギリスやアメリカの国際学会やセミナーに数多く出席することができた。その中でも，必ずしも筆者の専門と重なるわけではないが，ハーバード大学の歴史学者Ｄ・アーミテージの学会報告と，ロンドン大学のＱ・スキナーのレクチャーから，法思想史研究の意義，目的を考える上で，大いに示唆を受けた。

　簡潔にまとめると，アーミテージは，どこに観点（point）を置くかによって，歴史は幾通りにも描かれうること，また，周知のことではあるが，スキナーは，歴史研究の目的として，重要な概念，例えば，「自由」についての系譜（genealogy）を提示することで，現代の論争に資することを挙げていたと思うが，本書も，これまでとは違った観点から英米法思想を描くことや，歴史研究，思想史研究から，現代法哲学における法解釈や法理論をめぐる論争に「厚み」を加えることを目的としている。

　もちろん，わが国においても，優れた法思想史研究，あるいはテキストが数多く世に出されており，学ぶところが多いのであるが，特に英米の法思想史については，政治思想史との区別があまり意識されていないのではないかという疑問が常々あった。従来の法思想史研究が，「自然法 対 法実証主義」という観点から法思想史を捉え，ホッブズやロックなど，非法律家の思想に焦点を当ててきたことが，その要因の一つであろう。ただ，現代の法哲学上の主要な論争軸が，「ドゥオーキン 対 法実証主義」に移りつつあること，特に司法制度改革後は，法哲学に期待される役割として，裁判過程，法解釈の分析に，より重点が置かれつつあることを考えるならば，「ドゥオーキン 対 法実証主義」，あるいは「ハート＝ドゥオーキン論争」で示された観点，論点から英米の法思想史を描く試みがあってもいいのではないかというのが，本書を執筆した動機の一つである。

　そのような観点から英米の法思想史を描くとしても，いわゆる「現代的な再構成」は極力排し，各々の法律家のテキスト，そして各々の法思想のコンテクストにできる限り忠実に描いたつもりである。わが国が，いわゆる大陸法系に属し，

コモン・ローをめぐる法思想に対しては一定の距離が取られていたこと，あるいは，残念ながら，必ずしも歴史家とは言えないハートやドゥオーキンを通じた理解が一般的であったため，本書で扱ったような法律家の法思想は，正当な評価を受けてこなかったのではないかと考えている。言うまでもなく，英米の法思想は，コモン・ローをめぐる法思想だったのであり，裁判過程，法解釈といった観点を強調することは，コモン・ローのコンテクストを強調することでもあるが，それによって，例えば，オースティンの法思想に新たな光を当てることや，英米間の法思想の性格の違いも含めて，多様な法思想を示すことが可能になったと考えている。「自然法 対 法実証主義」という観点から，あるいは，多少一面的な法思想史理解によって，英米の様々な法思想を切り捨ててしまうのは，少し勿体ないのではないかということも，本書のメッセージの一つである。

なお，本書は，以下の拙稿に大幅な修正，加筆を加えてまとめたものである。

「近代英米法思想の展開（一）——クック，ホッブズ，ヘイル」『同志社法学』第61巻第1号，2009年5月。

「近代英米法思想の展開（二）——ブラックストーン，マンスフィールド，ベンサム」『同志社法学』第61巻第7号，2010年3月。

「近代英米法思想の展開（三）——オースティン，メイン，ホランド，サーモンド」『同志社法学』第62巻第3号，2010年9月。

「近代英米法思想の展開（四・完）——ホームズ，パウンド，ルウェリン」『同志社法学』第63巻第1号，2011年6月。

「イングランドにおける法の支配に関する「法思想史的」考察——クック，ヘイル，ブラックストーンを中心に」『イギリス哲学研究』第35号，2012年3月。

本書を執筆する過程において，多くの方々からご指導，ご助力をいただいた。まず，筆者が同志社大学在学中から，20年以上，大変お世話になっている深田三徳先生に，改めて御礼申し上げたい。研究者を志した大学院入学当初から，深田先生の下，ベンサムをはじめとするイギリス法実証主義の法思想について研究を進めてこられたのは，非常に幸運であった。また，この度，深田先生からは，出版社もご紹介いただいている。もちろん，深田先生，同じく同志社大学の故八木

鉄男先生のご研究の域には到底届くものではないが、本書によって、イギリス法思想史研究が多少なりとも前進したと、少しでも感じていただけるのなら、望外の喜びである。

同志社大学の大学院在籍時には、京都大学の田中成明先生に講義をご担当いただくという幸運にも恵まれた。いわゆる「法解釈論争」以降の、法解釈をめぐる理論の展開や日本の司法のあり方について、田中先生から様々なご教示をいただけたのは、非常に貴重な経験であった。恐れながら、この度の著書の骨格となった拙稿をお送りしたところ、田中先生から、大変温かい励ましのお言葉をいただいた上に、出版を進めていただいた。紙幅や私自身の能力の問題もあり、残念ながら反映させていただけなかったものもあるが、本書に関して、貴重なご助言をいただいたことにも、この場をお借りして、御礼申し上げたい。

直接ご指導を受けたわけではないが、関西学院大学の深尾裕造先生と龍谷大学の石井幸三先生のご研究からも大いに示唆を受けている。本書の副題の一部を「ホッブズ＝クック論争」とさせていただいたのも、本書でも度々引用させていただいている深尾先生のご論文からご示唆をいただいてのことである。確かに、クックがホッブズに応戦したという史実はないのだが、ホッブズのクック批判、その「論争」の重要性については、深尾先生と評価を共有させていただきたいと考えている。また、クックからハートに至るまで、原典に正面から挑んでこられた石井先生のご研究には、大学院時代から圧倒され続けてきた。石井先生の所説について、総じて批判的に扱っているが、本書のような通史的な研究が可能になったのも、石井先生がイギリスの法思想史と長年にわたって格闘されてきた成果に負うところが非常に大きい。

筆者は、2009年の9月から2010年の8月まで、ロンドン大学のクィーン・メアリー・カレッジで在外研究をさせていただいた。その際、本書でも大いに参考にしたマイケル・ロバーン教授から、大変有益なご指導をいただくことができた。ロンドンでの数々のセミナーをご紹介いただき、また、ご自身の大学院の講義にも参加させていただいた。イギリス法思想史研究のみならず、法制史研究のこれからも背負って立つであろう俊英ではあるが、大変気さくな方で、講義以外にも、カレッジのカフェなどで、何回か、数時間にわたって研究の話をさせていただいたのは、筆者の財産になったと感じている。また、筆者は、1999年から2000年にも、ロンドン大学の大学院で研究していたのであるが、その際に、修論の指導を

していただいたユニバーシティ・カレッジ，ベンサムプロジェクトのフィリップ・スコフィールド先生には，この度の在外研究の際にも，お世話になった。是非，お二人で，イギリスの思想史，法思想史研究を盛り上げていただきたいものである。

　なお，本書の骨格については，イギリス法研究会，比較法学会，法社会学会関西研究支部研究会，法理学研究会でご報告させていただいている。イギリス法研究会を主宰され，比較法学会の英米法部会では司会をしていただいた早稲田大学の中村民雄先生，法社会学会関西研究支部研究会，法理学研究会をそれぞれ主宰されている木下麻奈子先生，濱真一郎先生と早川のぞみ先生，そして近藤圭介さんには，心より御礼申し上げたい。13名の法律家の法思想を扱ったということもあり，非常に冗長で要領を得ない報告になってしまい，ご出席いただいた先生方には大変なご迷惑をおかけしてしまったが，それにもかかわらず，非常に貴重なご意見をいくつもいただいた。その中でも，法理学研究会で何人かの先生にいただいた，筆者の方法論についてのご指摘は非常に重く受け止めている。思想史研究としては少し大雑把ではないかというご指摘だったと思うが，本書の試みの成否はともかく，イギリス，あるいは，より広く英米の法思想史の展開を俯瞰するための「見取図」，あるいは「地図」はやはり必要ではないかと考えている。今後は，本書で示した英米法思想史の「地図」を手がかりに，より焦点を絞った研究を進めていきたいと考えている。

　また，本書の内容との関係は部分的ではあるが，定期的にインターネットの研究会でご一緒させていただいているベンサム研究者の板井広明さん，小畑俊太郎さん，児玉聡さん，小松佳代子さんや安藤馨さん，高島和哉さんにもこの場をお借りして御礼申し上げたい。横浜国立大学の深貝保則先生，有江大介先生にも，2014年に横浜国立大学で開催される予定の国際功利主義学会に関連するプロジェクトで大変お世話になっている。今後は，力不足ではあるが，日本におけるベンサム研究，功利主義研究のさらなる発展にも，少しでも寄与できるよう，助力させていただくつもりである。

　2007年にベンサムについての単著を公刊してから比較的短期間に本書を公刊できたのは，勤務させていただいている同志社大学法学部の研究環境に拠るところが大きい。特に，基礎法学パートの，法社会学の木下麻奈子先生，法哲学の濱真一郎先生，法制史の岩野英夫先生には，日頃から，大変なご配慮をいただいてお

り，心より感謝している。また，赴任して日が浅かったにもかかわらず，在外研究に温かく送り出していただいた同僚の先生方にも，この場をお借りして，御礼申し上げたい。本書の出版に当たっても，2012年度同志社大学研究成果刊行助成の補助をいただいた。

　最後に，原稿の提出が遅れ，また，校正の段階でも大変なご迷惑をおかけしたにもかかわらず，企画の段階から出版に至るまで，真摯にご尽力いただいたミネルヴァ書房編集部の梶谷修氏，中村理聖氏に，記して謝意を表したい。

2013年1月

戒能通弘

人名索引

あ行

アイゼンバーグ, M. 302
アクィナス, T. 148
アダムズ, J. 275
アラン, T. 285, 292
アリソン, J. 284, 285
石井幸三 vi, 1, 17, 81, 142, 144, 163
ウィグダー, D. 226, 228, 233
ウィリアムズ, I. 271, 273
ウォルドロン, J. 99
内田貴 293
内田力藏 vi
ウッド, T. 67, 69
エルズミア, Ld. 20, 36, 270, 273
エレフテリアディス, P. 282
オースティン, J. ii, iv, vi, 76, 98, 115, 119, 124–131, 136, 138, 139, 141, 142, 144, 146, 148, 150, 151, 153, 155–157, 160, 161, 163, 165–169, 171–173, 175–180, 182–185, 190–195, 197, 199, 201–205, 207, 208, 210, 214–217, 219, 220, 226, 253, 256, 257, 259, 262, 263, 274, 281–285, 287, 292, 305–307, 309, 311, 314–316
オーティス, J. 275

か行

ガードナー, J. 82, 117, 296–299, 302, 314, 317
金井光生 214, 221, 224
クック, E. iii, 1–14, 17–22, 26–28, 36, 41–44, 47, 48, 50–56, 58–60, 62, 63, 65, 66, 70, 72, 73, 76, 78, 80, 85, 89, 92–94, 99, 103–105, 107, 109, 112, 115, 118, 121, 146, 152, 153, 155, 193, 199, 215, 218, 226, 234–236, 262–267, 269, 270, 274, 286, 290, 292, 303, 305, 306, 313
グランヴィル, R. 6, 104
グレイ, J. 240, 311

クレイグ, P. 278, 279, 284–287
クロマティ, A. 6, 17, 19–21, 26, 32, 35, 39, 42, 43, 48, 59, 61, 75, 266, 272
ケネディ, D. 317
ケリー, P. 36
ケロッグ, F. 204, 207–210, 214, 216, 220, 224, 305
ケント, J. 203, 204, 214
コーエン, F. 240, 241, 243
ゴールズワージー, J. 261
コックス, R. 170, 171
コテレル, R. i, 116, 189, 232, 233, 235–238, 240, 258, 303, 304, 307
小山貞夫 79

さ行

サーモンド, J. iv, v, 79, 125, 126, 159, 168, 169, 172, 173, 179–183, 186–191, 196, 197, 199, 286, 305, 307, 311, 314
サヴィニー, F. 180
佐藤幸治 261, 285
ジェームズ1世 14, 234
ジェファーソン, T. 274, 275, 277
シモンズ, N. 71, 282, 315, 317
シャウアー, F. 127, 239, 248, 259
シンプソン, B. vi, 58, 60, 99, 120, 197
スキナー, Q. 24, 56
スコフィールド, P. 100, 127, 143
スタイン, P. 155, 164
スティーブン, J. 16, 171
セルデン, J. 19, 20, 262, 268

た行

ダイアモンド, A. 155, 162, 171
ダイシー, A. 184, 261–263, 284–287
ダイゼンハウス, D. 23, 32, 33, 35, 36, 118, 120,

145, 146, 291-293, 305
ダクスベリー, N.　iii, 60, 172, 194-196, 314
タック, R.　19, 48
タブス, J.　3, 4, 6, 7, 11, 19
タマナハ, B.　261, 262, 275
チャールズ1世　24, 288
デイヴィス, J.　6, 7, 19, 20, 265
ティボー, A.　152
ディンウィディ, J.　115
土井美徳　3
ドゥオーキン, R.　i, iii, v, vi, 2, 27, 57, 85, 116, 118, 133, 194-196, 204, 217, 222, 226, 236, 238, 258, 259, 289-296, 298, 299, 301, 304, 305, 310, 312, 313, 317, 318
ドッドリッジ, J.　11, 71, 79
トワイニング, W.　155, 199-201, 239, 241-244

は 行

パーカー, H.　268, 287
バージェス, G.　262, 265, 270-272
ハート, H. L. A.　iii, v, vi, 57, 64, 99, 100, 119, 122, 126, 153, 181-183, 187, 194-196, 204, 217, 248, 259, 289-292, 294, 295, 299-302, 305, 307, 312, 314, 316, 317
パウンド, R.　2, 116, 194, 197, 199, 200, 202, 221, 222, 225, 226, 228-234, 236-238, 241, 247, 249, 255-257, 259, 290, 303, 308-311
長谷部恭男　i
ハリソン, R.　23, 36
ハリソン, F.　184-186, 191, 193, 307
ハリントン, J.　275
フィニス, J.　98
プーフェンドルフ, S.　70, 71
深尾裕造　2, 17, 22, 26, 58
深田三徳　28, 148
プフタ, G.　180
ブラックストーン, W.　i, iii, 14, 54, 55, 57, 59, 64, 66, 67, 69-74, 76, 78-82, 88, 91-98, 101, 103, 104, 106, 107, 109, 111, 115, 120-123, 128, 130, 132, 133, 135, 136, 138, 146, 148, 149, 153, 173, 187, 188, 199, 215, 216, 253, 262, 269, 273-

275, 278, 279, 285, 296, 303, 305-307, 309, 316
ブラックトン, H.　5, 6, 104, 263
フランク, J.　241-245, 250
ブルーム, H.　123
ブルックス, C.　267
フレミング, T.　265
ヘイル, M.　ii, iii, 38-40, 42-49, 51, 52, 54-56, 60, 61, 69, 71-73, 86, 92, 94, 98, 109, 112, 116, 117, 121-123, 125, 132, 133, 135, 136, 138, 140, 142, 145, 146, 151-153, 163, 173, 187, 188, 193, 195, 199, 200, 215, 216, 218, 226, 253, 257, 262, 265-269, 272, 274, 278-280, 285, 293, 296, 301, 305-308, 315, 316
ベーコン, F.　10, 13, 14, 20, 61, 62, 113, 133
ヘドリィ, T.　264, 274
ベンサム, J.　i, iv, vi, 54, 55, 59, 64, 65, 67, 76, 93, 95-100, 102-109, 111-120, 123, 129, 131-134, 138, 142, 148, 149, 155, 158, 168, 171, 173, 174, 195, 197, 210, 220, 262, 274, 279-281, 284, 285, 291, 292, 305, 307, 309
ボイヤー, A.　7
ホーウィッツ, M.　199, 224, 253
ポーコック, J.　vi, 48
ホームズ, O. W.　v, 194, 197, 199, 200, 202-207, 209, 210, 212-215, 217-224, 226, 227, 233, 237, 240, 251, 252, 255, 256, 258, 259, 290, 305, 307, 309-311, 315
ホールズワース, W.　1, 66
ポステマ, G.　1, 51, 53, 70, 93, 101, 104, 115, 117, 119-121, 182, 197, 222, 240, 242, 292-294, 300-302, 305, 308, 312, 318
ポズナー, R.　112, 201, 312
ホッブズ, T.　i, iii, 12, 16-42, 44, 48, 52-55, 71, 73, 86, 92, 94, 99, 106, 108, 112, 116, 117, 131, 132, 148, 158, 159, 215, 265, 266, 305, 306
ホブソン, C.　278
ホランド, T.　125, 159, 168, 169, 173-179, 182, 184, 186, 191, 193, 199
堀部政男　83
ポロック, F.　159, 166, 167, 172, 180, 190, 193, 205, 220

ま行

マークビー, W. 173, 194
マーシャル, J. 254, 262, 276, 278, 286
マコーミック, N. 195, 287, 315, 317
松平光央 i, 74, 133
マンスフィールド, Ld. 55, 64, 70, 73, 80, 83-88, 90, 91, 99, 101-104, 108, 116, 118, 120, 121, 139, 200, 235, 236, 254, 276, 277, 292
ミル, J. S. 175
ミルソム, S. 64, 66, 77, 79, 111
ムーア, U. 240, 241, 243
メイン, H. iv, 125, 126, 129, 154-156, 158, 159, 161-163, 165-171, 174, 176, 178, 182, 183, 190, 191, 193, 197, 202, 209, 210, 214, 220, 257, 290, 307, 309, 312
望月礼二郎 ii, 54

や・ら行

八木鉄男 129, 175, 176, 178, 190

ラズ, J. 122, 126, 196, 290, 295, 298-302, 314, 316
ラフリン, M. 23, 36
ラングデル, C. 200, 226, 227, 251, 252, 254, 257, 258, 310
ランブル, W. 127, 144, 158, 194, 195
リーヴィ, E. 247, 317
リーバーマン, D. 49, 86, 87, 107, 113
リトルトン, T. 77, 263
ルウェリン, K. iii, v, 197, 199, 200, 202, 238, 239, 241-244, 246-248, 250-254, 256, 259, 290, 308, 309, 311, 316
ローゼン, F. 281
ロック, J. 36, 68, 69, 113, 268, 269, 275, 278, 287
ロバーン, M. i, vii, 7, 33, 37, 38, 46, 58, 60, 63, 70, 71, 77, 78, 99, 112, 123, 124, 127, 141, 149, 152, 168, 169, 194, 195, 269, 276, 278, 281

事項索引

あ・か 行

エクイティ　4, 16, 31–34, 36, 37, 40, 41, 81, 83, 86, 91, 104, 115, 160, 161, 170, 177, 195

格率　10, 13, 14, 21, 44, 47, 54, 58, 62–64, 71, 75, 85, 90, 92, 97, 106, 264, 266, 267

技巧　243, 244, 246–250, 252, 254, 258, 264, 311

技術的理性　iii, 2, 5–7, 9, 10, 12, 15, 16, 18–22, 34, 37–39, 41–43, 48, 52, 54, 55, 59, 60, 63, 71–73, 76, 78, 80, 92–94, 104, 106–108, 112, 116, 118, 120, 121, 153, 199, 234, 235, 263, 264, 266, 269, 273, 293, 305

擬制／フィクション　136, 145, 160, 162, 163, 168, 170, 178, 206

機能付与的な法／機能付与的ルール　iv, vii, 182–185, 187, 193, 196, 307

救済　ii, v, 10, 41, 52, 55, 60, 61, 64, 66, 72, 74, 77–80, 87, 100, 126, 132, 139, 148, 149, 151, 168, 192, 193, 259, 306, 311

共和主義　263, 277, 278, 286

権利章典　268

権利請願　26

国王大権　262–265, 269, 272, 274, 284, 285, 287

国会主権　97, 136, 262, 269, 274, 279, 280, 285

コモン・ロー

───と共同体の価値　v, 56, 116, 122, 210, 213, 217, 218, 222–224, 227, 233, 240, 257, 263, 300, 304, 309–311, 316, 318

───における同意　20, 38, 43, 44, 46, 48, 50, 51–54, 72, 73, 94, 117, 135, 142, 200, 215, 266

───の一貫性・調和　15, 27, 28, 42, 49, 54, 63, 89, 92, 102, 108 – 110, 117, 121, 153, 218, 235

───の権威　11, 13, 16, 20, 27, 37, 44–48, 50, 53, 60, 73, 83, 104–106, 117, 119, 123, 134, 137, 153, 181, 188, 306, 308, 310, 313, 317

───の正統性　ii, 11, 12, 18, 20, 37, 38, 43, 45, 48, 55, 72, 94, 105, 107, 117, 142, 299, 310, 318

───のルール　ii, iv, v, 44, 48, 53, 55, 57–59, 62, 64, 66, 72–74, 77–79, 81, 83, 84, 87–89, 91, 100, 102, 104–106, 115, 116, 118, 119, 121–124, 126, 130–132, 134, 136–138–140, 141, 149, 152, 153, 173, 181, 199, 216, 219, 239, 244–246, 249, 253, 258, 259, 280, 282, 289, 290, 292, 297, 306, 308, 313, 314, 317

古来の国制　11, 264

さ 行

裁量　iii, 20, 35, 41, 42, 53, 54, 86, 119, 125, 181, 194–196, 235, 255, 276, 277, 285, 289, 294, 295, 299

シェリィ事件　8, 9, 20, 89, 90, 92, 103, 105, 116, 185

自然的理性　5, 18–20, 22, 28, 34, 35, 37, 41, 42, 52, 92, 112, 293

自然法　16, 24, 28–31, 33–36, 40, 55, 59, 67, 68, 70, 71, 74, 80, 83, 85–87, 93, 99, 109, 116, 158, 164, 200, 228, 230, 235, 263, 270

司法法／司法的立法　iv, 20, 48, 134–137, 139, 141, 146, 151, 153, 154, 165, 167, 194, 195, 256, 306

社会的利益　v, 226, 227, 229–232, 234

承認のルール　iv, 181, 187, 196, 197, 290, 300, 307, 315

スレイド事件　9, 10, 15

先例拘束性の原理　101, 201, 202, 250, 290

た 行

対立する類推の競合　140, 176, 216, 315, 317

道具主義　200, 232, 235, 238, 240, 243, 250, 258

事項索引 345

は 行

ハード・ケース　52, 120, 194, 218, 245, 293, 296, 314, 315, 317
陪審　213, 227
プラグマティズム　202, 203, 213
プラグマティズム法学　258, 310
分析法学／分析的法理学／分析的法実証主義
　　156, 168, 172, 173, 179, 189, 228, 309
法実証主義　ii, iii, 17, 19, 28-30, 34, 36, 38, 39, 42, 54, 55, 61, 68, 72, 80, 82, 89, 92, 100, 104, 108, 117-120, 122, 124, 150, 158, 172, 180, 190, 193, 194, 196, 215, 220, 263, 266, 276, 279, 286, 288, 289, 295, 299, 300, 302, 305, 313, 315, 317
法宣言説　97, 98, 135, 167, 290, 296, 306
法創造説　97
法道具主義　244, 249, 311
法の根本原理　237, 238, 304, 310
法の支配　5, 29, 33, 35, 36, 260-263, 275-278, 284, 285, 287, 288
法予言説　206, 220, 221, 224, 240

ボナム医師事件（Bonham's Case）　12, 15, 262, 269, 271, 274

ま 行

マグナ・カルタ　7, 15, 266
名誉革命　268, 269

や・ら 行

有機体論（organicism）　v, 27, 28, 54, 85, 108, 118, 150, 228, 232, 235, 236, 249, 257, 258, 304, 307
リアリズム法学　214, 221, 239, 241-246, 249, 250, 258, 259, 313
類推　iv, 28, 50, 54, 60, 62, 63, 73, 76, 82, 97, 115, 121, 123-125, 133, 135, 136, 139, 140, 142, 145, 146, 151, 153, 163, 167, 187, 188, 192, 195, 196, 200, 216, 234, 235, 238, 256, 293-295, 306, 308, 310, 315
レイシオ・デシデンダイ　131, 137-142, 144, 176, 181, 192, 201, 216, 259, 308, 314
歴史法学　125, 126, 166, 172, 174, 182, 190, 210, 228, 309

〈著者紹介〉

戒能　通弘（かいのう・みちひろ）
　1970年　東京都生まれ
　2000年　ロンドン大学経済政治学院（London School of Economics and Political Science, University of London）LL.M. 課程修了
　2001年　同志社大学大学院法学研究科公法学専攻博士後期課程修了
　現　在　同志社大学法学部准教授。博士（法学）
　著　書　『世界の立法者，ベンサム──功利主義法思想の再生』日本評論社，2007年（第6回天野和夫賞を受賞）
　主要論文　'Bentham's Legal Theory and the Common Law Tradition : Defining Some Key Elements of Continuity,' 4 *Storia e Politica* 291, 2012
　　　　　　'Bentham's Concept of Security in a Global Context : The Pannomion and the Public Opinion Tribunal as a Universal Plan,' 10 *Journal of Bentham Studies* 1, 2008
　　　　　　「ベンサムの法実証主義，功利主義と近代」日本法哲学会編『法思想史学にとって近代とは何か（法哲学年報2007）』有斐閣，2008年

MINERVA人文・社会科学叢書⑱
近代英米法思想の展開
──ホッブズ＝クック論争からリアリズム法学まで──

2013年2月28日　初版第1刷発行　　　〈検印省略〉

定価はカバーに表示しています

著　者　　戒　能　通　弘
発行者　　杉　田　啓　三
印刷者　　藤　森　英　夫
発行所　　株式会社　ミネルヴァ書房
607-8494　京都市山科区日ノ岡堤谷町1
電話代表　（075）581-5191
振替口座　01020-0-8076

©戒能通弘，2013　　　　　　　亜細亜印刷・兼文堂

ISBN978-4-623-06561-5
Printed in Japan

現代法理論論争
深田三徳 著　Ａ５判　296頁　本体4000円

●R.ドゥオーキン対法実証主義　自然法論と法実証主義の伝統的対立を概観，法とは何か迫ろうとする試み。

近世・近代ヨーロッパの法学者たち
勝田有恒／山内　進 編著　Ａ５判　442頁　本体3500円

●グラーティアヌスからカール・シュミットまで　偉大な法学者たちの人生と思想の足跡を克明に描き出す。

ローマ法の歴史
ウルリッヒ・マンテ 著　田中　実／瀧澤栄治 訳　4-6判　160頁　本体2500円

近代の法制度にまで影響を与えた法をいかに発展させていったかを鮮やかに描き出したローマ法の入門書。

概説　西洋法制史
勝田有恒／森　征一／山内　進 編著　Ａ５判　384頁　本体3200円

最新成果と史料・コラム・図版を豊富に収録。ヨーロッパ法の歴史的発展過程を叙述した，待望久しい概説書。

はじめて学ぶ法哲学・法思想
竹下　賢／角田猛之／市原靖久／桜井　徹 編　Ａ５判　320頁　本体2800円

●古典で読み解く21のトピック　基本概念から理念，それに関わる倫理・文化までを読み解く21の扉。

よくわかる法哲学・法思想
深田三徳／濱　真一郎 編著　Ｂ５判　224頁　本体2600円

エッセンスを見開きページでわかりやすく紹介。注や図表を豊富に掲載した初学者のための入門書。

───── ミネルヴァ書房 ─────
http://www.minervashobo.co.jp/